中国道教典籍丛刊

四子真经集释

〔晋〕张　湛　〔唐〕殷敬顺等 注

【中】

分目录

中 册

冲虚至德真经义解 …… 451
  冲虚至德真经义解卷之一 …… 451
    天 瑞 …… 451
  冲虚至德真经义解卷之二 …… 462
    黄 帝 …… 462
  冲虚至德真经义解卷之三 …… 470
    黄帝下 …… 470
  冲虚至德真经义解卷之四 …… 479
    周穆王 …… 479
  冲虚至德真经义解卷之五 …… 488
    仲尼上 …… 488
  冲虚至德真经义解卷之六 …… 495
    仲尼下 …… 495

冲虚至德真经鬳斋口义 …… 501
  列 子 …… 501
  冲虚至德真经鬳斋口义卷之一 …… 502
    天瑞第一 …… 502

冲虚至德真经鬳斋口义卷之二 …………… 516
　　　黄帝第二 …………………………… 516
　　冲虚至德真经鬳斋口义卷之三 …………… 537
　　　周穆王第三 ………………………… 537
　　冲虚至德真经鬳斋口义卷之四 …………… 546
　　　仲尼第四 …………………………… 546
　　冲虚至德真经鬳斋口义卷之五 …………… 560
　　　汤问第五 …………………………… 560
　　冲虚至德真经鬳斋口义卷之六 …………… 576
　　　力命第六 …………………………… 576
　　冲虚至德真经鬳斋口义卷之七 …………… 586
　　　杨朱第七 …………………………… 586
　　冲虚至德真经鬳斋口义卷之八 …………… 599
　　　说符第八 …………………………… 599

冲虚至德真经释文 …………………………… 614
　冲虚至德真经释文序 ……………………… 614
　列子冲虚至德真经释文卷上 ……………… 615
　　天瑞第一 …………………………… 616
　　黄帝第二 …………………………… 620
　　周穆王第三 ………………………… 625
　　仲尼第四 …………………………… 627
　冲虚至德真经释文卷下 …………………… 630
　　汤问第五 …………………………… 630
　　力命第六 …………………………… 635
　　杨朱第七 …………………………… 637

说符第八 …………………………… 640

关尹子

文始真经注 …………………………… 644
  关尹子 …………………………… 644
  文始真经直解跋引 …………………………… 644
  文始真经注卷之一 …………………………… 645
    一宇篇 …………………………… 645
  文始真经注卷之二 …………………………… 664
    二柱篇 …………………………… 664
  文始真经注卷之三 …………………………… 676
    三极篇 …………………………… 676
  文始真经注卷之四 …………………………… 695
    四符篇 …………………………… 695
  文始真经注卷之五 …………………………… 717
    五鉴篇 …………………………… 717
  文始真经注卷之六 …………………………… 733
    六匕篇 …………………………… 733
  文始真经注卷之七 …………………………… 746
    七釜篇 …………………………… 746
  文始真经注卷之八 …………………………… 759
    八筹篇 …………………………… 759
  文始真经注卷之九 …………………………… 766
    九药篇 …………………………… 766

文始真经后序 …………………………… 785
文始真经言外旨 …………………………… 787
　文始真经言外旨序 …………………… 787
　汉刘向进《关尹子》书 ……………… 788
　文始真经言外旨序 …………………… 788
　文始真经言外旨卷之一 ……………… 791
　　一宇篇 ………………………… 791
　文始真经言外旨卷之二 ……………… 801
　　二柱篇 ………………………… 801
　文始真经言外旨卷之三 ……………… 806
　　三极篇 ………………………… 806
　文始真经言外旨卷之四 ……………… 814
　　四符篇 ………………………… 814
　文始真经言外旨卷之五 ……………… 823
　　五鉴篇 ………………………… 823
　文始真经言外旨卷之六 ……………… 830
　　六匕篇 ………………………… 830
　文始真经言外旨卷之七 ……………… 836
　　七釜篇 ………………………… 836
　文始真经言外旨卷之八 ……………… 844
　　八筹篇 ………………………… 844
　文始真经言外旨卷之九 ……………… 847
　　九药篇 ………………………… 847
　葛仙翁后序 …………………………… 857

冲虚至德真经义解

冲虚至德真经义解卷之一

宋徽宗皇帝著

天 瑞

物有生化,道无古今。惟体道者为能,不化而常,今所以应物,无容心焉。故天瑞始言生化,而终于国氏之为盗。

子列子居郑国,四十年人无识者。国君卿大夫视之,犹众庶也。

古之善为士者,微妙玄通,深不可识。

国不足,将嫁于卫。弟子曰:先生往无反期,弟子敢有所谒,先生将何以教？先生不闻壶丘子林之言乎？子列子笑曰:壶子何言哉？虽然,夫子尝语伯昏瞀人,吾侧闻之,试以告汝。

道不可言,言而非也。则壶子何言哉？不得已而有言,故闻而告之。

其言曰:有生不生,有化不化。不生者能生生,不化者能化化,生者不能不生,化者不能不化,故常生常化。常生常化者,无时不生,无时不化。阴阳尔,四时尔。不生者疑独,不化者往复。往复,其际不可终；疑独,其道不可穷。

生自无而适有,化自有以之无。有化有生者,物也；不生不化者,道也。物丽于数,故生者不能不生,化者不能不化。道行乎物,故常生常化,而无时不生,无时不化。独立万物之上,故不生者疑独,泛应而不穷。故不化者往复。往复,其际不可终。盖莫知其端倪也。疑独其道不可穷。盖不可测究也。物无得而耦之者,岂真知其所以然哉? 疑焉而已。

《黄帝书》曰:谷神不死,是谓玄牝。玄牝之门,是谓天地之根。绵绵若存,用之不勤。故生物者不生,化物者不化。自生自化,自形自色,自智自力,自消自息。谓之生化、形色、智力、消息者非也。

阴阳之运,四时之行,万物之理,俄生而有,忽化而无。形实色彰,智谋力作,消息盈虚,终则有始。无动而不变,无时而不移。虽皆道之所寓,而运转不止,咸其自尔。

子列子曰:昔者,圣人因阴阳以统天地。夫有形者生于无形,则天地安从生? 故曰:有太易,有太初,有太始,有太素。太易者,未见气也;太初者,气之始也;太始者,形之始也;太素者,质之始也。气形质具而未相离,故曰浑沦。浑沦者,言万物相浑沦而未相离也。视之不见,听之不闻,循之不得,故曰易也。易无形埒,易变而为一,一变而为七,七变而为九。九变者,究也。乃复变而为一。一者,形变之始也。清轻者上为天,浊重者下为地,冲和气者为人。故天地含精,万物化生。

阴阳者,气之大;天地者,形之大。气变而有形,则有阴阳,然后有天地。而道者,为之公;圣人者,道之管。此圣人所以因阴阳以统天地也。易有太极,是生两仪。《庄子》所谓道在太极之先者是也。故太易者,未见气也,杂乎芒忽之间,变而有气。故太初者,气之始也,气变而有形;故太始者,形之始也,形辨而有质;故太素者,质之始也。气形质具而未相离,则道之全体于是乎在,故曰浑沦,老子所谓有物混成者是也。无所用其明,故视之不见;无所施其聪,故听之不闻;无所致其力,故循之不得。此三者,不可致诘,故混而为一。然既已谓之一矣,且得无其言乎?此所以强名之曰易也。易无形埒者,无体也。易况之阳,则一之所起,故变而为一;数起于一,故变而为七,则屈而未申也;七变而为九,则交而有变也;数穷于九,故复变而为一。一为形变之始,则天、地、人皆得此以生。故曰清轻者,上为天;浊重者,下为地;冲和气者,为人。精者,一也。一生二,二生三,三生万物。故天地含精,万物化生。

　　子列子曰:天地无全功,圣人无全能,万物无全用。故天职生覆,地职形载,圣职教化,物职所宜。然则天有所短,地有所长,圣有所否,物有所通。何则?生覆者不能形载,形载者不能教化,教化者不能违所宜,宜定者不出所位。故天地之道,非阴则阳;圣人之教,非仁则义;万物之宜,非柔则刚。此皆随所宜而不能出所位者也。

　　天位乎上,地位乎下,圣人者位乎天地之中。凡以成变化而已。变化代兴,万物异宜。天地之与圣人,岂能违其所宜哉?盖圣人之于天地,相辨则为三极,相通则为三才。生覆者不能形载,形载者不能教化,教化者不能违所宜。所宜定者,不出所位。此言职之有分也。故以其所辨者言之,若夫圣人之道,上际于天,下蟠于地,化育万物,不可为象。则上下同流而无间,安有长短之相形、通否之相异者哉?

　　故有生者,有生生者;有形者,有形形者;有声者,有声声者;有色者,有色色者;有味者,有味味者。生之所生者死矣,而生生者未尝终;形之所形者实矣,而形形者未尝有;声之所声者闻矣,而声声者未尝发;色之所色者彰矣,而色色者未尝显;味之所味者尝矣,而味味者未尝呈,皆无为之职也。

　　生形、声、色、味,皆物之化,故隐斯显往。斯返生生者,形形者,声声者,色色者,味味者,皆道之妙。孰原其所始,孰要其所终?道常无为而无不为,谓是故也。

能阴能阳,能柔能刚,能短能长,能圆能方,能生能死,能暑能凉,能浮能沉,能宫能商,能出能役,能玄能黄,能甘能苦,能膻能香。无知也,无能也,而无不知也,而无不能也。

有所知,有所能,在道一偏,非全之尽之者也。而无知而无不知,无能而无不能,则无不该也,无不遍也,何所不能哉?阴阳,气也;柔刚,材也;短长,形也;圆方,器也;生死,数也;暑凉,时也;浮沉,势也;宫商,声也;出没,迹也;玄黄,色也;甘苦,味也;膻香,臭也。变化所为,皆在是矣。古之人其备乎?六通、四辟、小大、精粗,共运无乎不在,乌往而不暇。

子列子适卫,食于道,从者见百岁髑髅,攓蓬而指,顾谓弟子百丰曰:唯子与彼知而未尝生未尝死也。此过养乎?此过欢乎?种有几,若蛙为鹑,得水为㡭,得水土之际,则为蛙蠙之衣。生于陵屯,则为陵舄。陵舄得郁栖,则为乌足。乌足之根为蛴螬,其叶为胡蝶。胡蝶胥也,化而为虫,生灶下,其状若脱,其名曰鸲掇。鸲掇千日,化而为鸟,其名曰乾余骨。乾余骨之沫为斯弥。斯弥为食醯颐辂。食醯颐辂生乎食醯黄軦。食醯黄軦生乎九猷。九猷生乎瞀芮,瞀芮生乎腐蠸。羊肝化为地皋,马血之为转燐也,人血之为野火也。鹞之为鹯,鹯之为布谷,布谷久复为鹞也。燕之为蛤也,田鼠之为鹑也,朽瓜之为鱼也,老韭之为苋也,老羭之为猨也,鱼卵之为虫。亶爰之兽自孕而生曰类。河泽之鸟视而生曰鹢。纯雌其名大腰,纯雄其名稺蜂。思士不妻而感,思女不夫而孕。后稷生乎巨迹,伊尹生乎空桑,厥昭生乎湿,醯鸡生乎酒。羊奚比乎不筍,久竹生青宁。青宁生程,程生马,马生人,人久入于机。万物皆出于机,皆入于机。

《易》曰：原始反终，故知死生之说。盖有生者必有死，而死于是者，未必不生于彼。通乎此，则唯予与彼知。而未尝生，未尝死也。方生方死，方死方生，则养形而悦生。今之所存，乃昔之所过者尔。故曰：此过养乎？此过欢乎？万物以不同形相代，则死生之变不可胜计也。故曰：种有几。如下文所云，乃耳目之所及者耳。若蛙为鹑者，盖言万物之化无川陆之间也。䁂也，蛙蠙之衣，陵舄也，一种也。或得水土而生于下，或得陵屯而生于上，盖言万物之化随形气之所遇也。陵舄得郁栖，而为乌足。则假异物以为体，乌足之根为蛴螬，其叶为胡蝶。则散同体以为物。胡蝶胥也，化而为虫，生于灶下，其状若脱，其名为鸲掇。则翼飞者有化而为蠕动者矣。鸲掇千日，化而为鸟，其名曰乾余骨。则穴处者有化而为林栖者矣。或因形而移易，则斯弥而为颐辂。原黄軦之生乎腐蠸，与夫地皋、转燐、野火之类是也。或因性而反复，则鹞之为鹯，鹯之为布谷，布谷之复为鹞是也。燕之为蛤，田鼠之为鹑，朽瓜之为鱼，老韭之为苋，老羭之为猿，鱼卵之为虫，则或以类而相因，或以不类而相与为类。亶爰之兽自孕而生曰类，则无所感而化者。河泽之鸟视而生曰鹢，则无所交而化者也。纯雌其名大腰，纯雄其名稚蜂，则其在物也，有一阴阳而自生化者矣。思士不妻而感，思女不夫而孕，则其在人也，有非阴阳而能潜通者矣。以至后稷生乎巨迹，伊尹生乎空桑，虽不可致诘，而不足怪也。厥昭生乎湿，则化于气。醯鸡生乎酒，则化于味。羊奚比乎不筍，则化于习。久竹生青宁，则以无情而生有情也。青宁生程，则以无知而生有知也。《尸子》以程为豹之类，程生马，则以同类而相生也。马生人，则以非类而相生也。然则昆虫之出入，草木之生死，变化无常，未始有极，又乌知死生先后之所在哉？惟万物生有所乎萌，死有所乎归，圣人于此，知其有机缄而不能自已耳。

《黄帝书》曰：形动不生形而生影，声动不生声而生响，元动不生无而生有，形必终者也。天地终乎？与我偕终。终进乎？不知也。道终乎？本无始，进乎本不久。有生则复于不生，有形则复于无形。不生者，非本不生者也；无形者，非本无形者也。生者，理之必终者也。终者，不得不终，亦如生者之不得不生。而欲恒其生，尽其终，惑于数也。精神者，天之分；骨骸者，地之分。属天清而散，属地浊而聚。精神离形，各归其真，故谓之鬼。鬼，归也，归其真宅。黄帝曰：精神入其门，骨骸反其根，我尚何存？

静则复性，动则去本，理之然也。形动而不生形而生影，声动不生声而生响，无动不生无而生有，则去本远矣。无则生有，有必归无，故曰形必终者也。天地与我并生，及其终也，与我皆终，孰知其极，则谓终者，进乎不知矣。有终有始，有久有暂者，唯其时物也。故有始以无始为至道，终乎本，无始则又至矣。有久以不久为至道，进乎本，不久则又至矣。夫何故以有生则复于不生，有形则复于无形也？不生者，非本不生，无形者，非本无形，盖自有生有形者见之也。生者理之必终，终者不得不终，生者不得不生。而欲其生之长存，以终为界辨，又乌知环中之无穷者哉？此惑于数者也。生者，天地之委和。精神者，天之分，故清而散；骨骸者，地之分，故浊而聚。精神离散，各归其真，尚何有于我哉？然此自众人言之也。故曰精神入其门，骨骸反其根，我尚何存？若夫圣人，上与造物者游，下与无终始者友，则形未尝衰，而我独存矣。

人自生至终，大化有四：婴孩也，少壮也，老耄也，死亡也。其在婴孩，气专志一，和之至也，物不伤焉，德莫加焉；其在少壮，则血气飘溢,欲虑充起,物所攻焉,德故衰焉;其在老耄,则欲虑柔焉,体将休焉,物莫先焉,虽未及婴孩之全,方于少壮间矣;其在死亡也,则之于息焉,反其极矣。

其在婴孩,气专志一,和之至也,《老子》所谓含德之厚也;其在少壮,血气飘溢,欲虑充起,《庄子》所谓与接为构;及其老也,血气既衰,故欲虑柔而体将休焉;至于归其真宅,则之于息焉,而反其极矣。《庄子》曰:大块载我以形,劳我以生,佚我以老,息我以死。此之谓也。自婴孩至于死亡,皆以是日徂,故谓之化。

孔子游于太山,见荣启期行乎郕之野,鹿裘带索,鼓琴而歌。孔子问曰:先生所以乐,何也？对曰:吾乐甚多,天生万物,唯人为贵,而吾得为人,是一乐也;男女之别,男尊女卑,故以男为贵,吾既得为男矣,是二乐也;人生有不见日月、不免襁褓者,吾既已行年九十矣,是三乐也。贫者,士之常也;死者,人之终也。处常得终,当何忧哉？孔子曰:善乎！能自宽者也。林类年且百岁,底春被裘,拾遗穗于故畦,并歌并进。孔子适卫,望之于野,顾谓弟子曰:彼叟可与言者,试往讯之。子贡请行,逆之陇端,面之而叹曰:先生曾不悔乎,而行歌拾穗,林类行不留,歌不辍。子贡叩之不已,乃仰而应曰:吾何悔邪？子贡曰:先生少不勤行,长不竞时,老无妻子,死期将至,亦有何乐而拾穗行歌乎？林类笑曰:吾之所以为乐,人皆有之,而反以为忧。少不勤行,长不竞时,故能寿若此;老无妻子,死期将至,故能乐若此。子贡曰:寿者人之情,死者人之恶。子以死为乐,何也？林类曰:死之与生,一往一反。故死于是者,安知不生于彼？故吾知其不相若矣,吾又安知营营而求生非惑乎？吾又安知吾今之死不愈昔之生乎？子贡闻之,不喻其意,还以告夫子。夫子曰:吾知其可与言,果然。然彼得之,而不尽者也。

《易》曰:乐天知命,故不忧。处常得终。死生无变于己,所以自乐也。盖修一身,任穷达,知去来之非,我亡变乱于心虑,则何忧之有?虽然,知乐知忧,非真乐也。孔子以无乐为真乐。荣启期者,真能自宽,而林类盖得之而不尽者尔。

子贡倦于学,告仲尼曰:愿有所息。仲尼曰:生无所息。子贡曰:然则赐息无所乎?仲尼曰:有焉尔,望其圹,睪如也,宰如也,坟如也,鬲如也,则知所息矣。子贡曰:大哉死乎!君子息焉,小人伏焉。仲尼曰:赐汝知之矣。人胥知生之乐,未知生之苦;知老之惫,未知老之佚;知死之恶,未知死之息也。

学道而不至于死之说,则何以学为哉?子贡倦学而愿息,是未知死之说也。故夫子告之以生无所息,望其圹,睪如也其明,宰如也其高,坟如也其大,鬲如也,而与世殊绝,此息之所也。然众人之死曰物,而君子则虽死而不亡,故曰君子息焉,小人伏焉。生之劳,所谓劳我以生也;老之佚,所谓佚我以老也;死之息,所谓息我以死也。

晏子曰:善哉!古之有死也。仁者息焉,不仁者伏焉。死也者,德之徼也。古者谓死人为归人。夫言死人为归人,则生人为行人矣。行而不知归,失家者也。一人失家,一世非之;天下失家,莫知非焉。有人去乡土,离六亲,废家业,游于四方而不归者,何人哉?世必谓之为狂荡之人矣。又有人钟贤世,钟贤世宜言重形生。矜巧能,修名誉,夸张于世而不知已者,亦何人哉?世必以为智谋之士。此二者,胥失者也。而世与一不与一,唯圣人知所与,知所去。

死生亦大矣,善吾生者,乃所以善吾死,故曰善哉。古之有死也,死而不亡曰寿,仁者寿,不仁之人则与物偕尽而已,故曰仁者息焉,不仁者伏焉。徼者,有所归宿之地。生,阳也。生者,德之光,而光则本乎阳。死，阴也。死者，德之徼，而徼则本乎阴。故以生为行，而死为归，亦阴阳动静之义。狂荡之人其失也。外智谋之士其失也。内去彼取，此世俗之蔽耳。唯圣人知所与，知所去。

或谓子列子曰：子奚贵虚？列子曰：虚者，无贵也。子列子曰：非其名也，莫如静，莫如虚。静也，虚也，得其居矣；取也，与也，失其所矣。事之破砌**而后有舞仁义者，弗能复也。**

有贵斯有贱，有名斯有实，虚则无是也。《老子》曰致虚极，守静笃，虚故足以受群实，静故足以应群动。故曰莫如静，莫如虚。以虚静为得其居者，盖言华动群实莫能阆之也。以取与为失其所者，盖言去彼取此有所著之也。大道废，有仁义。因事之破砌而后有舞仁义者，岂能复归于道哉？

粥熊曰：运转亡已，天地密移，畴觉之哉？故物损于彼者盈于此，成于此者亏于彼。损盈成亏，随世随死。往来相接，间不可省，畴觉之哉？凡一气不顿进，一形不顿亏，亦不觉其成，不觉其亏。亦如人自世至老，貌色智态，亡日不异，皮肤爪发，随世随落，非婴孩时有停而不易也。间不可觉，俟至后知。

神也者，妙万物而为言者也。妙不可识，则凡丽于形，拘于数，囿于天地之间者，二气之运转无已，万物之往来不穷。求其主张推行是者而不可得，又乌足以知之哉？唯圣人通乎物之所造，觉此而冥焉。彼俟至后知，盖亦后觉之莫觉者矣。

杞国有人忧天地崩坠，身亡所寄，废寝食者。又有忧彼之所忧者，因往晓之，曰：天积气尔，亡处亡气。若屈伸呼吸，终日在天中行止，奈何忧崩坠乎？其人曰：天果积气，日月星宿不当坠耶？晓之者曰：日月星宿，亦积气中之有光耀者，只使坠，亦不能有所中伤。其人曰：奈地坏何？晓者曰：地，积块尔，充塞四虚，亡处亡块。

若蹲步跐蹈,终日在地上行止,奈何忧其坏?其人舍然大喜,晓之者亦舍然大喜。长庐子闻而笑之曰:虹霓也,云雾也,风雨也,四时也,此积气之成乎天者也;山岳也,河海也,金石也,火木也,此积形之成乎地者也。知积气也,知积块也,奚谓不坏?夫天地,空中之一细物,有中之最巨者,难终难穷,此固然矣,难测难识,此固然矣。忧其坏者,诚为大远;言其不坏者,亦为未是。天地不得不坏,则会归于坏。遇其坏时,奚为不忧哉?子列子闻而笑曰:言天地坏者亦谬,言天地不坏者亦谬。坏与不坏,吾所不能知也。虽然,彼一也,此一也。故生不知死,死不知生;来不知去,去不知来。坏与不坏,吾何容心哉?

自器言之,有成必有坏;自道言之,无成无坏。囿于器者,谓其有形有气,不得不坏;通于道者,知其不陷不坠,莫得而坏。唯达者知通乎此。此列子所以无容心于其间哉!

舜问乎丞庄子作丞。曰:道可得而有乎?曰:汝身非汝有也,汝何得有夫道?舜曰:吾身非吾有,孰有之哉?曰:是天地之委形也。生非汝有,是天地之委和也。性命非汝有,是天地之委顺也。孙子非汝有,是天地之委蜕也。故行不知所往,处不知所持,食不知所以。天地强阳,气也,又胡可得而有耶?

虚则亡,实则有,凡得而有者,皆可执而取之。道妙无形,深不可识。既莫得而有,而人之一身,形体性命,方赅而存,倏化而亡,亦安能有?形者,体也,故以身为天地之委形;和者,气也,故以生为天地之委和。物之生也,顺性命之理而已。故以性命为天地之委顺。身也者,父母之遗体也,故以孙子为天地之委蜕。若然者,则非我有也。故行不知所往,处不知所持,食不知所味。既有制之者矣,亦有使之者矣,直天地强阳,气之所运动而已,又安能有夫道？虽然，道者，人之所共由也。故曰道将为汝居，是岂终不可得而有邪？盖认而有之则莫能有，唯圣人有之以不有耳。

齐之国氏大富，宋之向氏大贫。自宋之齐，请其术。国氏告之曰：吾善为盗。始吾为盗也，一年而给，二年而足，三年大穰。自此以往，施及州闾。向氏大喜，喻其为盗之言，而不喻其为盗之道，遂逾垣凿室，手目所及，亡不探也。未及时，以赃获罪，没其先居之财。向氏以国氏之谬己也，往而怨之。国氏曰：若为盗若何？向氏言其状。国氏曰：嘻，若失为盗之道至此乎？今将告若矣。吾闻天有时，地有利。吾盗天地之时利，云雨之滂润，山泽之产育，以生吾禾，殖吾稼，筑吾坦，建吾舍。陆盗禽兽，水盗鱼鳖，亡非盗也。夫禾稼、土木、禽兽、鱼鳖，皆天之所生，岂吾之所有？然吾盗天而亡殃。夫金玉珍宝，谷帛财货，人之所聚，岂天之所与？若盗之而获罪，孰怨哉！向氏大惑，以为国氏之重罔己也，过东郭先生问焉。东郭先生曰：若一身庸非盗乎？盗阴阳之和以成若生，载若形，况外物而非盗哉？诚然，天地万物不相离也，仞而有之，皆惑也。国氏之盗，公道也，故亡殃；若之盗，私心也，故得罪。有公私者，亦盗也。亡公私者，亦盗也。公公私私，天地之德。知天地之德者，孰为盗耶？孰为不盗耶？

取非其有，无非盗也。或以公道而无殃，或以私心而得罪，时在夫不累于有与认而有之之间耳。然有公私者，未能无羡，故曰有公私者，亦盗也；而无公私者，亦未能勿忘，故曰亡公私者，亦盗也。公公私私，任其自然，而无容心焉。则兼怀万物，是谓天地之德。知夫此者，泯然大同。虽参差不齐，而与天地为合。吾乌能知其辨哉？故天瑞之篇终焉。

冲虚至德真经义解卷之二

宋徽宗皇帝著

黄　帝

古之明大道者,先明天而道德次之。《列子》以天瑞首篇,而继之以《黄帝》。

黄帝即位十有五年。喜天下戴己,养正命,娱耳目,供鼻口,焦然肌色皯黣,昏然五情爽惑。又十有五年,忧天下之不治,竭聪明,进智力,营百姓,焦然肌色皯黣,昏然五情爽惑。黄帝乃喟然赞曰:朕之过淫矣。养一己其患如此,治万物其患如此。于是放万机,舍宫寝,去直侍,彻钟悬,减厨膳,退而闲居大庭之馆,斋心服形,三月不亲政事。昼寝而梦,游于华胥氏之国。

至人不以物累形,不以形累心,上与造物者游,下与外死生、无终始者为友。忧喜无变于己,亦有何患？黄帝以此去万有之累,而将复乎一。故斋心服形,梦游华胥氏之国也。

华胥氏之国在弇州之西,台州之北。不知斯齐国几千万里,盖非舟车足力之所及,神游而已。其国无师长,自然而已。其民无嗜欲,自然而已。不知乐生,不知恶死,故无夭殇;不知亲己,不知疏物,故无爱憎;不知背逆,不知向顺,故无利害;都无所爱惜,都无所畏忌。入水不溺,入火不热。斫挞无伤痛,指擿无痾痒。乘空如履实,寝虚若处床。云雾不硋其视,雷霆不乱其听,美恶不滑其心,山谷不踬其步,神行而已。

在弇州之西,台州之北,去齐国几千万里,则其道幽远而无穷。故惟神游者,所能至也。无师长而自治,无嗜欲而自足,死生无变于己,亲疏不累其身。不就利而利亦不至,不违害而害亦不来,都无所爱惜,都无所畏忌,而心有所忘,入水不溺,入火不热,斫挞无伤痛,指擿无痟痒。而形有所遗,乘空寝虚,不硋不踬,恶往而不暇,以是出入往来阴阳之所,不能测也,而况于人乎?故曰神行而已。

黄帝既寤,怡然自得,召天老、力牧、太山稽,告之曰:朕闲居三月,斋心服形,思有以养身治物之道,弗获其术。疲而睡,所梦若此。今知至道不可以情求矣。朕知之矣,朕得之矣,而不能以告若矣。又二十有八年,天下大治,几若华胥氏之国,而帝登假。假当作遐。百姓号之,二百余年不辍。

劳形怵心,知而辩焉,故其术弗获;斋心服形,觉而冥焉,故其道乃得。虽有情有信,而无为无形,故至道不可以情求,而知之得之者,亦莫能以告也。

列姑射山在海河洲中,山上有神人焉,吸风饮露,不食五谷;心如渊泉,形如处女;不偎不爱,仙圣为之臣;不畏不怒,愿悫为之使;不施不惠,而物自足;不聚不敛,而已无愆。阴阳常调,日月常明,四时常若,风雨常均,字育常时,年谷常丰,而土无札伤,人无夭恶,物无疵疠,鬼无灵响焉。

神也者,妙万物而为言者也。体神之妙而出乎形数之外,故能胜物而无累。吸风饮露,不食五谷,则不志于养;心如渊泉,形如处女,则静一而不二;不偎不爱,仙圣为之臣;不畏不怒,愿悫为之使,则与道相辅而行。若然者,从容无为而阴阳和静,群生不伤,故不施不惠,不聚不敛,阴阳调,四时若,字育时,年谷丰,人无夭恶,物无疵疠,鬼无灵响焉。此圣人所以曲成万物而不遗也。

列子师老商氏,友伯高子,进二子之道,乘风而归。

经曰：善行无辙迹。御风而行，虽无辙迹之可见，然犹有所待也。惟神也，不行而至。

尹生闻之，从列子居，数月不省舍。因间请蕲其术者，十反而十不告，尹生怼而请辞，列子又不命。尹生退。数月，意不已，又往从之。列子曰：汝何去来之频？尹生曰：曩章戴有请于子，子不我告，固有憾于子。今复脱然，是以又来。列子曰：曩吾以汝为达，今汝之鄙至此乎？姬，将告汝，姬，居也。所学于夫子者矣。

三问而不答，十反而不告，道固不可言也。卒于告之者，亦告其所学于夫子者而已。

自吾之事夫子友若人也，三年之后，心不敢念是非，口不敢言利害，始得夫子一眄而已。五年之后，心庚念是非，口庚言利害，夫子始一解颜而笑。七年之后，从心之所念，庚无是非，从口之所言，庚无利害，夫子始一引吾并席而坐。九年之后，横心之所念，横口之所言，亦不知我之是非利害欤，亦不知彼之是非利害欤，亦不知夫子之为我师，若人之为我友，内外进矣。而后眼如耳，耳如鼻，鼻如口，无不同也。心凝形释，骨肉都融，不觉形之所倚，足之所履，随风东西，犹木叶干壳，竟不知风乘我邪？我乘风乎？

三年而不惑，故始得夫子一眄；五年而不蔽，故至于解颜而笑；七年而不累，故引之并席而坐；九年而是非利害简之而不得，则物我两忘，五官相彻，风之乘我，我之乘风，何容心焉？

今女居先生之门，曾未浃时，而怼憾者再三，女之片体将气所不受，汝之一节将地所不载。履虚乘风，其可几乎？尹生甚怍，屏息良久，不敢复言。

致道者忘心，况于怼憾者乎？片体气所不受，一节地所不载，则汝身将非汝有也，何得有夫道？

列子问关尹曰:至人潜行不窒,蹈火不热,行乎万物之上而不栗。请问何以至于此?关尹曰:是纯气之守也,非智巧果敢之列。姬,鱼语汝。姬鱼当作居吾。凡有貌像声色者,皆物也,物与物何以相远也?夫奚足以至乎先?是色而已。则物之造乎不形,而止乎无所化。夫得是而穷之者,焉得为正焉!彼将处乎不深之度,而藏乎无端之纪,游乎万物之所终始。壹其性,养其气,含其德,以通乎物之所造。夫若是者,其天守全,其神无郤,物奚自入焉?夫醉者之坠于车也,虽疾不死。骨节与人同,而犯害与人异,其神全也。乘亦弗知也,坠亦弗知也。死生惊惧不入乎其胸,是故遻物而不慴。彼得全于酒而犹若是,而况得全于天乎?圣人藏于天,故物莫之能伤也。

至人神矣。纯也者,谓其不亏其神也。纯素之道,惟神是守。守而勿失,与神为一。故曰:至人潜行不窒,蹈火不热,行乎万物之上,而不栗。是纯气之守,非智巧果敢之列也。貌像声色,有名有实,名实既有,丽于留动,一受其成,形不忘以待尽,则何以相远,而独造乎其先?道之为物,造乎不形,而不与物为偶,止乎无端所化,则独立而不为物所运。形色名声果不足以索彼之情,则得是而穷之者,焉得为正焉?至人于此,处乎不淫之度,则当而不过;藏乎无端之纪,则运而不穷;游乎万物之所终始,则又与造物者游也。一其性而不二,养其气而不耗,含其德而不散,以通乎物之所造,谓造乎不形,止乎无所化者,其天守全,其神无郤,物无自入焉。此所潜行不窒,蹈火不热,行乎万物之上而不栗也。醉者之乘车,以其全于酒,故能逆物而不慴。至人行乎万物之上,以其藏于天,故能胜物而莫之能伤,是皆纯气之守,不亏其神故也。

列御寇为伯昏无人射,引之盈贯,措杯水其肘上,发之,镝矢复沓，方矢复寓。当是时也，犹象人也。伯昏无人曰：是射之射，非不射之射也。当与汝登高山，履危石，临百仞之渊，若能射乎？于是无人遂登高山，履危石，临百仞之渊，背逡巡，足二分垂在外，揖御寇而进之。御寇伏地，汗流至踵。伯昏无人曰：夫至人者，上窥青天，下潜黄泉，挥斥八极，神气不变。今汝怵然有恂目之志，尔于中也殆矣夫！

引之盈贯，言其力；措杯水其肘上，言其审；发之，镝矢复沓，方矢复寓，言其捷犹象人也，则又言其用志之专。然是技未至通乎道者也，故曰：是射之射，非不射之射也。至人者，上窥青天，岂特登山之高也？下潜黄泉，岂特临渊之深也？挥斥八极，神气不变，岂特背逡巡，足二分垂在外也？列子于此伏地汗流而不能射，于是守纯而不亏，其神犹有未至也。故曰尔于中也殆矣夫。

范氏有子曰子华，善养私名，举国服之。有宠于晋君，不仕而居三卿之右。目所偏视，晋国爵之；口所偏肥，音鄙。晋国黜之。游其庭者侔于朝。子华使其侠客以智鄙相攻，强弱相凌。虽伤破于前，不用介意。终日夜以此为戏乐，国殆成俗。禾生，子伯范氏之上客出行，经坰外，宿于田更商丘开之舍。更当作叟。中夜，禾生、子伯二人相与言子华之名势，能使存者亡，亡者存，富者贫，贫者富。商丘开先窘于饥寒，潜于牖北听之。因假粮荷畚之子华之门。子华之门徒皆世族也，缟衣乘轩，缓步阔视。顾见商丘开年老力弱，面目黧黑，衣冠不捡，莫不眲之。既而狎侮欺诒，挡㧓挨抌，亡所不为。商丘开常无愠容，而诸客之技单，愈于戏笑。遂与商丘开俱乘高台，于众中漫言曰：有能自投下者赏百金。众皆竞应。商丘开以为信然，遂先投下，形若飞鸟，扬于地，肌骨无䃣。范氏之党以为偶然，未讵怪也。因复指河曲之淫隈曰：彼中有宝珠，泳可得也。商丘开复从而泳之。既出,果得珠焉。众昉同疑。子华昉令豫肉食衣帛之次。俄而范氏之藏大火。子华曰:若能入火取锦者,从所得多少赏若。商丘开往无难色,入火往还,埃不漫,身不焦。范氏之党以为有道,乃共谢之曰:吾不知子之有道而诞子,吾不知子之神人而辱子。子其愚我也,子其聋我也,子其盲我也。敢问其道。商丘开曰:吾亡道。虽吾之心,亦不知所以。虽然,有一于此,试与子言之。曩子二客之宿吾舍也,闻誉范氏之势,能使存者亡,亡者存,富者贫,贫者富。吾诚之无二心,故不远而来。及来,以子党之言皆实也,唯恐诚之之不至,行之之不及,不知形体之所措,利害之所存也,心一而已。物亡迕者,如斯而已。今昉知子党之诞我,我内藏猜虑,外矜观听,追幸昔日之不焦溺也,怛然内热,惕然震悸矣。水火岂复可近哉? 自此之后,范氏门徒路遇乞儿马医,弗敢辱也,必下车而揖之。宰我闻之,以告仲尼。仲尼曰:汝弗知乎? 夫至信之人,可以感物也,动天地,感鬼神,横六合,而无逆者,岂但履危险、入水火而已哉? 商丘开信伪物犹不逆,况彼我皆诚哉? 小子识之。

诚信生神而神全者,圣人之道,抱神以游。世俗之间,范乎淳备,功利机巧必忘。夫人之心,死生惊惧不入乎其胸中,是故忤物而不憎,行乎万物之上而不栗。彼以伪投之,此以诚应之,乌往而不可。故商丘开乘高台自投其下,肌骨无砢,泳河曲之隅而果得珠,入火往还而埃不漫、身不焦者,诚故也。盖至诚之道,入而与神俱,不知形体之所措,利害之所存,故能胜物而不伤焉。是以醉者坠车而无犯害,黄帝遗玄珠而象罔得之。而蹈火不热者,关尹固以为纯气之守也。若夫机心存于胸中,则纯白不备。纯白不备,则神生不定,而道之所不载,故商丘开知其诞妄。追幸昔日之不焦溺,则惕然震悸，水火不可复近者，以机心生而有疑故也。夫诚而信伪物，与不诚而藏猜虑，其相去如此。若乃至信之人，则又进乎此矣。可以动天地，感鬼神，横六合而无逆，岂但履危险，入水火而已哉！

周宣王之牧正有役人梁鸯者，能养野禽兽，委食于园庭之内，虽虎狼雕鹗之类，无不柔驯者。雌雄在前，孳尾成群，异类杂居，不相搏噬也。王虑其术终于其身，令毛丘园传之。梁鸯曰：鸯贱役也，何术以告尔？惧王之谓隐于尔也，且一言我养虎之法。凡顺之则喜，逆之则怒，此有血气者之性也。然喜怒岂妄发哉？皆逆之所犯也。夫食虎者，不敢以生物与之，为其杀之之怒也，不敢以全物与之，为其碎之之怒也。时其饥饱，达其怒心，虎之与人异类，而媚养己者，顺也。故其杀之，逆也。然则吾岂敢逆之使怒哉？亦不顺之使喜也。夫喜之复也必怒，怒之复也常喜，皆不中也。今吾心无逆顺者也，则鸟兽之视吾，犹其侪也。故游吾园者，不思高林旷泽，寝吾庭者，不愿深山幽谷，理使然也。

天下之至柔驰骋天下之至坚，此圣人所以为大胜之道也。虎狼，兽之猛者。雕鹗，禽之攫者。异类杂居，不相搏噬，而自得于园庭之内，则所以调而驯之者，有其道故也。性命之情，顺之则安。喜怒或过，阴阳并毗。逆之使怒，岂顺其性命之情？故养虎者，时其饥饱，达其怒心。凡以顺其性命之情而已。吾岂敢逆之使怒，谓不违其性也；亦不顺之使喜，谓不淫其性也。夫喜之复也必怒，怒之复也常喜，皆道之过也。今吾心无逆顺，则既不违其性使之怒，亦不淫其性使之喜，彼之安处而自适也，宜矣。圣人之养生，不便好恶内伤其身，达之至于育万物，和天下，岂有他哉？以此而已。

颜回问乎仲尼曰：吾尝济乎觞深之渊矣，津人操舟若神。若问焉，曰：操舟可学邪？曰：可，能游者可教也，善游者数能，乃若夫没人,则未尝见舟而谡操之也。吾问焉,而不告。敢问何谓也?

操舟若神者,道济天下,不可窥测故也。能游者可教,谓其不溺于物。善游者数能,谓其久于其道。乃若夫没人,则未尝见舟而谡操之,则妙而不可知矣。问焉而不告,则道至于此不可以告人故也。

仲尼曰:醩,吾与若玩其文久矣,而未达其实,而固且道与。能游者可教也,轻水也;善游者之数能也,忘水也。乃若夫没人之未尝见舟也而谡操之也,彼视渊若陵,视舟之覆犹其车却也。覆却万物方陈乎前,而不得入其舍,恶往而不暇?以瓦抠者巧,以钩抠者惮,以黄金抠者惛。巧一也,而有所矜,则重外也。凡重外者共内。

醩,与噫同。盖医者,意也。谓之醩,则或有救其失之义。能游者可教也,轻水也,则入水之溺,不累其形。善游者数能,忘水也,则蹈水之道无变于己。若夫没人之未尝见舟也而谡操之也,则物我如一不疑其所行矣。死生惊惧不入乎胸中,而况利害之端乎?此所以视渊若陵,视舟之覆犹其车却覆却,万物方陈乎前而不得入其舍,无往而不暇也。彼内资于道不深则外变于物亦易矣。故以瓦抠者巧,以钩抠有惮,以黄金抠者惛也。先儒谓互有所投曰抠,盖探筹投钩之谓也。惟所要愈重,则用心愈矜。故以瓦则巧,以钩则惮,以黄金则惛。惮则恐失而已,至于惛则若亡矣。故曰重外者拱内,拱内则心有所系,而不能休休焉之类也。

孔子观于吕梁,悬水三十仞,流沫三十里,鼋鼍鱼鳖之所不能游也,见一丈夫游之。以为有苦而欲死者也,使弟子并流而承之。数百步而出,被发行歌,而游于棠行。棠行,当作塘下。**孔子从而问之曰:吕梁悬水三十仞,流沫三十里,鼋鼍鱼鳖所不能游,向吾见子道之,以为有苦而欲死者,使弟子并流将承子。子出而被发行歌,**

吾以子为鬼也,察子则人也。请问蹈水有道乎?曰:亡。吾无道。吾始乎故,长乎性,成乎命,与赍俱入,与汨偕出。从水之道而不为私焉,此吾所以道之也。孔子曰:何谓始乎故,长乎性,成乎命也?曰:吾生于陵而安于陵,故也;长于水而安于水,性也;不知吾所以然而然,命也。

鼋鼍鱼鳖之所不能游也而游之,则忘涉难之险者也。以子为鬼,察子则人也,则亦疑于神矣。然求其为道,则从水之道不私焉而已。与赍俱入者沉,以穷乎下,与汨偕出者浮,以擦乎上,任其自然而已。此所谓从水之道而不为私焉者也。生于陵而安于陵,不失其所因而已。长于水而安于水,不逆其所性而已。自然者,不累于外,不变于己,其所以然莫知为之者,故曰不知所以然而然,命也。

冲虚至德真经义解卷之三

宋徽宗皇帝著

黄帝下

仲尼适楚,出于林中,见痀瘘者承蜩,犹掇之也。仲尼曰:子巧乎,有道邪?曰:我有道也。五六月,累垸二而不坠,则失者锱铢;累三而不坠,则失者十一;累五而不坠,犹掇之也。吾处也,若橛株驹,吾执臂若槁木之枝。天地之大,万物之多,而唯蜩翼之知。吾不反不侧,不以万物易蜩之翼,何为而不得?孔子顾谓弟子曰:用志不分,乃疑于神,其痀瘘丈人之谓乎?丈人曰:汝逢衣徒也,亦何知问是乎?修汝所以,而后载言其上。

志致一之谓精。精于道者,无自而不可。其处身若橛株驹,其执臂若槁木之枝,则寂然不动而忘吾有形,虽无地之大,万物之多,而唯蜩翼之知。不反不侧,不以万物易蜩之翼,则诚心不二而外滑举消,其专弥久,其失弥少。故其始也,失者锱铢;及其久也,失者十一;又其久也,犹掇之也。此无它,志致一而已。志致一之谓精,惟天下之至精为能通天下之至神。故曰用志不分,乃凝于神。

海上之人有好沤鸟者,每旦之海上,从沤鸟游,沤鸟之至者百住而不止,住当作数。**其父曰:吾闻沤鸟皆从汝游,汝取来吾玩之。明日之海上,沤鸟舞而不下也。故曰至言去言,至为无为。齐智之所知,则浅矣。**

古之有道者,去智忘机,纯白内备,故入兽不乱群,入鸟不乱行。鸟兽不恶,而况人乎?盖内本无心,物自不疑故也。纯白不全,则机变之智多,于是有高飞而避缯弋之害。然则沤鸟之舞而不下,盖以向也去智而今也任智故也。圣人不以智治国。其有言也,无言之之累;其有为也,无为之之迹。齐智之所知,则浅矣。

赵襄子率徒十万,狩于中山,籍艿燔林,扇赫百里。有一人从石壁中出,随烟烬上下。众谓鬼物。火过徐行而出,若无所经涉者。襄子怪而留之,徐而察之,形色七窍,人也;气息音声,人也。问奚道而处石?奚道而入火?其人曰:奚物而谓石?奚物而谓火?襄子曰:而向之所出者,石也;而向之所涉者,火也。其人曰:不知也。魏文侯闻之,问子夏曰:彼何人哉?子夏曰:以商所闻夫子之言,和者大同于物,物无得伤阂者,游金石,踏水火,皆可也。文侯曰:吾子奚不为之?子夏曰:刳心去智,商未之能。虽然,试语之有暇矣。文侯曰:夫子奚不为之?子夏曰:夫子能之而能不为者也。文侯大说。

心与道冥则一体,未始有分,形与物迁,则万化未始不异。物我相对,触类为二,和之以天倪,乌用而求有以异?物我同根,彼是一致,无虚实之相形,则出入石壁,奚物而能阂?无利害之相摩,则上下烟烬,奚物而能伤?故曰和者,大同于物,物无得伤。阂者,游金石,蹈水火,皆可也。子夏知之而未能,夫子能之而不为,盖道非有心者所能得远,亦非无心者所能得近。故子夏于此则曰,刳心去智,商未之能。圣人藏于天而不自炫鬻,则夫子能之而不为者,真是也。彼弊弊然游金石,蹈水火,以为有道,是以其道与世抗,使人得而相之者尔。故《列子》历叙诸子之道,至此则尊夫子为大全焉。

  有神巫自齐来处于郑,命曰季咸,知人死生、存亡、祸福、寿夭,期以岁、月、旬、日,如神,郑人见之,皆避而走。列子见之而心醉,而归以告壶丘子,曰:始吾以夫子之道为至矣,则又有至焉者矣。壶子曰:吾与汝既其文,未既其实,而固得道欤?众雌而无雄,而又奚卵焉?而以道与世抗,必信矣。夫故使人得而相汝。

  解见庄子。

  尝试与来,以予示之。明日,列子与之见壶子。出而谓列子曰:嘻,子之先生死矣,弗活矣,不可以旬数矣。吾见怪焉,见湿灰焉。列子入涕泣沾衿,以告壶子,子曰:向吾示之以地文,罪庄子作萌。乎不震不止,是殆见吾杜德几也。

  见怪则非常,湿灰则不复然,古之至人,运道枢于无穷,则彼是莫得其偶。杜德机而不发,则嗒焉似丧其耦,故示之以地文。而见吾杜德几则谓弗活矣。地与阴同德,而其事文则一以为静,一以为显,故曰不震不止。不震,言不震动也;不止,言不止著也。

  尝又与来。明日,又与之见壶子。出而谓列子曰:幸矣,子之先生遇我也,有瘳矣。灰或作全。然有生矣,吾见杜权矣。列子入告壶子。壶子曰:向吾示之以天壤,名实不入,而机发于踵,此为杜权。是殆见吾善者几也。

灰然有生者,或说以为不复然之中有生之意。向见其湿灰,则生之意已灭。灭则已矣,故以为弗活。今见其杜权,则动之用犹藏。然既已动矣,故以为有生。示之以天壤,壤者,土有息者也。所命于天者,于此有息焉,故曰天壤。名实不入,则真妄已冥。机发于踵,则息之所起,此所以为杜权也。盖其道不可见,而继道者如此而已,故曰是殆见吾善者几也。

尝又与来。明日,又与之见壶子。出而谓列子曰:子之先生坐不斋,吾无得而相焉。试斋将旦复相之。列子入告壶子,壶子曰:向吾示之以太冲莫胜,是殆见吾衡气几也。鲵旋之潘为渊,止水之潘为渊,流水之潘为渊,滥水之潘为渊,沃水之潘为渊,氿水之潘为渊,雍水之潘为渊,汧水之潘为渊,肥水之潘为渊,是为九渊焉。

地文则阴胜阳,天壤则阳胜阴,至于太冲,则有阴有阳而非阴非阳,故曰太冲莫胜。胜者,神之兆于物,阴阳不测,故莫得其胜也。且冲者,阴阳之交,太冲莫胜,则见其适平而已,故谓之衡气几也。一阴一阳,冲而莫胜,证诸九渊,亦可知矣。潘者,反流之谓也。惟反流,然后能全一。此潘者,所以皆渊也。鲵旋之潘为渊,以言全一于至动;止水之潘为渊,以言全一于或止。流水以喻夫出,与物交滥,则出之过也。沃水以喻夫入,为物泽氿,则入之穷也。雍则河水既出还复,入又异夫入之穷矣。汧则既出而不流,又异夫还复矣。肥则出异而归同,盖反流全一者,其义尽于此也。然《庄子》独举其三者,盖别而为九,合而为三,其致一尔。

尝又与来。明日,又与之见壶子。立未定,自失而走。壶子曰:追之。列子追之而不及,反以报壶子,曰:已灭矣,已失矣,吾不及也。壶子曰:向吾示之以未始出吾宗。吾与之虚而猗移,不知其谁何，因以为茅靡，因以为波流，故逃也。然后列子自以为未始学而归，三年不出，为其妻爨，食豨如食人，于事无亲，雕琢复朴，块然独以其形立，分然而封戎，戎当作哉。壹以是终。

未始出吾宗者，盖圣人以天为宗，而藏于天，故未始出吾宗也。余见《庄子解》。

子列子之齐，中道而反，遇伯昏瞀人。伯昏瞀人曰：奚方而反？曰：吾惊焉。恶乎惊？吾食于十浆，而五浆先馈。伯昏瞀人曰：若是，则汝何为惊已？曰：夫内诚不解，形谍成光，以外镇人心，使人轻乎贵老，而齑其所患。夫浆人特为食羹之货，无多余之赢。其为利也薄，其为权也轻，而犹若是。而况万乘之主，身劳于国，而智尽于事，彼将任我以事，而效我以功，吾是以惊。

古之至人明白入素，无为复朴，天机不张，默与道契，惝然若亡而存，油然不形而神，则知我稀而我贵矣。内诚不解，则未能忘心；形谍成光，则未能遗形。以外镇人心，使人轻乎贵老而重己，身劳于国，智尽于事，则惨怛之疾、恬愉之安时集于体，怵迫之恐、欣惧之喜交溺于心。齑其所患，有如此者，又乌能无惊乎哉？

伯昏瞀人曰：善哉观乎！汝处己，人将保汝矣。无几何而往，则户外之屦满矣。伯昏瞀人北面而立，敦杖蹙之乎颐，立有间，不言而出。宾者以告列子。列子提屦徒跣而走，暨乎门，问曰：先生既来，曾不废药乎？曰：已矣。吾固告汝曰：人将保汝，果保汝矣。非汝能使人保汝，而汝不能使人无汝保也，而焉用之感也？感豫出异。且必有感也，摇而本身，又无谓也。与汝游者，莫汝告也，彼所小言，尽人毒也，莫觉莫悟何相孰也。

善哉观乎者，善其能内省。汝处己者，告之使退藏，至人抱神以游世俗之间，使人无得而窥之，故必处己。而不处己，则人将保汝矣。人之保汝，非所谓无得而窥者也。故感而后应，不求有异，是乃所以使人无保汝之道也。感豫则感而后应，出异则求有以异。若是者，非特人果保汝而见有于人，且必有感，摇而本身，不能不累于物。夫与汝游者，莫汝告也，则无自而觉。彼以小言，尽人毒也，则适以为患。莫觉莫悟，安能久于其道乎？故曰何相孰也。相孰者，谓相与薰蒸至于成也。

杨朱南之沛，老聃西游于秦，邀于郊。至梁而遇老子。老子中道仰天而叹曰：始以汝为可教，今不可教也。杨子不答。至舍进涫漱巾栉，脱履外户，膝行而前，曰：向者夫子仰天而叹曰：始以汝为可教，今不可教。弟子欲请夫子辞，行不闲，是以不敢。今夫子闲矣，请问其过。老子曰：而睢睢而盱盱，而谁与居？太白若辱，盛德若不足。杨朱蹴然变容曰：敬闻命矣。其往也，舍者迎将家，公执席，妻执巾栉，舍者避席，炀者避灶。其反也，舍者与之争席矣。

良贾深藏若虚，君子盛德容貌若愚。知我者希，则我者贵矣。彼饰智以惊愚矫激以为异，自炫自鬻，何足以语夫道？夫列子无意于骇人，犹或非之。则杨朱更貌改容有意于异众，其曰不可教也，宜矣。太白若辱者，涤除玄览而不睹一疵，虽受天下之垢，然不修身以明污也；盛德若不足者，德无以加，而不自以为有余，所谓上德不德也。杨朱闻命而往，舍者争席，几是已。盖其往也，将迎执避，众异之如彼也；及其反也，舍者争席，言众轻之如此也，是以圣人披褐怀玉，故去彼取此。

杨朱过宋，东之于逆旅。逆旅人有妾二人，其一人美，其一人恶，恶者贵而美者贱。杨子问其故。逆旅小子对曰：其美者自美，吾不知其美也；其恶者自恶，吾不知其恶也。杨子曰：弟子记之，行贤而去自贤之行，安往而不爱哉？

自道观之，物无美恶，知美之为美，则恶为之对。世之所美者为神奇，所恶者为臭腐。神奇复化为臭腐，臭腐复化为神奇，则美与恶奚辩？圣人不藏是非美恶，虚已以游世而已。不矜不伐，所谓行贤而去自贤之行，天下莫与之争能，亦莫与之争功，所谓安往而不爱哉。

天下有常胜之道，有不常胜之道。常胜之道曰柔，常不胜之道曰强。二者亦知，而人未之知。故上古之言：强，先不己若者；柔，先出于己者。先不己若者，至于若己，则殆矣。先出于己者，亡所殆矣。以此胜一身若徒，以此任天下若徒，谓不胜而自胜，不任而自任也。粥子曰：欲刚，必以柔守之；欲强，必以弱保之。积于柔必刚，积于弱必强。观其所积，以知祸福之乡。强胜不若己，至于若己者刚；柔胜出于己者，其力不可量。老聃曰：兵强则灭，木强则折。柔弱者生之徒，坚强者死之徒。

积众小不胜为大胜者，惟圣人能之。老子曰：天下莫柔弱于水，而攻坚强者莫之能先，以其无以易之也。盖有以易之，则徇人而失己，乌能胜物？唯无以易之，故万变而常一，物无得而胜之者。此之谓常胜之道。常胜之道曰柔，常不胜之道曰强，二者易知，而人未之知者，此《老子》所谓柔之胜刚，弱之胜强，天下莫不知，而莫之能行者是也。强，先不己若者；柔，先出于己者。先不己若者，至于若己，则殆矣。先出于己者，亡所殆矣者。盖道与世抗者，必遇其敌；濡弱谦下者，驰骋天下之至坚。正谓是也。以此胜一身若徒，以此任天下若徒者，谓由一身以达之天下，必若柔弱者之徒，乃能胜任也。为其不求胜物而自胜，不假任人而自任故也。抗兵相加哀者胜矣，故曰兵强则灭。拱把之桐，梓人皆知养，强则伐而共之矣，故曰木强则折。万物负阴而抱阳，冲气以为和，阳以发生为德,阴以肃杀为事。方其肃杀,则冲和丧矣。故曰柔弱者生之徒,坚强者死之徒。

状不必童童当作同。**而智童,智不必童而状童**。圣人取童智而遗童状,众人近童状而疏重智。状与我童者,近而爱之;状与我异者,疏而畏之。有七尺之骸,手足之异,戴发含齿,倚而趋者,谓之人。而人未必无兽心。虽有兽心,以状而见亲矣。傅翼戴角,分牙布爪,仰飞伏走,谓之禽兽。而禽兽未必无人心,虽有人心,以状而见疏矣。庖牺氏、女娲氏、神农氏、夏后氏,蛇身人面,牛首虎鼻,此有非人之状,而有大圣之德。夏桀、殷纣、鲁桓、楚穆,状貌七窍,皆同于人,而有禽兽之心。而众人守一状以求至智,未可几也。黄帝与炎帝战于阪泉之野,帅熊、罴、狼、豹、貙、虎为前驱,雕、鹖、鹰、鸢为旗帜,此以力使禽兽者也。尧使夔典乐,击石拊石,百兽率舞,箫韶九成,凤凰来仪,此以声致禽兽者也。然则禽兽之心,奚为异人?形音与人异,而不知接之之道焉。圣人无所不知,无所不通,故得引而使之焉。禽兽之智有自然与人童者,其齐欲摄生,亦不假智于人也。牝牡相偶,母子相亲;避平依险,违寒就温;居则有群,行则有列;小者居内,壮者居外;饮则相携,食则鸣群。太古之时,则与人同处,与人并行。帝王之时,始惊骇散乱矣。逮于末世,隐伏逃窜,以避患害。今东方介氏之国,其国人数数解六畜之语者,盖偏知之所得。太古神圣之人,备知万物情态,翻解异类音声。会而聚之,训而受之,同于人民。故先会鬼神魑魅,次达八方人民,末聚禽兽虫蛾,言血气之类心智不殊远也。神圣知其如此,故其所教训者无所遗逸焉。

先儒以童为同,当以同为正也。至德之世,同乎无知,其德不离,同乎无欲,是谓素朴。故同与禽兽居,族与万物并。禽兽可系羁而游,鸟鹊之巢可攀援而窥也。黄帝阪泉之役,帝尧声乐之致,盖以此乎?葛介卢闻牛鸣,成周之时,设官使养鸟兽而教,扰之且掌与之言,则悉解异类音声,会聚而训受之,犹有见于后世者。《列子》叹淳朴之散,原道德之意,寓之于书。方且易机变之衰俗,而跻之淳厚之域,故其言有及于此。

宋有狙公者,爱狙,养之成群,能解狙之意,狙亦得公之心。损其家口,充狙之欲。俄而匮焉,将限其食,恐众狙之不驯于己也,先诳之曰:与若芧,朝三而暮四,足乎?众狙皆起而怒。俄而曰:与若芧,朝四而暮三,足乎?众狙皆伏而喜。物之以能鄙相笼,皆犹此也。圣人以智笼群愚,亦犹狙公之以智笼众狙也。名实不亏,使其喜怒哉。

古之善为道者,非以明民,将以愚之。盖民可使由之,不可使知之。故善为道者,使由之而已,反其常,然道可载而与之俱,无所施其智巧焉。

纪渻子为周宣王养斗鸡。十日而问:鸡可斗已乎?曰:未也,方虚骄而恃气。十日又问。曰:未也,犹应影向。十日又问。曰:未也,犹疾视而盛气。十日又问。曰:几矣。鸡虽有鸣者,已无变矣。望之似木鸡矣,其德全矣。异鸡无敢应者,反走尔。

善胜敌者不争,夫唯不争,故天下莫能与之争。盖欲静则平气,欲神则顺心,是谓不争之德也。若是者,其天守全,其神无郤,物奚自入焉?虽忤物而不憎,物亦莫之能伤。纯气之守,非智巧果敢之列也,是谓全德之人哉?

惠盎见宋康王。康王蹀足謦欬,疾言曰:寡人之所说者,勇有力也,不悦为仁义者也。客将何以教寡人?惠盎对曰:臣有道于此,使人虽有勇,刺之不入,虽有力,击之弗中。大王独无意邪?宋

王曰：善，此寡人之所欲闻也。惠盎曰：夫刺之不入，击之不中，此犹辱也。臣有道于此，使人虽有勇，弗敢刺；虽有力，弗敢击。夫弗敢，非无其志也。臣有道于此，使人本无其志也。夫无其志也，未有爱利之心者。臣有道于此，使天下丈夫女子莫不欢然皆欲爱利之。此其贤于勇有力也，四累之上也。大王独无意邪？宋王曰：此寡人之所欲得也。惠盎对曰：孔墨是已。孔丘、墨翟无地而为君，无官而为长，天下丈夫女子莫不延颈举踵而愿安利之。今大王万乘之主也，诚有其志，则四境之内皆得其利矣，其贤于孔墨也远矣。宋王无以应，惠盎趋而出。宋王谓左右曰：辩矣，客之以说服寡人也。

圣人之于天下，神武不杀，而以慈为宝。故仁眇天下而无不怀，义眇天下而无不服，是谓常胜之道，贤于勇有力也远矣。此天下所以爱利之也。言孔子而遂与墨翟俱者，《庄子》论古之道术，百家众技各有所长。墨子于道，虽不该不遍，亦才士之有所长者也。

冲虚至德真经义解卷之四

宋徽宗皇帝著

周穆王

道无真妄，物有彼是。犹之梦觉，自生纷错，唯大圣知知，通为一。

周穆王时，西极之国有化人来，入水火，贯金石，反山川，移城邑，乘虚不坠，触实不硋，千变万化，不可穷极。既已变物之形，又且易人之虑。

知变化之道者，其知神之所为乎？水火之所不能害，金石之所不能跻，高下一体，虚实两忘，千变万化，不可穷极，则亦神矣。然神者，妙万物而不可测也。变物之形，易人之虑，是特穷数达变，因形移易者尔。谓之化人以此。

穆王敬之若神，事之若君。推露寝以居之，引三牲以进之，选女乐以娱之。化人以为王之宫室卑陋而不可处，王之厨馔腥螻而不可飨，王之嫔御膻恶而不可亲。穆王乃为之改筑，土木之功，赭垩之色，无遗巧焉。五府为虚，而台始成。其高千仞，临终南之上，号曰中天之台。简郑卫之处子娥媌靡曼者，施芳泽，正娥眉，设笄珥，衣阿锡，曳齐纨，粉白黛黑，佩玉环。杂芷若以满之，奏《承云》《六莹》《九韶》《晨露》以乐之。月月献玉衣，旦旦荐玉食。化人犹不舍然，不得已而临之。

世之所美者为神奇，所恶者为臭腐神奇，臭腐，迭相为化，则美恶奚辨？化人以王之宫室厨馔嫔御为不可，而必改筑简择，然后临之，是未能忘美恶之情者也。故穆王钦之，特若神而已。

居亡几何，谒王同游，王执化人之祛，腾而上者，中天乃止，暨及化人之宫。化人之宫，构以金银，络以珠玉，出云雨之上，而不知下之所据，望之若屯云焉。耳目所观听，鼻口所纳尝，皆非人间之有。王实以为清都、紫微、钧天、广乐，帝之所居。王俯而视之，其宫榭若累块积苏焉。王自以居数十年不思其国也。化人复谒王同游，所及之处，仰不见日月，俯不见河海。光影所照，王目眩不能得视，音响所来，王耳乱不能得听，百骸六藏，悸而不凝，意迷精丧，请化人求还。

言王实以为清都、紫微、钧天、广乐，帝之所居，则明其非也。构以金银，络以珠玉，观听纳尝，皆非人间之所有，而王至于不思其国，其可乐如此。其所及之处，仰不见日月，俯不见河海，目不能视,耳不能听,而王意迷精丧,请化人求还,其不乐如此。此之谓变物之形而易人之虑。

化人移之,王若殒虚焉。既寤,所坐犹向者之处,待御犹向者之人。视其前,则酒未清,肴未晞。王问所从来,左右曰:王默存耳。由此穆王自失者三月而复。更问化人,化人曰:吾与王神游也,形奚动哉?且曩之所居,奚异王之宫?曩之所游,奚异王之圃?王闲恒,疑暂亡。变化之极,疾徐之间,可尽模哉?

神心恍惚,经纬万方,则神游者其疾。俛仰之间,再抚四海之外,形不必动而心与之俱矣。世之人以常有者为真,以常无者为妄,故问习于常存,而置疑于暂亡。著有弃空,蔽于一曲,不知彼之与此俱非真也。明乎此,则曩之所居,奚异王之宫?曩之所游,奚异王之圃?

王大悦。不恤国事,不乐臣妾,肆意远游。命驾八骏之乘,右服䮍古华字。骊而左绿耳,右骖赤骥而左白㸌,古义字。主车则造父为御,商商上齐下合,又音泰丙。为右,次车之乘,右服渠黄而左逾轮,左骖盗骊而右山子,柏夭主车,参百为御,奔戎为右。驰驱千里,至于巨蒐氏之国。巨蒐氏乃献白鹄之血以饮王,具牛马之潼以洗王之足,及二乘之人。已饮而行,遂宿于昆仑之阿,赤水之阳。别日升于昆仑之丘,以观黄帝之宫,而封之以诒后世。遂宾于西王母,觞于瑶池之上。西王母为王谣,王和之,其辞哀焉。乃观日之所入,一日行万里,王乃叹曰:於乎!予一人不盈于德而谐于乐,后世其追数吾过乎?穆王几神人哉!能穷当身之乐,犹百年乃徂,世以为登假焉。

神不疾而速,不行而至。穆王不知,所以出入六合在此,而命驾骖乘,日行万里。故虽至巨蒐之国,升昆仑之丘,观黄帝之宫,宾王母于瑶池之上,非乘云气,御飞龙,游乎四海之外者也。故曰几神人哉,言近于神而非神也。

　　老成子学幻于尹文先生,三年不告。老成子请其过而求退,尹文先生揖而进之于室,屏左右而与之言曰:昔老聃之徂西也,顾而告予曰:有生之气,有形之状,尽幻也。造化之所始,阴阳之所变者,谓之生,谓之死。穷数达变,因形移易者,谓之化,谓之幻。造物者其巧妙,其功深,固难穷难终。因形者其巧显,其功浅,故随起随灭。知幻化之不异生死也,始可与学幻矣。吾与汝亦幻也,奚须学哉?老成子归,用尹文先生之言,深思三月,遂能存亡自在,幡校四时;冬起雷,夏造冰;飞者走,走者飞。终身不著其术,故世莫传焉。

　　可与往者,与之至于妙道。揖而进之至室者,以此不可与往者,慎勿与之。屏左右而与之言者,以此阴阳之运,四时之行,万物之理,俄造而有,倏化而无,故曰有生之气,有形之状,尽幻也。物以生为始,以死为终,以生为常,以死为变,而皆冥于造化阴阳之所运者也。故曰造化之所始,阴阳之所变者,谓之生,谓之死。既穷造化阴阳之数,又达有气有形之变,则谓之化。付之系于数变者,复因其形而移易之,则谓之幻。造物者天也。天则神矣,故巧妙而不可测,功深而不可究,此所以难穷难终。因形者,人也。人则明矣,故巧显而遽成,功浅而俄坏,此所以随起随灭。夫生死固然也,幻化或使也,自道观之,皆非真常。则知幻化之不异于死生也,奚往而非幻哉?今且吾与汝皆幻也,而学幻焉,是犹所谓梦中又占其梦者。与自在存亡者言物或存或亡,而吾固自存也。幡校四时,则役阴阳而不役于阴阳;冬起雷,夏造冰,则制四时而不制于四时;飞者走,走者飞,则驰万物而不驰于万物。巧妙功深,且与造物者游矣。终身不著其术，世莫传焉，则为其难穷难终，难测难识故也。故善学幻者，建之以常无有，然后足以尽此。

子列子曰：善为化者，其道密庸，其功同人。五帝之德，三王之功，未必尽智勇之力，或由化而成，孰测之哉？

五帝之德，三王之功，其道密庸者，言其道之藏诸用。其功同人者，言其功之显诸人。五帝曰德，三王曰功，其述之所履者尔。其心未尝不一也，然既以为智勇之力，而未敢必又以为由化而成，而或者疑之，其善为化莫测如此，是谓与天地同流者欤？

觉有八征，梦有六候。奚谓八征？一曰故，二曰为，三曰得，四曰丧，五曰哀，六曰乐，七曰生，八曰死。此者八征，形所接也。奚为六候？一曰正梦，二曰噩梦，三曰思梦，四曰寤梦，五曰喜梦，六曰惧梦。此六者，神所交也。不识感变之所起者，事至则惑，其所由然；识感变之所起者，事至则知其所由然。知其所由然，则无所怛。

其觉也涉事，故验之以八证。其梦也藏理，故占之以六候。所遭谓之故，所作谓之为，得言所益，丧言所失，哀乐累其心，死生变于己。之八者，形开而可验者也，故曰：此八证者，形所接也。正、噩、思、寤、喜、惧，之六者，魂交而可占者也，故曰此六候者，神所交也。其梦也，魂交。其觉也，形开。昼夜之变也，不识感变之所起者，事至则惑，其所由然，盖不知其梦而自以为觉也。识感变之所起者，事至则知其所由然，所谓大觉而知此其大梦者也。通乎昼夜之道而知者，万物一齐，孰觉孰梦，何怛化之有？

一体之盈虚消息，皆通于天地，应于物类。故阴气壮，则梦涉大水而恐惧；阳气壮，则梦涉大火而燔焫；阴阳俱壮，则梦生杀。甚饱则梦与，甚饥则梦取。是以以浮虚为疾者，则梦扬；以沉实为疾者，则梦溺。借带而寝则梦蛇，飞鸟衔发则梦飞。将阴梦火，将疾梦食。饮酒者忧,歌舞者哭。子列子曰:神遇为梦,形接为事。故昼想夜梦,神形所遇。故神凝者,想梦自消。信觉不语,信梦不达,物化之往来者也。古之真人,其觉自忘,其寝不梦,几虚语哉?

通天下一气耳。此所以盈虚消息皆通于天地,应于物类。阴气壮,则梦大水而恐惧,阳气壮,则梦大火而燔焫,阴阳俱壮而和,则或梦生,阴阳俱壮而乖,则或梦杀。以浮虚为疾者,则梦扬,以沉实为疾者,则梦溺,盈虚之理也。甚饱梦与,甚饥梦取,将阴梦火,将疾梦食,消息之理也。借带而寝,则梦蛇,飞鸟衔发,则梦飞,因其类也。饮酒者忧,歌舞者哭,反其类也。盖形之所接存于昼,故神之所遇生于夜。是则神形所遭,皆盈虚消息之自尔。若夫冥以一真,每与道俱,则梦觉一致,实妄两忘,是之谓真人。

西极之南隅有国焉,不知境界之所接,名古莽之国。阴阳之气所不交,故寒暑亡辨;日月之光所不照,故昼夜亡辨。其民不食不衣而多眠,五旬一觉,以梦中所为者实,觉之所见者妄。四海之齐谓中央之国,跨河南北,越岱东西,万有余里。其阴阳之审度,故一寒一暑;昏明之分察,故一昼一夜。其民有智有愚,万物滋殖,才艺多方。有君臣相临,礼法相持。其所云为,不可称计。一觉一寐,以为觉之所为者实,梦之所见者妄。东极之北隅,有国曰阜落之国。其土气常燠,日月余光之照,其土不生嘉苗。其民食草根木实,不知火食,性刚悍,强弱相借,贵胜而不尚义,多驰步,少休息,常觉而不眠。

阳为动为明,阴为静为晦。西极之南,偏于阴,故其民一于向晦,静而多眠。东极之比,偏于阳,故其民一于向明,动而多觉。中央之国者,天地之所合也,四时之所交也,风雨之所会也,阴阳之所和也,何明而动?何晦而息?动静不失其时,一觉一梦,实妄以解,非体真常而善为化者,孰能与于此?

周之尹氏大治产,其下趣役者,侵晨昏而弗息。有老役夫,筋力竭矣,而使之弥勤,昼则呻呼而即事,夜则昏惫而熟寐,精神荒散。昔者梦为国君,居人民之上,总一国之事,游燕宫观,恣意所欲,其乐无比,觉则复役。人有慰喻其勤者,役夫曰:人生百年,昼夜各分。吾昼为仆虏,苦则苦矣;夜为人君,其乐无比。何所怨哉?尹氏心营世事,虑钟家业,心形俱疲,夜亦昏惫而寐。昔者梦为人仆,趋走作役,无不为也,数骂杖挞,无不至也,眠中啽呓呻呼,彻旦息焉。尹氏病之,以访其友。友曰:若位足荣身,资财有余,胜人远矣。夜梦为仆,苦逸之复,数之常也。若欲觉梦兼之,岂可得邪!尹氏闻其友言,宽其役夫之程,减己思虑之事,疾并少间。

一阴一阳,冲和适平,此天与之形也。形失其平,偏而为疾。或昼苦而夜乐,或昼逸而夜劳,终始反复必至之理也。宽其役夫之程,灭己思虑之事,则各适其平,是以疾并少间。然万物一齐,孰觉孰梦,方其梦也,不知其梦,觉而后知其梦,愚者自以为觉耳。必有大觉,而后知此。其大梦也,君乎,牧乎,固哉?

郑人有薪于野者,遇骇鹿,御而击之,毙之。恐人见之也,遽而藏诸隍中,覆之以蕉,不胜其喜。俄而遗其所藏之处,遂以为梦焉,顺涂而咏其事。傍人有闻者,用其言而取之。既归,告其室人曰:向薪者梦得鹿而不知其处,吾今得之,彼直真梦者矣。室人曰:若将是梦见薪者之得鹿耶?讵有薪者邪?今真得鹿,是若之梦真邪?夫曰:吾据得鹿,何用知彼梦我梦邪?薪者之归,不厌失鹿。其夜真梦藏之之处,又梦得之之主。爽旦,按所梦而寻得之。遂讼而争之,归之士师。士师曰:若初真得鹿,妄谓之梦;真梦得鹿,妄谓之实。彼真取若鹿,而与若争鹿。室人又谓,梦仞人鹿,无人得鹿,今据有此鹿,请二分之。以闻郑君,郑君曰:嘻,士师将复梦分人鹿乎?访之国相,国相曰:梦与不梦,臣所不能辨也。欲辨觉梦,唯黄帝、孔丘,今亡黄帝、孔丘,孰辨之哉?且恂士师之言可也。

自道观之,孰觉孰梦,是非一气,果且有辨乎?形名而降,真伪起矣。故真得鹿也,妄谓之梦。真梦鹿也,妄谓之实。是非之涂,樊然殽乱,恶能知其辨?黄帝、孔子,以真冥妄,果且有彼是乎哉?士师之言,以真辨妄,果且无彼是乎哉?故求证于黄帝、孔子而莫得,则且恂士师之言可也。

宋阳里华子中年病忘,朝取而夕忘,夕与而朝忘;在涂则忘行,在室则忘坐;今不识先,后不识今。阖室毒之。竭史而卜之,弗占;谒巫而祷之,弗禁;谒医而攻之,弗已。鲁有儒生自媒能治之,华子之妻子以居产之半请其方。儒生曰:此固非卦兆之所占,非祈请之所祷,非药石之所攻。吾试化其心,变其虑,庶几其瘳乎?于是试露之,而求衣,饥之,而求食,幽之,而求明。儒生欣然告其子曰:疾可已也。然吾之方密,传世不以告人。试屏左右,独与居室七日。从之,莫知其所施为也,而积年之疾一朝都除。华子既悟,乃大怒,黜妻罚子,操戈逐儒生。宋人执而问其故,华子曰:曩吾忘也,荡荡然不觉天地之有无。今顿识既往,数十年来存亡得失、哀乐好恶扰扰万绪起矣。吾恐将来之存亡得失、哀乐好恶之乱吾心如此也,须臾之忘,可复得乎?子贡闻而怪之,以告孔子。孔子曰:此非汝所及乎!顾谓颜回记之。

知忘,是非心之适也。堕枝体而离形,黜聪明而去智,天机不张,默与道契,惝然若亡而存世,岂得而窥之?俗人昭昭,我独若昏。素逝而耻通于事立之本原,而知通于神,此圣人之所以不病也。而世俗以不知为病,故谓华子为病忘。方且化其心,变其虑,使存亡得失、哀乐好恶,扰扰万绪随之而起,以累其形,因乱其心,则儒生所谓除其疾者,其开人而贼生者,与孔子不以语子贡者,以其多知而杂,顾颜回记之,则为其能坐忘故也。

秦人逢氏有子,少而惠,及壮而有迷罔之疾。闻歌以为哭,视白以为黑,飨香以为朽,尝甘以为苦,行非以为是。意之所之,天地四方、水火寒暑,无不倒错者焉。杨氏告其父曰:鲁之君子多术艺,将能已乎?汝奚不访焉?其父之鲁,过陈,遇老聃,因告其子之证。老聃曰:汝庸知汝子迷乎?今天下之人皆惑于是非,昏于利害。同疾者多,固莫有觉者。且一身之迷,不足倾一家;一家之迷,不足倾一乡;一乡之迷,不足倾一国;一国之迷,不足倾天下。天下尽迷,孰倾之哉?向使天下之人其心尽如汝子,汝则反迷矣。哀乐、声色、臭味、是非,孰能正之?且吾之此言,未必非迷,而况鲁之君子迷之邮者,焉能解人之迷哉?荣汝之粮,不若遄而归也。

是非之彰也,道之所以亏也。彼亦一是非,此亦一是非,则歌哭之声,黑白之色,香朽之臭,甘苦之味,以至于四方之内,人各是其所是,而非其所非。将谁使正?民之迷,其日久矣。窃窃然知之,谓彼为迷。吾乌能知其辨?此老子所以谓其父曰:汝庸知汝子之迷乎?又曰:哀乐、声色、臭味、是非,孰能正之也?玄珠之遗,象罔得之,则迷罔之疾,亦岂世之所识哉?

燕人生于燕,长于楚,及老而还本国,过晋国,同行者诳之,指城曰:此燕国之城。其人愀然变容,指社曰:此若里之社。乃喟然而叹。指舍曰:此若先人之庐。乃涓然而泣。指垅曰:此若先人之冢。其人哭不自禁,同行者哑然大笑,曰:予昔绐若,此晋国耳。其人大惭。及至燕,真见燕国之城社,真见先人之庐冢,悲心更微。

情有一至,哀乐既过,则向之所感,举无欣戚也。

冲虚至德真经义解卷之五

宋徽宗皇帝著

仲尼上

或使则实，莫为则虚。徼妙并观，有无不敌。无不忘也，无不有也。淡然无极，是谓契理。

仲尼闲居，子贡入侍，而有忧色。

圣人退藏于密，故心不忧乐吉凶。与民同患，故有忧。

子贡不敢问，出告颜回。颜回援琴而歌，孔子闻之，果召回入，问曰：若奚独乐？回曰：夫子奚独忧？孔子曰：先言尔志。曰：吾昔闻之夫子曰：乐天知命故不忧，回所以乐也。

乐天，则不尤人，知命，则不尚力。任其自然，不累乎心，何忧之有？

孔子愀然有问曰：有是言哉？汝之意失矣。此吾昔日之言尔，请以今言为正也。

道恶乎往而不存？言恶乎存而不可？随时之宜之谓是，体道之常之谓正，故昔日之言可以为是，而自今观之，不可以为正也。然以昔日之言为是，以今日之言为正，其所言者，特未定也。知时无止，证向今故，则束于教者，岂足以语此？

汝徒知乐天知命之无忧，未知乐天知命有忧之大也。

真乐无乐，亦无所不乐，真知无知，亦无所不知。修之身，故无忧；修之天下，故有忧之大也。

今告若其实，修一身，任穷达，知去来之非我，止变乱于心虑，尔之所谓乐天知命之无忧也。

古之知道者，以行止非人所能而在天，以废兴非力所致而在命，不荣通，不丑穷，适来时也。适，去顺也。安时而处顺，哀乐不能入也，何忧之有？然是特修一身者尔。

曩吾修《诗》《书》，正礼乐，将以治天下，遗来世，非但修一身，治鲁国而已。而鲁之君臣日失其序，仁义益衰，情性益薄。此道不行一国与当年，其如天下与来世矣。吾始知《诗》《书》礼乐无救于治乱，而未知所以革之之方，此乐天知命者之所忧。

《诗》《书》者，载治之言。礼乐者，载治之具。孔子体道之真以治身，超然自得乎形色、名声之表矣，而悯天下之弊，故言仁义，明礼乐，吁俞曲折以慰天下之心。然世之人灭质溺心，无以返其性情而复其初。则仁义益衰，而情性益薄，其道不行于当年矣，为天下后世虑，所以忧心。

虽然，吾得之矣。夫乐而知者，非古人之谓所乐知也。无乐无知，是真乐真知，故无所不乐，无所不知，无所不忧，无所不为。《诗》《书》礼乐，何弃之有？革之何为？颜回北面拜乎曰：回亦得之矣。出告子贡。子贡茫然自失，归家淫思七日，不寝不食，以至骨立。颜回重往喻之，乃反丘门，弦歌诵书，终身不辍。

道德不废，安取仁义？性情不离，安用礼乐？乐天者，有所乐，非古人之所谓乐也。知命者，有所知，非古人之所谓知也。乐天者，必期于无所乐，是谓真乐。知命者，必期于无所知，是谓真知。若是，则无所不乐，无所不知，无所不忧，无所不为，与化为人焉。往而不能化人，治诗书礼乐可也。退仁义，宾礼乐，亦可也。故其始也，以诗书礼乐无救于治乱。及其得也，则曰诗书礼乐何弃之有？革之何为？子贡向也不敢问，至其闻之，茫然自失，思无所得，则诵书不辍而已。所谓得其言而未得其所以言者欤？

陈大夫聘鲁,私见叔孙氏。叔孙氏曰:吾国有圣人。曰:非孔丘邪?曰:是也。何以知其圣乎?叔孙氏曰:吾常闻之颜回曰:孔丘能废心而用形。陈大夫曰:吾国亦有圣人,子弗知乎?曰:圣人孰谓?曰:老聃之弟子有亢仓子者,得聃之道,能以耳视而目听。

仲尼应物而忘心,故见其圣者,以为能废心而用形。亢仓子适己而忘形,故见其圣者,以为能耳视而目听。废心用形,犹桔槔俯仰。人之所引,亦引人也。耳视目听,与列子心凝形释,骨肉都融同义。然何废何用?无视无听圣人之道,乌可致诘?此特人者见之耳。

鲁侯闻之大惊,使上卿厚礼而致之。亢仓子应聘而至。鲁侯卑辞请问之。亢仓之曰:传之者妄。我能视听不用耳目,不能易耳目之用。鲁侯曰:此增异矣,其道奈何?寡人终愿闻之。亢仓子曰:我体合于心,心合于气,气合于神,神合于无。其有介然之有,唯然之音,虽远在八荒之外,近在眉睫之内,来干我者,我必知之。乃不知是我七孔四支之所觉,心腹六藏之所知,其自知而已矣。鲁侯大悦。佗日以告仲尼,仲尼笑而不答。

耳视目听,犹不能外乎形。视听不用,耳目则离形矣。盖耳目视听,未离乎形,犹有所不及。至于不用耳目,则形充空虚。视乎冥冥,听乎无声,与神为一,世岂足识之?体合于心,则以外而进内。心合于气,则以实而致虚。炁合于神,则立乎不测。神合于无,则动于无方。无听之以耳,而听之以炁,吾以神遇,而不以目视,此所谓以无有入无间者。与介然之有,有形之小,唯然之音,有声之微,远在八荒之外,华九方也。近在眉睫之间,非无所也,囿于有形,感于有声,吾虽黜聪明而同乎大通。来干我者,我必知之,亦恶知其所以然哉?故曰其自知而已矣。仲尼笑而不答者,解颜一笑，不知答也。

商太宰见孔子曰：丘圣者欤？孔子曰：圣则丘何敢？然则丘博学多识者也。

夫子既圣矣，而曰圣则何敢，盖不居其圣也。虽博学而无所成名，虽名识而一以贯之，此孔子所以为集大成。

商太宰曰：三王圣者欤？孔子曰：三王善任智勇者，圣则丘不知。曰：五帝圣者欤？孔子曰：五帝善任仁义者，圣则丘弗知。曰：三皇圣者欤？孔子曰：三皇善任因时者，圣则丘弗知。

皇言道，帝言德，王言业。善任因时所以行道，善任仁义所以成德，善任智勇所以修业。然有为之累，非无为之事，故曰圣则丘弗知也。虽然，皇也，帝也，王也，应时而造所任者，迹也。其所以迹，则其所以圣。

商太宰大骇，曰：然则孰者为圣？孔子动容有间，曰：西方之人有圣者焉，不治而不乱，不言而自信，不化而自行，荡荡乎民无能名焉。丘疑其为圣，弗知真为圣欤？真不圣欤？商太宰嘿然心计曰：孔丘欺我哉？

庄子论燧人、伏戏、神农、黄帝、唐虞以来其为天下，皆以为德之下衰。孔子以三皇、五帝、三王之治为不知其圣，乃曰西方之人有圣者焉，盖道岁也。圣人时也，五帝、三王之治，阅众甫于亨嘉之会，犹时之有春夏也，见其外王之业而已，故曰：不知其圣。西方之人，去华而复质，犹时之有秋冬也，静而圣而已，故曰：有圣者焉。夫有不治也，然后治之；无事于治，何乱之有？故不治而不乱。待言而信者，信不足也；默然而喻，故不言而自信。道化之行，犹有行之之迹，化而无述，孰推行是，故不化而自行，此之谓莫之为而常自然也。道不可名，无所畛域，故曰：荡荡乎民无能名焉。虽然，圣不可知,谓是为圣,岂真是哉?故疑其为圣而已。商太宰以其言不近人情,故始也惊怖而大骇,且求之度数而弗得,故其终嘿然心计,而以孔子为欺我也。

子夏问孔子曰:颜回之为人奚若?子曰:回之仁贤于丘也。曰:子贡之为人奚若?子曰:赐之辩贤于丘也。曰:子路之为人奚若?子曰:由之勇贤于丘也。曰:子张之为人奚若?子曰:师之庄贤于丘也。子夏避席而问曰:然则四子者何为事夫子?曰:居,吾语汝。夫回能仁而不能反,赐能辩而不能讷,由能勇而不能怯,师能庄而不能同。兼四子之有以易吾,吾弗许也。此其所以事吾而不贰也。

圣人之道极高明而道中庸,或过或不及,皆非道也,贤者过之,圣人无取焉。回能仁而不能反,非大仁也;赐能辩而不能讷,非人辩也;由能勇而不能怯,非大勇也;师能庄而不能同,非和光也。虽不该不遍,在道一曲,然各有所长,时有所用,乃若夫子之大全,则备道而兼有之。彼数子者,仰圣人而自知其小,则孔子虽各以其所能为贤于己,而彼其所事我者,亦安能贰己哉?

子列子既师壶丘子林,友伯昏瞀人,乃居南郭。从之处者,日数而不及。虽然,子列子亦微焉,朝朝相与辩,无不闻。而与南郭子连墙二十年,不相谒请,相遇于道,目若不相见者,门之徒役以为子列子与南郭子有敌不疑。有自楚来者,问子列子曰:先生与南郭子奚敌?子列子曰:南郭子貌充心虚,耳无闻,目无见,口无言,心无知,形无惕。往将奚为?虽然,试与汝偕往。阅弟子四十人同行,见南郭子,果若欺魄焉,而不可与接。顾视子列子,形神不相偶,而不可与群。南郭子俄而指子列子之弟子末行者与言,衎衎然若专直而在雄者。子列子徒骇之,反舍,咸有疑色。子列子曰:得意者无言,进知者亦无言。用无言为言亦言,无知为知亦知。无言与不言,无知与不知,亦言亦知。亦无所不言,亦无所不知;亦无所言,亦无所知。如斯而已,汝奚妄骇哉?

曰数而不及者,言偕来者众,而夫子之不可及也。列子亦微焉者,言列子之道亦不可得而见也。朝朝相与辩,无不闻者,道不可闻,闻而非也。不得已而有辩,则其所闻也亦浅矣。连墙二十年,不相请谒,则与老子所谓不相往来同意。相遇于道,目若不相见,则不必目击而道固存矣。百骸九窍赅而存焉,所谓貌充也。窅然空然,视之不见,所谓心虚也。有人之形,故耳、目、口形貌无不充。无人之情,故无闻、无见、无言、无知,无惕,其室虚矣。欻魄若存,形而非真,犹所谓象人也。形神不相偶,谓神不守形。衍衍然若专直而在雄者,谓不能知雄而守雌。以列子之道,南郭且视之如此,此其徒所以骇之而咸有疑色也。言者,所以传道也。言所以在意,得意而忘言,故曰得意者无言。可以言论者,物之粗也,而不知内矣。故曰进知者亦无言,用无言为言亦言者,至言也,无知为知亦知者,至知也。以我之无言,合道之不言,以我之无知,合道之不知,由得意与进知者观之,亦所以为言,亦所以为知也。其道不外乎此,何妄骇之有?

子列子学也,三年之后,心不敢念是非,口不敢言利害,始得老商一眄而已。五年之后,心更念是非,口更言利害,老商始一解颜而笑。七年之后,从心之所念,更无是非,从口之所言,更无利害,夫子始一引吾并席而坐。九年之后,横心之所念,横口之所言,亦不知我之是非利害欤,亦不知彼之是非利害欤,外内进矣。而后眼如耳,耳如鼻,鼻如口,口无不同。心凝形释,骨肉都融,不觉形之所倚,足之所履,心之所念,言之所藏。如斯而已,则理无所隐矣。

始得一晌，言道存于目击之间，解颜而笑，言心得于形释之外，引之并席而坐，则进而与之俱。外内进矣，则妙而不可测也。形充空虚，故心凝形释，骨肉都融，造形上极，故理无所隐也。

初，子列子好游。壶丘子曰：御寇好游，游何所好？列子曰：游之乐所玩无故。人之游也，观其所见；我之游也，观其所变，游乎游乎，未有能辨其游者。壶丘子曰：御寇之游固与人同欤，而曰固与人异欤？凡所见，亦恒见其变。玩彼物之无故，不知我亦无故。务外游，不知务内观。外游者，求备于物；内观者，取足于身。取足于身，游之至也；求备于物，游之不至也。于是列子终身不出，自以为不知游。

所玩无故，则常新也。人之游也，观其所见于貌象声色而已。我之游也，观其所变则在消息盈虚。未有能辨其游者，言两者之异，未之或知也。然以性见者，于其所见亦常见其变也。故曰：凡所见，亦常见其变。以我徇彼，则徒见彼之无故。反外照内，则在我者未尝不常新也。故曰：玩彼物之无故，不知我亦无故。务外游者与物俱徂，见物不见性，内观者反身而诚，见性不见物。穷响以声，此求备于物之类也。处阴休影，此取足于身之类也。故游之至与不至，唯内外之为辨。列子终身不出，则反求诸己之谓也。

壶丘子曰：游其至乎？至游者，不知所适；至观者，不知所眂。物物皆游矣，物物皆观矣，是我之所谓游，是我之所谓观也。故曰：游其至矣乎，游其至矣乎？

至游者，因性而动者也。至观者，即性而见者也。有所适则有尽，性岂有尽者哉？故至游者不知所适。有所眂则有碍，性岂有碍者哉？故至观者不知所眂。无所不游而实无所游，无所不观而实无所观，上与造物者游，如斯而已，故曰：游其至矣乎？

冲虚至德真经义解卷之六

宋徽宗皇帝著

仲尼下

龙叔谓文挚曰：子之术微矣。吾有疾，子能已乎？文挚曰：唯命所听。然先言子所病之证。龙叔曰：吾乡誉不以为荣，国毁不以为辱；得而不喜，失而弗忧；视生如死，视富如贫；视人如豕，视吾如人；处吾之家，如逆旅之舍；观吾之乡，如戎蛮之国。凡此众疾，爵赏不能劝，刑罚不能威，盛衰利害不能易，哀乐不能移。固不可事国君，交亲友，御妻子，制仆隶。此奚疾哉？奚方能已之乎？文挚乃命龙叔背明而立，文挚自后向明而望之。既而曰：嘻，吾见子之心矣。方寸之地虚矣，几圣人也。子心六孔流通，一孔不达。今以圣智为疾者，或由此乎？非吾浅术所能已也。

子之术微矣，言其微妙之谓也。龙叔所告以为疾，文挚所命谓之病，则欲知其受疾之始而已。毁誉不能荣辱，得失不能忧喜，死生不能变其心，贫富不能累其形。视人如豕，则忘人之贵于物；视我如人，则忘我之异于人。处吾之家如逆旅之舍，则无留居也；观吾之乡如戎蛮之国，则不择地也。凡此众疾，爵赏不能劝，刑罚不能威，则既不受至于人。盛衰利害不能易，哀乐不能移，则又不见役于物。仰固不可以事国君，交亲友，俯固不可以御妻子，制仆隶也。昔之以天下辞者，皆曰适有幽忧之病，则命龙叔背明而立，向明而望之，疑其有幽忧之疾故也。圣人之道，莫贵乎虚。今日吾见子之心，方寸之地虚矣，则几圣人者也。耳、目、鼻、口皆关于心，六孔流通，则眼如耳，耳如鼻，鼻如口之谓也。一孔不达，则心凝矣。

视彼外物,何足以为之累?然且谓之疾者,岂病忘之类欤?

无所由而常生者,道也。由生而生,故虽终而不亡,常也。由生而亡,不幸也。有所由而常死者,亦道也。由死而死,故虽未终而自亡者,亦常。由死而生,幸也。故无用而生谓之道,用道得终谓之常;有所用而死者亦谓之道,用道而得死者亦谓之常。

所贵乎道者,谓其可以死生也。道独存而常今,亦无往而不存。独存而常今,故曰:无所由而常生。无往而不存,故曰:有所由而常死。由其道而生,则虽死而不亡,是理之常也。故曰:由生而生,故虽终而不亡,常也。乃若由生而亡,非正命也,故曰:不幸也。由其道而死,则未终而亡,不以为变,故曰:虽未终而自亡者,亦常。乃若由死而生,则罔之生也,幸而免尔,故曰:由死而生,幸也。造化之所始,阴阳之所变,既化而生,又化而死,由于道,听于命,方生方死,乃常然耳。

季梁之死,杨朱望其门而歌;随梧之死,杨朱抚其尸而哭。隶人之生,隶人之死,众人且歌,众人且哭。

死而不亡,则其死可乐,所以望其门而歌;不幸而死,则其死可哀,所以抚其尸而哭。乃若隶人之生死,则或相和而歌,或相环而哭,又乌知死生之所在?

目将眇者,先睹秋毫;耳将聋者,先闻蚋飞;口将爽者,先辨淄渑;鼻将窒者,先觉焦朽;体将僵者,先亟犇佚;心将迷者,先识是非。故物不至者则不反。

物极必反,是事之变。一受其成,形不亡以待尽,故未免乎累。圣人不位乎其形,冥冥之中,独见晓焉;无声之中,独闻和焉。岂以形累神哉?

郑之圃泽多贤,东里多才。圃泽之役有伯丰子者,行过东里,遇邓析。邓析顾其徒而笑曰:为若舞,彼来者奚若?其徒曰:所愿知也。邓析谓伯丰子曰:汝知养养之义乎?受人养而不能自养者,犬豕之类也;养物而物为我用者,人之力也。使汝之徒食而饱,衣而息,执政之功也。长幼群聚所为牢籍庖厨之物,奚异犬豕之类乎?伯丰子弗应。伯丰子之徒者越次而进曰:大夫不闻齐、鲁之多机乎?有善治土木者,有善治金革者,有善治声乐者,有善治书数者,有善治军旅者,有善治宗庙者,群才备也。而无能相位者,无能相使者。而位之者无知,使之者无能,而知之与能皆为之使焉。执政者乃吾之所使,子奚矜焉?邓析无以应,目其徒而退。

百家众技不能相通,譬如耳目鼻口也,各有所长,时有所用,然有真君存焉。其使形者也,治土木金革以为器,治声乐书数以为用,治军旅以御外,治宗庙以善内,群才可谓备矣。然皆有之以为利者,必无之以为用,乃能总而一之。盖有为则有所不能为,无为则无所不为,故曰:位之者无知,使之者无能,而知之与能为之使焉。邓析不通乎此,以执政自矜,宜其见笑于大方之家。伯丰子不应,则不言之辩也。

公仪伯以力闻诸侯,堂谿公言之于周宣王,王备礼以聘之。公仪伯至,观形,懦夫也。宣王心惑而疑曰:女之力何如?公仪伯曰:臣之力能折春螽之股,堪秋蝉之翼。王作色曰:吾之力者能裂犀兕之革,曳九牛之尾,犹憾其弱。女折春螽之股,堪秋蝉之翼,而力闻天下,何也?公仪伯长息退席,曰:善哉王之问也!臣敢以实对。臣之师有商丘子者,力无敌于天下,而六亲不知,以未尝用其力故也。臣以死事之,乃告臣曰:人欲见其所不见,视人所不窥,欲得其所不得,修人所不为,故学视者先见舆薪,学听者先闻撞钟。夫有易于内者无难于外,于外无难,故名不出其一家。今臣之名闻于诸侯,是臣违师之教,显臣之能者也。然则臣之名不以负其力者也,以能用其力者也,不犹愈于负其力者乎？

积众小不胜为大胜者,唯圣人能之,岂尚力之谓哉？此不用力所以为真有力者欤？学者学其所不能学也。故曰:人欲见其所不见,视人所不窥,欲得其所不得,修人所不为。自有所见,弃而忘之,以至于无见,则视乎冥冥,无以异于见舆薪也。自有所闻,弃而忘之,以至于无闻,则听乎无声,无以异于闻撞钟也。德之不形,名安所出哉？然则显其名者,是违其教矣。唯犹愈于尚力以求名,此所以见取于时也。

中山公子牟者,魏国之贤公子也。好与贤人游,不恤国事,而悦赵人公孙龙。乐正子舆之徒笑之。公子牟曰:子何笑牟之悦公孙龙也？子舆曰:公孙龙之为人也,行无师,学无友,佞给而不中,漫衍而无家,好怪而妄言。欲惑人之心,屈人之口,与韩檀等肄之。公子牟变容曰:何子状公孙龙之过欤？请问其实。子舆曰:吾笑龙之论孔穿,言善射者能令后镞中前括,发发相及,矢矢相属,前矢造准而无绝落,后矢之括犹衔弦,视之若一焉。孔穿骇之。龙曰:此未其妙者。逢蒙之弟子曰鸿超,怒其妻而怖之。引乌号之弓,綦卫之箭,射其目。矢来注眸子而眶不睫,矢坠地而尘不扬。是岂智者之言欤？公子牟曰:智者之言固非愚者之所晓。后镞中前括,钧后于前。矢注眸子而眶不睫,尽矢之势也。子何疑焉？乐正子舆曰:子,龙之徒,焉得不饰其阙？吾又言其尤者。龙诳魏王曰:有意不心。有指不至。有物不尽。有影不移。发引千钧。白马非马。孤犊未尝有母。其负类反伦,不可胜言也。公子牟曰:子不谕至言而以为尤也,尤其在子矣。夫无意则心同,无指则皆至。尽物者常有。影不移者,说在改也。发引千钧,势至等也。白马非马,形名离也。孤犊未尝有母,非孤犊也。乐正子舆曰:子以公孙龙之鸣皆条也。设令发于余窍,子亦将承之。公子牟默然良久,告退。曰:请待余日,更谒子论。

行毁乎随,故欲其有师;学陋于独,故欲其有友。多言数穷,不如守中,故佞给者为不中。百家众技,时有所用,故漫衍者为无家。有射之射,有不射之射,后镞中前括,不过钧后于前。矢注眸子而目不睫,故不过尽矢之势而已。是射之射,又何疑焉?意生于心,有意而心异矣。故有意不心,而无意则心同。指以指物,所不指则不至,故莫若无指则皆至。物不可穷也,必有其物而欲尽,则常滞于有,故有物不尽,而尽物者常有。影不移者,谓或枉或直,其影则一,故其说在改也。发引千钧,谓积小不胜为大胜,故曰势至等也。虽然,公孙龙能胜人之口,不能服人之心,辩者之囿也。《列子》载此,盖所以祛邪说之弊。

尧治天下五十年,不知天下治欤?不治欤?不知亿兆之愿戴己欤?不愿戴己欤?顾问左右,左右不知;问外朝,外朝不知;问在野,在野不知。尧乃微服游于康衢,闻童儿谣曰:立我烝民,莫匪尔极。不识不知,顺帝之则。尧喜问曰:谁教尔为此言?童儿曰:我闻之大夫。问大夫,大夫曰:古诗也。尧还宫,召舜,因禅以天下。舜不辞而受之。

尧非有人,非见有于人。非有人,故天下治与不治,所不知也。非见有于人,故亿兆之愿戴己与不戴己,所不知也。问之左右,问之在朝,问之在野,皆所不知,则荡荡乎民无能名焉故也。立我烝民,莫匪尔极,则衣食足而咸受命之中。不识不知,则衣食足而循天之理,百姓谓我自然,此之谓太上之治。

关尹喜曰:在己无居,形物其著。其动若水,其静若镜,其应若响，故其道若物者也。物自违道，道不违物。善若道者，亦不用耳，亦不用目，亦不用力，亦不用心。欲若道而用视听形智以求之，弗当矣。瞻之在前，忽焉在后；用之弥满六虚，废之莫知其所。亦非有心者所能得远，亦非无心者所能得近。唯默而得之而性成之者得之，知而忘情，能而不为，真知真能也。发无知，何能情？发不能，何能为？聚块也，积尘也，虽无为而非理也。

道行于万物之上，圣人体道，运而无积，而物不能离焉，故曰在己无居，形物其著。所谓其动若水者，言与物委蛇而同其波，顺理而动也。其静若镜者，不将不迎，应物而不藏，静而不变也。其应若响者，未尝唱也，常和人而已。道也者，应物而不违故也。道若物也，物滋远于道，所谓物自违道。道大同于物，故道不违物。无始曰：道不可闻，闻而非也；道不可见，见而非也。所以善若道者，亦不用耳，亦不用目。黄帝曰：无处无服始安道，无思无虑始知道。所以善若道者，亦不用力，亦不用心。形色名声果不足以得彼之情，故曰：欲若道而用视听形智以求之，弗当矣。瞻之在前，忽焉在后者，言不可度也。用之弥满六虚，废之莫知其所者，言不可执也。致道者忘心，心无所知是谓得之。有心者、无心者，皆未能忘心也，故不足以有德。默而得之，性而成之，无所用其心者也，故有以得之。知而忘情，则无知之累，是谓真知。能而不为，则无能之巧，是谓真能。若发乎无知，又何以能情？若发乎不能，又何能为也？道常无为而无不为。

缺文

冲虚至德真经鬳斋口义

列　子

　　列子姓列，名御寇，郑人也。居郑圃四十年，人无识者。初事壶丘子，后师老商氏，友伯高子，进二子之道。九年而后，能御风而行。弟子严恢问曰：所为问道者，为富乎？列子曰：桀纣唯轻道而重利，是以亡。其书凡八篇。列子盖有道之士，而庄子亟称之。今汴梁郑州圃田列子观，即其故隐。唐开元封冲虚至德真君，书为《冲虚至德真经》。

　　右新书定著八章，护左都水使者光禄大夫臣向言：新校中书《列子》五篇，臣向谨与长社尉臣参校雠太常书三篇，太史书四篇，臣向书六篇，臣参书二篇，内外书凡二十篇以校，除复重十二篇，定著八篇，中书多，外书少，章乱布在诸篇中，或字误以尽为进，以贤为形，如此者众。及在新书有栈，校雠从中书以定，皆以杀青，书可缮写。列子者，郑人也，与郑缪公同时，盖有道者也。其学本于黄帝、老子，号曰道家。道家者，秉要执本，清虚无为。及其治身接物，务崇不竞，合于六经。而《穆王》《汤问》二篇，迂诞恢诡，非君子之言也。至于《力命》篇，一推分命，《杨子》之篇，唯贵放逸，二义乖背，不似一家之书，然各有所明，亦有可观者。孝景皇帝时，贵黄老术，此书颇行于世。及后遗落，散在民间，未有传者。且多寓言，与庄周相类，故太史公司马迁不为列传，谨第录。臣向昧死上护左都水使者光禄大夫臣向所校《列子书录》。永始三年八月壬寅上。

冲虚至德真经鬳斋口义卷之一

鬳斋林希逸[1]

天瑞第一

此篇专言天理以其可贵,故曰瑞。

子列子居郑圃,四十年人无识者。国君卿大夫视之,犹众庶也。国不足,将嫁于卫。弟子曰:先生往无反期,弟子敢有所谒,先生将何以教?先生不闻壶丘子林之言乎?

郑之有原圃,犹秦之有具囿也。见《左氏》列子居郑圃之侧。嫁,往也。旅行曰嫁,曰丧,皆方言也。壶丘子林,列子事之。故弟子问以其师之言云何。

子列子笑曰:壶子何言哉?虽然,夫子尝语伯昏瞀人,吾侧闻之,试以告女。

何言者,谓此非言可传也。夫子,壶丘也。瞀人,壶丘之友也。侧闻者,立于师之侧而闻之也。先曰何言而方告之,盖欲知其不言之言妙于有言也。

其言曰:有生不生,有化不化。不生者能生生,不化者能化化。生者不能不生,化者不能不化,故常生常化。常生常化者,无时不生,无时不化,阴阳尔,四时尔。不生者疑独,不化者往复。其际不可终。疑独,其道不可穷。

**有生者生于不生,有化者原于不化。不生不化,乃能生其生化其化,此即造化是也。不能不生,不能不化者,万物是也。造化无

---

[1] 林希逸,字肃翁,号鬳斋,南宋理学家。

生无化,故常生常化。无时者,即常字也。但其文如此发挥尔。阴阳四时,指造化而言也,下两尔字,乃是实前面不生不化之说。疑独者,如老子所谓似万物之宗,象帝之先。独者,极高极妙而无邻之意;疑者,似是似非而不可形容之意。往复,即阴阳四时之代谢也,无有尽时,故曰:其际不可终。疑独者,造化也,恍兮惚兮,似有物而无物,故曰:其道不可穷。

《黄帝书》曰:谷神不死,是谓玄牝。玄牝之门,是谓天地之根。绵绵若存,用之不勤。

此《老子》全章之文,而曰《黄帝书》,则知老子之学亦有所传,但其书不得尽见。《老子》第六章中:精则实,神则虚。谷者,虚也。谷神者,虚中之神者也。言人之神自虚中而出,故常存而不死。玄,远而无极者也;牝,虚而不实者也。此二字只形容一个虚字,天地亦自此而出,故曰根。绵绵,不已不绝之意。若存者,若有若无也。用于虚无之中,故不劳而常存,即老子所谓虚而不屈,动而愈出是也。晦翁曰:至妙之理,有生生之意存焉。此语亦好,但其意亦近于养生之论。此章虽可以为养生之用,而老子初意实不专主是也。故列子举此以证其不生不化之说。

故生物者不生,化物者不化。自生自化,自形自色,自智自力,自消自息。谓之生化、形色、智力、消息者,非也。

生物者不生,言其不容心于生也。化物者不化,言其不容力于化也。盈天地之间,无非自然而然。形者,色者,人与物也。智者,力者,就人中分别也。消者,息者,穷达死生得丧也。自然而然者,生而非生,化而非化,形而非形,色而非色,消而非消,息而非息。初无定名,初无实迹,若以定名实迹求之,则非矣。不曰无定名无实迹,只下一谓字,自是奇特。

子列子曰：昔者，圣人因阴阳以统天地。夫有形者生于无形，则天地安从生？

此一篇先顿一个壶字何言哉，在前既说一段了，于此又再说一段，何言哉三字自有深意。《庄子》曰：终日言而未尝言。与此意同。

故曰：有太易，有太初，有太始，有太素。太易者，未见气也；太初者，气之始也；太始者，形之始也；太素者，质之始也。

《庄子》曰：有始也者，有未始有始也者，有未始有夫未始有始也者。其言自妙，此书又分作四个名字，亦只是庄子之意。形总言也，质随物之质也，气生形者，未见气者无极而有极也。《庄子》曰：气杂于芒忽之间而有形。此又就气上添一层。此易字莫作儒书易字看。易即变也，变即化也，太易即大造化也。形为始，质为素，今之工匠家所谓胎素，即此素字。

气形质具而未相离，故曰浑沦。浑沦者，言万物相浑沦而未相离也。视之不见，听之不闻，循之不得，故曰易也。易无形埒，易变而为一，一变而为七，七变而为九。九变者，究也，乃复变而为一。一者，形变之始也。

上面既说四个太字，就此又把形气质总之。此不特言理之妙，亦是作文机轴。文章无此机轴，则不见斡旋之妙。气形质具而未相离，只是未见气之始。于未见气之始，则但见其浑浑沦沦。然万物相浑沦，总三才而言之，不比他处说万物字也。循者，求也。气既未见，则何所视？何所听？何所求？故易者，即太易也。即此一句而观，则知形气质具而下只是发明太易两字。无形埒者，言无形迹也。变而为一者，气变而后有太极也。有太极而后有阴阳五行，故曰一变而为七，阴阳二，与五行共为七也。少阴老阴之数八与六，少阳老阳之数七与九，此所谓九者，即乾数之极也。或以七言少阳,九言老阳,则非此书之意。九者复变而为一,盖言物极则变也,有必归于无也。无能生有,故曰一者,形变之始,究极也。

清轻者上为天,浊重者下为地,冲气和者为人。故天地含精,万物化生。

阳气轻清而上为天,阴气浊重而下为地,阴阳之气和合而为人。冲亦和也,天地之生物亦是合阴阳之精,而后化化生生也。故曰:独阴不生,独阳不成。

子列子曰:天地无全功,圣人无全能,万物无全用。故天职生覆,地职形载,圣职教化,物职所宜。然则天有所短,地有所长,圣有所否,物有所通。何则?生覆者不能形载,形载者不能教化,教化者不能违所宜,宜定者不出所位。故天地之道,非阴则阳;圣人之教,非仁则义;万物之宜,非柔则刚。此皆随所宜而不能出所位者也。

此一段十分正当之论,其大意只谓虽天地亦不能尽造化之用,而况人物乎?天能生物能覆物,地能成形能载物,各有所能,是无全功矣。圣居天地之间而职教化之事,随万物之所宜而各职其职。圣有所否,物有所通,言圣人或有所不能而物能之者,教化不能违所宜。如忠质文之随时,九德之随其性,皆是不能违所宜也。物之所宜,各有一定,如曲者不可以为直,小者不可以为大,咸者不可以为酸,凉者不可以为热,是不出其所位也。阴阳、刚柔、仁义,《易大传》分作天地人说,此又分作天地圣人万物说,亦自有理。

故有生者,有生生者;有形者,有形形者;有声者,有声声者;有色者,有色色者;有味者,有味味者。生之所生者死矣,而生生者未尝终;形之所形者实矣,而形形者未尝有;声之所声者闻矣,而声声者未尝发;色之所色者彰矣,而色色者未尝显;味之所味者尝矣,而味味者未尝呈。皆无为之职也。

有生、有形、有声,有色,有味,指天地间万物而言也。生生、形形、声声、色色、味味,造化也,职主也,无为造化也。不生者生其所生,无形者形其所形,以至色其所色,声其所声,味其所味,皆造化之所职。如此下得来,又自奇特。

能阴能阳,能柔能刚,能短能长,能圆能方,能生能死,能暑能凉,能浮能沈,能宫能商,能出能没,能玄能黄,能甘能苦,能膻能香。无知也,无能也,而无不知也,而无不能也。

二十四个能字,只是造物两字。造化之妙,虽若无知无能,而无所不知,无所不能。此段又好。

子列子适卫,食于道,从者见百岁髑髅。攓蓬而指,顾谓弟子百丰曰:唯予与彼知而未尝生未尝死也。此过养乎?过欢乎?种有几:若鼃为鹑,得水为㡭,得水土之际,则为鼃蠙之衣。生于陵屯,则为陵舄。陵舄得欎栖,则为乌足。乌足之根为蛴螬,其叶为胡蝶。胡蝶胥也,化而为虫,生灶下,其状若脱,其名曰鸲掇。鸲掇千日,化而为鸟,其名曰乾余骨。乾余骨之沫为斯弥。斯弥为食醯颐辂。食醯颐辂生乎食醯黄轵,食醯黄轵生乎九猷。九猷生乎瞀芮,瞀芮生乎腐蠸。

此段与《庄子》同,但中间又添数语。食于道傍,见蓬草之中有此枯髑髅,而指之以语弟子。百丰,其名也。未尝生,未尝死,无生无死也。彼,指髑髅也,予则列子自谓也。过养过欢二句,《庄子》曰:若果养乎?予果欢乎?其语意甚深。此书去若予二字,以果为过,恐声之讹也。若如此说,别谓此其死者生前自养过当乎?欢乐过当乎?理虽亦通,殊无意味。若如《庄子》之意,则曰:若果知人生之所以自养者乎?我果知死后寂灭之乐者乎?若指髑髅,予乃自谓也。生而饮食曰养,死以寂灭为乐,却如此倒说,乃是弄奇笔处。种有几者,言天地之间物之生生,种各不同,却皆就至微底说,不是以小喻大。盖言虽大无异于小也,便是无细无大无贵无贱之意。其意固止如此,而文字之妙绝出千古。整齐中不整齐,不整齐中整齐,如看飞云断雁,如看孤峰断坂,愈读愈好。此书中间又添数句,便觉不及《庄子》,若鼃为鹑,鼃化为鹑也,鼃即蛙也,此四字《庄子》所无,亦与下句不相入。鳖者水上尘垢,初生苔而未成也,亦有丝缕相紫之意,但其为物甚微耳。鼃蠙之衣,即青苔也。水土之际,水中附岸处也,附岸处例多而厚,故曰衣。此两句说了个青苔,却又就陵屯上说来。陵屯,田野中高处也。陵舄,车钱草也。郁栖,粪壤也。车钱草生粪壤之中,则变而为乌足草,乌足之根又化而为蛴螬,乌足之叶又化为胡蝶。蛴螬,蝎虫也。胥,胡蝶之别名也。就胡蝶下添此一句,尤奇。此下又说化生者灶下之虫,化而生者名为鸲掇。软而无皮无壳,故曰若脱,如今柑虫然。鸲掇之虫又化而为鸟。乾余骨,鸟名也。其口之流沫又化为斯弥。斯弥,虫也。食醯,蠛蠓也。颐辂黄軦,皆虫名也。此处比《庄子》多三个食醯字,恐亦传写之误。九猷、瞀芮、腐蠸,亦虫名也。《庄子》于此却省数字,其意盖谓万物变化,生生不穷无有尽时也。

羊肝化为地皋,马血之为转燐也,人血之为野火也。鹞之为鹯,鹯之为布谷,布谷久复为鹞也,燕之为蛤也,田鼠之为鹑也,朽瓜之为鱼也,老韭之为苋也,老羭之为猨也,鱼卵之为虫。亶爰之兽自孕而生曰类,河泽之鸟视而生曰鹢。纯雌其名大腰,纯雄其名稺蜂。

此数行乃《庄子》所无,中间又有数也字,文势亦不类,然亦皆为物化之事。如《月令》雀化为蛤,鹰化为鸠,此天地间自然之理,必有之事。老羭为猨,如老鼠之为蝙蝠也。羭爰,兽名也,出《山海经》，其状若狸而有发。自孕者，无牡而皆牝也。今人说海中女人国亦然。类者，其名也。鹓，即庄子所谓雄鸣上风，雌鸣下风，相视而风化者也。大腰，龟鳖之属，纯雌而无雄，蜂则纯雄而无雌也。稚，小也。蜂之在房，只呪而化，其尾有刺，独为王者无之。或云：此虫以众阳而宗阴，阴为君也。

思士不妻而感，思女不夫而孕。后稷生乎巨迹，伊尹生乎空桑。

此四句又就人中变化者言之。

厥昭生乎湿，醯鸡生乎酒。

此两句又就食物中易见者言之。

羊奚比乎不笋，久竹生青宁，青宁生程，程生马，马生人，人久入于机。万物皆出于机，皆入于机。

自此以下却与《庄子》同。若就《庄子》观之，上面一截说了，却把个至怪底结杀，此是其立意惊骇世俗处，非实话也。今添入思士思女等语，却浑杂了。羊奚，草名也。草之似竹而不生笋者曰不笋，久竹笋则可食，此不可食也。青宁虫也，程亦虫也。马亦草名也，如今所谓马齿苋、马蓝草也。人亦草名也，如今所谓人参、人面子也。分明是用许多草名，却把马与人字说，故意为诡怪名字。前后解者，皆以为未详，是千万世之人为其愚弄，看不破也。万物之变，化化生生，何所不有？入于机者，言归于尽也。出机入机，即是出入死生也，便是火传也，不知其尽也。<small>至乐篇。</small>

尝疑《列子》非全书，就此段看得愈分晓。盖自秦而下，书多散亡，求而后出，得之有先后，存者有多寡，至校雠而后定。校雠之时，已自错杂，及典午中原之祸，书又散亡。至江南而复出，所以多有伪书杂乎其间，如《关尹子》亦然。好处尽好，杂处尽杂。此书第一篇前头数段极妙，无可疑者，中间未免为人所杂。然其文字精粗,亦易见也。

《黄帝书》曰:形动不生形而生影,声动不生声而生响,无动不生无而生有,形,必终者也。天地终乎?与我偕终。终进乎?不知也。道终乎本无始,进乎本不久。有生则复于不生,有形则复于无形。不生者,非本不生者也;无形者,非本无形者也。

形动生影,声动生响,此两句自好,其意盖以喻无之生有也。生之有者,皆自无而始,则凡有必归于无,有形者必有终。天地亦形也,安得而不与我偕终乎?若以为天地终于有尽,则又非我之所能知。故曰:终进乎?不知也。进,尽也,以尽为进,声之讹也。本无始,则无终矣;本不久,则无尽矣。不久者,变化而不暂停也。有生者,必归于不生,盖不生者生之也。有形者,必归于无形,盖无形者形之也。本不生者,则无不生之名;本无形者,则无无形之名。谓之不生,谓之无形,已离其真矣。故曰:不生者,非本不生者也;无形者,非本无形者也。

生者,理之必终者也,终者不得不终,亦如生者之不得不生。而欲恒其生,尽其终,惑于数也。精神者,天之分;骨骸者,地之分。属天清而散,属地浊而聚。精神离形,各归其真,故谓之鬼。鬼,归也,归其真宅。黄帝曰:精神入其门,骨骸反其根,我尚何存?

此段正言生死之理,说得自是分晓。死生,常理也,而贪生者常欲求生。尽,止也,尽其终,欲止而不终也。惑于数,言为长短之数所惑也。精神属于天,骨骸属于地。圆觉,四大之说也。分者,分与之也。入其门,言归其所自出之地也。反其根,言反其所始之地也。精神骨骸既各复其初,则今者之我尚何存乎?此即圆觉,所谓今我法身当在何处也。朱文公于此谓释氏剽窃其说,恐亦不然。从古以来,天地间自有一种议论如此,原壤即此类人物。佛出于西方,岂应于此剽窃？诋之太过,则不公矣。

人自生至终,大化有四:婴孩也,少壮也,老耄也,死亡也。其在婴孩,气专志一,和之至也,物不伤焉,德莫加焉;其在少壮,则血气飘溢,欲虑充起,物所攻焉,德故衰焉;其在老耄,则欲虑柔焉,体将休焉,物莫先焉,虽未及婴孩之全,方于少壮,间矣;其在死亡也,则之于息焉,反其极矣。

血气未定,方刚既衰,圣人分作三截,今此分作四段。《庄子》曰:大块载我以形,劳我以生,逸我以老,息我以死。亦分作四截。婴孩之和老子形容至矣,血气飘溢,即圣人所谓方刚也。欲虑充起,即劳生之事也。欲富欲贵,欲也。思前算后,虑。充盛也,起不可遏也,外物攻其心,则婴孩之时所谓和德者衰矣。既老,则欲虑虽有而不能自强,庄子谓之逸以老,此谓体将休,意同而辞异尔。物莫先者,言不能与物争先。自然放退,虽未及婴孩与物无伤之时,而比之少壮为物所攻之日则有间矣。至于形气既尽,反而归其所,即庄所谓息我以死也。极者,太极之极也,前所谓形变之始也。

孔子游于太山,见荣启期行乎郕之野,鹿裘带索,鼓琴而歌。孔子问曰:先生所以乐,何也？对曰:吾乐甚多:天生万物,唯人为贵,而吾得为人,是一乐也;男女之别,男尊女卑,故以男为贵,吾既得为男矣,是二乐也;人生有不见日月、不免襁褓者,吾既已行年九十矣,是三乐也。贫者士之常也,死者人之终也。处常得终,当何忧哉？孔子曰:善乎！能自宽者也。

荣,姓也,启期,名也。以鹿皮为裘,以索为带。天地之性,人为贵于物也。人类之中,男贵于女。三乐之说,近人情之论也。此章海人以贫富死生之理,故如此寓言能自宽者,以其非见道而能推物理以自宽也。杜诗所谓:江上小堂巢翡翠,陇边高冢卧麒麟。细推物理须行乐,何用浮名绊此身。便是此章之意。

　　林类年且百岁,底春被裘,拾遗穗于故畦,并歌并进。孔子适卫,望之于野,顾谓弟子曰:彼叟可与言者,试往讯之。子贡请行,逆之陇端,面之而叹曰:先生曾不悔乎,而行歌拾穗?林类行不留歌不辍,子贡叩之不已,乃仰而应曰:吾何悔邪?子贡曰:先生少不勤行,长不竞时,老无妻子,死期将至,亦有何乐而拾穗行歌乎?林类笑曰:吾之所以为乐,人皆有之,而反以为忧。少不勤行,长不竞时,故能寿若此;老无妻子,死期将至,故能乐若此。子贡曰:寿者人之情,死者人之恶。子以死为乐,何也?林类曰:死之与生,一往一反。故死于是者,安知不生于彼?故吾知其不相若矣,吾又安知营营而求生非惑乎?亦又安知吾今之死不愈昔之生乎?子贡闻之,不喻其意,还以告夫子。夫子曰:吾知其可与言,果然,然彼得之,而不尽者也。

　　底春,当在春时也。并歌并进,言且行且歌也。少不勤行,言少不学而无闻于人也。长不竞时,言其不能争名争利于世也。子贡以此讥之,而林类以为我惟不勤行,惟不竞时,故有如此之寿。使其劳力劳心以争身外之名利,则将中道夭矣。子贡、林类,寓言而名之也。死之与生,一往一返,言自生而死,犹往之必返。死于是者,安知不生于彼?此便是佛家今生来生、前身后身之说也。吾知其不相若者,言今生安知不胜于来生,后身安知不胜于前身也。今之死不愈昔之生,即《庄子》弱丧不知归之说。得之而不尽者,言其得死生之理而未尽其妙也。《列子》之书皆尊敬孔子,故其寓言之中多借孔子以为说,不知果出于列子否耶?

　　子贡倦于学,告仲尼曰:愿有所息。仲尼曰:生无所息。子贡曰:然则赐息无所乎?仲尼曰:有焉耳,望其圹,睾如也,宰如也,坟如也,鬲如也,则知所息矣。子贡曰:大哉死乎!君子息焉,小人伏焉。仲尼曰:赐,汝知之矣。人胥知生之乐,未知生之苦;知老之惫,未知老之佚;知死之恶,未知死之息也。

倦于学者,学而未得其要。劳心已久,故有厌倦之意。息,止也。吾见其进,未见其止是也。子贡倦于学而求所止之地,夫子乃以生无所息告之。此列子借圣贤之名,因进止之说而明死生之理也。生无所息者,言有形于此,其生必劳。何时可息?必死而后可息也。子贡未晓,故再有息无所之问,而夫子乃以圹坟之事答之。罃宰坟鬲,皆形容其突起之貌。君子以此而自息,小人之心,虽贪恋不已,至此亦不容不伏也。据此一段虽为贪生恶死者设,然今禅家有死心之论,有夭死人却活之语,此中又有深意,非徒曰生死而已。

晏子曰:善哉!古之有死也。仁者息焉,不仁者伏焉。死也者,德之徼也。古者谓死人为归人。夫言死人为归人,则生人为行人矣。行而不知归,失家者也。一人失家,一世非之;天下失家,莫知非焉。有人去乡土、离六亲、废家业,游于四方而不归者,何人哉?世必谓之为狂荡之人矣。又有人钟贤世、矜巧能、修名誉,夸张于世而不知己者,亦何人哉?世必以为智谋之士。此二者,胥失者也。而世与一不与一,唯圣人知所与,知所去。

仁者,不仁者,即君子、小人之语。徼者,归也,言德必至于死而后定也,此即反真归根之意,故举死生之大以明之。失家,即弱丧之论。钟,重也。贤,形也。世,生也。三字皆传声之讹,只是重形生。重形生者,以身为贵也。世人皆以狂荡为非,故不与之而反取智谋之士,殊不知智谋亦非也。圣人之去取则以道为主,故曰:知所与知所去。

或谓子列子曰:子奚贵虚？列子曰:虚者无贵也。

贵虚者,以虚为尚也。无贵者,虚之名亦无之,又何贵尚之有？

子列子曰:非其名也,莫如静,莫如虚。静也虚也,得其居矣;取也与也,失其所矣。事之破䃋而后有舞仁义者,弗能复也。

非其名者,言有名即非也,《老子》曰可名非常名是也。曰虚曰静,则无迹矣,亦无名矣。无名无迹,则得其所居;才有取与分别,则失其所居矣。大道破碎,而后有仁义之名。破䃋者,破碎也。方今世之士至于破碎大道而以仁义为舞弄,则真淳质朴之风不可得而复反矣。舞仁义,如今人所谓舞文弄法也。

粥熊曰:运转亡已,天地密移,畴觉之哉？故物损于彼者盈于此,成于此者亏于彼。损盈成亏,随世随死。往来相接,间不可省,畴觉之哉？凡一气不顿进,一形不顿亏,亦不觉其成,不觉其亏。亦如人自世至老,貌色智态,亡日不异;皮肤爪,发随世随落,非婴孩时有停而不易也。间不可觉,俟至后知。

粥熊,借古贤人之名也。天地之间,运转无已。天一日行一周,地有四游升降,无一息之停,似人居其间而不自觉,譬如身在舟中,舟行人不知也。天地之转移,谁得而觉之？密者,言其不可见。物之有损有盈,有成有亏,亦密行于天地之间而人不觉。死生之往来,循环相接而不已,无间隙之可省见。川阅水以成,川水滔滔而长逝;世阅人以成,世人冉冉以行暮,人何世而不新？世何人而能故？正是此意。随世,即随生也。寒暑往来以渐而进,故曰:一气不顿进。高岸为谷,深谷为陵,下至一物一器之微,亦渐渐而亏损,故曰:一形不顿亏。惟其不顿,故人亦不觉。不顿者,不骤也。人之自少至老亦然,亦无间隙之可见,必时至而后知,故曰:间不可觉,俟至后知。态,体态也。智,意见也。

杞国有人忧天地崩坠,身亡所寄,废寝食者。又有忧彼之所忧者,因往晓之,曰:天,积气耳,亡处亡气。若屈伸呼吸,终日在天中行止,奈何忧崩坠乎?其人曰:天果积气,日月星宿,不当坠邪?晓之者曰:日月星宿,亦积气中之有光耀者,只使坠,亦不能有所中伤。其人曰:奈地坏何?晓者曰:地积块耳,充塞四虚,亡处亡块,若躇步跐蹈,终日在地上行止,奈何忧其坏?其人舍然大喜。晓之者亦舍然大喜。长庐子闻而笑之曰:虹霓也,云雾也,风雨也,四时也,此积气之成乎天者也;山岳也,河海也,金石也,水火也,此积形之成乎地者也。知积气也,知积块也,奚谓不坏?夫天地,空中之一细物,有中之最巨者,难终难穷,此固然矣,难测难识,此固然矣。忧其坏者,诚为大远;言其不坏者,亦为未是。天地不得不坏,则会归于坏。遇其坏时,奚为不忧哉?子列子闻而笑曰:言天地坏者亦谬,言天地不坏者亦谬。坏与不坏,吾所不能知也。虽然,彼一也,此一也。故生不知死,死不知生;来不知去,去不知来。坏与不坏,吾何容心哉?

屈伸呼吸,与天中之气相应,则人亦积气中之自然者也。日月星宿之光,亦自此气而出。只使,犹曰但使也,政使也。四虚,四方太虚之外也。躇步,踌躅也。跐蹈,践蹈也。此言除太虚之外,其肉皆为积块也。奚谓不坏者,言积则必散,安得不坏?此段之意,盖谓天本积气,地本积块,必有坏时,故设为此语以形容之。《易》曰:乾坤毁,则无以见道。圣人亦有此意,但不言耳。太虚之中,无形无极,天地之在其间,亦细物耳,但以人之所见有物者而观之,则为有中之最巨。此两句亦好。难终难穷,难测难识者,言人不可得而知也。末后一转,却曰:来不知去,去不知来,盖以学道之人不当容心于有无去来也。今之禅家却出于此后面一转。

舜问乎烝曰：道可得而有乎？曰：汝身非汝有也，汝何得有夫道。舜曰：吾身非吾有，孰有之哉？曰：是天地之委形也。生非汝有，是天地之委和也。性命非汝有，是天地之委顺也。孙子非汝有，是天地之委蜕也。故行不知所往，处不知所持，食不知所以。天地强阳，气也，又胡可得而有邪？

委，聚也。四大假合而为此身，故曰委形。阴阳成和而万物生，故曰生者委和也。顺理也，性命在我，即造化之理，故曰委顺。人世相代如蝉蜕然，故曰子孙委蜕也。不知所持，无执着处也。强阳气，即生气也。动者为阳，人之行处饮食，皆此气之动为之，皆非我有也。圆觉，所谓今者妄，身当在何处？便是此意。此段与《庄子·知北游》篇同。但烝字《庄子》作丞是也，此必传写之误。然谓之丞者，亦寓言之名。

齐之国氏大富，宋之向氏大贫。自宋之齐，请其术。国氏告之曰：吾善为盗。始吾为盗也，一年而给，二年而足，三年大穰。自此以往，施及州闾。向氏大喜，喻其为盗之言，而不喻其为盗之道，遂逾垣凿室，手目所及，亡不探也。未及时，以脏获罪，没其先居之财。向氏以国氏之谬己也，往而怨之。国氏曰：若为盗若何？向氏言其状。国氏曰：嘻，若失为盗之道至此乎？今将告若矣。吾闻天有时，地有利。吾盗天地之时利，云雨之滂润，山泽之产育，以生吾禾，殖吾稼，筑吾垣，建吾舍。陆盗禽兽，水盗鱼鳖，亡非盗也。夫禾稼、土木、禽兽、鱼鳖，皆天之所生，岂吾之所有？然吾盗天而无殃。夫金玉珍宝，谷帛财货，人之所聚，岂天之所与？若盗之而获罪，孰怨哉？向氏大惑，以为国氏之重罔己也，遇东郭先生问焉。东郭先生曰：若一身庸非盗乎？盗阴阳之和以成若生，载若形，况外物而非盗哉？诚然，天地万物不相离也，仞而有之，皆惑也。国氏之盗，公道也，故亡殃；若之盗，私心也，故得罪。有公私者，亦盗也；亡公私者，亦盗也。公公私私，天地之德。知天地之德者，孰为盗耶？孰为不盗耶？

未及时者，未能数时也。先居，先世所居积者也。谬己，欺己也。往而怨之，往见之而出怨言也。时利，天时地利也。滂润，浸润也。禾稼、土木、禽兽、鱼鳖，皆天所生在外者也。一身之阴阳，亦岂我有？此亦天地为之也。诚者，信然也。天地万物不相离者，物物皆出于天地，无一物可离于天地也。礽与认同，认以为己有者，愚惑之见也。此章之意，盖言人在天地之间，皆盗窃天地之所有以为其生，故如此形容，所以为异端之学。天时地利以至禽兽鱼鳖，皆天地之所有，人盗而用之。圣人则曰：用天之道，分地之利。《列子》却如此鼓舞其言。柳子厚《天说》之喻，亦原于此。末后一转，亦与前段同。公道，人人所同者也；私道，非人所同也。在人之论则有公私，在天地之德则无公私。公者自公，亦天地为之也；私者自私，亦天地为之也。以天地之德观之，则盗与不盗皆为有心者也。此意盖谓善善恶恶若出于有心，则善亦为恶矣。《老子》曰：天下皆知美之为美，斯恶已。正是此意。比等处，似非《列子》本书。

冲虚至德真经鬳斋口义卷之二

鬳斋林希逸

黄帝第二

黄帝即位十有五年，喜天下戴己，养正命，娱耳目，供鼻口，焦然肌色皯_{居按切}黣，昏然五情爽惑。又十有五年，忧天下之不治，竭聪明，进智力，营百姓，焦然肌色皯黣_{眉回切}。昏然五情爽惑。黄帝乃喟然赞曰：朕之过淫矣。养一己其患如此，治万物其患如此。于是放万机，舍宫寝，去直侍，彻钟悬，减厨膳，退而闲居大庭之馆，斋心服形，三月不亲政事。昼寝而梦，游于华胥氏之国。华胥氏之国在弇州之西，台州之北，不知斯齐国几千万里，盖非舟车足力之所及，神游而已。其国无帅长，自然而已。其民无嗜欲，自然而已。不知乐生，不知恶死，故无夭殇；不知亲己，不知疏物，故无爱憎；不知背逆，不知向顺，故无利害；都无所爱惜，无所畏忌。入水不溺，入火不热。斫挞无伤痛，指擿无痟音萧。痒。乘空如履实，寝虚若处床。云雾不硋与碍同。其视，雷霆不乱其听，美恶不滑其心，山谷不踬其步，神行而已。黄帝既寤，怡然自得，召天老、力牧、太山稽，告之曰：朕闲居三月，斋心服形，思有以养身治物之道，弗获其术。疲而睡，所梦若此。今知至道不可以情求矣。朕知之矣，朕得之矣，而不能以告若矣。又二十有八年，天下大治，几若华胥氏之国，而帝登假。百姓号之，二百余年不辍。

此言华胥之国，亦与《庄子·山木》篇建德之国其意一同。盖言黄帝之治天下，始于有心而终至于无心，始于有为而终至于无为也。正命，性命也，以性为正，音之讹也。肌色焦然，言其皱黑而瘦也。昏然，言其五情爽乱，迷惑而昏也。五情，喜怒哀乐欲也。赞，合作叹。淫矣者，言其已甚如水之浸淫然，注家以淫当作深。直侍者，使令之人也。悬，钟架也。大庭，犹大内也。服形，犹今人言服气也。《淮南》云：正西曰弇州，西北曰台州。此言九州之外，犹佛言西渠泥南阎浮也。斯，离也。齐国，中州也。斯齐国，言去中州千万里也。自然，无心也。无向背逆顺，言其心无取舍也。入水不溺，入火不热，无入而不自得也。斫挞无伤痛，指擿无痟痒，言其虽有形犹无形也。硋与碍同。神行者，其行无迹也。天老、力牧、泰山稽,黄帝三臣名也。登假者,犹言登遐也。假,当作遐。《庄子》中多有此意。以此列子比庄子,人谓胜之,恐亦未然。

  列姑射山在海河洲中,山上有神人焉,吸风饮露,不食五谷;心如渊泉,形如处女;不偎不爱,仙圣为之臣;不畏不怒,原悫为之使,不施不惠,而物自足;不聚不敛,而己无愆。阴阳常调,日月常明,四时常若,风雨常均,字育常时,年谷常丰,而土无札伤,人无夭恶,物无疵疠,鬼无灵响焉。

  此段之语,多与《庄子》同其意,只形容无为之治而已。心如渊泉者,言如止水也。不偎,不偎曲也,与不爱同。不畏不怒,言其和也。不施不惠,无所与也。不聚不敛,无所取也。物既自足,而我无所愆。愆,欠阙也。字育,禽兽生育也。札伤,疾疠也。物无疵疠,无疾痛也。鬼无灵响,言无妖异也。灵怪影响,皆鬼之妖也。与《庄子·逍遥游》篇同。

  列子师老商氏,友伯高子,进二子之道,乘风而归。尹生闻之,从列子居,数月不省舍。因间请蕲其术者,十反而十不告,尹生怼而请辞,列子又不命。尹生退。数月,意不已,又往从之。列子曰:女何去来之频?尹生曰:曩章戴有请于子,子不我告,固有憾于子。今复脱然,是以又来。列子曰:曩吾以汝为达,今汝之鄙至此乎?姬,将告女所学于夫子者矣。自吾之事夫子友若人也,三年之后,心不敢念是非,口不敢言利害,始得夫子一眄而已。五年之后,心庚念是非,口庚言利害,夫子始一解颜而笑。七年之后,从心之所念,庚无是非,从口之所言,庚无利害,夫子始一引吾并席而坐。九年之后,横心之所念,横口之所言,亦不知我之是非利害欤,亦不知彼之是非利害欤,亦不知夫子之为我师,若人之为我友,内外进矣。而后眼如耳,耳如鼻,鼻如口,无不同也。心凝形释,骨肉都融,不

觉形之所倚，足之所履，随风东西，犹木叶干壳，竟不知风乘我邪？我乘风乎？今女居先生之门，曾未浃时，而怼憾者再三，汝之片体将气所不受，汝之一节将地所不载。履虚乘风，其可几乎？尹生甚怍，屏息良久，不敢复言。

不省舍，言不归宿也。怼，怨恨也。以十请而不告，欲辞归也。不命之退，听其自去也。又往从之，去而复来也。章戴，尹生之名也。姬音居，声之讹也。夫子，指老商是也。若人，指伯高子也。三年，而心无是非之念，口无是非之言者，以静默自守，恐自动也。庚者，更也，向也。去是非利害之念，绝是非利害之言，今复有之，而此心已定，无不出于正也。从，听从也，所念所言，皆听其自然，而无容心于是非利害之间，是心与理一无复决择也。横，纵也，纵心所念，不涉思惟也。纵口所言，横说竖说皆可也。放纵自由，不复知有是非利害，则心与理化而忘之矣。此四节，正学道工夫次第也。在内既与理化，则动容周旋之间亦与俱化，故曰内外俱进矣。至如眼、耳、鼻、口，无不同者，此化而忘之之时也。释氏谓之六用一源，亦是此意也。干，身也。干壳，即蝉身之壳也。木叶干壳，言不知有其身也，忘其身而后可以乘风也。汝之怼憾如此，是身心之累未忘，则片体一节天地且不能受载，况浑身乎？此章盖言其御风之学必至于视身如无而后可也。此非虚言，唯学道者方知此语之为实也。

列子问关尹曰：至人潜行不空，蹈火不热，行乎万物之上而不栗。请问何以至于此？关尹曰：是纯气之守也，非智巧果敢之列。姬，鱼语女。凡有貌像声色者，皆物也，物与物何以相远也？夫奚足以至乎先？是色而已。则物之造乎不形，而止乎无所化。夫得是而穷之者，焉得而正焉？彼将处乎不深之度，而藏乎无端之纪，

游乎万物之所终始。一其性，养其氕，含其德，以通乎物之所造。夫若是者，其天守全，其神无郤，物奚自入焉？

关尹，名喜，见老子者。此非师友相传之言，则是借其名以为说。关尹子自有书，虽其书为后人所杂，而中间绝到之语非诸子所及也。潜行不空，言行于空中如实地也。万物之上，言其高也。纯气之守，今养生之学者亦如之，守以无心则可，非智巧所及，非果敢之勇所能也。《庄子·达生》篇亦有此语。此是其一宗学问相传之语，却是一件大条贯。姬，居也，鱼，吾也，音之讹也。像貌声色，有形之物也。若皆囿于有形之间，则何以相远？惟无心则超乎万物之上也。先者，造化之始也。奚足以至乎先，言囿于有形则不足以知造化之始也。前言貌像声色，此只言是色而已。四字之中只掇一字，文法也。不形者，未见气之先也。无所化者，造化未萌之始也。造者，物之所自出。止者，在也。若未知不形无所化之妙，但以得于物者而穷之，焉得为至到之见乎？正者，极至之谓也。不深之度，谓只在面前，至浅近而人不见也。无端，无始也。度，法也。纪，统也。言此即目前之法而却不知所始也，藏隐而不知也，如夫子以我为隐也。万物之终始，物之所造，皆造化也。一其性，养其气，含其德，只是纯一静定而已。以理言则为性，以生言则为气，以得之于己者则为德。其天守全，言其纯一者不汩也。无退郤者，定也。纯一而定，则外物皆不得以动之，故曰：物奚自入焉。

夫醉者之坠于车也，虽疾不死。骨节与人同，而犯害与人异，其神全也。乘亦弗知也，坠亦弗知也。死生惊惧不入乎其胸，是故遻物而不慴。彼得全于酒而犹若是，而况得全于天乎？圣人藏于天，故物莫之能伤也。

此数语与《庄子》同。犯害，即坠也。乘车之时与坠车之时皆醉而不知，无所恐惧，故其神全。惟其神全，虽有所伤而病，亦不至死。遁物，不为物所迕也。不憎，不惧也。藏于天，无心而忘己也。故以此喻之。此数语极为精密。

列御寇为伯昏无人射，引之盈贯，措盃水其肘上，发之，镝矢复沓，方矢复寓，当是时也，犹象人也。伯昏无人曰：是射之射，非不射之射也。当与汝登高山，履危石，临百仞之渊，若能射乎？于是无人遂登高山，履危石，临百仞之渊，背逡巡，足二分垂在外，揖御寇而进之。御寇伏地，汗流至踵。伯昏无人曰：夫至人者，上窥青天，下潜黄泉，挥斥八极，神气不变。今汝怵然有恂目之志，尔于中也殆矣夫！

此段与《庄子·田子方》篇全同。引之盈贯，开弓而至满也。前手直而持平，可以致一盃水于其肘上，言定也。发，射也。适，去也。沓，重也，又也。矢方去而矢又在弦上，沓于弦上者，才去而方来之，矢又寓于弦上矣。此言一箭接一箭，如此其神速也。象人，木偶人也。背逡巡者，言面向高山，背临深渊，退而未已之意，故曰逡巡。三分其足，一半在岸，二分垂于虚处，可谓危之至，而伯昏能之者，即所谓纯气之守也。履地而射，射之常也，故曰：非不射之射也。神能守一，则虽上窥青天，下至黄泉，挥斥乎八极，其心亦无所变动。若于险夷境界怵，犹然而恂其目，则是未知至人之学也。以此为射而欲求中之精义，亦难矣。故曰：尔于中也殆矣哉。怵，惧也。恂，动也。恂目，动目也。殆，难之意也。

范氏有子曰子华，善养私名，举国服之；有宠于晋君，不仕而居三卿之右。目所偏视，晋国爵之；口所偏肥，晋国黜之。游其庭者侔于朝。子华使其侠客以智鄙相攻，强弱相凌。虽伤破于前，不用介意。终日夜以此为戏乐，国殆成俗。禾生、子伯，范氏之上客，出

行,经坰外,宿于田更商丘开之舍。中夜,禾生、子伯二人相与言子华之名势,能使存者亡,亡者存,富者贫,贫者富。商丘开先窘于饥寒,潜于牖北听之。因假粮荷畚之子华之门。子华之门徒皆世族也。缟衣乘轩,缓步阔视。顾见商丘开年老力弱,面目黧黑,衣冠不检,莫不眲仍吏反。之,既而狎侮欺诒,挡止两反㧓必结反。挨倚海反。抌,勇主反。亡所不为。商丘开常无愠容,而诸客之技单,惫于戏笑。遂与商丘开俱乘高台,于众中漫言曰:有能自投下者赏百金。众皆竞应。商丘开以为信然,遂先投下,形若飞鸟,扬于地,肌骨无硋。范氏之党以为偶然,未讵怪也。因复指河曲之淫隈曰:彼中有宝珠,泳可得也。商丘开复从而泳之。既出,果得珠焉。众昉同疑。子华昉令豫肉食衣帛之次。俄而范氏之藏大火。子华曰:若能入火取锦者,从所得多少赏若。商丘开往无难色,入火往还,埃不漫,身不焦。范氏之党以为有道,乃共谢之曰:吾不知子之有道而诞子,吾不知子之神人而辱子。子其愚我也,子其聋我也,子其盲我也。敢问其道。商丘开曰:吾亡道。虽吾之心,亦不知所以。虽然,有一于此,试与子言之。曩子二客之宿吾舍也,闻誉范氏之势,能使存者亡,亡者存,富者贫,贫者富,吾诚之无二心,故不远而来。及来,以子党之言皆实也,唯恐诚之之不至,行之之不及,不知形体之所措,利害之所存也,心一而物亡迕者,如斯而已。今昉知子党之诞我,我内藏猜虑,外矜观听,追幸昔日之不焦溺也,怛然内热,惕然震悸矣。水火岂复可近哉?自此之后,范氏门徒路遇乞儿马医,弗敢辱也,必下车而揖之。宰我闻之,以告仲尼。仲尼曰:汝弗知乎?夫至信之人,可以感物也,动天地,感鬼神,横六合,而无逆者,岂但履危险,入水火而已哉?商丘开信伪物犹不逆,况彼我皆诚哉?小子识之。

此段形容个诚字极精切，看得此意尽，则可以学道。私名，私仆也，浙江人谓之私身是也。口所偏肥，言恶而咀啮之，晋国视其好恶而升黜其人。智鄙，智愚也。伤破，争竞有所伤损也。一国之人，当时以此成俗。禾生、子伯，二客名也。坰外，野外也。田更，野老也。三老、五更，皆老者之称。衣冠不检，言其破碎不整也。眣，轻视之意。挡、扰、挨、抌四字，皆戏侮而推打之也。单惫，言戏侮之力罢尽也。漫，言等闲说也。肌骨无㽱，无所毁伤也。淫隈，水盘涡处也。昉，始也。始令其同客衣帛食肉也。埃不漫，烟埃不能眯迷之也。吾诚之无二心，言信而不疑也。不知形体之所措，忘其身也。不知利害之所存，不知世之有患害也。其心既一，则物无迕于己者。今既知子党之言为欺诞，则内之疑虑已生，外之观听已惑，回思前日之蹈水火，幸而不焦溺尔。此意盖言心才尽，则利害祸福皆不足以动之，有一毫计虑之思，则难矣。禅家有渗漏三字极佳。乞儿马医，其心苟诚，皆可学道，所以见之必下车也。此亦《圆觉经》不轻初学之意。至信，即至诚也。信伪，谓信人之伪言以为诚犹且若此，而况真诚者乎？

　　周宣王之牧正有役人梁鸯者，能养野禽兽，委食于园庭之内，虽虎狼雕鹗之类，无不柔驯者。雌雄在前，孳尾成群，异类杂居，不相搏噬也。王虑其术终于其身，令毛丘园传之。梁鸯曰：鸯，贱役也，何术以告尔？惧王之谓隐于尔也，且一言我养虎之法。凡顺之则喜，逆之则怒，此有血气者之性也。然喜怒岂妄发哉？皆逆之所犯也。夫食虎者，不敢以生物与之，为其杀之之怒也；不敢以全物与之，为其碎之之怒也。时其饥饱，达其怒心，虎之与人异类，而媚养己者，顺也；故其杀之，逆也。然则吾岂敢逆之使怒哉？亦不顺之使喜也。夫喜之复也必怒，怒之复也常喜，皆不中也。今吾心无

逆顺者也，则鸟兽之视吾，犹其侪也。故游吾园者，不思高林旷泽；寝吾庭者，不愿深山幽谷，理使然也。

牧正，掌牧之官也。役人，其使令者也。虑其术不传，使之教毛丘园也。不言养他兽而言养虎者，举其大者也。不敢以生物全物与之，恐其怒心之萌也。虎虽与人异类，而食养之者莫不媚爱之，以其能顺其性也。此数语与《庄子·人间世》篇同。吾岂逆之使怒，亦不顺之使喜。喜之复也必怒，怒之复也常喜。此数语形容得人情物理极精。不中者，言皆不中理也。心无逆顺，即无心也。无心则能与物相忘，此意盖不过发明无心之理，极是一段好说话。

颜回问乎仲尼曰：吾尝济乎觞深之渊矣，津人操舟若神。吾问焉，曰：操舟可学邪？曰：可，能游者可教也，善游者数能，乃若夫没人，则未尝见舟而便操之者也。吾问焉，而不告。敢问何谓也？仲尼曰：譆，吾与若玩其文久矣，而未达其实，而固且道与？能游者可教也，轻水也；善游者之数能也，忘水也。乃若夫没人之未尝见舟也而便操之也，彼视渊若陵，视舟之覆犹其车却也。覆却万物方陈乎前而不得入其舍，恶往而不暇？

觞深，渊名也。游，拍浮者也。善游，熟于浮者也。没人，能入水者也。谡，起也。譆与噫同。玩其文，玩其外也。实，内也。言见道未深也。而固且道与？而，汝也。汝且以是为道与？谓未见道之内，方见道之外，便以为道欤？轻于水者可教，以其不畏水也。忘于水者，数数学之则能矣，以其熟于水也。若没人则不学而起操舟，以其视水如平地也。万物之或覆或却，虽陈于前而不能动其心，则何所往而不自得？此又总言理也。心者，神明之舍，不得入其舍，即不动其心也。

以瓦抠者巧，以钩抠者惮，以黄金抠者惛，巧一也，而有所矜，

则重外也。凡重外者拙内。

　　此数语与《庄子·达生》篇同。但庄子以为注，此以为抠，字异而义同。抠，投也。庄子以为轻内，此以为拙内。拙者，拙掝之也。钩，带也。钩重于瓦，金重于钩，谓射者之巧，于心本一，才有所顾惜，则所重在外，而内心则有所扞挌而惮而惽也，虽巧亦拙矣。

　　孔子观于吕梁，悬水三十仞，流沫三十里，鼋鼍鱼鳖之所不能游也。见一丈夫游之，以为似有苦而欲死者也，使弟子并流而承之。数百步而出，被发行歌，而游于棠行。孔子从而问之曰：吕梁悬水三十仞，流沫三十里，鼋鼍鱼鳖所不能游，向吾见子道之，以为有苦而欲死者，使弟子并流将承子。子出而被发行歌，吾以子为鬼也，察子，则人也。请问蹈水有道乎？曰：亡，吾无道。吾始乎故，长乎性，成乎命，与赍俱入，与汩偕出。从水之道而不为私焉，此吾所以道之也。孔子曰：何谓始乎故，长乎性，成乎命也？曰：吾生于陵而安于陵，故也；长于水而安于水，性也；不知吾所以然而然，命也。

　　吕梁，地名也。悬水，瀑布也。水沫之流，其广三十里，大也。并流，沿流而捄之也。承接也。棠行，注云：合作塘下是也。赍《庄子·达生》篇作齐，乃水之旋磨处也，赍字亦误也。汩，涌处也。出入，随水上下也。从水之道而不容私，是顺水之势而无容心也。生于陵则安于陵，长于水则安于水，皆随其自然而不知所以然。故性命三字初无分别，但如此作文耳，若以生长字强求意义则误矣。孟子曰：言性则故而已矣。即此故字。

　　仲尼适楚，出于林中，见痀偻者承蜩，犹掇之也。仲尼曰：子巧乎，有道邪？曰：我有道也。五六月，累瓀音丸。二而不坠，则失者锱铢；累三而不坠，则失者十一；累五而不坠，犹掇之也。吾处也，若橛株驹；吾执臂若槁木之枝。虽天地之大，万物之多，而唯蜩翼之知。吾不反不测，不以万物易蜩之翼，何为而不得？孔子顾谓弟子曰：用志不分，乃疑于神。其痀瘘丈人之谓乎！丈人曰：汝逢衣徒也，亦何知问是乎？修汝所以，而后载言其上。

　　此段与《庄子·达生》篇同。承蜩，持竿而粘蝉者也。累丸于竿首，自二至五而不坠，则其凝定入神矣。郭象注《庄子》，下两个停审字，亦自好。橛株驹，今所谓木椿也。橛，椿也。株，木之名也。驹，定也。想古时有此三字。不反不测，止是凝定也。当承蜩时，其身如木橛而不动，其臂如槁木然。其心一主于蜩而不知有他物，纯一之至也。用志不分，其志不贰也。凝于神，凝定而神妙也。此虽借喻以论纯气之守，而世间实有此事，今世亦有之，但以为技而不知道实寓焉。痀瘘者，背曲也。逢衣，儒者之服也。能修汝今日之所以言，而后可以更言向上之事，此言其道之妙不止于此也。载言，更言也，语上之上也。其他与《庄子》同。琓，《庄子》作丸。疑，《庄子》作凝字，从庄子为是。

　　海上之人有好沤鸟者，每旦之海上，从沤鸟游，沤鸟之至者百住而不止。其父曰：吾闻沤鸟皆从汝游，汝取来，吾玩之。明日之海上，沤鸟舞而不下也。故曰：至言去言，至为无为。齐智之所知，则浅矣。

　　沤与鸥通用。百住而不止，言其往来之多，不止于百数也。舞而不下，疑之也。盖谓此心稍萌，则其机已露，岂能与物我相忘哉？以此喻无言之言、无为之为、不知之知，意极亲切。盖无为、无言、无知，皆无容心而已。至言则无言矣，故曰：至言去言。至为则无为矣，故曰：至为无为。人不知其所不可知，而皆以其所可知者为知，其所见浅矣，故曰：齐知之所知。齐，同也，犹皆字也。此三句与《庄子·达生》篇同。

　　赵襄子率徒十万狩于中山，藉芿燔林，扇赫百里。有一人从石壁中出，随烟烬上下。众谓鬼物。火过，徐行而出，若无所经涉者。襄子怪而留之，徐而察之。形色七窍，人也；气息音声，人也。问奚道而处石？奚道而入火？其人曰：奚物而谓石？奚物而谓火？襄子曰：而向之所出者，石也；而向之所涉者，火也。其人曰：不知也。魏文侯闻之，问子夏曰：彼何人哉？子夏曰：以商所闻夫子之言，和者大同于物，物无得伤阂者，游金石，蹈水火，皆可也。文侯曰：吾子奚不为之？子夏曰：刳心去智，商未之能。虽然，试语之有暇矣。文侯曰：夫子奚不为之？子夏曰：夫子能之，而能不为者也。文侯大说。

　　藉芿，藉草也。躏藉其草，燔烧其林，以火猎也。奚物谓石？奚物谓火？此亦不知之知之喻。涉火之说，亦与商丘开处同意。和者，大同于物。此和字，造化也。胸中与造化为一，则物无不同。初无伤碍，刳心去智，即不知之知也。试语之有暇，试，尝也，言亦专讲明此之久矣。夫子能之，能不为，便是黄檗与异僧度水，黄檗以为兴妖捏怪，彼僧回首而谢曰：大乘法器，我所不及。正此论也。

　　有神巫自齐来处于郑，命曰季咸，知人死生、存亡、祸福、寿夭，期以岁、月、旬、日，如神，郑人见之，皆避而走。列子见之而心醉，而归以告壶丘子，曰：始吾以夫子之道为至矣，则又有至焉者矣。壶子曰：吾与女既其文，未既其实，而固得道欤？众雌而无雄，而又奚卵焉？而以道与世抗，必信矣。夫故使人得而相汝。尝试与来，以予示之。

　　岁月旬日，或远或近也。神巫，相者也。其言皆验若神，弃之而走者，畏其言之验也。心醉者，心服也。既其文，尽其外也。未既其实,未尽其内也。而,汝也。汝未尝尽见其实,固以为能得道乎?固字有未得谓得之意,当以语势思之。有雌雄而后有所生,卵生也。无雄又奚卵,言无心则无迹也。此一句是喻其心未能化,故可以形见之意。抗,高也。自以其道为高于世,而欲人必信之,此便是有迹处,便是未化处,故神巫得以相汝。

明日,列子与之见壶子。出而谓列子曰:嘻!子之先生死矣,弗活矣,不可以旬数矣。吾见怪焉,见湿灰焉。列子入,涕泣沾衿,以告壶子,壶子曰:向吾示之以地文,罪合作萌。乎不誫合作震。不止,是殆见吾杜德几也。

湿灰者,言其生气将尽,如灰已湿而欲灭也。地文者,此犹禅家修观之名。罪,合作萌,萌乎若生而不生之意。不誫,即不震也,不震,不动也。不止,合作不正,不正者,不可指定言也。此不正字,便与《孟子》必有事焉而勿正同。惟有若萌动而又不动,故神巫以为湿灰。活灰,火也,湿灰则是活火欲灭之意。杜德几,亦是修观之名。德几,生意也。杜,闭也,闭其机而不动,故有生,意欲灭之状,季咸遂以为不活矣。

尝又与来。明日,又与之见。壶子出而谓列子曰:幸矣,子之先生遇我也,有瘳矣。灰然有生矣,吾见杜权矣。列子入告壶子。壶子曰:向吾示之以天壤,名实不入,而几发于踵,此为杜权。是殆见吾善者几也。

杜权,不动之动也。权与机同,但机微而权则露矣。于杜闭之中而动机已露,故季咸以为全然有生意也。灰,合作全。天壤,亦是观名,犹言天田也。天上之田,非壤之壤,即自然之壤也。犹今修养家以舌为天津,以顶上为泥丸之类,此是生意萌动而上之意。名实不入,即是有无俱遣。机发于踵,言其气自下而上,微而不可见,故曰机。善者机,犹言性之动处也。

尝又与来。明日,又与之见壶子。出而谓列子曰:子之先生坐不斋,吾无得而相焉。试斋,将且复相之。列子入告壶子,壶子曰:向吾示之以太冲莫眹,是殆见吾衡气几也。

太冲莫眹,亦观名也。太冲,太虚也。莫眹,不见端倪也。衡者,平也,半也。气机之动,至于衡平一半之地而止,则是半动半静也。神巫以为不斋,言其半动半静而不定也。

鲵旋之潘为渊,止水之潘为渊,流水之潘为渊,滥水之潘为渊,沃水之潘为渊,沈水之潘为渊,雍水之潘为渊,汧水之潘为渊,肥水之潘为渊,是为九渊焉。

此一段所言九渊,正修观之名也。今佛家以为观,而古人以为渊。渊有九名,想犹今十二观也。但《庄子》只言其三,此有其九,似非《列子》本书,必后人所增也。潘,合作审,从庄为是。审,信也。九渊之名,皆是借喻,故曰:某喻信为某渊,某喻信为某渊也。鲵,大鱼也。旋,盘旋也。庄子作桓为是。水中有鲵,半静半动之象也,即所谓衡气机也。止水,静也,即所谓杜德机也。流水,动也,即所谓善者机也。《庄子》曰:渊有九名,此处其三。正举此三者之喻,以证其前言也。看此书语脉似失本意,以此观之,二书之是非可见。滥水,自下而涌上出者也。沃水,从上溜下者也。沈水,一作氾,合作汏,水从旁穴出曰汏也。雍水,壅遏而不流,非自止之水也。汧水,泉之潜出,水停成污池者也。肥水,《毛诗传》云:所出同而所归异是也。以上水名,多见《尔雅》,必后人以《尔雅》之名而增之。注家曰:水之湍激流止,如至人之心因外物难易,有动寂进退之容,此说误矣。郭象注《庄子》此处,亦此类尔。

尝又与来。明日,又与之见壶子。立未定,自失而走。壶子

曰:追之。列子追之而不及,反以报壶子,曰:已灭矣,已失矣,吾不及也。壶子曰:向吾示之以未始出吾宗。吾与之虚而猗移,不知其谁何,因以为茅靡,因以为波流,故逃也。

已灭已失,言不可见也。未始出吾宗,亦是观名。虚,虚无也。猗移,合作委蛇,顺也。若无物,若有物,不知其如何,故曰:不知其谁何也。茅,音颓。茅靡者,拉扱也。波流者,莽荡也。言其看我不出,但见拉扱莽荡,故自失而走也。

然后列子自以为未始学而归,三年不出,为其妻爨,食豕如食人,于事无亲,雕琢复朴,块然独以其形立,纷然而封戎,壹以是终。

为其妻爨,代其妻执爨于鼎灶之间而不出也。食豕如食人,言集神于内而不见其外也。于事无亲者,言其虽为事而不知,若不亲为之也。雕琢其聪明而归复于朴,谓隳肢体黜聪明也。块然独以其形立,犹木偶人也。封,有廉隅也。纷,多也。其形已如木偶,安有封畛廉隅之多乎?一以是终者,言其终身常如此也,一常如此之意。纷,合作纷。戎,合作哉。从庄子为是,此皆传写之误也。庄列皆一宗之学,此等议论,必其平昔所讲闻者,故二书皆有之。

子列子之齐,中道而反,遇伯昏瞀人。伯昏瞀人曰:奚方而反?曰:吾惊焉。恶乎惊?吾食于十浆,而五浆先馈。伯昏瞀人曰:若是,则汝何为惊已?曰:夫内诚不解,形谍成光,以外镇人心,使人轻乎贵老,而虀其所患。夫浆人特为食羹之货,无多余之赢。其为利也薄,其为权也轻,而犹若是,而况万乘之主,身劳于国,而智尽于事,彼将任我以事,而效我以功,吾是以惊。伯昏瞀人曰:善哉观乎!汝处已,人将保汝矣。无几何而往,则户外之屦满矣。伯昏瞀人北面而立,敦杖蹙之乎颐,立有间,不言而出。宾者以告列子。列子提屦徒跣而走,暨乎门,问曰:先生既来,曾不废药乎?曰:已

矣。吾固告汝曰：人将保汝，果保汝矣。非汝能使人保汝，而汝不能使人无汝保也，而焉用之感也？感豫出异。且必有感也，摇而本身，又无谓也。与汝游者，莫汝告也；彼所小言，尽人毒也。莫觉莫悟，何相孰也。

　　奚方而反，言在何所而回也。食于十浆，而五浆先馈，其人敬己不待买而馈之，和顺积中，英华发外，此圣门之言。内诚不解，诚积而未化也。解，化也。谍，动也。形谍，形容举动也。成光者，有光仪也，即积中发外之意，而此以为有迹之学。外镇人心者，镇，服也，言我未能无迹，故人得而见之，所以心服而敬我也。赵州云：老僧修行无力，为鬼神觑破。即此意也。贵老者，老则人所敬，我今非老非贵，其人反轻彼而敬我，言敬己在于贵老之上也。鳌，聚也，积也。此等事积而久之必成患害，言名迹愈露则不能逃当世之患也。无多余之赢，言其赢利所余无多也。此句比《庄子》添一无字，则意异矣。赢，利也。世之有力量者则能轻重人，买浆，微者也，初无权力可以轻重人也，而能敬我如此，况为君者？身方荣而智已竭，必将求我而任用我，使我效其成功，此所谓鳌，其所患也。效，献也。瞀人喜之，故曰：善哉观乎。言汝于此具一只眼也。又曰：汝止矣。谓其不必出游矣，人将归向而守汝以为师矣。处，止也。已，助字也。保，守也。归者众而守其门也。此一保字，便已有不足之意，盖瞀人之见又高一层也。户外之屦满，从学者众也。敦杖蹙之乎颐，竖立其杖而拄之于颐也。蹙，拄也。宾者，主宾客者也。提屦而走，古人坐于席，必脱屦而后入，急于迎瞀人，故不及穿屦也。废药者，教诲也，开发而药石之也。废者，置也。已矣，休言之意。我前此已言人将守汝矣，汝不能使人无保汝者，即《庄子》所谓忘我易，使人忘我难也。而焉用之者，而，汝也。用，为也。言汝之所为何以如此感动人也。人之感动而悦豫于汝者，必汝不能自晦，使乖异出见乎其外而致然也。故曰：感豫出异也。汝既如此，非惟形见于外者不能自隐，必且有所感触，而摇动汝之本身，尤无益也。无谓，即无益也，又尤之意也。与汝游者，汝之朋友也。所学未至，其言浅近，故曰：小言。其言皆为人之毒害，又无以与汝相规正者，则汝终无所觉悟。谁复问汝为汝何也？相孰相谁，何也？相借问之意也。此段与《庄子·列御寇》篇同，但一二字不同耳。

　　杨朱南之沛，老聃西游于秦，邀于郊。至梁而遇老子。老子中道仰天而叹曰：始以汝为可教，今不可教也。杨朱不答。至舍，进涫漱巾栉，脱屦户外，膝行而前，曰：向者夫子仰天而叹曰：始以汝为可教，今不可教。弟子欲请夫子辞，行不间，是以不敢。今夫子间矣，请问其过。老子曰：而睢睢而盱盱，而谁与居？大白若辱，盛德若不足。杨朱蹵然变容曰：敬闻命矣。其往也，舍者迎将，家公执席，妻执巾栉，舍者避席，炀者避灶。其反也，舍者与之争席矣。

　　请问其过者，言夫子谓我不可教，其过在何处也。睢睢盱盱，矜持而不自在之貌。谁与居者，言其物我未忘，常若与人同居也。大白若辱者，明而自晦之意。盛德若不足者，言其虽有而不自居也。迎将，迎送也。家公，旅邸之主也。执席，执巾栉奉承之也。炀者，炊者也。避舍避灶，敬之也。争席者，不知其可敬也。未闻老子之言之先，有矜持自名之意，故人见而敬之。既得点化，则退然自晦，而人视之以为常人矣。此段与《庄子·寓言》篇全同，但涫字《庄子》作盥，义亦通。

　　杨朱过宋，东之于逆旅。逆旅人有妾二人，其一人美，其一人恶，恶者贵而美者贱。杨子问其故。逆旅小子对曰：其美者自美，吾不知其美也；其恶者自恶，吾不知其恶也。杨子曰：弟子记之。

行贤而去自贤之行,安往而不爱哉?

此段与《庄子·山木》篇同。美者自美,自矜夸也。恶者自恶,慊然自以为不足也。行贤而去自贤之行,谓有贤者之德而无自矜之行,则随所往而人皆爱乐之。此一节亦是人生受用亲切处。《孟子》以杨朱为为我,据此数处,则杨朱似为老子之学,岂杨朱初学老子,后自为一宗乎?

天下有常胜之道,有不常胜之道。常胜之道曰柔,常不胜之道曰强。二者亦知,而人未之知。故上古之言:强,先不己若者;柔,先出于己者。先不己若者,至于若己,则殆矣。先出于己者,无所殆矣。以此胜一身若徒,以此任天下若徒,谓不胜而自胜,不任而自任也。

柔可常胜,强则不胜,此《老子》之论。二者亦知,言二者之得失甚易知也。而人多未知之,故自古以来夸其强者,视彼不己若之人,则必以我先之为快。若以此为强,则又有强于我者必与我争,我必不胜,则危殆矣,故曰:先不己若者,至于若己,则殆矣。以柔为尚者,视世之人皆出于己之先,而我常居其后,在我者常弱常无较,则何所危殆乎? 故曰:先出于己者,无所殆矣。以此道而守其身,则在我者常胜,故曰:以此胜一身若徒。若徒者,犹曰若而人也。徒,等也,能以一身常胜者即此等人也。以此道而任天下之事,则亦常胜,故曰:以此任天下若徒,言能以天下自任者亦此等人也。盖我自谓不胜,则无时而不胜,故曰:不胜而自胜。我自谓不能任,则天下可以自任,故曰:不任而自任。

粥子曰:欲刚,必以柔守之;欲强,必以弱保之。积于柔必刚,积于弱必强。观其所积,以知祸福之乡。强胜不若己,至于若己者刚;柔胜出于己者,其力不可量。老聃曰:兵强则灭,木强则折。柔

弱者生之徒，坚强者死之徒。

以柔自守则常刚，以弱自保则常强。常弱常柔则为福，不能柔不能弱则为祸，故曰：观其所积，知祸福之乡。积常久也，以强为胜不若己者，忽其若己者，出以其刚而与我敌，我则不胜矣，故曰：强胜不若己，至于若己者刚也。以柔自守，而视世之人皆出于己上，我无所争则在我者常胜，故曰：柔胜出于己者，其力不可量。此举粥子之言也，又以《老子》数语证之。粥子自有一书，亦老子之徒。兵强则灭者，恃其兵力以争战者必亡也。木强则折者，如藤如柳则难折，木则易折也。柔弱者常生，坚强者常死，徒类也。此语见《老子》七十六章。乃人与草木生死为喻也，故曰之徒。此因上文兵木之喻，故亦曰之徒，意谓柔能胜，强必败，皆此类也。

状不必童而智童，智不必童而状童。圣人取童智而遗童状，众人近童状而疏童智。状与我童，近而爱之；状与我异者，疏而畏之。有七尺之骸，手足之异，戴发含齿，倚而趣者，谓之人，而未必无兽心，虽有兽心，以状而见亲矣。傅翼戴角，分牙布爪，仰飞伏走，谓之禽兽，而禽兽未必无人心，虽有人心，以状而见疏矣。

童，同也，声之讹也。此意盖谓人之状貌虽异于禽兽，而其心与禽兽同者。圣人之同，不取其貌而取其心，此愤世之论。倚而趣者，相依倚而共趣向也。仰，上也。伏，下也。

庖牺氏、女蜗氏、神农氏、夏后氏，蛇身人面，牛首虎鼻，此有非人之状，而有大圣之德。夏桀、殷纣、鲁桓、楚穆，状貌七窍，皆同于人，而有禽兽之心。而众人守一状以求至智，未可几也。黄帝与炎帝战于阪泉之野，帅熊、罴、狼、豹、䝙、虎为前驱，雕、鹖、鹰、鸢为旗帜，此以力使禽兽者也。尧使夔典乐，击石拊石，百兽率舞，萧韶九成，凤凰来仪，此以声致禽兽者也。然则禽兽之心，奚为异人？形

音与人异，而不知接之之道焉。圣人无所不知，无所不通，故得引而使之焉。禽兽之智有自然与人同者，其齐欲摄生，亦不假智于人也；牝牡相偶，母子相亲；避平依险，违寒就温；居则有群，行则有列；小者居内，壮者居外；饮则相携，食则鸣群。太古之时，则与人同处，与人并行。帝王之时，始惊骇散乱矣。逮于末世，隐伏逃窜以避患害。今东方介氏之国，其国人数数解六畜之语者，盖偏知之所得。太古神圣之人，备知万物情态，悉解异类音声。会而聚之，训而受之，同于人民。故先会鬼神魑魅，次达八方人民，末聚禽兽虫蛾。言血气之类心智不殊远也。神圣知其如此，故其所教训者无所遗逸焉。

三圣其状异人，而有大圣之德，以此形容桀纣桓穆虽有人形，而实有兽心也。因此又言以力使禽兽者，以声致禽兽者，引此可见之事以实其说也。熊虎前驱，东汉巨无霸之事可见，雕鸢为旗，随其所指而纵之，人则从之而往，故曰：旗帜。禽兽之智，皆有所欲，亦养所生，岂人教之？故曰：不假智于人。齐，皆也。摄，养也。上古之人与鹿豕居，亦有此事，故借其说以形容人兽之论。偏知者，言其独悟而得之也，故曰：偏知之所得，惟古圣人则备知之。备，皆也。无所遗逸者，人与异类皆教之也。此意盖谓上古之世虽异类可教与人同，而末世之人皆如异类，而圣人不作，又无以化导之。此亦愤激之言也。

宋有狙公者，爱狙，养之成群，能解狙之意，狙亦得公之心。损其家口，充狙之欲。俄而匮焉，将限其食。恐众狙之不驯于己也，先诳之曰：与若芧，朝三而暮四，足乎？众狙皆起而怒。俄而曰：与若芧，朝四而暮三，足乎？众狙皆伏而喜。物之以能鄙相笼，皆犹此也。圣人以智笼群愚，亦犹狙公之以智笼众狙也。名实不亏，使其喜怒哉?

此段与《庄子·齐物》篇同,而文稍异。朝三而暮四,先少而后多;朝四而暮三,先多而后少,其实皆七也。能鄙,即智愚也。物,凡物皆能相笼络也。圣人以智笼群愚,谓其鼓舞化导,使之不自知也。《庄子》则以此为无是无非之喻,却与此意异矣。

纪渻子为周宣王养斗鸡。十日而问:鸡可斗已乎?曰:未也,方虚骄而恃气。十日又问。曰:未也,犹应影响。十日又问。曰:未也,犹疾视而盛气。十日又问。曰:几矣。鸡虽有鸣者已无变矣。望之似木鸡矣,其德全矣。异鸡无敢应者,反走耳。

闻响而应,见影而动,则是此心犹为外物所动也。疾视而盛气,言其神气已旺,疾视而不动也。初言虚骄而恃气,则其气犹在外;此言疾视而盛气,则气在内矣。疾字有怒之意,即直视也,却与匹夫按剑疾视不同。望之似木鸡,则神气俱全矣。此言守气之学,借鸡以为喻耳。

惠盎见宋康王。康王蹀足謦欬,疾言曰:寡人之所说者,勇有力也,不说为仁义者也。客将何以教寡人?惠盎对曰:臣有道于此,使人虽有勇,刺之不入;虽有力,击之弗中。大王独无意邪?宋王曰:善,此寡人之所欲闻也。惠盎曰:夫刺之不入,击之不中,此犹辱也。臣有道于此,使人虽有勇,弗敢刺;虽有力,弗敢击。夫弗敢,非无其志也。臣有道于此,使人本无其志也。夫无其志者,未有爱利之心也。臣有道于此,使天下丈夫女子莫不欢然皆欲爱利之。此其贤于勇有力也,四累之上也。大王独无意邪?宋王曰:此寡人之所欲得也。惠盎对曰:孔墨是已。孔丘、墨翟无地而为君,无官而为长,天下丈夫女子莫不延颈举踵而愿安利之。今大王万乘之主也,诚有其志,则四境之内皆得其利矣,其贤于孔墨也远矣。

宋王无以应，惠盎趋而出。宋王谓左右曰：辩矣，客之以说服寡人也。

此段与《庄子·说剑》篇略相似。刺之不入，击之不中，是争而有时乎？不胜也，弗敢刺，弗敢击，犹有心于竞我也，此二等矣。本无其志，则于我初无争心，又是一等。欢然皆欲爱利于我，则是以善养人者服天下，累三等而至于此为最上之道，故曰：四累之上也。此吾圣人之事，而以孔与墨并言，此春秋以后学者之论。蹀足，顿足也；謦欬，高声也；疾言，言之急也，皆形容其怒之状也。辩矣者，叹其能言也，意谓此客有大辩才，故能以说服我。

冲虚至德真经鬳斋口义卷之三

鬳斋林希逸

周穆王第三

周穆王时，四极之国有化人来，入水火，贯金石，反山川，移城邑，乘虚不坠，触实不硋，千变万化，不可穷极。既已变物之形，又且易人之虑。穆王敬之若神，事之若君。推路寝以居之，引三牲以进之，选女乐以娱之。化人以为王之宫室卑陋而不可处，王之厨馔腥蝼而不可飨，王之嫔御膻恶而不可亲。穆王乃为之改筑，土木之功，赭垩之色，无遗巧焉。五府为虚，而台始成。其高千仞，临终南之上，号曰中天之台。简郑卫之处子娥媌靡曼者，施芳泽，正娥眉，设笄珥，衣阿锡，曳齐纨，粉白黛黑，佩玉环。杂芷若以满之，奏《承云》《六莹》《九韶》《晨露》以乐之。月月献玉衣，旦旦荐玉食。化人犹不舍然，不得已而临之。居亡几何，谒王同游，王执化人之祛，胜而上者，中天乃止，暨及化人之宫。化人之宫，构以金银，络以珠玉，出云雨之上，而不知下之据，望之若屯云焉。耳目所观听，鼻口所纳尝，皆非人间之有，王实以为清都、紫微、钧天、广乐，帝之所居。王俯而视之，其宫榭若累块积苏焉。王自以居数十年不思其国也。化人复谒王同游，所及之处，仰不见日月，俯不见河海。光影所照，王目眩不能得视；音响所来，王耳乱不能得听。百骸六藏，悸而不凝，意迷精丧，请化人求还。化人移之，王若殒虚焉。既寤，所坐犹向者之处，侍御犹向者之人。视其前，则酒未清，肴未晞。_{方微反。}王问所从来，左右曰：王默存耳。由此穆王自失者三月而复。更问化人，化人曰：吾与王神游也，形奚动哉？且曩之所居，奚异王之宫？曩之所游，奚异王之圃？王间恒，疑暂亡。变化之极，疾徐之间，可尽模哉？

化人，有幻术者也。入水火以下是变物之形，与穆王游帝居是易人之虑。腥蝼，皆臭气也。娥媌，姿媚也。曼靡，窈窕也。阿锡，细织也。齐纨，齐整之丝纨也。芷，芳草也。若，杜若也。承云，黄帝乐名也。六莹，帝喾乐名。晨露，汤乐名。玉衣玉食，言其珍美也。舍音释，不释然，不乐也。不知下之据，言不见其基址也。望之若屯云，言多也。清都、紫微，天宫也。钧天、广乐，天乐也。累块，累土也。积苏，积草也。言自上而下视其宫室，微且小也。光影眩其目，音响乱其耳，恐悸而不凝定，精神若丧失然。殒虚，于虚无之间坠而下也。酒以浓为美，停久则稀清矣。肴未晞，未败也。默存者，坐想也。此言须臾之顷耳。叶法善与明皇游玉桥亦是此类。神游而形不动，此幻术者之事也。间于恒见者，而疑其暂亡者，适之神游暂也，今忘矣。今之所见者，常也。间，异也。以其异于寻常所见而疑之也，以其常疑其暂皆非真也。变化之有久近，岂可尽得而形状哉？徐疾，久近也。模，形模也。暂亡与忘同。

王大悦。不恤国事，不乐臣妾，肆意远游，命驾八骏之乘，右服䮪音华。骝而左绿耳，右骖赤骥而左白䞾，音义。主车则造父为御，离齐。离合。为右；次车之乘，右服渠黄而左逾轮，左骖盗骊而右山子，柏夭主车，参百为御，奔戎为右。驰驱千里，至于巨蒐氏之国。巨蒐氏乃献白鹄之血以饮王，具牛马之湩以洗王之足，及二乘之人。已饮而行，遂宿于昆仑之阿，赤水之阳。别日升昆仑之丘，以观黄帝之宫，而封之以诒后世，遂宾于西王母，觞于瑶池之上。西王母为王谣，王和之，其辞哀焉。乃观日之所入，一日行万里，王乃叹曰：於乎！予一人不盈于德而谐于乐，后世其追数吾过乎？穆王几神人哉！能穷当身之乐，犹百年乃徂，世以为登假焉。

　　此事详见于《穆天子》，韩退之作《徐偃王庙碑》亦引用之，《左氏》有或如金或如玉之诗，亦是此事。䮪骝，即骅骝也。白䞾、离诩、渠黄、逾轮、盗骊、山子、柏夭，皆马名也。柳子厚所辩八骏图，其形又怪异此，亦未知其孰是孰非孰实也。巨蒐氏之国，亦昆仑赤水之类。以鹄血为饮，以牛马之乳濯足，今北房以马乳为酒，亦是此类。二乘，乃王之二车也。别日，又一日也。封，犹封禅也。宾，见也。觞，宴之以酒也。王母所谣，《白云诗》也。日之所入，弇山也。不盈于德，言其行有慊也。谐者，足也。德有慊而其乐自足，恐后世追数以为吾过，祁招所谓形民之力而无醉饱之心，亦此意也。以此乐其终身，至百年而后徂，世以为登假，言世人以为死，其实不死也。此章之意，盖言世外空阔，犹有无穷之乐，虽帝王之居，未足羡也。人但以耳目所见而有歆羡富贵之心，不知天人视之，其为富贵者甚微耳。

　　老成子学幻于尹文先生，三年不告，老成子请其过而求退，尹文先生揖而进之于室，屏左右而与之言曰：昔老聃之徂西也，顾而告予曰:有生之气,有形之状,尽幻也。造化之所始,阴阳之所变者,谓之生,谓之死。穷数达变,因形移易者,谓之化,谓之幻。造物者其巧妙,其功深,固难穷难终。因形者其巧显,其功浅,故随起随灭。知幻化之不异生死也,始可与学幻矣。吾与汝亦幻也,奚须学哉?

此章之意,盖谓人世变幻之术,与造物死生变化之理,其技一耳。

老成子归,用尹文先生之言,深思三月,遂能存亡自在,幡校四时。冬起雷,夏造冰。飞者走,走者飞。终身不著其术,故世莫传焉。

老成子虽不得其术,但深思而自悟,亦能从容变化于有无之间,故曰:存亡自在。幡校者,翻覆检校也,变幻之意也。幡校四时者,变易阴阳之节也。冬起雷,变阴为阳也;夏造冰,变阳为阴也。飞,阳类,走,阴类,故飞者轻,走者重。今能变易其阴阳,所以飞者走,走者飞也。其术无所著见,故世莫得传焉。

子列子曰:善为化者,其道密庸,其功同人。五帝之德,三王之功,未必尽智勇之力,或由化而成,孰测之哉?

密庸者,默而用之,人不得见也。其道虽不可见,而其功用实与人同。五帝三王之所以化,亦犹老成子、尹文之所以幻也。言其不可知之神也。

觉有八征,梦有六候。奚谓八征?一曰故,二曰为,三曰得,四曰丧,五曰哀,六曰乐,七曰生,八曰死。此者八征,形所接也。

《周礼》之有六梦,此亦言六梦,却先以觉之八征言之。故者,事也,言人间百事也。为者,日间所作用也。得、丧、哀、乐、生、死,有形者之所同,故曰:形所接也。接,应也,感应之应也。

奚谓六候?一曰正梦,二曰蘁梦,三曰思梦,四曰寤梦,五曰喜梦,六曰惧梦。此六者,神所交也。

六候之梦与《周礼》同。人心之中，虚灵知觉，事有兆朕，见于梦者，正也。正梦，先兆之梦也。噩者，梦中惊噩而觉者也。思者，因所思而成梦也。寤者，梦时见觉时事也。喜者，因有所喜而梦也。惧者，因有所忧惧而梦也。惧与噩不同，《周礼》注中却无分别。此皆在我之神为之，故曰：神所交也。交者，交于外境界也。

不识感变之所起者，事至则惑其所由然；识感变之所起者，事至则知其所由然。知其所由然，则无所怛。一体之盈虚消息，皆通于天地，应于物类。

物我之所感，自有变幻，故曰感变。事者，八征是也。所由然者，言皆由心而生也。人惟不知感变之由皆自一心而始，故有所疑惑，有所惊怛，知则不惑，则无怛矣。盈虚消息皆是一理，故曰：一体我之盈虚消息。天地亦然，万物亦然，故曰：通于天地，应于物类。语曰：四十而不惑。亦此境界。

故阴气壮，则梦涉大水而恐惧；阳气壮，则梦涉大火而燔焫；阴阳俱壮，则梦生杀。

此三句，医书中亦有此类之语。以此而言，可见梦自吾心而出。焫，火盛貌也。生，阳也。杀，阴也。

甚饱则梦与，甚饥则梦取。

与，予人也。取，取诸人也。此是意有所欲而梦也，如渴之梦饮然。

是以以浮虚为疾者，则梦扬；以沈实为疾者，则梦溺。

此心病也。

藉带而寝则梦蛇，飞鸟衔发则梦飞。

带与飞鸟，觉时所见也，梦中又变。

将阴梦火，将疾梦食。

处暗则思明，故将阴而梦火也。胃气不足，故将疾而梦食。皆自此心生也。

饮酒者忧，歌儛者哭。

梦饮酒者，或有忧恼之事。梦歌儛者，或有哭泣之事。梦觉常相反也。占梦书中多有此类。

子列子曰：神遇为梦，形接为事。故昼想夜梦，神形所遇。故神凝者，想梦自消。信觉不语，信梦不达，物化之往来者也。古之真人，其觉自忘，其寝不梦，几虚语哉？

昼有所见，形遇也。夜有所梦，神遇也。凝，定也，神定则无想，无想则无梦也。若高宗梦说，孔子梦周公，则非想梦也。信真也，真觉者不语，默而静也。真梦者不达，不达于理则以梦为真也。物化之往来，即梦觉是也。人惟不知此理，故以古之真人觉自忘、寝不梦为虚语，岂知真人之事哉？其觉也，如忘无所着于世也。心无所着，则虚，则一，则其寝安得有梦？释氏所谓梦觉一如，此语极好。大慧答书中有说高宗梦得说，孔子梦周公，佛梦金鼓一篇，其讲明梦觉一如处甚好。

西极之南隅有国焉，不知境界之所接，名古莽之国。阴阳之气所不交，故寒暑亡辩；日月之光所不照，故昼夜亡辩。其民不食不衣而多眠，五旬一觉，以梦中所为者实，觉之所见者妄。

古莽之国，亦寓名尔。无阴阳，无日月，其民不衣不食而多眠，其眠五旬而一觉，故以梦者为实而觉者为妄。此亦间于常而疑暂亡之意。盖言人若常梦，则觉之暂者反为妄矣。

四海之齐谓中央之国，跨河南北，越岱东西，万有余里。其阴阳之审度，故一寒一暑；昏明之分察，故一昼一夜。其民有智有愚。万物滋殖，才艺多方。有君臣相临，礼法相持。其所云为，不可称

计。一觉一寐，以为觉之所为者实，梦之所见妄。

齐，中也，中国亦曰齐州。此段言中国人又以觉为实，以梦为妄。审度，谓度数审的也。分察，谓察别分明也。

东极之北隅，有国曰阜落之国。其土气常燠，日月余光之照，其土不生嘉苗。其民食草根木实，不知火食，性刚悍，强弱相藉，贵胜而不尚义。多驰步，少休息，常觉而不眠。

阜落之国，亦寓言也。日月之余光更互而照之，故其国不暝。《唐志》所言熟羊脾而日又出者，世间恐亦有此等国土，未可知也。日月常照，故其人常觉而不眠。盖谓中国之人但以昼觉夜梦为真为妄，而不知六合之间又有如此国土，不可但以耳目之所接者为是也。凡此皆欲广世俗狭小之见而已。

周之尹氏大治产，其下趣役者，侵晨昏而弗息。有老役夫，筋力竭矣，而使之弥勤。昼则呻呼而即事，夜则昏惫而熟寐。精神荒散，昔者梦为国君。居人民之上，总一国之事；游燕宫观，恣意所欲，其乐无比，觉则复役。人有慰喻其勤者，役夫曰：人生百年，昼夜各分。吾昼为仆虏，苦则苦矣；夜为人君，其乐无比。何所怨哉？尹氏心营世事，虑钟家业，心形俱疲，夜亦昏惫而寐。昔者梦为人仆，趋走作役，无不为也；数骂杖挞，无不至也。眠中㗁吤呻呼，彻旦息焉。尹氏病之，以访其友。友曰：若位足荣身，资财有余，胜人远矣。夜梦为仆，苦逸之复，数之常也。若欲觉梦兼之，岂可得邪？尹氏闻其友言，宽其役夫之程，减已思虑之事，疾并少间。

昔者，夕也，言夜则梦为国君也。钟，聚也，聚其思虑以营家业也。㗁吤，寐语也。并者，皆也。间者，安也。言宽其役夫工程，自灭其已思虑，二人之病遂皆少间。此段以梦觉形容苦乐之事，其言甚有味。

郑人有薪于野者，遇骇鹿，御而击之，毙之。恐人见之也，遽而藏诸隍中，覆之以蕉，不胜其喜。俄而遗其所藏之处，遂以为梦焉，顺途而咏其事。傍人有闻者，用其言而取之。既归，告其室人曰：向薪者梦得鹿而不知其处，吾今得之，彼直真梦者矣。室人曰：若将是梦见薪者之得鹿邪？讵有薪者邪？今真得鹿，是若之梦真邪？夫曰：吾据得鹿，何用知彼梦我梦邪？薪者之归，不厌失鹿。其夜真梦藏之之处，又梦得之之主。爽旦，案所梦而寻得之。遂讼而争之，归之士师。士师曰：若初真得鹿，妄谓之梦；真梦得鹿，妄谓之实。彼真取若鹿，而与若争鹿。室人又谓梦仞人鹿，无人得鹿，今据有此鹿，请二分之。以闻郑君，郑君曰：嘻！士师将复梦分人鹿乎？访之国相，国相曰：梦与不梦，臣所不能辩也。欲辩觉梦，唯黄帝、孔丘。今亡黄帝、孔丘，孰辩之哉？且恂士师之言可也。

骇鹿，惊而走者。御，音迓，迎也。遽而藏之隍中，汲汲藏之，恐人见也。蕉，草也。顺涂，沿途也。讵有薪者，言岂有薪者之梦，只是汝自梦见薪者言之尔。汝今之梦，乃为真梦矣。不厌，不甘也。爽旦，天明也。仞与认同。梦认人鹿，无人得鹿，言汝以为初无薪者，无得鹿之人，但为梦也。士师复梦分人鹿者，言未能别白其真妄，亦如梦而已。国相乃曰：惟黄帝、孔子知辩之。谓非知道者不能定真妄也。恂与徇同。且从士师之言为之中分也。此段亦是以梦觉言真妄之不可定尔，其说自有味。

宋阳里华子中年病忘，朝取而夕忘，夕与而朝忘；在涂则忘行，在室则忘坐；今不识先，后不识今。阖室毒之。谒史而卜之，弗占；谒巫而祷之，弗禁；谒医而攻之，弗已。鲁有儒生自媒能治之，华子之妻子以居产之半请其方。儒生曰：此固非卦兆之所占，非祈请之所祷，非药石之所攻。吾试化其心，变其虑，庶几有瘳乎？于是试露之,而求衣;饥之,而求食;幽之,而求明。儒生欣然告其子曰:疾可已也。然吾之方密,传世不以告人。试屏左右,独与居室七日。从之,莫知其所施为也。而积年之疾一朝都除。华子既悟,乃大怒,黜妻罚子,操戈逐儒生。宋人执而问其以,华子曰:曩吾忘也,荡荡然不知天地之有无。今顿识既往,数十年来存亡、得失、哀乐、好恶扰扰万绪起矣,吾恐将来之存亡、得失、哀乐、好恶之乱吾心如此也,须臾之忘,可复得乎?子贡闻而怪之,以告孔子。孔子曰:此非汝所及乎?顾谓颜回记之。

毒之,苦之也。卜巫医三者之事,今人亦有之,以见古今人情不相远也。弗占,不入卦兆也。弗禁,以为祟而弗能禁止也。攻之弗已,不可治也。自媒,自荐以为能治此疾也。化其心,变其虑者,谓此心病,非他方法所可疗也。求衣、求食、求明,是求其心犹有知觉也。独与之居而不令人见,故不知其所以治之者何施为也。既悟而怒,以世事感触能累其心,不若不知而忘之也。盖以世人忧乐、得失、存亡、好恶能乱其心,非有道者乐而忘之,则不如病忘之为愈也。末后却不肯说尽,但云非汝所及,此又是一机轴。

秦人逢氏有子,少而惠,及壮而有迷罔之疾。闻歌以为哭,视白以为黑,飨香以为朽,尝甘以为苦,行非以为是。意之所之,天地、四方、水火、寒暑,无不到错者焉。杨氏告其父曰:鲁之君子多术艺,将能已乎?汝奚不访焉?其父之鲁,过陈,遇老聃,因告其子之证。老聃曰:汝庸知汝子之迷乎?今天下之人皆惑于是非,昏于利害。同疾者多,固莫有觉者。且一身之迷,不足倾一家;一家之迷,不足倾一乡;一乡之迷,不足倾一国;一国之迷,不足倾天下;天下尽迷,孰倾之哉?向使天下之人其心尽如汝子,汝则反迷矣。哀乐、声色、臭味、是非,孰能正之?且吾之言,未必非迷,况鲁之君子迷之邮者,焉能解人之迷哉?荣汝之粮,不若遄归也。

此以迷疾之说又翻前段病忘之意。倾,动也。一家之人不因一人之迷而倾其家,一乡之人不以一家之迷而倾其乡。盖言迷者少而不迷者尤多,则不得而惑之也。若天下皆迷,则不迷者反为疾矣。其意盖谓今世之人皆迷于利欲而不知道,反以有道者为迷也。邮与尤同。迷之邮者,言迷之甚也。荣,弃也,费也,言莫枉汝资粮也。

燕人生于燕,长于楚,及老而还本国。过晋国,同行者诳之,指城曰:此燕国之城。其人愀然变容。指社曰:此若里之社。乃喟然而叹。指舍曰:此若先人之庐。乃涓然而泣。指垄曰:此若先人之冢。其人哭不自禁。同行者哑然大笑,曰:予昔绐若,此晋国耳。其人大惭。及至燕,真见燕国之城社,真见先人之庐冢,悲心更微。

此段盖言人心无真见,则或以妄者为是,而真者为非也。微,无也,悲心更微,言反不悲也。据此一篇,语极到,必列子之本书。

冲虚至德真经鬳斋口义卷之四

鬳斋林希逸

仲尼第四

仲尼闲居,子贡入侍,而有忧色,子贡不敢问,出告颜回。颜回援琴而歌。孔子闻之,果召回入,问曰:若奚独乐?回曰:夫子奚独忧?孔子曰:先言尔志。曰:吾昔闻之夫子曰:乐天知命故不忧,回所以乐也。孔子愀然有间曰:有是言哉?汝之意失矣。此吾昔日之言尔,请以今言为正也。汝徒知乐天知命之无忧,未知乐天知命有忧之大也。今告若其实:修一身,任穷达,知去来之非我,亡变乱于心虑,尔之所谓乐天知命之无忧也。曩吾修诗书,正礼乐,将以治天下,遗来世,非但修一身,治鲁国而已。而鲁之君臣日失其序,仁义益衰,情性益薄。此道不行一国与当年,其如天下与来世矣?

此道且不得于一国,与不得行于当时,其如天下来世何?

吾始知诗书礼乐无救于治乱,而未知所以革之之方,此乐天知命者之所忧。虽然,吾得之矣。夫乐而知者,非古人之所谓乐知也。无乐无知,是真乐真知,故无所不乐,无所不知,无所不忧,无所不为。诗书礼乐,何弃之有?革之何为?

乐而知其乐,则有心矣。乐而无容心者为真乐。

颜回北面拜手曰:回亦得之矣。出告子贡。子贡茫然自失,归家淫思七日,不寝不食,以至骨立。颜回重往喻之,乃反丘门,弦歌诵书,终日不辍。

此章之意三转,首言乐天知命则无忧,次言乐天知命者亦有时而忧,末又言知忧乐者不如不知。其意盖以有忧有乐,不如并忧乐无之;知忧乐之为忧乐,不若并忧乐不知之。其大旨不过如此,却寓言以抑扬之,其笔法去《庄子》远甚,恐非列子之本书。淫也者,浸淫也,酷意以思之也。

陈大夫聘鲁,私见叔孙氏。叔孙氏曰:吾国有圣人。曰:非孔丘邪?曰:是也。何以知其圣乎?叔孙氏曰:吾尝闻之颜回曰:孔丘能废心而用形。陈大夫曰:吾国亦有圣人,子弗知乎?曰:圣人孰谓?曰:老聃之弟子有亢仓子者,得聃之道,能以耳视而目听。鲁侯闻之大惊,使上卿厚礼而致之。亢仓子应聘而至。

废心用形,言无心而忘其形,虽动用不知其为动用也。能以耳视目听,六用一源之说也。释氏以音为观音,果佛日学东坡《维摩赞》作《观音赞》一首,正是此意。其辞曰:世间种种音声相,众以耳听非目观。唯此大士眼能观,于眼境界无所取,耳鼻舌身意亦然。善哉心洞十方空,六根互显如是义。见《语录普说》第十五段,自解说得甚明。

鲁侯卑辞请问之。亢仓子曰:传之者妄。我能视听不用耳目,不能易耳目之用。鲁侯曰:此增异矣,其道奈何?寡人终愿闻之。

视听不用耳目,即《庄子》所谓官知止而神欲行之意也。听之以气,听之以心,亦是此意。虽不用耳目以视听,而耳目之用常与人同。故曰:不能易耳目之用。增异者,言如此则又甚异也。

亢仓子曰:我体合于心,心合于气,气合于神,神合于无。其有介然之有,唯然之音,虽远在八荒之外,近在眉睫之内,来干我者,我必知之。乃不知是我七孔四支之所觉,心复六藏之所知,其自知而已矣。

曰体,曰心,曰气,曰神,皆归于无,此乃无心之用也。介然之有,言一介可见之微也。唯然之音,言一唯可听之微也。此八字下得亦好。物来干我,我则知之,即是寂然不动,感而遂通也,即是物来能名,事至则应也。七孔四支,心腹六藏,所觉所知,我皆不知,即是体合于心,心合于气,气合于神,神合于无也。其自知而已矣者,言我虽自知而有不容言者也。

鲁侯大悦。他日以告仲尼,仲尼笑而不答。

笑而不答,即是前篇所谓夫子能之而能不为者也。此意则谓夫子虽知此道,而不以语人,故笑而不答也。

商太宰见孔子曰:丘圣者欤?孔子曰:圣则丘何敢,然则丘博学多识者也。商太宰曰:三王圣者欤?孔子曰:三王善任智勇者,圣则丘弗知。曰:五帝圣者欤?孔子曰:五帝善任仁义者,圣则丘弗知。曰:三皇圣者欤?孔子曰:三皇善任因时者,圣则丘弗知。

商太宰大骇,曰:然则孰者为圣?孔子动容有间,曰:西方之人有圣者焉,不治而不乱,不言而自信,不化而自行,荡荡乎民无能名焉。丘疑其为圣,弗知真为圣欤?真不圣欤?商太宰嘿然心计曰:孔丘欺我哉?

此章似当时已有佛之学,托夫子之名而尊之也。西方之人出于三皇五帝之上,非佛而何?然则佛之书入于中国,虽在汉明帝之时,而其说已传于天下久矣。不治而不乱者,言其用世无治乱之迹也。不言而信,不化而行,以诚感人也。弗知真为圣真不圣,是有推尊之意。而为此不定之辞,必当时有此说而未甚行,故不肯指定言之也。嘿然心计曰欺我哉,形容其惊疑怪讶之意也。善任智勇,能用智勇以治世也。善任因时者,能用顺时之道也。孰者为圣,何者为圣人也。

子夏问孔子曰:颜回之为人奚若?子曰:回之仁贤于丘也。曰:子贡之为人奚若?子曰:赐之辩贤于丘也。曰:子路之为人奚若?子曰:由之勇贤于丘也。曰:子张之为人奚若?子曰:师之庄贤于丘也。子夏避席而问曰:然则四子者何为事夫子?曰:居,吾语汝。夫回能仁而不能反,赐能辩而不能讷,由能勇而不能怯,师能庄而不能同。兼四子之有以易吾,吾弗许也。此其所以事吾而不贰也。

能仁而不能反,反,变也,言其知仁未知变通之权也。此仁字与诚字一般,庄列之字义不可与吾书比。庄,矜也。同,和光同尘也。以四子之有,我兼有之,在我则能易,在彼则不能易。看他如此说,易字便与时字相似。盖谓圣人得其全,时乎而辩,时乎而庄,时乎而仁,时乎而勇,四子者各有其偏尔。吾弗许者,言彼学此变易时中之道,而未能得,吾未许可之也。

子列子既师壶丘子林,友伯昏瞀人,乃居南郭。从之处者,日数而不及。虽然,子列子亦微焉,朝朝相与辩,无不闻。

　　日数而不及者,言日日数之而不尽也,谓来学者之众也。亦微焉,言其应酬之力微矣。凡其朝朝相与辩之言传说于天下,人无不闻之。

　　而与南郭子连墙二十年,不相谒请,相遇于道,目若不相见者,门之徒役以为子列子与南郭子有敌不疑。有自楚来者,问子列子曰:先生与南郭子奚敌?子列子曰:南郭子貌充心虚,耳无闻,目无见,口无言,心无知,形无惕。往将奚为?

　　不相谒请,不通刺而相见也。敌,争也。不疑,断然也。人皆以为二人断然有争于心,所以不相见也。貌充者,见面盎背也。无闻、无见、无言、无知,言其虽闻而不闻,虽见而不见,虽言而不言,虽知而不知也。形无惕者,言德全而无所怵惕于外也。往将奚为,谓欲往见之而何所言乎?

　　虽然,试与汝偕往。阅弟子四十人同行,见南郭子,果若欺魄焉,而不可与接。顾视子列子,形神不相偶,而不可与群。南郭子俄而指子列子之弟子末行者与言,衍衍若专直而在雄者。子列子之徒骇之。反舍,咸有疑色。

　　阅弟子者,选择而行也。欺魄者,块然其形,似魄而非魄也。欺者,疑也。以彼之欺魄视列子之形神不相偶,非南郭子之比,故曰:不可与群。形神不相偶者,言形神相离而未为一也。指末行者与言,言择其最下者而与之语,是以列子为不足与语也。衍衍然,和也;专直,一也;在雄,独尊也,状其旁若无人之意。反舍而有疑者,疑南郭子之薄列子也。

　　子列子曰:得意者无言,进知者亦无言。用无言为言亦言,无

知为知亦知,无言与不言,无知与不知,亦言亦知。亦无所不言,亦无所不知;亦无所言,亦无所知。如斯而已,汝奚妄骇哉?

得意者,造道而有得也。进知者,造道而有知见也。此下却分三转。无言,忘言也。以无言为言,以无知为知,亦言亦知者,谓其虽忘言而无字犹在也,此是一节。无言与不言,无知与不知,亦言亦知者,又将无与不字作分别也。不者,是知与言犹在也。无者,是无字犹在也。亦者,未尽之意也。此是一节。及至于无所不言,无所不知,而亦无所言,无所知,方为造道之妙,又是一节。此即从心不逾矩之说,但说得鼓舞尔。今禅家正用此机关,兼此段文字亦与《传灯录》辩义处语句同。汝奚妄骇者,言此乃至人之事,汝何妄以为惊骇?其意盖谓汝惟未知至人之事,所以有此惊骇。我于至人,何可及耶?

子列子学也,三年之后,心不敢念是非,口不敢言利害,始得老商一眄而已。五年之后,心更念是非,口更言利害,老商始一解颜而笑。七年之后,从心之所念,更无是非,从口之所言,更无利害,夫子始一引吾并席而坐。九年之后,横心之所念,横口之所言,亦不知我之是非利害欤,亦不知彼之是非利害欤,外内进矣。而后眼如耳,耳如鼻,鼻如口,口无不同。心凝形释,骨肉都融,不觉形之所倚,足之所履,心之所念,言之所藏。如斯而已,则理无所隐矣。

此章序列子为学之始,已见前篇。心凝,定也。形释,忘其形也。骨肉皆融化,不知有其身也。形所倚而立,足所履而行,心所念,口所言,皆不自觉知矣。藏,蓄也。言之所出,理皆藏蓄其中也,如斯而已,但如此无所觉知而止也。理无所隐,则至理即此可见也。

初,子列子好游。壶丘子曰:御寇好游,游何所好?列子曰:游之乐,所玩无故。人之游也,观其所见;我之游也,观其所变。游乎游乎,未有能辩其游者。壶丘子曰:御寇之游固与人同欤,而曰固与人异欤?凡所见,亦恒见其变。玩彼物之无故,不知我亦无故。务外游,不知务内观。外游者,求备于物;内观者,取足于身。取足于身,游之至也;求备于物,游之不至也。于是列子终身不出,自以为不知游。壶丘子曰:游其至乎!至游者,不知所适;至观者,不知所眡。物物皆游矣,物物皆观矣,是我之所谓游,是我之所谓观也。故曰:游其至矣乎,游其至矣乎?

　　游者,游观天地之间也。无故者,日新也。人但以其所见者为游观之乐,我以造化之变不常者为游观之乐,故人未有能辩知之者也。故曰:未有能辩其游者。壶丘子非之,乃曰:游与人同,而曰固与人异,言汝之游如此,亦未有异于人也。汝之所见亦常尔,何以谓见其变乎?故曰:凡所见,亦恒见其变,言其妄谓见其变也。物之无故,日夜相代于前,但见其新而无故也。我之为我者亦然。以彼之日新为玩,而不知我亦随化而往,日异一日,则观常观变皆外游也。求备于物者,但以外物为观尽也。取足于吾身而无所观于外,乃为至游。终身不至者,知其学未至也。不知所适者,言其无适也。不知所眡者,言其无见也。无适无见,则无物无我。无非游矣,无非观矣,我之所谓游,观者如此,故曰:物物皆游,物物皆观。故曰:是我之所谓游,是我之所谓观。再言至矣乎者,申言以赞美之也。

　　龙叔谓文挚曰:子之术微矣。吾有疾,子能已乎?文挚曰:唯命所听。然先言子所病之证。龙叔曰:吾乡誉不以为荣,国毁不以为辱;得而不喜,失而弗忧;视生如死,视富如贫,视人如豕,视吾如人;处吾之家,如逆旅之舍;观吾之乡,如戎蛮之国。凡此众疾,爵

赏不能劝，刑罚不能威，盛衰利害不能易，哀乐不能移。固不可事国君，交亲友，御妻子，制仆隶。此奚疾哉？奚方能已之乎？文挚乃命龙叔背明而立，文挚自后向明而望之。既而曰：嘻！吾见子之心矣。方寸之地虚矣，几圣人也。子心六孔流通，一孔不达。今以圣智为疾者，或由此乎？非吾浅术所能已也。

荣辱得失死生贫富，视之如一，皆忘世之事。人如豕者，无贵贱之分也。吾如人者，无彼我之异也。家如逆旅，亲犹疏也。乡如蛮戎，远犹近也。此皆心无系累也。不可以事君，交友，御妻子，制奴仆者，无心于应世也。此皆至人之事，而以为病者，如今禅家骂说也。背明而立，可见其心。扁鹊隔墙见五脏，亦有此事，但此章乃喻言尔。末后一转，却如此结断者，言圣智在我，苟未能自忘，亦谓之病，故如此翻腾其说。释氏曰：执药治病，药亦为病。近于此意。

无所由而常生者，道也；由生而生，故虽终而不亡，常也；由生而亡，不幸也。有所由而常死者，亦道也；由死而死，故虽未然而自亡者，亦常也；由死而生，幸也。故无用而生谓之道，用道得终谓之常；有所用而死者亦谓之道，用道而得死者亦谓之常。

无所由而常生者，谓无所从来而不知生之所以生。泯其知识者，道也。由生而生，则知其所以生而生者，虽此身有终而终者未常亡，此常人之见也。知有生则有亡，此因生而达无生之理者，故曰不幸。言此知此觉，反为累也。由无生之理而知其所以生，则虽生而常若无生者，此亦道也。亦者，近道之意也。由无生而知常死，其身虽未终而自若无生者，此亦常人之见也。然因无生之理而知其所以生，则幸矣。无用而生，无容心于生也，此谓之道。因此道而知所以终之理，此谓之常。有所用而死，此有字误也，合是无字。无所用而死,言无容心于死,而循其自然者,亦谓之道。因见道而得所以死之理者,此谓之常。此意盖谓知道者乃是常人,未足为高知,以不知者乃谓之道也。庄列之论,大抵皆如此翻腾其说。释氏断常之论,亦必源流于此。

季梁之死,杨朱望其门而歌;随梧之死,杨朱抚其尸而哭。隶人之生,隶人之死,众人且歌,众人且哭。目将眇者,先睹秋毫;耳将聋者,先闻蚋飞;口将爽者,先辩淄渑;鼻将窒者,先觉焦朽;体将僵者,先亟奔佚;心将迷者,先识是非。故物不至者则不反。

隶人,众人也。季梁、随梧,皆众人也。杨朱一歌而一哭,则杨朱亦众人也。其意盖谓无所用于生而死,其理本一,而歌哭异焉,是未知其道也。物不至至者,极也,物极则反。自目眇已上数句,犹灯将灭者必大明,是皆极则必反之理也。

郑之圃泽多贤,东里多才。圃泽之役有伯丰子者,行过东里,遇邓析。邓析顾其徒而笑曰:为若舞,彼来者奚若?其徒曰:所愿知也。邓析谓伯丰子曰:汝知养养之义乎?受人养而不能自养者,犬豕之类也;养物而物为我用者,人之力也。使汝之徒食而饱,衣而息,执政之功也。长幼群聚而为牢藉庖厨之物,奚异犬豕之类乎?伯丰子不应。伯丰子之从者越次而进曰:大夫不闻齐、鲁之多机乎?有善治土木者,有善治金革者,有善治声乐者,有善治书数者,有善治军旅者,有善治宗庙者,群才备也。而无相位者,无能相使者。而位之者无知,使之者无能,而知之与能为之使焉。执政者乃吾之所使,子奚矜焉?邓析无以应,目其徒而退。

邓析,辩者也。伯丰子,贤者也。邓析望丰子之来,欲戏舞之。若,汝也。其徒者,邓析之弟子也。彼来者,伯丰子也。养养之义,犹《孟子》所谓役人,役于人者也。犬豕则受养于人,养犬豕而为我用者，人也。意谓伯丰之徒食禄于郑，受执政之养，而为执政所用也。多机，多技巧也。相位，相位致也。相使者，相役使也。其技既同，各能所能，不能相位，致相役使，而其所以使之位之者，皆无技艺之人。是有知有能者，乃为无知无能者所用也。执政，有才之人也。伯丰子，以道自晦者也。言我以道自晦，虽若无能无知，而郑国之执政见用于时者，乃为役于我者也，彼又何能养我乎？奚矜者，何以此矜诧而舞我也。

公仪伯以力闻诸侯，堂谿公言之于周宣王，王备礼以聘之，公仪伯至。观形，懦夫也。宣王心惑而疑曰：女之力何如？公仪伯曰：臣之力能折春螽之股，堪秋蝉之翼。王作色曰：吾之力者能裂犀兕之革，曳九牛之尾，犹憾以弱。女折春螽之股，堪秋蝉之翼，而力闻天下，何也？公仪伯长息退席，曰：善哉王之问也！臣敢以实对。臣之师有商丘子者，力无敌于天下，而六亲不知，以未尝用其力故也。臣以死事之。乃告臣曰：人欲见其所不见，视人所不窥；欲得其所不得，修人所不为。故学视者先见舆薪，学听者先闻撞钟。夫有易于内者无难于外。于外无难，故名不出于一家。今臣之名闻于诸侯，是臣违师之教，显臣之能者也。然则臣之名不以负其力者也，以能用其力者也，不犹愈于负其力者乎？

堪，任也，言能举秋蝉之翼也，此是戏言以激王问也。商丘子之力，天下无敌，而至亲之间不知其勇，是能自晦也。见所不见，视所不窥，得所不得，修所不为，此皆不知之知、无为之为之意。学视自舆薪而始，学听自闻钟而始，此见闻之粗者也，必至于见所不见，闻所不闻而后为妙也。有易于内，是不闻不见者也。易者，事在易而求诸难之易也。能见其所不见，闻其所不闻，我求诸内既易于此，则于外之见闻无难矣。既于外也无难，则虽见闻亦不用，人何由知之？故其名不出于一家,言虽邻人亦不知也。今我不能不用其力,故以有力闻于天下。好胜而自矜负者而不能自晦,至以名显,是违师之教而失其道也。然臣之用力不能自晦,亦犹胜于矜负其力者矣。盖以此讽王之好勇也。然此书之意,主于有若无、实若虚,犯而不校,故设为此喻尔。长息,长太息也。

中山公子牟者,魏国之贤公子也。好与贤人游,不恤国事,而悦赵人公孙龙。乐正子舆之徒笑之。公子牟曰:子何笑牟之悦公孙龙也？子舆曰:公孙龙之为人也,行无师,学无友,佞给而不中,漫衍而无家,好怪而妄言。欲惑人之心,屈人之口,与韩檀等肄之。

无师无友,言其独学也。佞给,口才也。不中,不中理也。漫衍,泛滥也。无家,言不主一家之学也。韩檀,公孙龙之徒也。以其说与其徒自相讲肄,欲以屈惑时人,而非正理也。

公子牟变容曰:何子状公孙龙之过欤？请闻其实。子舆曰:吾笑龙之论孔穿,言善射者能令后镞中前括,发发相及,矢矢相属,前矢造准而无绝落,后矢之括犹衔弦,视之若一焉。

括,箭之本,受弦处也。以后镞中前括,发发相及,不一发也。矢矢相属,不一矢也。前发之矢皆中准,矢则无坠落者,后发之矢又中其括,犹衔弦然,矢矢皆相属,视之如一条箭也。造,至也。准,法也。造准,言合法也。前后,发矢之次第也。犹衔弦者,括之受镞,如受弦也。

孔穿骇之。龙曰:此未其妙者。逢蒙之弟子曰鸿超,怒其妻而怖之。引乌号之弓,綦卫之箭,射其目。矢来注眸子而眶不睫,矢坠地而尘不扬。是岂智者之言与？公子牟曰:智者之言固非愚者之所晓。后镞中前括,钧后于前。矢注眸子而眶不睫,尽矢之势也。子何疑焉？

乌号，黄帝之弓有名者。綦卫，必亦箭之有名者。眣不瞚者，言不瞬也。矢坠地而尘不扬，言其落之轻也。钧后于前者，言前后之矢力不轻重也。尽矢之势者，言矢至于近眸而尽，乃落于地，是其射时约矢之势至此而尽，准则之精也。

乐正子舆曰：子，龙之徒，焉得不饰其阙？吾又言其尤者。龙诳魏王曰：有意不心。有指不至。有物不尽。有影有移。发引千钧。白马非马。孤犊未尝有母。其负类反伦，不可胜言也。公子牟曰：子不谕至言而以为尤也，尤其在子矣。夫无意则心同，无指则皆至。尽物者常有。影不移者，说在改也。发引千钧，势至等也。白马非马，形名离也。孤犊未尝有母，非孤犊也。乐正子舆曰：子以公孙龙之鸣皆条也。设令发于余窍，子亦将承之。公子牟默然良久，告退，曰：请待余日，更谒子论。

子，龙之徒，谓牟乃为龙之徒弟，安得不强为文饰其疏缺乎？阙，疏脱也。又言其尤者，更取其已甚者言之，欲子牟必知其妄也。意生于心，今曰有意不心者，心意有异名也。牟曰无意则心同者，谓曰意则不得为心，曰心则不得为意。若曰无意则心亦同，无若曰有意则心亦同，有是意不为心也。指一物而视之，则其所不指者尚多，故曰有指不至。苟无所指则皆至矣，故曰：无指则皆至。有者谓之物，若以有为物，则天下之物岂可尽？不以物为物，则可以尽天下之物而皆为吾有。故曰：尽物者常有。

有影者不移，此惠子所谓飞鸟之影未尝动也。改，动也。一物有一影，才动则后之影非前之影矣。由后影而求前之影，则未移之先是也，故曰：影不移者，说在改也。改，变也，谓其说在于变改之时也。

发，至弱也；千钧，至重也。以一发而引千钧固不可，然积其发之势至与千钧等,则亦可以引千钧矣,故曰:势至等也。此虽强辩,亦可通。白,色也,以色而名,曰白。马,形也,以形而名,曰马。谓色为白则可,谓形为马则可,若以白马为马,则白,色也,马,形也,二物也,安得而一之?故曰:白马非马,形名离也。《孔丛子》《公孙龙》同。

孤犊虽母之所生,母在则不谓之孤,既谓之孤,则未尝有母矣,谓之有母,则非孤犊也。《庄子》亦有处同。

条,法也。子舆怒其强辩,不可得而复诘,故曰:汝以公孙龙之言皆合条法邪?余窍,鄙秽处也,谓其言若出于他窍,汝亦承从之也。更谒子论者,如今人所谓向下文长,更待来日也,愠怒而不与言也。

尧治天下五十年,不知天下治欤,不治欤?不知亿兆之愿戴己欤?不愿戴己欤?顾问左右,左右不知;问外朝,外朝不知;问在野,在野不知。尧乃微服游于康衢,闻童儿谣曰:立我蒸民,莫匪尔极。不识不知,顺帝之则。尧喜问曰:谁教尔为此言?童儿曰:我闻之大夫。问大夫。大夫曰:古诗也。尧还宫,召舜,因禅以天下。舜不辞而受之。

此章形容圣人之化天下,未尝有化之之迹,天下虽化而皆不自知。立我者,言使我生立于天地之间也。极者,道也。帝,则天理也。当时之诗本以咏尧之德,而大夫以为古诗,此亦是形容其不知所以然之意。尧于天下相忘如此,故举舜而禅之,舜亦受而不辞者,言尧之禅、舜之受皆出于无心也。

关尹喜曰:在己无居,形物其著。其动若水,其静若镜,其应若响,故其道若物者也。物自违道,道不违物。善若道者,亦不用耳,亦不用目,亦不用力,亦不用心。欲若道而用视听形智以求之,弗

当矣。瞻之在前,忽焉在后,用之弥满六虚,废之莫知其所。亦非有心者所能得远,亦非无心者所能得近。唯默而得之,而性成之者得之。知而忘情,能而不为,真知真能也。发无知,何能情?发不能,何能为?聚块也,积尘也,虽无为而非理也。

在己无居,无执着也。随物而见,随用而显,形于物而道自著也。其动若水,无容心也。其静若镜,妍媸在物不在我,随其来而应之,响之应声,自然而然也。其道若物者,顺于物也。物无非道,不知道者,自违之道,何尝违于物哉?不用耳,不以听得之也。不用目,不以视得之也。不用力,不以力求得之也。不用心,不以心思得之也。若以视听形智求道,则不得其当矣。形,身也,力也。智,心思也。瞻之在前,忽焉在后,言无方所也。用之则见,可以弥满于六虚,不用则无。废之莫知其所,废而不用之时,不知道在何处也。有心求者去道远,道何远于有心者?无心求者去道近,道何尝近于无心者?释氏曰:道不可以有心求,亦不可以无心得。即此意也。默而得之,自悟也,性成之也,生知也。知以不知,故曰:知而忘情。能以不能,故曰:能而不为。不知乃真知也,不能乃真能也。发,向也,今人亦有一发如是之语。禅学曰事无一向是也。情,实也。若一发只是无知,则何能得其实?若一发只是无能,则何所能为?盖谓知以不知,非果无知,无知而无不知也。能以不能,非果无能,无能而无不能也。为以不为,非果无为,无为而无不为也。若如积尘然,若如聚块然,则虽无为而非理矣,谓无为之理不如此也。以是观之,则庄列之学何尝以槁木、死灰为主?禅家曰:不许夜行,投明须到,绝后再苏,欺君不得。乃是此意。此一节乃庄列书中大条贯。《五祖演论真净语录》说:冷秋秋地古庙香炉一念,万年为障蔽光明。其意正如比也。此一段见《大慧语录普说》中。《庄子·天下》篇论田骈慎到,块不失道,为死人之学,亦是此一块,即聚块之块也。

冲虚至德真经鬳斋口义卷之五

鬳斋林希逸

汤问第五

殷汤问于夏革曰:古初有物乎?夏革曰:古初无物,今恶得物?后之人将谓今之无物,可乎?殷汤曰:然则物无先后乎?夏革曰:物之终始,初无极已。始或为终,终或为始,恶知其纪?然自物之外,自事之先,朕所不知也。殷汤曰:然则上下八方有极尽乎?革曰:不知也。汤固问。革曰:无则无极,有则有尽,朕何以知之?然无极之外复无无极,无尽之中复无无尽。无极复无无极,无尽复无无尽,朕以是知其无极无尽也,而不知其有极有尽也。

物虽自无而有,既有矣,则必有所始,安得谓之古初无物乎?此语翻得又好。极已,犹极止也。物之之后终始,无所止极,如春先而夏后,春终而夏始,先岂为始?后岂为终?纪,极也。恶知其纪,言无极也。物之外事之先,朕所不知者,即四维上下不可思量,《庄子》所谓六合之外存而不论也。固问,坚问之也,不得已而后答曰:谓之无则无极,既有有之名则必有尽,但不可得而知尔。无极复无无极,此下数语,与《庄子》有始也者,有未始有始也者,有未始有夫未始有始也者,一样语脉也。《庄子·逍遥游》篇曰汤之问棘,此曰夏革。棘革音近,恐传讹也。然大抵皆寓言尔,名字异同,不足深考。

汤又问曰:四海之外奚有?革曰:犹齐州也。汤曰:汝奚以实

之？革曰：朕东行至营，人民犹是也。问营之东，复犹营也。西行至豳，人民犹是也。问豳之西，复犹豳也。朕以是知四海、四荒、四极之不异是也。

四海之外，犹有国土，或无国土，皆不可知。譬如在于营者，但见营之人民；在于豳者，但见豳之人民，岂知营之东又有如营者，豳之西又有如豳者？以中国之所见且如此，况四海、四荒、四极之外乎？齐州，中国也。实之者，欲其即近以明远也。海外曰大荒，大荒之外曰无极，故曰四海、四荒、四极。此亦务为高远广大之言。庄列之书皆如是。

故大小相含，无穷极也。含万物者，亦如含天地。含万物也，固不穷；含天地也，故无极。朕亦焉知天地之表不有大天地者乎？亦吾所不知也。

大小相含，譬如瓦在椽上，椽在桁上，桁在梁上，梁在柱上，柱又在地上，小大相乘载物，物皆然，不可穷诘。万物既如此，则天地在于太虚之间。太虚，含天地者也，太虚之外又必有含太虚者。含万物者既不可穷，则含天地者亦安知其所极？安知天地之外不有更大于天地者？含，容也。此等议论，皆是排斥小见。自私之人不知世界之广大，故为此等虚旷之论，虽似荒唐，亦自有味。此章以下诸段，皆然，若要逐章求义理，则不可也。读庄列之书，别具一只眼可也。

然则天地亦物也。物有不足，故昔者女娲氏练五色石以补其阙，断鳌之足，以立四极。其后共工氏与颛顼争为帝，怒而触不周之山，折天柱，绝地维。故天倾西北，日月星辰就焉；地不满东南，故百川水潦归焉。

女娲之补天，共工之折天柱，绝地维，此皆务为骇世之言，不可以为实论。天之倾西北,此造化至妙处。若无倚盖之势,则星辰之运、日月之行,何以见其盈缩?何以为昼为夜?此须识天文者方知之。知地有上下四游之说,天如鸡子,则安得有柱有维乎?

汤又问:物有巨细乎?有修短乎?有同异乎?革曰:渤海之东不知几亿万里,有大壑焉,实惟无底之谷,其下无底,名曰归墟。八纮九野之水,天汉之流,莫不注之,而无增无减焉。其中有五山焉:一曰岱舆,二曰员峤,三曰方壶,四曰瀛洲,五曰蓬莱。其山高下周旋三万里,其顶平处九千里。山之中间相去七万里,以为邻居焉。其上台观皆金玉,其上禽兽皆纯缟。珠玕之树皆丛生,华实皆有滋味,食之皆不老不死。所居之人皆仙圣之种,一日一夕飞相往来者,不可数焉。而五山之根无所连著,常随潮波上下往还,不得暂峙焉。仙圣毒之,诉之于帝。帝恐流于西极,失群圣之居,乃命禺疆使巨鳌十五举首而戴之。迭为三番,六万岁一交焉。五山始峙而不动。而龙伯之国有大人,举足不盈数步而暨五山之所,一钓而连六鳌,合负而趣归其国,灼其骨以数焉。于是岱舆、员峤二山流于北极,泛于大海,仙圣之播迁者巨亿计。帝凭怒,侵减龙伯之国使厄,侵小龙伯之民使短。至伏羲、神农时,其国人犹数千丈。

归墟者,即尾闾是也。八纮,八方也。九野,九州也。纯缟,纯白也。珠玕,珠玉也。峙,停也。毒之,苦之也。禺疆,神名也。合负以六者,同负而去也。趣,往也。数者,数其骨也。使厄,使隘狭也。五山之仙圣,十五鳌之三番,龙伯之钓鳌,帝之怒龙伯,皆寓言也。今佛经多有此,如三十三天、香积国、西方净土之类是也。

从中州以东四十万里得僬侥国,人长一尺五寸。东北极有人名曰诤人,长九寸。

龙伯之减小,犹长数千丈。僬侥之尺五,诤人之九寸。长者极长,短者极短,但言天地之间变化不常,不可以耳目所见者为定也。

荆之南有冥灵者,以五百岁为春,五百岁为秋。上古有大椿者,以八千岁为春,八千岁为秋。朽壤之上有菌芝者,生于朝,死于晦。春夏之月有蠓蚋者,因雨而生,见阳而死。终发北之北有溟海者,天池也,有鱼焉,其广数千里,其长称焉,其名为鲲。有鸟焉,其名为鹏,翼若垂天之云,其体称焉。世岂知有此物哉?大禹行而见之,伯益知而名之,夷坚闻而志之。

冥灵,木名也。终发,即穷发也。北之又北,愈远之地也。称,去声,其长与其大相称也。翼大如此,身亦称之,则其大可知矣。世人所见者小,岂知天地间更有如此广大之所乎?此皆寓言,却以禹益实之。世言《山海经·大荒经》皆禹所作,亦犹今人言张骞穷天河也。其意但因禹治水行九州,伯益为山泽之虞,故借其名以实其说。夷坚,亦犹庄子之齐谐也。

江浦之间生麽虫,其名曰焦螟,群飞而集于蚊睫,弗相触也。栖宿去来,蚊弗觉也。离朱、子羽方昼拭眦扬眉而望之,弗见其形。𩹄俞、师旷方夜擿耳俛首而听之,弗闻其声。唯黄帝与容成子居空峒之上,同斋三月,心死形废。徐以神视,块然见之,若嵩山之阿;徐以气听,砰然闻之,若雷霆之声。

因净人之论,又生麽虫之说,小之而又小者也。𩹄俞,亦古之能听者。此即庄子听之以耳,不若听之以气,听之以气,不若听之以心之论。

吴、楚之国有大木焉,其名为櫾,碧树而冬生,实丹而味酸。食其皮汁,已愤厥之疾。齐州珍之,渡淮而北而化为枳焉。鸲鹆不逾济,貉逾汶则死矣,地气然也。虽然,形气异也,性钧已,无相易已,生皆全已,分皆足已。吾何以识其巨细?何以识其修短?何以识其同异哉？

櫾，橘柚也。此数语《考工记》之说，盖言形气之不定，所以见造化也。随物而观，则其性皆均，物各一性，不得而相易。物物各全其生，物物各足其分，巨者细者，修者短者，皆造物之理，孰为异？孰为同？此数语却自端正。已，语终之辞。

太形、王屋二山，方七百里，高万仞，本在冀州之南，河阳之北。北山愚公者，年且九十，面山而居。惩山北之塞，出入之迂也。聚室而谋，曰：吾与汝毕力平险，指通豫南，达于汉阴，可乎？杂然相许。其妻献疑曰：以君之力，曾不能损魁父之丘，如太形、王屋何？且焉置土石？杂曰：投诸渤海之尾、隐土之北。遂率子孙荷担者三夫，叩石垦壤，箕畚运于渤海之尾。邻人京城氏之孀妻有遗男，始龀，跳往助之。寒暑易节，始一反焉。河曲智叟笑而止之，曰：甚矣！汝之不慧。以残年余力，曾不能毁山之一毛，其如土石何？北山愚公长息曰：汝心之固，固不可彻，曾不若孀妻弱子。虽我之死，有子存焉。子又生孙，孙又生子，子又生子，子又生孙，子子孙孙，无穷匮也，而山不加增，何若而不平？河曲智叟亡以应。操蛇之神闻之，惧其不已也，告之于帝。帝感其诚，命夸娥氏二子负二山，一厝朔东，一厝雍南。自此，冀之南、汉之阴，无陇断焉。

太形，即太行也，声相近也。指通，向南而通道也。隐土，北方地名也。跳，奋而往也。易节，一年也。不慧，不明也。固，蔽也。此章其言似迂阔，然以形容不已之意，却甚有味。释氏言补陀大士初修行时，穷苦而无所见。将下山，遇人于水边磨一铁尺，问之曰：磨此何用？曰：将以为针。大士笑之，曰：汝岂愚邪？铁尺可磨为针乎？其人曰：今生磨不成，后生亦磨不成？大士大悟，再归补陀，而后成道。似此之言甚迂，某尝以为有味，有益于学者，若人皆存此心，何事不可为？何学不可成也？东坡曰：徐徐而为之，十年之后，何事不立？但恐此意不坚，行之不力耳。东坡此语似甚浅近，若研究得来，尧之兢兢、舜之业业、汤之又日新、文王之纯亦不已，即此一念也。操蛇神、夸娥氏，皆神名也。无陇断者，言其地皆平，虽小坡垤亦无之也。

夸父不量力，欲追日影，逐之于隅谷之际。渴欲得饮，赴饮河、渭。河、渭不足，将走北饮大泽。未至，道渴而死，弃其杖，尸膏肉所浸，生邓林。邓林弥广数千里焉。

隅谷，日入处也。夸父之杖化为邓林，邓林之广犹数千里，夸父亦龙伯之类尔。此必古来相传有此怪异之说，故清虚之徒并取以入其书，以为大言之资耳。

大禹曰：六合之间，四海之内，照之以日月，经之以星辰，纪之以四时，要之以太岁。神灵所生，其物其形，或夭或寿，唯圣人能通其道。夏革曰：然则亦有不待神灵而生，不待阴阳而形，不待日月而明，不待杀戮而夭，不待将迎而寿，不待五谷而食，不待缯纩而衣，不待舟车而行，其道自然，非圣人之所通也。

夏革既与汤问答，此又与禹问答，两夏革邪？一夏革邪？一夏革，则当有千百岁之寿矣。神灵所生，即日月阴阳太岁是也。上章以神灵结语，下章以神灵起语，可见文势。禹曰：有形之物，或夭或寿，皆有道存焉，唯圣人则通知之。革又曰：亦有不待阴阳日月而生者。石卵、石子，何假阴阳之气？土蚁、地龙，何假日月之明？朝菌、蟪蛄，岂杀戮而夭？松柏、南山，岂道迎而寿？窃脂、剖苇，岂待五谷而饱？牛马之类，岂待缯絮而暖？飞禽之类，岂待舟车而行？此又自然而然，非常理可推，虽圣人亦不得而尽通知之。太岁，主岁之神也。今日者，亦用此则自古有之矣，此意盖言天下之事有可以常理推者,又不可以常理推者,此所以为造化之妙。

禹之治水土也,迷而失涂,谬之一国。滨北海之北,不知距齐州几千万里。其国名曰终北,不知际畔之所齐限。无风雨霜露,不生鸟兽、虫鱼、草木之类。四方悉平,周以乔陟。当国之中有山,山名壶岭,状若甔甀。顶有口,状若员环,名曰滋穴。有水涌出,名曰神瀵,臭过兰椒,味过醪醴。一源分为四埒,注于山下。经营一国,亡不悉遍。土气和,亡札厉。人性婉而从物,不竞不争;柔心而弱骨,不骄不忌;长幼侪居,不君不臣;男女杂游,不媒不聘;缘水而居,不耕不稼;土气温适,不织不衣;百年而死,不夭不病。其民孳阜亡数,有喜乐,亡衰老哀苦。其俗好声,相携而迭谣,终日不辍音,饥倦则饮神瀵,力志和平。过则醉,经旬乃醒。沐浴神瀵,肤色脂泽,香气经旬乃歇。

终北,穷北也。齐,止也。限,极也。其际畔,无止极也。乔陟,高山也。壶岭,亦方壶、员峤之类。甔甀,瓦器。滋穴之水,名曰神瀵,出于一源,分于四畔。埒,犹际也。经营一国,言此水绕一国也。婉而从物,顺也。弱骨,不力争也。孳阜,孳生也。阜,盛也。此章自经旬乃歇以上,言禹之所见也。

周穆王北游过其国,三年忘归。既反周室,慕其国,憷然自失。不进酒肉,不召嫔御者,数月乃复。

因穆王八骏之说,又于此添作一证。

管仲勉齐桓公因游辽口,俱之其国,几克举。隰朋谏曰:君舍齐国之广,人民之众,山川之观,殖物之阜,礼义之盛,章服之美,妖靡盈庭,忠良满朝,肆咤则徒卒百万,视扚则诸侯从命,亦奚羡于彼而弃齐国之社稷,从戎夷之国乎?此仲父之耄,奈何从之?桓公乃止,以隰朋之言告管仲。仲曰:此固非朋之所及也。臣恐彼国之不可升之也。齐国之富奚恋？隰朋之言奚顾？

又因齐国遵海而南做于琅琊之事，添此一段说话。几克举者，言几乎克日而欲举行也。肆咤者，肆意而叱咤也。视拟者，言随目所视而指麾之也。彼国之不可升者，言但恐求至而不可得也。此等言意亦不过谓天地之外，更有胜于人之耳目所见者而已。

南国之人祝发而裸，北国之人鞨巾而裘，中国之人冠冕而裳。九土所资，或农或商，或田或渔，如冬裘夏葛，水舟陆车，默而得之，性而成之。

此语吾书中亦有之。盖中国之外，质性不同，衣食或异，随其生而乐之，此无他，皆欲广人之所见耳。

越之东有辄休之国，其长子生，则鲜而食之，谓之宜弟。其大父死，负其大母而弃之，曰：鬼妻不可与同居处。楚之南有炎人之国，其亲戚死，刐与剐同。**其肉而弃之，然后埋其骨，乃成为孝子。秦之西有仪渠**文康。**之国者，其亲戚死，聚柴积而焚之。熏则烟上，谓之登遐，然后成为孝子。此上而为政，下以为俗，而未足为异也。**

辄休、炎人、仪渠，皆国名也。刐者，割也。此章之言，《墨子》亦有之，两汉《夷狄传》、晋之载记亦间有一二事相类。列子之意，不过曰天地之内，国土不同，风俗各异，岂必皆如中国而后为美？我之所好，安知非彼之所恶哉？

孔子东游，见两小儿辩斗，问其故。一儿曰：我以日始出时去人近，而日中时远也。一儿以日初出远，而日中时近也。一儿曰：日初出大如车盖，及日中，则如盘盂，此不为远者小而近者大乎？一儿曰：日初出则沧沧凉凉，及其日中如探汤，此不为近者热而远者凉乎？孔子不能决也。两小儿笑曰：孰为汝多知乎？

两小儿之论与晋太子长安与日近远之说相类。此章之意，盖言远近是非不可以一理定也。

均,天下之至理也。连于形物亦然,均发均县,轻重而发绝,发不均也。均也,其绝也莫绝。人以为不然,自有知其然者也。

此章提起一均字,言均天下之至理,凡物之有形者亦然。连,犹凡也。形物,有形之物也。亦然者,理如是而物亦如是也。悬与发均,则虽发可以县,故曰:均发均县。若物与发有轻有重,则发必断绝。其所以断绝者,不均也,故曰:轻重而发绝,不均也。若轻重均平,则虽欲绝而不绝,故曰:均也,其绝也莫绝。此一句自妙。均也是一句,其绝也莫绝是一句。此即公孙龙发引千钧之论。人皆以为不然,自有知其然者,言世人则不知其然,知道者则知其然也。

詹何以独茧丝为纶,芒针为钩,荆篠为竿,剖粒为饵,引盈车之鱼于百仞之渊、汩流之中,纶不绝,钩不伸,竿不挠。楚王闻而异之,召问其故。詹何曰:臣闻先大夫之言,蒲且子之弋也,弱弓纤缴,乘风振之,连双鸧于青云之际。用心专,动手均也。臣因其事,放而学钓,五年始尽其道。当臣之临河持竿,心无杂虑,唯鱼之念;投纶沈钩,手无轻重,物莫能乱。鱼见臣之钩饵,犹沉埃聚沫,吞之不疑。所以能以弱制强,以轻致重也。大王治国诚能若此,则天下可运于一握,将亦奚事哉?楚王曰:善。

詹何之钓,蒲且子之弋,与伛偻丈人之承蜩旨意相类,盖言治国、治天下,若平其心,无强无弱,无轻无重,则弱可以制强,轻可以制重,此即《老子》柔能胜刚之论也。

鲁公扈、赵齐婴二人有疾,同请扁鹊求治。扁鹊治之。既同愈。谓公扈、齐婴曰:汝曩之所疾,自外而干府藏者,固药石之所已。今有偕生之疾,与体偕长。今为汝攻之,何如?二人曰:愿先闻其验。扁鹊谓公扈曰:汝志强而气弱,故足于谋而寡于断。齐婴志弱而气强,故少于虑而伤于专。若换汝之心,则均于善矣。扁鹊遂饮二人毒酒,迷死三日,剖胸探心,易而置之。投以神药,既悟如初,二人辞归。于是公扈反齐婴之室,而有其妻子,妻子弗识。齐婴亦反公扈之室,有其妻子,妻子亦弗识。二室因相与讼,求辩于扁鹊。扁鹊辩其所由,讼乃已。

此章形容心禀于气,人有不得而自由者。其言亦有深味,虽似迂阔而不迂阔。若明道曰:一百四病,皆由他心,须由我始得。此语又高。然列子之喻,气质之性之心也,明道之言,理性也,必以理性化气质之性,而后心可自由。

瓠巴鼓琴而鸟舞鱼跃。郑师文闻之,弃家从师襄游。柱指钧弦,三年不成章。师襄曰:子可以归矣。师文舍其琴,叹曰:文非弦之不能钧,非章之不能成。文所存者不在弦,所志者不在声。内不得于心,外不应于气,故不敢发手而动弦,且小假之,以观其后。无几何,复见师襄。师襄曰:子之琴何如?师文曰:得之矣。请尝试之。于是当春而叩商弦以召南吕,凉风忽至,草木成实。及秋而叩角弦以激夹钟,温风徐回,草木发荣。当夏而叩羽弦以召黄钟,霜雪交下,川池暴冱。及冬而叩徵弦以激蕤宾,阳光炽烈,坚冰立散。将终,命宫而总四弦,则景风翔,庆云浮,甘露降,醴泉涌。师襄乃抚心高蹈曰:微矣,子之弹也。虽师旷之清角,邹衍之吹律,亡以加矣,彼将挟琴执管而从子之后耳。

不成章者,言未能成一曲也。柱指,安指也。钧弦,调弦也。不在弦,不在声者,心未安也。得于心应于手,则遗其器也,未能如此,所以不敢动弦也。小假者,小宽也。观其后,看此后如何也。当春为秋声而秋气应,当秋为春声而春气应,当夏为冬声而冬气应,当冬为夏声而夏气应。商弦属秋,角弦属春,羽弦属冬,徵弦属夏,官为中声,故和气应。琴有五弦,一弦主一声。此曰叩某弦者,非调其一而废其四,盖某曲以商为主,某曲以角为主也。此意盖言音声之妙可以通造化而已。师文之见师襄,其言似在一日之间,安得通四时而并叩并应乎?以此而观,可知其为寓言也。微矣,子之弹者,言子之弹琴微妙极矣。清角,乐名也。挟琴执管而从子后者,言彼师旷、邹衍当从学于汝也。

薛谭学讴于秦青,未穷青之技,自谓尽之,遂辞归。秦青弗止。饯于郊衢,抚节悲歌,声振林木,响遏行云。薛谭乃谢求反,终身不敢言归。秦青顾谓其友曰:昔韩娥东之齐,匮粮,过雍门鬻歌假食。既去而余音远梁欐,三日不绝,左右以其人弗去。过逆旅,逆旅人辱之。韩娥因曼声哀哭,一里老幼悲愁,垂涕相对,三日不食。遽而追之。娥还,复为曼声长歌。一里老幼喜跃抃舞,弗能自禁,忘向之悲也。乃厚赂发之,故雍门之人至今善歌哭,效娥之遗声。

抚节,按拍也。匮,乏也。鬻歌假食,卖歌以求食也。发之,谢而迭送之也。此语亦有见于《孟子》者。因师文鼓琴之说,又及讴者之事,而并记之,皆言工技之能神妙也如此。技能如此,则学道者岂不有至神至妙之事乎?此又其言外之意也。

伯牙善鼓琴,钟子期善听。伯牙鼓琴,志在高山。钟子期曰:善哉!峨峨兮若泰山。志在流水。钟子期曰:善哉!洋洋兮若江河。伯牙所念,钟子期必得之。伯牙游于泰山之阴,卒逢暴雨,止于岩下,心悲,乃援琴而鼓之。初为霖雨之操,更造崩山之音。曲每奏,钟子期辄穷其趣。伯牙乃舍琴而叹曰:善哉,善哉!子之听夫。志想象犹吾心也。吾于何逃声哉?

霖雨崩山,皆琴曲名也。志所想象,言子期也,谓其心与己心同也。声出于心,汝既心与己同,宜乎知其声也。于何逃者,言不可隐也。此必古来相传之说，取而入其书，盖言天下之事无精无粗，皆有造于神妙者。

周穆王西巡狩，越昆仑，不至弇山。反还，未及中国，道有献工人名偃师。穆王荐之，问曰：若有何能？偃师曰：臣唯命所试。然臣已有所造，愿王先观之。穆王曰：曰以俱来，吾与若俱观之。越日，偃师谒见王，王荐之，曰：若与偕来者何人？对曰：臣之所造能倡者。穆王惊视之，趣步俯仰，信人也。巧夫镇其颐，则歌合律；捧其手，则舞应节，千变万化，唯意所适。王以为实人也，与盛姬内御并观之。技将终，倡者瞬其目而招王之左右侍妾。王大怒，立欲诛偃师。偃师大慑，立剖散倡者以示王，皆傅会革、木、胶、漆、白、黑、丹、青之所为。王谛料之，内则肝胆、心肺、脾肾、肠胃，外则筋骨、支节、皮毛、齿发，皆假物也，而无不毕具者。合会复如初见。王试废其心，则口不能言；废其肝，则目不能视；废其肾，则足不能步。穆王始悦而叹曰：人之巧乃可与造化者同功乎？诏贰车载之以归。夫班输之云梯，墨翟之飞鸢，自谓能之极也。弟子东门贾、禽滑厘闻偃师之巧以告二子，二子终身不敢语艺，而时执规矩。

弇山，又在昆仑之西。荐之，进之也。《汉书》搢绅，搢亦作荐。曰以俱来，明日与同来也。趣步俯仰，皆实如人然。信，实也。巧夫，叹其工能之巧也。镇，厣也。厣其口而使之歌，则皆合律，捧其手而使之舞则应节。始者以为实似人，既久则宛如实人也。盛姬，群多之姬也。招，戏之也。谛，审也。料，点检之也。合会复如初，既剖散而复合其歌舞又如初见也。木人而能行能舞犹可也，声何从出？此意盖言人之一身亦是假合而成，目应于肝，足应于肾，口应于心，何尝由我？释氏四大之说亦类此。人之巧乃能夺造化，况造化之巧乎？贰车者，副车也。云梯，攻城之具也。飞鸢，亦木为之也。此与雪峰木球相类。自谓能之极者，言般输、墨翟自谓极巧。比之偃师，又不足言技能矣，所以终身不敢自称其艺。时乎而执规矩者，谓轮翟二子皆废弃工技，不敢复为，时乎不得已而后执之也。东门贾、禽滑厘，两人名也。

甘蝇，古之善射者，彀弓而兽伏鸟下。弟子名飞卫，学射于甘蝇，而巧过其师。纪昌者，又学射于飞卫。飞卫曰：尔先学不瞬，而后可言射矣。纪昌归，偃卧其妻之机下，以目承牵挺，二年之后，虽锥末倒眦，而不瞬也。以告飞卫。飞卫曰：未也，亚学视而后可。视小如大，视微如著，而后告我。昌以氂悬虱于牖，南面而望之。旬日之间，浸大也；三年之后，如车轮焉。以睹余物，皆丘山也。乃以燕角之弧，朔蓬之簳射之，贯虱之心，而悬不绝，以告飞卫。飞卫高蹈拊膺曰：汝得之矣。

牵挺，机下之挺，随足上下者也。锥末虽倒眦，而不瞬，《孟子》所谓不目逃也。亚学，亚次也，更也，使其更学视也。虱既如车轮，则他物皆如丘山矣。燕角之弧，以燕之角为弓；朔蓬之簳，以朔之蓬为干也。此弓矢之精也。视虱如轮而后可射，此精艺者，必然如扁鹊学医，隔墙而见人，尤异矣。此世间所有之事，不精于学者不可与议也。

纪昌既尽卫之术，计天下之敌己者，一人而已，乃谋杀飞卫。相遇于野，二人交射，中路矢锋相触，而坠于地，而尘不扬。飞卫之矢先穷。纪昌遗一矢，既发，飞卫以棘刺之端扞之，而无差焉。于是二子泣而投弓，相拜于涂，请为父子，克臂以誓，不得告术于人。

交射中路者，于涂中互相射也。彼此之矢相触而落于地，尘亦不起，亦其平落地也。以棘刺之端而扞其来矢，亦相值而无差池也。克臂者，削其臂以为识而誓也。此说似迂。向游淮，识轩路分者,其年已近七十矣,春秋大阅第一筹,年年得之。渠尝云:初收王辛时,相遇于六安山间。王辛执弓欲射之。轩之手中只有一条短木枪,呼辛而谓之曰:我在此许汝发三矢,若射我不中,汝即降我,我同汝见赵制置,管取做官人。辛发三矢,皆为木枪所击而落地。辛遂拜之。王辛后为光州武定都统。及某至安丰,有王辛旧将亦言此事,与轩语一同。轩忘其名矣。然则纪昌、飞卫之相射,岂得谓诬乎?

造父之师曰泰豆氏。造父之始从习御也,执礼甚卑,泰豆三年不告。造父执礼愈谨,乃告之曰:古诗言,良弓之子,必先为箕;良冶之子,必先为裘。汝先观吾趣。趣如吾,然后六辔可持,六马可御。造父曰:唯命所从。泰豆乃立木为涂,仅可容足;计步而置,履之而行。趣走往还,无跌失也。造父学之,三日尽其巧。泰豆叹曰:子何其敏也?得之捷乎?凡所御者,亦如此也。曩汝之行,得之于足,应之于心,推于御也,齐辑乎辔衔之际,而急缓乎唇吻之和,正度于胸臆之中,而执节乎掌握之间。内得于中心,而外合于马志,是故能进退履绳而旋曲中规矩,取道致远而气力有余,诚得其术也。得之于衔,应之于辔;得之于辔,应之于手;得之于手,应之于心。则不以目视,不以策驱,心闲体正,六辔不乱,而二十四蹄所投无差,回旋进退,莫不中节。然后舆轮之外可使无余辙,马蹄之外可使无余地,未尝觉山谷之崄,原隰之夷,视之一也。吾术穷矣,汝其识之。

泰豆,亦古之善御者也。裘箕,古语也,已见《学记》。学弓先学箕,皆竹器也。冶,攻金也,与裘何预?此语素难通。然《考工记》有裘氏,不知所主何事。此官既缺,恐当时所职或有近于冶者,今不可知矣。先观吾趣者,使学其行步也。得之捷者,言其速成也。鑣衔，唇吻在马者也。胸臆，掌握在人者也。履绳而旋者，其路虽如绳之小，亦可以转旋也。曲中者，妙于中也。气力有余，御者不劳也，犹《考工》曰其衽不蔽之意也。心闲身正者，御之从容也。二十四蹄，六马之车也。所投无差，马行不乱也。辙，轨也，车所行之道也。车外无余辙也者，车行不越乎辙之中也。蹄外无余地者，蹄不乱则其地不多也。山谷虽险，原隰虽平，我视之皆一同也。履木而行，其说似迂，观今人缘竿履绳而蹑屐者，则知世间自有此事。列子言此，不过以为人间之技且有此神妙，况学道乎？

魏黑卵以暱嫌杀丘邴章。丘邴章之子来丹谋报父之雠。丹气甚猛，形甚露，计粒而食，顺风而趣，虽怒，不能称丘以报之，耻假力于人，誓手剑以屠黑卵。黑卵悍志绝众，力抗百夫，筋骨皮肉，非人类也。延颈承刃，披胸受矢，铓锷摧屈，而体无痕挞，负其才力，视来丹犹雏鷇也。来丹之友申他曰：子怨黑卵至矣，黑卵之易子过矣，将奚谋焉？来丹垂涕曰：愿子为我谋。申他曰：吾闻卫孔周其祖得殷帝之宝剑，一童子服之，却三军之众，奚不请焉？来丹遂适卫，见孔周，执仆御之礼，请先纳妻子，后言所欲。孔周曰：吾有三剑，唯子所择，皆不能杀人，且先言其状。一曰含光，视之不可见，运之不知其有。所触也，泯然无际，经物而物不觉。二曰承影，将旦昧爽之交，旦夕昏明之际，北面而察之，淡淡焉若有物存，莫识其状。其所触也，窃窃焉有声，经物而物不疾也。三曰宵练，方昼则见影而不见光，方夜见光而不见形。其触物也，骞然而过，随过随合，觉疾而不血刃焉。此三宝者，传之十三世矣，而无施于事，匣而藏之，未尝启封。来丹曰：虽然，吾必请其下者。孔周乃归其妻子，与斋七日。晏阴之间，跪而授其下剑，来丹再拜受之以归。来丹遂执剑从黑卵。时黑卵之醉偃牖下，自颈至腰三斩之。黑卵不觉，来丹以黑卵之死，趣而退。遇黑卵之子于门，击之三下，如投虚。黑卵之子方笑曰：汝何蚩而三招予？来丹知剑之不能杀人也，叹而归。黑卵既醒，怒其妻曰：醉而露我，使我嗌疾而腰急。其子曰：畴昔来丹之来，遇我于门，三招我，亦使我体疾而支强，彼其厌我哉？

曛嫌，私怨也。气甚猛，威甚锐也。形甚露，骨立也。顺风而趣，其行弱也。悍志绝众，其志勇悍过人也。痕挞，痕迹也。雏鷇，初生之禽也。易子过矣，甚轻汝也。三剑之名，方言厌胜之术也。泯然无际者，泯没而不见边际也。将旦昧爽之交，日初出之时也。旦夕昏明之际，日将入之时也。旦夕，犹言日暮也。昏明，欲昏而欲明也。昼则见影，夜则见光，只有光影而无形也。骕，合作骕。骕然，微有声者。请其下者，求其第三剑也。因其醉而斩之，疑其已死，遂趋行而退回也。击之如投虚，剑已过如无物也。蚩与痴同。丹之三击，彼以为三招，如儿戏也。嗌疾，喉急也。支强，肢体强急而不柔和也。盖言厌胜之术自有神异，而况学道乎？以此说而入其书，皆有意存焉，非徒夸诞大言也。

周穆王大征西戎，西戎献锟铻之剑，火浣之布。其剑长尺有咫，练钢赤刃，用之切玉如切泥焉。火浣之布，浣之必投于火，布则火色，垢则布色，出火而振之，皓然疑乎雪。皇子以为无此物，传之者妄。萧叔曰：皇子果于自信，果于诬理哉？

练钢，炼熟之钢金也。赤刃，金精，其色赤也。如切泥，言柔软也。切玉之剑，今虽未见，火浣之布，今人尝见之，世间自有此事。果于自信者，言皇子但信其耳目所及，而不知天下有此神异之事，遂以传者为妄，是诬理也。从前铺说，至此方结以两句，盖谓人各以其浅近之见而疑此广大之言，非知理者也。

冲虚至德真经鬳斋口义卷之六

鬳斋林希逸

力命第六

力谓命曰:若之功奚若我哉?命曰:汝奚功于物而欲比朕?力曰:寿夭、穷达、贵贱、贫富,我力之所能也。命曰:彭祖之智,不出尧、舜之上,而寿八百;颜渊之才,不出众人之下,而寿十八;仲尼之德,不出诸侯之下,而困于陈、蔡;殷纣之行,不出三仁之上,而居君位。季札无爵于吴,田恒专有齐国。夷、齐饿于首阳,季氏富于展禽。若是汝力之所能,奈何寿彼而夭此,穷圣而达逆,贱贤而贵愚,贫善而富恶邪?力曰:若如是言,我固无功于物,而物若此耶,此则若之所制邪?命曰:既谓之命,奈何有制之者邪?朕直而推之,曲而任之。自寿自夭,自穷自达,自贵自贱,自富自贫,朕岂能识之哉?朕岂能识之哉?

力,人力也。命,天命也。此意盖谓寿夭、穷达、富贵、贫贱若出于人为,而无非天命而制之者,亦非造物也。直而推之,曲而任之,是曲直皆出于自然,我但推而任之矣。朕岂能识者,方亦非命所能制,又有自然而然者制之,即《庄子》所谓吾所待又有待而然者也。此章大意只如此,而其文亦直截,所以疑非列子之本书。以下数章亦然。

北宫子谓西门子曰:朕与子并世也,而人子达;并族也,而人子敬;并貌也,而人子爱;并言也,而人子庸;并行也,而人子诚;并仕也,而人子贵;并农也,而人子富;并商也,而人子利。朕衣则短褐,食则粢粝,居则蓬室,出则徒行。子衣则衣锦,食则粱肉,居则连

欄，出则结驷。在家熙然有弃朕之心，在朝谔然有敖朕之色。请谒不相及，遨游不同行，固有年矣。子自以德过朕邪？西门子曰：予无以知其实。汝造事而穷，予造事而达，此厚薄之验欤？而皆谓与予并，汝之颜厚矣。北宫子无以应，自失而归。中涂遇东郭先生。先生曰：汝奚往而反，偊偊而步，有深愧之色邪？北宫子言其状。东郭先生曰：吾将舍汝之愧，与汝更之西门氏而问之。曰：汝奚辱北宫子之深乎？固且言之。西门子曰：北宫子言世族、年貌、言行与予并，而贱贵、贫富与予异。予语之曰：予无以知其实。汝造事而穷，予造事而达，此将厚薄之验欤？而皆谓与予并，汝之颜厚矣。东郭先生曰：汝之言厚薄，不过言才德之差，吾之言厚薄，异于是矣。夫北宫子厚于德，薄于命；汝厚于命，薄于德。汝之达，非智得也；北宫子之穷，非愚失也。皆天也，非人也。而汝以命厚自矜，北宫子以德厚自愧，皆不识夫固然之理矣。西门子曰：先生止矣，予不敢复言。北宫子既归，衣其短褐，有狐貉之温；进其茙菽，有稻粱之味；庇其蓬室，若厦廛之荫；乘其荜辂，若文轩之饰。终身逌然，不知荣辱之在彼在我也。东郭先生闻之曰：北宫子之寐久矣，一言而能寤，易悟也哉！

人子达敬爱之类者，谓人但偏向汝也。连欄，欄屋之连绵也，言其屋檐之长也。造事者，言所作为之事也。或穷或达，穷则为厚，达则为薄，厚薄，能否也。偊偊而步，行不进之貌。舍音释，义同。舍汝之愧者，为汝释去此愧也。更之，再往也，与之同再见西门氏也。达者不为智得，穷者非为愚失，岂可以其命而自矜？固然者，固有自然之理。茙菽，大菽也。厚于德，薄于命，能多而不遇也；厚于命，薄于德，遭时而非所能也。此德字与能字同意，非道德之德也。

管夷吾、鲍叔牙二人相友甚戚，同处于齐。管夷吾事公子纠，鲍叔牙事公子小白。齐公族多宠，嫡庶并行。国人惧乱。管仲与召忽奉公子纠奔鲁，鲍叔奉公子小白奔莒。既而公孙无知作乱，齐无君，二公子争入。管夷吾与小白战于莒，道射中小白带钩。小白既立，胁鲁杀子纠，召忽死之，管夷吾被囚。鲍叔牙谓桓公曰：管夷吾能，可以治国。桓公曰：我雠也，愿杀之。鲍叔牙曰：吾闻贤君无私怨，且人能为其主，亦必能为人君。如欲霸王，非夷吾其弗可。君必舍之。遂召管仲。鲁归之齐，鲍叔牙郊迎，释其囚。桓公礼之，而位于高、国之上，鲍叔牙以身下之，任以国政，号曰仲父。桓公遂霸。管仲尝叹曰：吾少穷困时，尝与鲍叔牙贾，分财多自与，鲍叔不以我为贪，知我贫也。吾尝为鲍叔谋事而大穷困，鲍叔不以我为愚，知时有利不利也。吾尝三仕，三见逐于君，鲍叔不以我为不肖，知我不遭时也。吾尝三战三北，鲍叔不以我为怯，知我有老母也。公子纠败，召忽死之，吾幽囚受辱，鲍叔不以我为无耻，知我不羞小节而耻名不显于天下也。生我者父母，知我者鲍叔也。此世称管、鲍善交者，小白善用能者。然实无善交，实无用能也。实无善交实无用能者，非更有善交，更有善用能也。召忽非能死，不得不死；鲍叔非能举贤，不得不举；小白非能用雠，不得不用。

甚戚者，甚亲也。国氏、高氏，齐二贵族也。鲍叔知我贫，知我时不利，知我有老母，此数语甚佳。善用能，善交人事也。不得不举，不得不用，天命也。

及管夷吾有病，小白问之曰：仲父之病病矣，可不讳云。至于大病，则寡人恶乎属国而可？夷吾曰：公谁欲欤？小白曰：鲍叔牙可。曰：不可。其为人，洁廉善士也，其于不己若者，不比之人，一闻人之过，终身不忘。使之理国，上且钩乎君，下且逆乎民。其得罪于君也，将弗久矣。小白曰：然则孰可？对曰：勿已，则隰朋可。其为人也，上忘而下不叛，愧其不若黄帝，而哀不己若者。以德分人谓之圣人，以财分人谓之贤人。以贤临人，未有得人者也；以贤下人者，未有不得人者也。其于国有不闻也，其于家有不见也。勿已，则隰朋可。

病病矣，言病至甚矣。讳云者，言不可讳人说也。此是句绝。不己若者，不比之人，言恶之，不以人类比之也。钩乎君者，钩绊拘束之也。逆乎民者，以法理操制之也。上忘者，其事上以无心也。下不叛者，苟不背于理而已。愧不若黄帝，贵己甚周也。哀不己若，特人甚恕也。以德分人，不自有其德也。以贤临人，有心于服人也。以贤下人，卑己而尊人也。于国有不闻，于家有不见者，不用其聪明也。

然则管夷吾非薄鲍叔也，不得不薄；非厚隰朋也，不得不厚。厚之于始，或薄之于终；薄之于终，或厚之于始；厚薄之去来，弗由我也。

管鲍之交如彼，而垂没之言似薄鲍叔而厚隰朋，虽曰为国择相，实亦有命焉，非夷吾所自由也。厚薄之语，非实论也，借此以形容力命之说耳。

邓析操两可之说，设无穷之辞。当子产执政，作《竹刑》。郑国用之，数难子产之治。子产屈之。子产执而戮之，俄而诛之。然则子产非能用《竹刑》，不得不用；邓析非能屈子产，不得不屈；子产非能诛邓析，不得不诛也。

两可者，诡随而为是非也。无穷之辞，不可诘也。数难子产之治，言于子产为治之时数有扞挌也。子产屈之，言苦于先也。子产既用邓析之竹刑，又以扞挌为苦，遂归咎于《竹刑》，故执而戮辱之，既戮辱之，又诛之。竹刑，竹简刑书也。不得不用，不得不诛者。竹刑，邓析所制，子产始而用之，而邓析乃以此被诛，好恶反覆，而祸福生焉，皆出于命之自然，非人力也。子产亦不自由尔。

可以生而生，天福也；可以死而死，天福也。可以生而不生，天罚也；可以死而不死，天罚也。可以生，可以死，得生得死，有矣；不可以生，不可以死，或死或生，有矣。然而生生死死，非物非我，皆命也，智之所无奈何。故曰：窈然无际，天道自会；漠然无分，天道自运。天地不能犯，圣智不能干，鬼魅不能欺。自然者默之成之，乎之宁之，将之迎之。

可以生，可以死，言各如其所欲，死生而无憾者，人以此为天福之；贪生而不得生，苦于困辱，求死而不得死，人以为天罚之。此事于世固亦有之，而不知生生死死，物我皆不自由，非智力之所能及，莫非命也。虽智亦无如之何。得生得死，即是可以生可以死，特地重叠如此下字。或生或死，亦即不可以之意也。杳然无际者，言杳冥无边际也。杳冥无际而不可穷，此天道归会之地也。冲漠而无所分别，此天道运行之妙也。谁得而知之，天地不能犯者，天为刚德，犹不干时，盈虚消息，天且不违是也。圣智不能干者，言圣智亦不能违时也。鬼魅不能欺者，虽鬼不得而知之，亦不能以此欺人也。默之者，默而悟之也。成之者，浑成自然，无容力也。平之者，平心以听之也。宁之者，安之者也。其去也将之，其来也迎之。《庄子》曰：适来夫子时也，适去夫子顺也。安时处顺，哀乐不能入也。亦是此意。

杨朱之友曰季梁，季梁得疾，七日大渐。其子环而泣之，请医。季梁谓杨朱曰：吾子不肖，如此之甚，汝奚不为我歌以晓之？杨朱歌曰：天其弗识，人胡能觉？匪佑自天，弗孽由人。我乎汝乎，其弗

知乎？医乎巫乎，其知之乎？其子弗晓，终谒三医。一曰矫氏，二曰俞氏，三曰卢氏，诊其所疾。矫氏谓季梁曰：汝寒温不节，虚实失度，病由饥饱色欲，精虑烦散，非天非鬼。虽渐，可攻也。季梁曰：众医也，亟屏之。俞氏曰：女始则胎气不足，乳湩有余。病非一朝一夕之故，其所由来渐矣，弗可已也。季梁曰：良医也。且食之。卢氏曰：汝疾不由天，亦不由人，亦不由鬼，禀生受形，既有制之者矣，亦有知之者矣，药石其如汝何？季梁曰：神医也。重贶遗之。俄而季梁之疾自瘳。

匪佑自天，弗孽由人，言福佑非出于天，菑孽非由于人，皆自然耳。精虑烦散，思虑烦多而精神散失也。乳湩有余，饮乳过多也。矫氏之言，为其以人事致病也，故以为众人而屏去之。俞氏之言，谓其禀受之病也。禀受出于天，非人事所致，故以为良医而与之食，谓其言稍近于理也。卢氏之言，制之者不可知，知之者亦不可知，此虽天，亦不知之，固以为神医而厚馈之，以其所见高妙也。俄而自瘳，此一句又谓自然而然，医药亦无预也。

生非贵之所能存，身非爱之所能厚；生亦非贱之所能夭，身亦非轻之所能薄。故贵之或不生，贱之或不死；爱之或不厚，轻之或不薄。此似反也，非反也，此自生自死，自厚自薄。或贵之而生，或贱之而死；或爱之而厚，或轻之而薄。此似顺也，非顺也，此亦自生自死，自厚自薄。

贵贱厚薄无与于寿夭，此语似若反常而非反常，言其似若违理而实非违理也。以寿夭为出于贵贱厚薄，此语似顺理而实非顺理。知寿夭之出于自然，出于不得不然，则无反顺之疑矣。

鬻熊语文王曰：自长非所增，自短非所损。算之所亡若何？

自短自长，即《庄子》凫鹤之论。算之所无者，言非算计之所及,与算计无预,人将若之何哉?人既不可得而奈何,则安得不听之自然?

老聃语关尹曰:天之所恶,孰知其故? 言迎天意,揣利害,不如其已。

此章即《庄子》天之君子,人之小人,人之君子,天之小人之意。颜夭跖寿,何者为好?何者为恶?以人事而揣天意,而欲求其好恶,利害之端,果何从得?不若已之为愈,言不如听其自然。

杨布问曰:有人于此,年兄弟也,言兄弟也,才兄弟也,貌兄弟也,而寿夭父子也,贵贱父子也,名誉父子也,爱憎父子也。吾惑之。杨子曰:古之人有言,吾尝识之,将以告若。不知所以然而然,命也。今昏昏昧昧,纷纷若若,随所为,随所不为,日去日来,孰能知其故?皆命也夫。信命者,亡寿夭;信理者,亡是非;信心者,亡逆顺;信性者,亡安危。则谓之都亡所信,都亡所不信。真矣悫矣,奚去奚就?奚哀奚乐?奚为奚不为?

兄弟者,言其年貌,言才相若也。父子者,言其贵贱寿夭相去之远也。古之人有言,吾尝识之者,言我曾记得古人有此言也。其言若何?不知所以然而然,命也,是也。纷纷,多也。若若,动而不止也。《汉书》有绶若若是也。欲为而不得为,欲不为而又为之,命之所制,孰知其故?知命则无寿夭矣,知自然之理则无是非矣,知婴儿之心则无逆顺矣,知天命之性则无安危矣。曰命,曰理,曰心,曰性,虽若可信,而又不足信,故曰:都无所信,都无所不信。真矣悫矣,真纯诚悫,一而不杂也。若能如此,则何所去?何所就?以何为哀?以何为乐?以何为可为?以何为不可为?皆无容心可也。

《黄帝之书》云:至人居若死,动若械。亦不知所以居,亦不知

所以不居；亦不知所以动，亦不知所以不动；亦不以众人之观易其情貌，亦不谓众人之不观不易其情貌。独往独来，独出独入，孰能碍之？

居若死，即《庄子》尸居之意，形如槁木，心如死灰是也。动若械者，犹影问罔两，有所待而然也。如偃师之木人，其动也，自有机械以使之。既不由我，则亦不知所以居不居，所以动不动。人之所见我之情貌，何尝变易？人所不见我，亦何尝变易？耳目之外，皆已忘之，所以往来出入独得其妙，孰得而拘碍之？是乃忘己遗形以与造物者游也。

墨音眉。**尿**、敕夷女履二切。**单**音战。**至**、音咥。**啴**岂然切。**咺**、许元火远二切。**憋**蒲结切。**憋**芳无切。**四人相与游于世，胥如志也，穷年不相知情，自以智之深也。**

胥如志者，四者之人同游于世，各如其志也。而其情彼此虽穷年之久皆不相知，此其用智之深也。此下五段，撰出此等名字以形容人情世态，亦《庄子》所谓谣佚启态之类。墨音眉。尿女履反。墨尿，软弱也。单至，不安貌。啴咺，恐惧貌。憋憋，急速貌。

巧佞、**愚直**、**媞**鱼践午汉二切。**斫**、夫约切。**便辟四人相与游于世，胥如志也，穷年而不相语术，自以巧之微也。**

不相语术者，言其不以术相告也，自以为有用巧之微妙。碪斫，不解悟貌。

獳何交切。**忯**、午交鱼驾二切。**情露**、**谵**许偃居展二切。**极**、**凌谇**四人相与游于世，胥如志也，穷年不相晓悟，自以为才之得也。

此又四等矜才之人。獳忯，狯猾也。情露，今人言卖弄之意。谵极，吃急之意。凌谇，诘问也。《庄子》曰：哲士无凌谇之事不乐。不相晓悟，不相晓喻也。

眠莫典切。**娗**、徒典切。**诿**主蕊切。**诿**、勇敢、怯疑四人相与游于世，胥如志也，穷年不相谪发，自以行无戾也。

此又四等异行之人。眠娗，瑟缩不正之貌。诿诿，烦絮之貌。怯疑，拙退也。不相擿发者，不相决剔也。

多偶、自专、乘权、只立四人相与游于世，胥如志也，穷年不相顾眄，自以时之适也。

多偶，多可也，易与人合也。自专，自用也，与人不合也。乘权，得势而有权者。只立，孤立而无所惮者。不相顾视，皆自以为得时也。

此众态也，其貌不一，而咸之于道，命所归也。

众态者，以上五项之人也。道，自然也。咸之于道，之，往也，言皆出于自然也。其情貌态度虽不一，皆不得自由也。命所归者，皆归诸命也。此意盖谓人情世态种种不同，亦皆其命为之。

佹佹俱为切。**成**者，俏仙妙切。**成也，初非成也；佹佹败者，俏败者也，初非败也。故迷生于俏，俏之际昧然。于俏而不昧然，则不骇外祸，不喜内福，随时动，随时止，智不能知也。信命者于彼我无二心，于彼我而有二心者，不若掩目塞耳，背坂面隍亦不坠仆也。故曰：死生自命也，贫穷自时也。怨夭折者，不知命者也；怨贫穷者，不知时者也。当死不惧，在穷不戚，知命安时也。其使多智之人量利害，料虚实，度人情，得亦中，亡亦中。其少智之人不量利害，不料虚实，不度人情，得亦中，亡亦中。量与不量，料与不料，度与不度，奚以异？唯亡所量，亡所不量，则全而亡丧。亦非知全，亦非知丧。自全也，自亡也，自丧也。**

佹佹，俱为切，几似之貌。俏，仙妙切，似也。成者似成而非成，败者似败而非败。人以其形似之际而迷之，言为成败所惑也，故曰：迷生成俏。然其肖似之际，虽若昧然而不可知，而其理实甚明。初未尝昧然也，苟于其俏似之际而有不昧然之见，则祸不足骇，福不足喜。外祸者，人所恶远之祸也。内福者，人所好欲之福也。祸福初无内外，人以好恶自分内外，因有骇有喜。时动时止，偕行偕极之意，而智不能知，无容心也。背峻坂而立，面深隍而行，至危者也。又掩其耳，塞其目，危之甚也。然知其命之在天而无所容心，则亦不危。此等言句，便与《孟子》知命者不立岩墙之下者不同，圣贤之言所以异于异端也。以多智而有所量度，得失亦相半，以无智之人而无所量度，得失亦相半。得亦中，亡亦中者，中半也，言多算亦算不尽，至愚者亦有时而得也。若皆无所量度，亦无不量度，则其得其失皆无之，是其天者全而无丧矣。然全亦不可知也，丧亦不可知也，无所全丧亦不可知也，故曰：亦不知全，亦非知丧。上句本是全而无丧，却结以自全、自亡、自丧，鼓舞之文也。其意盖曰：全者自全，丧者自丧，无所全丧者，自无所全丧也。

齐景公游于牛山，北临其国城而流涕曰：美哉国乎！郁郁芊芊，若何滴滴去此国而死乎？使古无死者，寡人将去斯而之何？史孔、梁丘据皆从而泣曰：臣赖君之赐，疏食恶肉可得而食，驽马棱车可得而乘也，且犹不欲死，而况吾君乎？晏子独笑于旁。公雪涕而顾晏子曰：寡人今日之游悲，孔与据皆从寡人而泣，子之独笑，何也？晏子对曰：使贤者常守之，则太公、桓公将常守之矣；使有勇者而常守之，则庄公、灵公将常守之矣。数君者将守之，吾君方将披蓑笠而立乎畎亩之中，唯事之恤，行假念死乎？则吾君又安得此位而立焉？以其迭处之，迭去之，至于君也，而独为之流涕，是不仁也。见不仁之君，见谄谀之臣。臣见此二者，臣之所为独窃笑也。景公惭焉，举觞自罚。罚二臣者，各二觞焉。

滴滴，衰落之貌。疏食者，在下之食。棱车，小车，其制木不圆净也。雪涕，拭其涕也。惟事之恤，言以生事为忧也。行假，合作何暇，字误也。此章盖言人之痴者不知死生去来，而但贪恋目前之乐也。

魏人有东门吴者，其子死而不忧。其相室曰：公之爱子，天下无有。今子死不忧，何也？东门吴曰：吾常无子，无子之时不忧，今子死，乃与向无子同，巨奚忧焉？

相室者，其家干者也。此章乃得之本有，失之本无之论。巨与讵同。

农赴时，商趣利，工追术，仕逐势，势使然也。然农有水旱，商有得失，工有成败，仕有遇否，命使然也。

追，治也，追琢之追也。农虽赴时而天有水旱，商虽趣利而时有得失，工虽精于术而时有成败，仕虽迎合势要而或遇或否，莫非命也。上言势使然者，谓既为农矣，为商矣，为工矣，为仕矣，其势有不得不然也，世故之所使，不容自已也。

冲虚至德真经鬳斋口义卷之七

鬳斋林希逸

杨朱第七

杨朱游于鲁，舍于孟氏。孟氏问曰：人而已矣，奚以名为？曰：以名者为富。既富矣，奚不已焉？曰：为贵。既贵矣，奚不已焉？曰：为死。既死矣，奚为焉？曰：为子孙。名奚益于子孙？曰：名乃苦其身，燋其心。乘其名者，泽及宗族，利兼乡党，况子孙乎？

人而已矣，言均之为人，只为生足矣，何用名乎？名乃苦其身憔其心者，谓为名者之劳苦也。劳苦而得其名，故乘此以遗宗族之泽，遗乡党之利，而况子孙乎？此名所以有益也。

凡为名者必廉，廉斯贫；为名者必让，让斯贱。

此处合有曰字，盖此是一转也。凡为名者，必廉必让。既廉既让，则不富不贵矣，何以益子孙乎？

曰：管仲之相齐也，君淫亦淫，君奢亦奢。志合言从，道行国霸。死之后，管氏而已。田氏之相齐也，君盈则己降，君敛则己施。民皆归之，因有齐国，子孙享之，至今不绝。若实名贫，伪名富。

此又一转，却论名之实伪。管仲从其君而淫，从其君而奢，不求自誉，忠于谋君，遂成伯业，此实名也，而其利反止于一身；田氏所为皆矫其君，盈者，骄也，降者，谦也，敛暴也，施仁也，为谦为仁，自求声誉，此伪名也，而乃终有齐国。是伪者富而实者贫也。

曰：实无名，名无实。名者，伪而已矣。昔者尧、舜伪以天下让许由、善卷，而不失天下，享祚百年。伯夷、叔齐实以孤竹君让，而终亡其国，饿死于首阳之山。实伪之辩，如此其省也。

此又一转，谓名皆伪也。有实德者则不近名，好名者则无实行，凡为名者皆伪也。既以名为伪，乃借尧舜夷齐以立说，此所以为异端之书。省者，审也，言实伪之辩如此审矣。此一段先言名可自利，却归结在一伪字上。实无名，名无实，六字亦佳。但曰名者伪而已，此则矫世之论也。

杨朱曰：百年，寿之大齐。得百年者，千无一焉。设有一者，孩抱以逮昏老，几居其半矣。夜眠之所弭，昼觉之所遗，又几居其半矣。痛疾哀苦，亡失忧惧，又几居其半矣。量十数年之中，迨然而自得，亡介焉之虑者，亦亡一时之中尔。则人之生也奚为哉？奚乐哉？为美厚尔，为声色尔。而美厚复不可常厌足，声色不可常玩闻。乃复为刑赏之所禁劝,名法之所进退。遑遑尔竞一时之虚誉,规死后之余荣;偊偊_{王矩切}尔慎耳目之观听,惜身意之是非。徒失当年之至乐,不能自肆于一时。重囚累梏,何以异哉?太古之人知生之暂来,知死之暂往。故从心而动,不违自然所好;当身之娱非所去也,故不为名所劝。从性而游,不逆万物所好;死后之名非所取也,故不为刑所及。名誉先后,年命多少,非所量也。

齐,音剂,分剂也。所弭,消弭也,犹消破也。遗,失也。介焉,至微者也,言人忻乐之时少,纵有乐时,岂能尽无微细不足之虑?谓不能全其乐也。百年之中能全其乐,欲一时顷,亦无之。美厚,美食厚衣也。遑遑,汲汲也。偊偊,怅怅也。汲汲以竞虚誉,怅怅而避是非,与囚梏何以异?从心而动,动作也,不违自然之理而已。当目前之娱,可以好则好,不以慕名而去之。从性而游乐,不与万物相为忤。死后之名,固人之所好,亦不自甘于刑祸而取之,言其不杀身以求名也。然此等文字亦太露筋骨,似非所以垂训之意,《庄子》则不然。

杨朱曰:万物所异者生也,所同者死也。生则有贤愚、贵贱,所以异也;死则有臭腐、消灭,是所同也。虽然,贤愚、贵贱,非所能也,臭腐、消灭,亦非所能也。故生非所生,死非所死,贤非所贤,愚非所愚,贵非所贵,贱非所贱。然而万物齐生齐死,齐贤齐愚,齐贵齐贱。十年亦死,百年亦死。仁圣亦死,凶愚亦死。生则尧舜,死则腐骨;生则桀纣,死则腐骨。一矣,孰知其异?且趣当生,奚遑死后?

生虽异而死则同,即杜子美所谓孔圣盗跖同尘埃。趣,向也。且了生前,何暇计身后?故曰:且趣当生,奚遑死后?张翰曰:且尽生前一盃酒。乐天曰:莫思身外无穷事,且尽樽前有限盃。皆是此意。

杨朱曰:伯夷非亡欲,矜清之卸,以放饿死。展季非亡情,矜贞之卸,以放寡宗。清贞之误,善之在此。

卸字恐是邮字传写之讹。邮与尤同,甚也,古字通用。非无情欲者,言其好恶与人同也。矜持清贞太甚,故夷以此自放而至于饥死,季以此自放而至于无嗣。寡宗,寡特其宗姓也。如此所以自误也,然则清贞之名能误为善之人如此,故曰:清贞之误,善之在此。

杨朱曰:原宪窭于鲁,子贡殖于卫。原宪之窭损生,子贡之殖累身。然则窭亦不可,殖亦不可,其可焉在?曰:可在乐生,可在逸身。故善乐生者不窭,善逸身者不殖。

殖累身,言以货殖自累也。贫则不乐,富则自劳,皆非养生之道也。

杨朱曰:古语有之:生相怜,死相捐。此语至矣。相怜之道,非唯情也。勤能使逸,饥能使饱,寒能使温,穷能使达也。相捐之道,非不相哀也。不含珠玉,不服文锦,不陈牺牲,不设明器也。

死相捐,古人死则弃之,《易》所谓不封不树,丧期无数是也。不含珠玉等语,所以讥当时厚葬之人。杨王孙、皇甫谧倮葬之说,似原于此。

晏平仲问养生于管夷吾,管夷吾曰:肆之而已,勿壅勿阏。晏平仲曰:其目奈何?夷吾曰:恣耳之所欲听,恣目之所欲视,恣鼻之所欲向,恣口之所欲言,恣体之所欲安,恣意之所欲行。夫耳之所欲闻者音声,而不得听,谓之阏聪;目之所欲见者美色,而不得视,谓之阏明;鼻之所欲向者椒兰,而不得嗅,谓之阏颤;口之所欲道者是非,而不得言,谓之阏智;体之所安者美厚,而不得从,谓之阏适;意之所欲为者放逸,而不得行,谓之阏性。凡此诸阏,废虐之主。

去废虐之主,熙熙然以俟死,一日、一月、一年、十年,吾所谓养。拘此废虐之主,录而不舍,戚戚然以至久生,百年、千年、万年,非吾所谓养。

阕,抑遏而自制之意,于此主心自废虐也,徒自苦而已。一日、一月、一年、十年,言纵乐其身心,一日比他人一月,一年比他人十年。若不然,则虽有百年、千年、万年之寿,亦何益?非吾所谓养者,言非养生之道也。

管夷吾曰:吾既告子养生矣,送死奈何?晏平仲曰:送死略矣,将何以告焉?管夷吾曰:吾固欲闻之。平仲曰:既死,岂在我哉?焚之亦可,沈之亦可,瘗之亦可,露之亦可,衣薪而弃诸沟壑亦可,衮衣绣裳而纳诸石椁亦可,唯所遇焉。管夷吾顾谓鲍叔、黄子曰:生死之道,吾二人进之矣。

略矣者,言其不足安排,听之可也。死欲速朽,为石椁者,而言此亦矫世之论。鲍叔、黄子,二人名也,黄子恐亦寓言。

子产相郑,专国之政。三年,善者服其化,恶者畏其禁,郑国以治,诸侯惮之。而有兄曰公孙朝,有弟曰公孙穆。朝好酒,穆好色。朝之室也,聚酒千钟,积麹成封,望门百步,醴浆之气逆于人鼻。方其荒于酒也,不知世道之安危,人理之悔吝,室内之有亡,九族之亲疏,存亡之哀乐也,虽水火兵刃交于前,弗知也。穆之后庭,比房数十,皆择稚齿婑儒佳切。媠吐火切。者以盈之。方其眈于色也,屏亲昵,绝交游,逃于后庭,以昼足夜,三月一出,意犹未惬。乡有处子之娥姣者,必贿而招之,媒而挑之,弗获而后已。子产日夜以为戚,密造邓析而谋之,曰:侨闻治身以及家,治家以及国,此言自于近至于远也。侨为国则治矣,而家则乱矣。其道逆邪?将奚方以救二子?子其诏之。邓析曰:吾怪之久矣,未敢先言。子奚不时其治也,喻以性命之重,诱以礼义之尊乎?子产用邓析之言,因间以谒其兄弟,而告之曰:人之所以贵于禽兽者,智虑。智虑之所将者,礼义。礼义成,则名位至矣。若触情而动,耽于嗜欲,则性命危矣。子纳侨之言,则朝自悔而夕食禄矣。朝、穆曰:吾知之久矣,择之亦久矣,岂待若言而后识之哉?凡生之难遇而死之易及,以难遇之生,俟易及之死,可孰念哉?而欲尊礼义以夸人,矫情性以招名,吾以此为弗若死也。为欲尽一生之欢,穷当年之乐,唯患腹溢而不得恣口之饮,力惫而不得肆情于色,不遑忧名声之丑,性命之危也。且若以治国之能夸物,欲以说辞乱我之心,荣禄喜我之意,不亦鄙而可怜哉?我又欲与若别之。夫善治外者,物未必治,而身交苦;善治内者,物未必乱,而性交逸。以若之治外,其法可暂行于一国,未合于人心;以我之治内,可推之于天下,君臣之道息矣。吾常欲以此术而喻之,若反以彼术而教我哉?子产忙然无以应之。他日以告邓析,邓析曰:子与真人居而不知也,孰谓子智者乎?郑国之治偶耳,非子之功也。

积壤成封,累土便筑糟丘台是也。嫭婧,美女也。娥姣,亦美女也。弗获而后已,言百计营求至不得而后已也。孰念,深念也,与熟同。腹溢而不得恣口之饮,力疲惫而不得肆情于色,郭璞酒色之资恐用不尽之论也。邓析以为真人者,言其达养生之理也。善治内者物未必乱,谓自乐其心者世亦未必至于乱,谓治乱皆自然之数也。此段与《庄子·盗跖》篇相似,其文亦如此长枝大叶。郭璞之语似甚背理,但以其衔刀被发登厕之事观之,彼盖知数者。逆知其身,必不能自保,故为此论。然祸福在天,修为在我,尽人事以听天命可也。衔刀被发之术,已非明理者所为,而况恣于酒色乎?以此思之,《孟子》曰:寿夭不贰,修身以俟之。多少滋味,多少理义,多少受用不尽处。孔子曰：朝闻道，夕死可矣。其意亦在此。庄列之书，本意愤世，昏迷之人却如此捭阖其论，而又为后人所杂。读其书而不得其意，与不辩其真伪者，或以自误，此所以为异端之学也。

卫端木叔者，子贡之世也。借其先赀，家累万金。不治世故，放意所好。其生民之所欲为，人意之所欲玩者，无不为也，无不玩也。墙屋台树，园囿池沼，饮食车服，声乐嫔御，拟齐、楚之君焉。至其情所欲好，耳所欲听，目所欲视，口所欲尝，虽殊方偏国，非齐土之所产育者，无不必致之，犹藩墙之物也。及其游也，虽山川阻险，涂径修远，无不必之，犹人之行咫步也。宾客在庭者日百住，庖厨之下不绝烟火，堂庑之上不绝声乐。奉养之余，先散之宗族；宗族之余，次散之邑里；邑里之余，乃散之一国。行年六十，气干将衰，弃其家事，都散其库藏、珍宝、车服、妾媵。一年之中尽焉，不为子孙留财。及其病也，无药石之储；及其死也，无瘗埋之资。一国之人受其施者，相与赋而藏之，反其子孙之财焉。禽骨厘闻之，曰：端木叔，狂人也，辱其祖矣。段干生闻之曰：木叔，达人也，德过其祖矣。其所行也，其所为也，众意所惊，而诚理所取。卫之君子多以礼教自持，固未足以得此人之心也。

子贡之世者，谓其后世子孙也。赋而藏之者，言敛其资而葬之。众意所惊者，言众人则以为惊怪也。诚理所取者，谓以自然之理观之，则其所行可取法也。此岂拘拘然以礼教自持者之所知？其意盖借此以非笑吾儒者也。气干，犹气骨也。

孟孙阳问阳子曰：有人于此，贵生爱身，以蕲不死，可乎？曰：理无不死。以蕲久生，可乎？曰：理无久生。生非贵之所能存，身非爱之所能厚。且久生奚为？五情好恶，古犹今也；四体安危，古犹今也；世事苦乐，古犹今也；变易治乱，古犹今也。既闻之矣，既见之矣，既更之矣，百年犹厌其多，况久生之苦也乎？

好恶、安危、苦乐，言人世之事不过如此也。天下之生，一治一乱，相仍不已，故曰：变易治乱，古犹今也。言千年万年，只是此等事也。更者，更历也。我之生也，不问十年百年，所见所闻与所更历，不过如此，更千年万年亦然也。杜牧曰：浮世工夫食与眠。亦是此意。

孟孙阳曰：若然，速亡愈于久生，则践锋刃，入汤火，得所志矣。杨子曰：不然。既生，则废而任之，究其所欲，以俟于死；将死，则废而任之，究其所之，以放于尽。无不废，无不任，何遽迟速于其间乎？

此一转却好。人之生也，固无足乐，然不可以弃生而求死。废，无心也，废吾心思而听其自然，故曰：废而任之。能尽此念，虽废与任且无之矣，又何暇计其间迟速乎？

杨朱曰：伯成子高不以一毫利物，舍国而隐耕；大禹不以一身自利，一体偏枯。古之人损一毫利天下不与也，悉天下奉一身不取也。人人不损一毫，人人不利天下，天下治矣。禽子问杨朱曰：去子体之一毛以济一世，汝为之乎？杨子曰：世固非一毛之所济。禽子曰：假济，为之乎？杨子弗应。禽子出语孟孙阳，孟孙阳曰：子不达夫子之心，吾请言之。有侵若肌肤获万金者，若为之乎？曰：为之。孟孙阳曰：有断若一节得一国，子为之乎？禽子默然有间。孟孙阳曰：一毛微于肌肤，肌肤微于一节，省矣。然则积一毛以成肌肤，积肌肤以成一节，一毛固一体万分中之一物，奈何轻之乎？禽子曰：吾不能所以答子。然则以子之言问老聃、关尹，则子言当矣；以吾言问大禹、墨翟，则吾言当矣。孟孙阳因顾与其徒说他事。

一体偏枯者，言禹手足胼胝也。以我一毫而利天下，吾亦不与之;尽天下之物而以奉我,吾亦不取之。此所谓为我之学。世固非一毛之所济者,言损我一毛亦何益于世?世于一毛亦何用?假济者,言设使一毛可以济世,汝肯为之乎?杨子弗应者,不以此意尽语之也。一身一节之所积也,一节一毛之所积也,才动一毛,便是我身中之物,岂可以其微而轻忽之?此意盖谓有一分务外之心,则非自养之道。禽子曰:汝为此说,我固难答。然老聃、关尹则以汝言为是,大禹、墨翟则不以汝言为是矣。孟孙顾其徒而言他事,盖谓大禹、墨翟,我师所不为,而汝如此比并言之,可乎?孟孙阳者,杨朱弟子也。

杨朱曰:天下之美归之舜、禹、周、孔,天下之恶归之桀、纣。然而舜耕于河阳,陶于雷泽,四体不得暂安,口腹不得美厚,父母之所不安,弟妹之所不亲。行年三十,不告而娶。及受尧之禅,年已长,智已衰。商钧不才,禅位于禹,戚戚然以至于死。此天人穷毒者也。鲧治水土,绩用不就,殛诸羽山。禹纂业事雠,惟荒土功,子产不字,过门不入,身体偏枯,手足胼胝。及受舜禅,卑宫室,美绂冕,戚戚然以至于死。此天人之忧苦者也。武王既终,成王幼弱,周公摄天子之政。邵公不悦,四国流言。居东三年,诛兄放弟,仅免其身,戚戚然以至于死。此天人之危惧者也。孔子明帝王之道,应时君之聘,伐树于宋,削迹于卫,穷于商周,围于陈、蔡,受屈于季氏,见辱于阳虎,戚戚然以至于死。此天民之遑遽者也。凡彼四圣者,生无一日之欢,死有万世之名。名者,固非实之所取也。虽称之弗知,虽赏之不知,与株块无以异矣。桀借累世之资,居南面之尊,智足以距群下,威足以震海内,恣耳目之娱,穷意虑之所焉,熙熙然以至于死。此天民之逸荡者也。纣亦借累世之资,居南面之尊,威无不行,志无不从,肆情于倾宫,纵欲于长夜,不以礼义自苦,熙熙然以至于诛。此天民之放纵者也。彼二凶也,生有从欲之欢,死被愚暴之名。实者,固非名之所与也,虽毁之不知,虽称之弗知,此与株块奚以异矣。彼四圣虽美之所归,苦以至终,同归于死矣;彼二凶虽恶之所归,乐以至终,亦同归于死矣。

天人者,言天下之人也。在此天下之人之中,最为穷独,最为忧苦,最为危惧,最为遑遽者也。遑遽,逼迫而不得自闲之意。天民,亦与天人同。株块者,言如朽木土块也。身灭之后,誉亦不知,毁亦不知,贤之与否亦何别乎?此段亦太露筋骨。

杨朱见梁王,言治天下如运诸掌。梁王曰:先生有一妻一妾而不能治,三亩之园而不能芸,而言治天下如运诸掌,何也?对曰:君见其牧羊者乎?百羊而群,使五尺童子荷箠而随之,欲东而东,欲西而西。使尧牵一羊,舜荷箠而随之,则不能前矣。且臣闻之,吞舟之鱼,不游枝流;鸿鹄高飞,不集污池。何则?其极远也。黄钟大吕不可从烦奏之舞,何则?其音疏也。将治大者不治细,成大功者不成小,此之谓矣。

尧舜之牧羊,不如五尺童子,此数语极佳,谓能大者不能小者。枝流者,支派小流也。《庄子·秋水》篇亦有此意。

杨朱曰:太古之事灭矣,孰志之哉?三皇之事若存若亡,五帝之事若觉若梦,三王之事或隐或显,亿不识一。当身之事或闻或见,万不识一。目前之事或存或废,千不识一。太古至于今日,年数固不可胜纪。伏羲已来三十余万岁,贤愚好丑,成败是非,无不消灭,但迟速之间尔。矜一时之毁誉,以焦苦其神形,要死后数百年中余名,岂足润枯骨?何生之乐哉?

灭矣者,言泯灭而不传也。若存若亡,若梦若觉,或隐或显,大意盖谓事之愈久则愈不可知。虽有一时之名誉,数百年之后无不消灭，为善者亦徒自苦而已。

　　杨朱曰：人肖天地之类，怀五常之性，有生之最灵者，人也。人者，爪牙不足以供守卫，肌肤不足以自捍御，趋走不足以逃利害，无毛羽以御寒暑，必将资物以为养性，任智而不恃力。故智之所贵，存我为贵；力之所贱，侵物为贱。然身非我有也，既生，不得不全之；物非我有也，既有，不得而去之。身固生之主，物亦养之主。虽全生，身不可有其身；虽不去物，不可有其物。有其物，有其身，是横私天下之身，横私天下之物。其唯圣人乎！公天下之身，公天下之物，其唯至人矣。此之为至至者也。

　　养性者，养生也。任智而不恃力，智存于我，力角乎物也。存我者为贵，侵物者为贱。侵物者，与之相靡也，相刃也。我身我生，不得不全其生。身外之物非我所有，非我所有则为我之累也，不容不离去之。然身固我之所以生者，物亦资以养生者，身虽可爱，亦有时而不自由，我岂得而有之？物虽可去，而有不容去者，我亦不得而有去物之心也。《庄子》所谓物莫足为而不可不为者是也。若以物为有，以身为有，皆逆天理而自私者，故曰横私。世之圣人则如此，此语自尧舜以下皆有讥侮之意。惟付吾身于无身，付外物于无物，无自私之心，此则至人也。至至者，言至此至矣，极矣，不可加也。

　　杨朱曰：生民之不得休息，为四事故：一为寿，二为名，三为位，四为货。有此四者，畏鬼、畏人、畏威、畏刑，此谓之遁人也。可杀可活，制命在外。不逆命，何羡寿？不矜贵，何羡名？不要势，何羡位？不贪富，何羡货？此谓顺民也。天下无对，制命在内。故语有之曰：人不婚宦，情欲失半；人不衣食，君臣道息。周谚曰：田父可坐杀。晨出夜入，自以性之恒；啜菽茹藿，自以味之极。肌肉粗厚，筋节脁驱圆切。急,一朝处以柔毛绨幕,荐以粱肉兰橘,心痌紫玄切。体烦,内热生病矣。商、鲁之君与田父侥地,则亦不盈一时而惫矣。

人惟有所贪恋,则有所忌畏。威者,幽明之祸福也。刑者,王法之刑戮也。遁人者,遁天而背理之人也。如此之人,则杀活皆制于他人,故曰:制命在外。顺民者,无所矜,无所羡,无所贪恋于世,独高于天下,故曰:天下无对。其命在我而不制于人,故曰:制命在内。人生之有昏宦,情欲之所由生;君臣上下之道,以衣食而相维也。使无昏宦,则情欲可灭半矣;使无衣食之累,则君臣不得以相使矣。此必自古以来所有之语。田父可坐杀者,言以田野鄙贱之人,使其闲坐,不待刀枪而可杀之,盖彼以劳苦为常,一旦忽然安处,则必至生病痛骨酸也。使商鲁之君与田野之人易地而处,虽顷刻亦不可居矣。子美曰:无贵贱不悲,无富贫亦足。此章之意似近于此。盖言人生只是习惯,若皆攻苦食淡,不知有人世荣乐之事,则人人无不足者。念头才息,则处处皆安。此语却有味。

故野人之所安,野人之所美,谓天下无过者。昔者宋国有田夫,常衣缊黂,仅以过冬。暨春东作,自曝于日,不知天下之有广厦隩室,绵纩狐貉。顾其妻曰:负日之暄,人莫知者,以献吾君,将有重赏。里之富室告之曰:昔人有美戎菽,甘枲茎芹萍子者,对乡豪称之。乡豪取而尝之,蜇陟列切。于口,惨于腹,众哂而怨之,其人大惭。子,此类也。

田野之人,其所以自安,其所以自美者,谓举天下无以过此,盖安其耳目之所见而不知其有他也。缊黂,破麻絮之类。以负暄之乐而欲献以求赏,此形容其见小不见大之意。戎菽,大菽也。甘枲,好麻子也。茎芹,丝芹菜而为羹也。萍子,亦菜之类也。蜇,螫也。蜇于口,言毒烈其口也。

杨朱曰：丰屋、美服、厚味、姣色，有此四者，何求于外？有此而求外者，无厌之性。无厌之性，阴阳之蠹也。

四者既有，人生可以自足，而又别求功名者，是无厌也。阴阳之蠹，言其无厌自蠹，损其身阴阳之气也。

忠不足以安君，适足以危身；义不足以利物，适足以害生。安上不由于忠，而忠名灭焉；利物不由于义，而义名绝焉。君臣兼安，物我兼利，古之道也。

此章亦讥忠义立名之人。言忠者必危身，义者必害生，谓之务外不务内也。安上之实出于自然，岂一人之忠所能安之？利物之道亦出于自然，岂一人之义所能利之？以一人之私而求忠义之名，名反泯灭而徒累其身。不若顺其自然，则君臣俱安而物我俱利，此所谓古道也。

鬻子曰：去名者无忧。老子曰：名者，实之宾。而悠悠者趋名不已。名固不可去，名固不可宾邪？今有名则尊荣，亡名则卑辱。尊荣则逸乐，卑辱则忧苦。忧苦，犯性者也；逸乐，顺性者也。斯实之所系矣。名胡可去？名胡可宾？但恶夫守名而累实。守名而累实，将恤危亡之不救，岂徒逸乐忧苦之间哉？

去名者无忧，名者，实之宾，此言虽出于鬻子、老子，世固知之。然世之悠悠者皆趋于名而不可止，岂二师之言所能戒哉？宾，外也，然则名不得而去矣，不可得而外矣。今世之人，既以有名为尊荣，以此为快乐，以无名为卑辱，以此为忧苦，以忧苦为犯其性，以快乐为顺其性，所以趋求之而不已也。斯，此也。斯实之所系者，谓以犯性顺性为切实利害之所系，不容于不求矣。然则二师之言，虽欲去其名，乌得而去之？虽欲外其名，乌得而外之？此语既尽，却断之曰世情，于名虽不可去，不可舍矣，然守之太甚，将至于自累其养生之实。如此，则有危亡不救之忧，岂暇分别苦乐乎？恤，忧也。此意盖谓世俗之人求名不已，必至自亡其身，是好快乐，畏忧苦，而其弊将至于自杀也。

冲虚至德真经鬳斋口义卷之八

鬳斋林希逸

说符第八

《庄子》曰《德充符》，此曰《说符》，符字虽同，而义不同。符者，合也，谓至言天人自相符合，故曰《说符》。《列子》共八篇，只首尾二篇立此名字，中间六篇只掇其首二字名之，恐其本书亦不然。

子列子学于壶丘子林。壶丘子林曰：子知持后，则可言持身矣，列子曰：愿闻持后。曰：顾若影，则知之。列子顾而观影，形枉则影曲，形直则影正。然则枉直随形而不在影，屈伸任物而不在我，此之谓持后而处先。关尹谓子列子曰：言美则响美，言恶则响恶；身长则影长，身短则影短。名也者，响也；身也者，影也。故曰：慎尔言，将有和之；慎尔行，将有随之。是故圣人见出以知入，观往以知来，此其所以先知之理也。度在身，稽在人。人爱我，我必爱之；人恶我，我必恶之。汤、武爱天下，故王；桀、纣恶天下，故亡。此所稽也。稽度皆明而不道也，譬之出不由门，行不从径也。以是求利，不亦难乎？尝观之神农、有炎之德，稽之虞、夏、商、周之书，度诸法士贤人之言，所以存亡废兴，而非由此道者，未之有也。

持后者，不为物先之意。能持后则可以持身，盖以谦下自处而后能自存也。若影者，汝影也。影随形而曲直，我随物而屈伸。影不先形，我不先物，能持此意则常处万物之先矣。此亦不争、善胜之义也。言,声也。响之应声,亦犹影之随形。不求名而名自至,不贵身而身自先,以影响而不以形声,则得其道矣。圣人之道,惟其如此,故言以不言而人自和之,行以不行而人自随之,此理之必然者。如出则必入,往则必来,人不知而圣人知之,此圣人之先知也,犹曰先得我心之所同然者也。度,尺度也。以尺度而量物,稽也。度在身者,言以身为度而稽考于人也。人之所爱于我者,我亦必爱之;人之所恶于我者,我亦必恶之,此言人心所同者爱恶也。汤武以此而见爱于天下,故能王天下;桀纣不由此道以见恶于天下,故亡其国。已然之事,可以稽考。稽者,稽之汤武桀纣而可见也。可稽可度者甚明如此,而人有不由其道者,是不由门而出,不由径而行,欲有利而无害,难矣。神农、炎帝、虞、夏、商、周,已验之事也,自古法士贤人,其言皆如此。欲求废兴存亡之故而不由此道,未之有也。此一段其文亦粹,其论亦正,但与此书前后之言殊不相合,岂前为诡说而此为庄语乎?抑彼此错杂非一家之书乎?

严恢曰:所为问道者为富。今得珠,亦富矣,安用道?子列子曰:桀、纣唯重利而轻道,是以亡。幸哉余未汝语也。人而无义,唯食而已,是鸡狗也。强食靡角,胜者为制,是禽兽也。为鸡狗禽兽矣,而欲人之尊己,不可得也。人不尊己,则危辱及之矣。

强食,争而食也。靡角者,以角相触也。力之胜者制其弱者,禽兽之事也。若人而不知,但求食而已,则是为禽兽之行,必自取危辱。此一段亦似非出于本书,其义理却甚正也。

列子学射中矣,请于关尹子。尹子曰:子知子之所以中者乎?对曰:弗知也。关尹子曰:未可。退而习之。三年,又以报关尹子。尹子曰:子知子之所以中乎?列子曰:知之矣。关尹子曰:可以守而勿失也。非独射也,为国与身亦皆如之。故圣人不察存亡,而察其所以然。

始者问之以中,曰不知,未得其所以中之道也。再问之以中,曰知之,已得其所以中之道也。关尹子以守勿失告,使其守此道而勿忘也。然中而知其中,则非所谓不知之知矣,守而勿失,则非化道之论矣。存亡者,可见者也。所以然者,理也。据此等议论,皆非庄列之学,却近于吾儒,所以疑其非全书也。

列子曰:色盛者骄,力盛者奋,未可以语道也。故不班白语道失,而况行之乎?故自奋,则人莫之告。人莫之告,则孤而无辅矣。贤者任人,故年老而不衰,智尽而不乱。故治国之难,在于知贤,而不在自贤。

色盛者,骄矜见于颜面也。力盛者,恃勇力以取胜也。不班白者,涉世浅,未老于世故也。涉世浅,岂知道之有是非得失?欲语且未可,而况欲行之乎?自奋,自用也。有自用之心,则谁肯以善道告之?人不我告,则我孤立而无所辅佐矣。年老而不衰,言我力虽竭而任人以代之,我智虽尽而任人以谋之,则处事而不乱。人不贵于自贤而贵于知贤,《公羊》曰:能贤贤也,使贤亦贤也。与此意同。此论甚正,未知果出于《列子》否?

宋人有为其君以玉为楮叶者,三年而成。锋杀茎柯,毫芒繁泽,乱之楮叶中而不可别也。此人遂以巧食宋国。子列子闻之,曰:使天地之生物,三年而成一叶,则物之有叶者寡矣。故圣人恃道化,而不恃智巧。

锋者,叶之有锋棱也。杀,裁剪灭削处也。毫芒,叶上之文理也。繁,文理之多也。泽,其色润泽也。道化,无为也。智巧,人力也。此一喻甚好。

子列子穷,容貌有饥色,客有言之郑子阳者,曰:列御寇盖有道之士也,居君之国而穷,君无乃为不好士乎？郑子阳即令官遗之粟。子列子出见使者,再拜而辞。使者去。子列子入,其妻望之而拊心曰:妾闻为有道者之妻,皆使佚乐。今有饥色,君过而遗先生食,先生不受,岂不命也哉？子列子笑谓之曰:君非自知我也。以人之言而遗我粟,至其罪我也,又且以人之言,此吾所以不受也。其卒,民果作难而杀子阳。

以人言而知我,则必以人言而罪我,言其本不相知,徒信他人之言,安可保也？卫鞅曰:君不能以子之言而用我,亦必不能以子之言而杀我。亦此类也。此似战国间人之语,亦是一件好说话。君过而遗先生食,谓君以失士为过而馈粟也。

鲁施氏有二子,其一好学,其一好兵。好学者以术干齐侯,齐侯纳之,以为诸公子之傅。好兵者之楚,以法干楚王,王悦之,以为军正。禄富其家,爵荣其亲。施氏之邻人孟氏,同有二子,所业亦同,而窘于贫。羡施氏之有,固从请进趣之方。二子以实告孟氏。孟氏之一子之秦,以术干秦王。秦王曰:当今诸侯力争,所务兵食而已。若用仁义治吾国,是灭亡之道。遂宫而放之。其一子之卫,以法干卫侯。卫侯曰:吾弱国也,而摄乎大国之间。大国吾事之,小国吾抚之,是求安之道。若赖兵权,灭亡可待矣。若全而归之,适于他国,为吾之患不轻矣。遂刖之,而还诸鲁。既反,孟氏之父子叩胸而让施氏。施氏曰:凡得时者昌,失时者亡。子道与吾同,而功与吾异,失时者也,非行之谬也。且天下理无常是,事无常非。先日所用,今或弃之;今之所弃,后或用之。此用与不用,无定是非也。投隙抵时,应事无方,属乎智。智苟不足,使若博如孔丘,术如吕尚,焉往而不穷哉？孟氏父子舍然无愠容,曰:吾知之矣,子勿重言。

学术虽同，而所遭或异，时有得失，命也。先日，前日也。投隙抵时，视时之间隙而乘其机以应之，初无定所，此智巧之事也。故曰：应事无方，属乎智。其意盖谓汝虽知好学好兵之可以干说，而不能随时通变，以取宫刖之刑，是汝无智巧也。此又与恃道化而不恃智巧之意稍相戾矣。重言者，不必再拈起也。

晋文公出会，欲伐卫，公子锄仰天而笑。公问何笑。曰：臣笑邻之人有送其妻适私家者，道见桑妇，悦而与言。然顾视其妻，亦有招之者矣。臣窃笑此也。公寤其言，乃止。引师而还，未至，而有伐其北鄙者矣。

此章与《史记·滑稽传》有相似处。其意盖谓己所不欲，勿施诸人。我能以加诸人，则人亦能以加诸我也。

晋国苦盗。有郄乞逆切。雍者，能视盗之貌，察其眉睫之间，而得其情。晋侯使视盗，千百无遗一焉。晋侯喜，告赵文子曰：吾得一人，而一国盗为尽矣，奚用多为？文子曰：吾君恃伺察而得盗，盗不尽矣，且郄雍必不得其死焉。俄而群盗谋曰：吾所穷者郄雍也。遂共盗而残之。晋侯闻而大骇，立召文子而告之曰：果如子言，郄雍死矣。然取盗何方？文子曰：周谚有言，察见渊鱼者不祥，智料隐匿者有殃。且君欲无盗，莫若举贤而任之，使教明于上，化行于下，民有耻心，则何盗之为？于是用随会知政，而群盗奔秦焉。

此章盖言摘奸发伏反以启民之争心。孔子曰：听讼，吾犹人也。必也使无讼乎？又曰：苟子之不欲，虽赏之不窃。便是此意。

孔子自卫反鲁，息驾乎河梁而观焉。有悬水三十仞，圜流九十里，鱼鳖弗能游，鼋鼍弗能居，有一丈夫方将厉之。孔子使人并涯止之，曰：此悬水三十仞，圜流九十里，鱼鳖不能游，鼋鼍弗能居也，意者难可以济乎？丈夫不以错意，遂度而出。孔子问之曰：巧乎？

有道术乎？所以能入而出者，何也？丈夫对曰：始吾之入也，先以忠信；及吾之出也，又从以忠信。忠信错吾躯于波流，而吾不敢用私，所以能入而复出者，以此也。孔子谓弟子曰：二三子识之。水且犹可以忠信诚身亲之，而况人乎？

　　方将厉之，厉，渡水也。《诗》曰：深则厉，浅则揭。意者难可以济，言其难可渡也。不以措意者，不以波涛之险为意也。忠信，诚实也。以忠信而措吾身于波流之中，一毫私意无之，所以可出入于水间也。此忠信二字之义，不可以吾书之忠信求之，大抵只谓诚实而已。但此章前一半与《黄帝》篇吕梁一段全同，列子全书决不应尔，以此愈知其杂。况先以忠信，又从以忠信，此两以字下得与庄列之书全别。以则未化矣，存而未化，岂能涉此境界乎？

　　白公问孔子曰：人可与微言乎？孔子不应。白公问曰：若以石投水，何如？孔子曰：吴之善没者能取之。曰：若以水投水，何如？孔子曰：淄渑之合，易牙尝而知之。白公曰：人固不可与微言乎？孔子曰：何为不可？唯知言之谓者乎！夫知言之谓者，不以言言也，争鱼者濡，逐兽者趋，非乐之也。故至言去言，至为无为。夫浅知之所争者末矣。白公不得已，遂死于浴室。

　　微言者，隐语也。白公欲为乱，而不敢显言以求决于孔子。孔子知其意，故不答之。以石投水，没者取之，言易得也。以水投水，似若难矣，而易牙亦知之。其意盖谓言无可隐之理，未有言之隐而人不知者。白公未悟，又有不可微言之间，何为不可者，谓微言岂有不可知者乎？知其理者则知之，知言之理不在于言而在于言之外，故曰：不以言言也。争鱼者必入水，岂不濡其身？逐兽者必入山，岂不趋走而伤气？逐物而害我，则不足以为乐。此意已隐然讥其非理之谋矣。至言者，道也，言不足以尽道，去言则为道。至为者,道也,有为不足以尽道,必无为而后为道。若以塞浅之智而求与世争,此非知本者也。大意盖谓争心之不可萌也。白公虽知此言不能自已,所以终于作乱而杀其身。不得已者,不能自已也。此一章与《淮南·道应篇》全同。若《列子》已出于景帝时,《淮南》不应全用之,以此知非列子之本书也必矣。

赵襄子使新稚穆子攻翟,胜之,取左人、中人,使遽人来谒之。襄子方食而有忧色,左右曰:一朝而两城下,此人之所喜也。今君有忧色,何也?襄子曰:夫江河之大也,不过三日,飘风暴雨不终朝,日中不须臾。今赵氏之德行,无所施于积,一朝而两城下,亡其及我哉!孔子闻之曰:赵氏其昌乎!夫忧者所以为昌也,喜者所以为亡也。胜,非其难者也,持之,其难者也。贤主以此持胜,故其福及后世。齐、楚、吴、越皆常胜矣,然卒取亡焉,不达乎持胜也。唯有道之主,为能持胜。

新稚穆子者,赵襄子之家臣也。翟,即狄也。左人、中人,二邑名也。遽人,邮卒也。飘风暴雨不终朝,老子之语也。日中不须臾,日中必昃也。德行之积,未有施及于人,故曰:德行无所施于积。子产曰:无文德而有武功。即此意也。亡其及我者,恐骄以致败也。能忧者必安,自喜者必祸,故战胜非难,而持胜者为难。此论甚正。

孔子之劲,能拓国门之关,而不肯以力闻。墨子为守攻,公输般服,而不肯以兵知。故善持胜者,以强为弱。

拓,举也。不以力闻,是称其德,不称其力也。公输般之为攻器最精者也,而不能攻墨子之守,至于自屈服,而墨子不以知兵名。以此二者为藏勇于怯,持胜如负者之喻。

宋人有好行仁义者,三世不懈,家无故黑牛生白犊,以问孔子。

孔子曰：此吉祥也，以荐上帝。居一年，其父无故而盲，其牛又复生白犊，其父又复令其子问孔子。其子曰：前问之而失明，又何问乎？父曰：圣人之言，先迕后合，其事未究，姑复问之。其子又复问孔子。孔子曰：吉祥也。复教以祭，其子归致命，其父曰：行孔子之言也。居一年，其子又无故而盲。其后楚攻宋，围其城。民易子而食之，析骸而炊之。丁壮者皆乘城而战，死者太半，此人以父子有疾，皆免。及围解，而疾俱复。

　　此章与塞翁得马失马意同，言吉未必不为凶，凶未必不为吉也。先迕后合者，言不验于前必验于后也。未究者，未知其要终如何也。

　　宋有兰子者，以技干宋元。宋元召而使见其技。以双枝长倍其身，属其胫，并趋并驰，弄七剑迭而跃之，五剑常在空中。元君大惊，立赐金帛。又有兰子又能燕戏者，闻之，复以干元君。元君大怒曰：昔有异技干寡人者，技无庸，适值寡人有欢心，故赐金帛。彼必闻此而进，复望吾赏。拘而拟戮之，经月乃放。

　　双枝属于胫，今人所为接脚之戏是也。双枝者，双木也。弄七剑而五剑在空中，今人亦有此戏。燕戏者，燕饮之间杂弄之技也。技无庸者，言本无用于此，偶喜而赏之。拘而拟戮者，拘系而欲罪之也。技同而所遭异，时不可必也。

　　秦穆公谓伯乐曰：子之年长矣，子姓有可使求马者乎？伯乐对曰：良马可形容筋骨相也。天下之马者，若灭若没，若亡若失。若此者，绝尘弭辙。臣之子皆下才也，可告以良马，不可告以天下之马也。臣有所与共担缠薪菜者，有九方皋，此其于马非臣之下也。请见之。穆公见之，使行求马。三月而反，报曰：已得之矣，在沙丘。穆公曰：何马也？对曰：牝而黄。使人往取之，牡而骊。穆公

不说，召伯乐而谓之曰：败矣。子所使求马者，色物、牝牡尚弗能知，又何马之能知也？伯乐喟然太息曰：一至于此乎！是乃其所以千万臣而无数者也。若皋之所观，天机也，得其精而忘其粗，在其内而忘其外，见其所见，不见其所不见，视其所视，而遗其所不视。若皋之相者，乃有贵乎马者也。马至，果天下之马也。

子姓者，问其所生之子也。姓，生也。天下之马，马之绝出于天下者也。灭没亡失者，言恍惚而不定，不可以形求也。绝尘，离尘埃而去也。弭蹴者，无迹也。担纆者，负索也。千万臣无数者，言胜于臣者逾千万数而不可穷也。天机者，得其天而遗其形也。所见者，天所见也。内所不见者，毛色牝牡之在外者也。败矣，子所使求马者，句法与何哉，汝所谓达者同。

楚庄王问詹何曰：治国奈何？詹何对曰：臣明于治身，而不明于治国也。楚庄王曰：寡人得奉宗庙社稷，愿学所以守之。詹何对曰：臣未尝闻身治而国乱者也，又未尝闻身乱而国治者也。故本在身，不敢对以末。楚王曰：善。

此天下国家本在身之论，撰得来甚佳。

狐丘丈人谓孙叔敖曰：人有三怨，子知之乎？孙叔敖曰：何谓也？对曰：爵高者，人妒之；官大者，主恶之；禄厚者，怨逮之。孙叔敖曰：吾爵益高，吾志益下；吾官益大，吾心益小；吾禄益厚，吾施益博。以是免于三怨，可乎？孙叔敖疾，将死，戒其子曰：王亟封我矣，吾不受也。为我死，王则封汝，汝必无受利地。楚越之间有寝丘者，此地不利，而名甚恶。楚人鬼，而越人禨，可长有者唯此也。孙叔敖死，王果以美地封其子。子辞而不受，请寝丘。与之，至今不失。

寝丘之邑，其名近于葬地，故曰：甚恶。不利者，不利于地主也。楚人信鬼神，越人好機祥，占卜而多忌讳者，必恶此地而不欲，无复争之者，庶可以长有之。此意盖谓取人之所弃，得人之所不争，则可以自安。

牛缺者，上地之大儒也。下之邯郸，遇盗于耦沙之中，尽取其衣装车。牛步而去，视之欢然亡忧吝之色，盗追而问其故。曰：君子不以所养害其所养。盗曰：嘻！贤矣夫。既而相谓曰：以彼之贤，往见赵君，使以我为，必困我。不如杀之。乃相与追而杀之。燕人闻之，聚族相戒，曰：遇盗，莫如上地之牛缺也。皆受教。俄而其弟适秦，至关下，果遇盗，忆其兄之戒，因与盗力争。既而不如，又追而以卑辞请物。盗怒曰：吾活汝，弘矣，而追吾不已，迹将著焉。既为盗矣，仁将焉在？遂杀之，又傍害其党四五人焉。

下之邯郸者，上地高而邯郸地卑也。耦沙，地名也。使以我为者，使其得用于时，必以我为芥蒂也。此章盖谓人之遇祸不在贤愚，或免或不免，皆有自然之数，非人所能知也。

虞氏者，梁之富人也。家充殷盛，钱帛无量，财货无訾。登高楼，临大路，设乐陈酒，击博楼上。侠客相随而行，楼上博者射，明琼张中。反两檹托盍切。**鱼而笑，飞鸢适坠其腐鼠而中之。侠客相与言曰：虞氏富乐之日久矣，而常有轻易人之志，吾不侵犯之，而乃辱我以腐鼠。此而不报，无以立懂**渠客、臣靳二切。**于天下。请与若等戮力一志，率徒属，必灭其家为等伦。皆许诺。至期日之夜，聚众积兵，以攻虞氏，大灭其家。**

明琼，今骰子之类也。张中，张其具以射中否为胜负也。檹鱼者，骰采之名也，于五白之中反其两者以为檹鱼之采。刘毅之争枭卢，是此类也。楼上方笑，而空中之飞鸢适坠腐鼠而中楼外同行之侠客。本不相干，侠客怒而仇其家，此鲁酒薄而邯郸围，城门失火，殃及池鱼之意,言祸福出于意料之外也。立懂,立勇名也。等伦,侠客之同辈也。

东方有人焉,曰爰旌目,将有适也,而饿于道。狐父之盗曰丘,见而下壶餐以铺之。爰旌目三铺而后能视,曰:子何为者也? 曰:我狐父之人丘也。爰旌目曰:嘻,汝非盗邪? 胡为而餐我? 吾义不食子之食也。两手据地而欧之,不出,喀喀乞格切,呕也。**然,遂伏而死。狐父之人则盗矣,而食非盗也。以人之盗,因谓食为盗而不敢食,是失名实者也。**

爰旌目,人名也。此章即是其嗟也可去,其谢也可食之意。于陵仲子哇其兄之鹅,孟子所讥,亦此意也。

柱厉叔事莒敖公,自为不知己,去,居海上。夏日则食菱芰,冬日则食橡栗。莒敖公有难,柱厉叔辞其友而往死之。其友曰:子自以为不知己,故去。今往死之,是知与不知无辩也。柱厉叔曰:不然。自以为不知,故去。今死,是果不知我也。吾将死之,以丑后世之人主不知其臣者也。凡知则死之,不知则弗死,此直道而行者也。柱厉叔可谓怼以忘其身者也。

《左传》狼瞫之事亦是此意。怼其君不知己而至于杀其身,此非直道也。吾以丑后世之不知臣者,此意亦佳。

杨朱曰:利出者实及,怨往者害来。发于此而应于外者唯请,是故贤者慎所出。

我能出而利人,则利之实亦有及我者;我以非道而往加于人,使其衔怨于我,则人亦有来害我者。此言施报之理也。唯,诺也。人请于我而唯之,则我请于人,人亦唯我。发于此,施也。应于外,报也。慎所出者,其出于我者无以加于人也。即出乎尔,反乎尔之意。

杨子之邻人亡羊,既率其党,又请杨子之竖追之。杨子曰:嘻,亡一羊何追者之众?邻人曰:多歧路。既反,问:获羊乎?曰:亡之矣。曰:奚亡之?曰:歧路之中又有歧焉,吾不知所之,所以反也。杨子戚然变容,不言者移时,不笑者竟日。门人怪之,请曰:羊,贱畜,又非夫子之有,而损言笑者,何哉?杨子不答,门人不获所命。弟子孟孙阳出以告心都子。心都子他日与孟孙阳偕入,而问曰:昔有昆弟三人,游齐鲁之间,同师而学,进仁义之道而归。其父曰:仁义之道若何?伯曰:仁义使我爱身而后名。仲曰:仁义使我杀身以成名。叔曰:仁义使我身名并全。彼三术相反,而同出于儒,孰是孰非邪?杨子曰:人有滨河而居者,习于水,勇于泅,操舟鬻渡,利供百口。裹粮就学者成徒,而溺死者几半。本学泅,不学溺,而利害如此。若以为孰是孰非?心都子嘿然而出。孟孙阳让之曰:何吾子问之迂,夫子答之僻?吾惑愈甚。心都子曰:大道以多歧亡羊,学者以多方丧生。学非本不同,非本不一,而末异若是。唯归同反一,为亡得丧。子长先生之门,习先生之道,而不达先生之况也,哀哉!

心都子之问与子贡问夷齐语脉同。歧,路分也。歧路之中又有歧路,谓分而又分也,以喻学术之不一。杨子戚然而不言笑者,有感也。儒一也,而有三术,即多歧也。成徒,众也,成徒犹曰成聚也。因学泅而得溺,喻学之末流,多违其初,失其本真。心都子嘿然而出,悟其言外之意。大道,大路也。大道本一,至于多歧则亡羊;至学本同,至于多方则丧生,此本同而末异也。归同反一者,同归于至道而反于至一之理,则无得无丧矣。况,情也。未达先生之情,何以习先生之道?此章展转譬喻以为问答,今禅家答话亦有此风。

杨朱之弟曰布，衣素衣而出。天雨，解素衣，衣缁衣而反。其狗不知，迎而吠之。杨布怒，将扑之。杨朱曰：子无扑矣。子亦犹是也。向者使汝狗白而往，黑而来，岂能无怪哉？

此章盖谓人不知至一之理，鲜有不为外物所变者。狗见素衣而变黑，安得不吠？人若见白狗而为黑，亦安能无怪？见外不见内，人人皆然也。

杨朱曰：行善不以为名，而名从之；名不与利期，而利归之；利不与争期，而争及之。故君子必慎为善。

此《庄子》为善无近名之意。名出则利必随之，利至则必争，故为善者必忘己去名，而后可也。

昔人有言有知不死之道者，燕君使人受之，不捷，而言者死。燕君甚怒，其使者将加诛焉。幸臣谏曰：人所忧者莫急乎死，己所重者莫过乎生。彼自丧其生，安能令君不死也？乃不诛。有齐子亦欲学其道，闻言者之死，乃抚膺而恨。富子闻而笑之曰：夫所欲学不死，其人已死而犹恨之，是不知所以为学。胡子曰：富子之言非也。凡人有术不能行者有矣，能行而无其术者亦有矣。卫人有善数者，临死以诀喻其子。其子志其言而不能行也。他人问之，以其父所言告之。问者用其言而行其术，与其父无差焉。若然，死者奚为不能言生术哉？

受之不捷者，捷，速也，使人之行不速，遂不及见其人也。善数者，善为数学也。此章之意，盖谓学不难而行之为难，知之不如行之。不死之学，其喻甚佳。死者奚为不能言生术者，谓其人虽死，而所言长生不死之术自是，但人不能行之尔。

邯郸之民以正月之旦献鸠于简子，简子大悦，厚赏之。客问其故。简子曰：正旦放生，示有恩也。客曰：民知君之欲放之，故竞而

捕之,死者众矣。君如欲生之,不若禁民勿捕。捕而放之,恩过不相补矣。简子曰:然。

此一喻甚近人情。今世蹈此失者甚众,如孤山湖中之放鱼鼈,有一日而卖数次者。

齐田氏祖于庭,食客千人,中坐有献鱼雁者。田氏视之,乃叹曰:天之于民厚矣。殖五谷,生鱼鸟,以为之用。众客和之如响。鲍氏之子年十二,预于次,进曰:不如君言。天地万物与我并生,类也。类无贵贱,徒以小大智力而相制,迭相食,非相为而生之。人取可食者而食之,岂天本为人生之?且蚊蚋嘬肤,虎狼食肉,非天本为蚊蚋生人,虎狼生肉者哉?

此章乃释氏吞啖世界,大虫食小虫之论,其说亦有理。人食鸡,鸡食虫蚁之类是也。非相为而生之也,天非为人而生百物也。蚊蚋虎狼之喻亦佳。食肉下非字,合作岂字。

齐有贫者,常乞于城市。城市患其亟也,众莫之与。遂适田氏之厩,从马医作役而假食。郭中人戏之曰:从马医而食,不以辱乎?乞儿曰:天下之辱,莫过于乞。乞犹不辱,岂辱马医哉?

此意盖谓人有数等,彼此皆辱而人不自知,即《庄子》以隶相尊之意。此中亦有孟子所言墦间之意,但不露耳。

宋人有游于道,得人遗契者,归而藏之,密数其齿。告邻人曰:吾富可待矣。

齿者,契上所载名物之数也。得虚契而自喜,虚名无实之喻也。坡诗所用瓮算亦此意。

人有枯梧树者,其邻父言枯梧之树不祥,其邻人遽而伐之。邻人父因请以为薪,其人乃不悦,曰:邻人之父徒欲为薪,而教吾伐之也。与我邻,若此其险,岂可哉?

不祥之告,初意本善也,因求为薪而反启其疑近于私也。此言世情之难必、公私之难明也。其喻亦甚美。若此其险,是句绝。岂可哉,三字一句。

人有亡鈇者,意其邻之子。视其行步,窃鈇也;颜色,窃鈇也;言语,窃鈇也;动作态度无为而不窃鈇也。俄而掊音掘**。其谷而得其鈇,他日复见其邻人之子,动作态度无似窃鈇者。**

此章犹谚言疑心生暗鬼也。心有所疑,其人虽不窃鈇,而我以疑心视之,则其件件皆可疑。此喻甚得世情之微。

白公胜虑乱,罢朝而立,倒杖策,錣张剟切,策端有鈇也**。上贯颐,血流至地而弗知也。郑人闻之曰:颐之忘,将何不忘哉?意之所属者,其行足踬株埳,头抵粗木,而不自知也。**

心有所著,颐伤而不知,亦人情也。倒杖策者,以其杖倒转而自策也。錣,杖末之锐也。株,木也。埳,陷也。意有所属著,则于其行也,虽抵触而不自知,即《大学》心不在焉,视不见,听不闻之意。

昔齐人有欲金者,清旦衣冠而之市,适鬻金者之所,因攫其金而去。吏捕得之,问曰:人皆在焉,子攫人之金何? 对曰:取金之时,不见人,徒见金。

志在攫金而不见其人,是逐兽不见太山也,言心有所迷故至此。此篇议论皆正,皆与儒书合。末后数件设喻俱佳,文字亦异于他篇。大抵此书八篇之中,其为本书者亦自可辩。就中数段全似盗跖说剑文字,决非列子所作明矣。若此篇议论虽正,实非列子家数,通诸家之学者必能辩之。

冲虚至德真经释文[①]

冲虚至德真经释文序

夫庄子之未生,而列子之道已汪洋汗漫,充满于太虚而无形畤可闻也。故著书发扬黄老之幽隐,剖抉生死之根柢,堕殁解袭,决疣溃痈,语其自然而不知其然,意其无为而任其所为。辞旨纵横,若木叶干壳;乘风东西,飘飘乎天地之间无所不至。而后庄子多称其言,载于论说,故世称老庄而不称老列者,是繇庄子合异为同,义指一贯,离坚分白,有无并包也。昔列子陆沈圃田四十年而人莫识,藏形众庶在国而君不知,天隐者也。人有道而人莫誉,道岂细也夫!书有理而世罕称理,岂粗也夫!之人也,之书也,深矣远矣,与物返矣,不其高哉!仆自总角,好读是书,患无音义,解所暗惑。及长,游天台山桐柏于司马微水帐之下,获烂书两卷,标题隐约乃列子释文,纸墨败坏,不任展玩而急手抄录。其脱落蠹碎,墁灭栈损,十亡四五矣,而纸尾题云唐当涂县丞殷敬顺纂,衡岳墨希子书,遂草写藏于巾衍。后于潜山觅有唐道士徐灵府手写列子,洎卢重玄注就于藏室,翻景德年中国子监印本,参有校无,会同帖异,比得国子监印本经并注,脱误长乙共一百六十字,集成讹谬同异一卷,附于释文之后,已而补亡拾遗,复其旧目。前人所解最善者,如程是豹之别名离翯乃泰丙两字。古文此其博学而多识者,其有越略惟俟同志损益启悟。熙宁二年九月九日碧虚子题序。

[①] 释文:解释词语音、义的文字。

列子冲虚至德真经释文卷上

唐当涂县丞殷敬顺撰
碧虚子陈景元补遗①

列子新书目录姓列,名御寇,或名圉寇。先庄子,故庄子称之。天宝初,奉旨册为冲虚真人,其书改题曰《冲虚真经》,名冠八篇之首。此是刘向取二十篇除合而成,都名《新书》焉。大宋景德四年,敕加至德二字,号曰《冲虚至德真经》。**护左都水使者臣向**姓刘,名向,字子正,汉楚元王交玄孙,校定此书也。**校**音教。**谨钦**音与。经中与字多如此作。**臣参**七南切。刘向《管子新书目录》云:臣参书四十一篇。**校雠**音酬。校,谓两本相对,履校也。雠,谓如仇,雠报也。**除复**扶又切。**以尽**子忍切。极也,下同。**及在新书有栈**音剪。谓虫蠹断灭也。略作划,又作偂,皆与剪字同。《周礼》有剪氏,掌除虫鱼蠹书。**杀青**谓汗简刮去青皮也。**郑缪公**音穆。与鲁哀公同时。**迂**音于。**诞**徒旱切。迂诞,疏远之大言也。**恢**口回切。**诡**孔委切。恢诡,大怪异之言也。**推分**符问切。**乘背**音佩。**孝景**汉帝,讳启。**亦颇**普可切。**偶言**音遇。刘向《别录》云:偶言者,作人姓名,使相与语。《史记》读为寓。**列传**列传,经之类。皆音去声。**昧死上**时掌切。**永始**汉成帝年号。**湛闻之**张湛,字处度,东晋光禄勋,注此真经。**刘正舆**音余,晋扬州刺史,名陶。**傅颖根**名敷,北地人,晋丞相从事中郎。**并少**诗照切。**始周**姓王,张湛祖之舅。**从兄**从,疾用切。**正宗**王宏,字正宗,高平人,晋尚书。**辅嗣**王弼,字辅嗣,山阳人,魏尚书郎。**皆好**呼报切。**先**悉荐切。下同。**并卑**正切。**仲宣**王粲,字仲宣,山阳人。魏侍中。**几将**音祈。近也。**总角**《诗》云总角胸兮。谓童子结发之时也。**及长**丁丈切。**避难**乃但切。**各称**尺证切。**寇虏**音鲁。**尽全**子忍切。**料简**音聊。理也,量也。**唯赍**音跻。**祖玄父咸子集**傅玄,字休奕,北

---

① 陈景元,字太初,号碧虚子,北宋道士。

地人。著子书一百二十篇，有集五十卷。咸字长威，有集二十卷。父子俱为晋司隶校尉，鹖鴟侯。**仅有**音觐。少也。**比乱**必利切。**复在**扶又切。**著物**直略切。**自丧**息浪切。**生觉**音教。**肆任**而鸩切。此例稍多，复以意取之。**往往与佛经相参**犹云佛经往往与列子相参。此为文者，辞语互陈也。**属辞**音烛。**庄子**名周，字子休，宋人也，为梁漆园吏。著书五十二篇，郭象合为三十三篇以注之。天宝初，册为南华真人，其书曰《南华真经》。经中往往有冲虚真人之语。**慎到**赵人也。先申韩，申韩称之。著书四十二篇，其学本师黄老。**韩非**韩之诸公子。使秦，李斯害而杀之。著书五十五篇，其学本师黄者。**尸子**名佼，音绞，鲁人。秦相商君师之。鞅死后，逃入蜀。著书二十篇。**淮南子**刘安，汉武孙，淮南厉王长子也。招致宾客，作《内书》二十一篇，多真经之语。又《外书》三十三篇，论《新语》。**《玄示》**道家有王龟胎《中玄示经》四十卷。又陈留韩祉作《玄示》八篇，演解五千文。**《指归》**汉严遵，字君平，作《指归》十四篇，演解五千文。

天瑞第一

夫音符。是发语之端，后更不音。**舛错**昌兖切。**之分**符问切。下同。**子列子**冠子氏上者，着其为师也。**郑圃**音补。园田，郑之薮泽也。今在荥阳中牟县。**所谒**谒，诸也。**人无**或作亡。同音无。**眂**古视字也。**行无**下孟切。**壶丘子林**司马彪注《南华真经》云：名林，郑人也。**尝语**一本作诏。诏告也。**伯昏瞀人**莫侯切。后伯昏无人者，亦音谋。**告女**音汝。**块然**口对切。**而复**扶又切。**往复**依字音。服后不音者，皆是入声。**不殆**音待。**《黄帝书》**黄帝，姓公孙，名轩辕，得长生之道，在位一百年。按《汉书·艺文志》有《黄帝书》四篇，《黄帝君臣》一篇，《黄帝铭》六篇与道经相类。**玄牝**毗忍切。**无景**音影。**绵绵**武延切。**存邪**以遮切。下同。**向秀**音饷。字子期，晋常侍，注《南华真经》二十八篇。**自知**音智。下同。**赡群**时艳切。**不匮**音馈。竭也。**大易**音太。下同。**未见**贤遍切。注同。**之称**尺证切。下同。

易系胡计切。**混成**胡本切。**浑**音魂。**沦**音沦。下同。**相离**力智切。去也。或作平声读。近曰离,远曰别。后以意求之也。**别明**彼列切。**离散**先汗切。卷内同。**循之**音旬。**易无形埒**《淮南子》作垺,谓兆朕也。《乾凿度》作形畔。今从乎者转谓,误也。**易变而为一**自一经九,大衍之数。**惚**音忽。**恍**况往切。**以数**色主切。**迺复**古乃字。**上为**时掌切。**所倚**于绮切。**天地所否**蒲鄙切。塞也。**造余**七到切。**则阂**音碍。**所属**音烛。**素分**符问切。下名分形分同。**焘育**音蹈。覆也。**贞粹**音遂。**系于**音计。**尝呈**示见也。**能羶**式连切。**道论**卢困切。**恃无**音市。**名之**弥正切。与诏同。**响许**两切。**光景**音影。**食于道徒**司马彪云,徒,道旁也。一本或作从。**髑髅**音独娄。**攛**音塞。**逢**音蓬。蒿也。**拔也**皮八切。**过养**古卧切。**实当**丁浪切。**种**章勇切。**有几**居岂切。**若蛙**户瓜切。虾蟆也。**为鹑**音淳。**事见**贤遍切。**《墨子》**《墨子》曰:夫物或有久,或无久,始当无久化,若蛙为鸡也。**得水为㡭**音计。司马彪云:万物虽有兆朕,得水润之,气乃相断而生也。**蛙蠙**步田切。司马彪云:物根在水土际。布在水中,就水上视之,不见钞之可得,如张绵在水中矣。楚人谓之蝇蠙之衣。**陵屯**音豚。阜也。**结处**昌据切。下同。**陵舄**音昔。一名泽舄,随燥湿之变也。**郁栖**粪壤也。**乌足**草名也。**蛴螬**郭注《尔雅》云:在木中。今虽通名为蝎,所在异。**胡蝶**音楪。即蛱蝶也。蛱,音颊。**胥也**《师说》云:胥少也。谓少去时也。**生灶下**得熟气生。**若脱**他括切。郭注《尔雅》云:脱谓剥皮也。**驹**音衢。**掇**丁括切。驹掇,虫名。**干余胥之沫**音末。《南华真经》作骨。李颐云:沫,口中汁也。**斯弥**虫名。**食醯**许兮切。苦酒上蟻蠓也,亦曰醯鸡。下同。**颐辂**上怡,下路。**黄軦**音况。颐辂、黄軦,皆虫也。**九猷**李云:九当作久。久,老也。猷,虫名。**瞀芮**茂谋二音。芮蚋。小虫也,喜去乱飞。**腐**音辅。**蠸**音权,一音欢。谓瓜中黄甲虫也。**地皋**音高。顾胤《汉书集解》云:如淤泥。**辅邻**《说文》作粦,又作燐,皆鬼火也。《淮南子》云:血为燐也。音吝。**鹞**音濯。**之为鹯**音毡。**鹯之为**

布榖木又作壳。陆机《毛诗鸟兽疏》云：鹪似鹞，黄毛，鸡头，仓身，皆相似。其飞急疾，取鸠鸽燕雀食之。布谷，鸤鹅也，一名尸鸠，一名击谷，一名乘鸠，仲春雀。鹪鹰鹪之化为鹪也。音掬。**燕之为蛤**音合。《家语》云：冬则燕雀入海化为蛤。燕或作雀。《周书》：雀入大水化为蛤。**田鼠之为鹌**音淳。与蛙化同。《说文》云：鹌，鹪也。《大戴礼》，三月田鼠化为鹌。《周书》云：化鴽。郭注《尔雅》云：鴽亦鹊也。鹌，音谐。鴽音如。**歼瓜**音朽。**老韭**举有切。**为**莞音官。似蒲而圆，今之为席是也。杨承庆《字统》：音阏。一作苋，侯辨切。转写误也。**老**羭音俞。牝羊也。又黑羊也。**为**猨音猿。**鱼卵**来短切。**亶**爰上蝉，下袁。**如狸**力之切。**而有髦**音毛。垂发也。**牝**毗忍切。**牡**音某。鸭五历切。三苍云：鸲鸭也。司马彪云：鸟子也。**眸子**音谋。**名程**古稚字也。**蜂**音丰。司马彪云：稚蜂细股者，取桑虫祝之。使似己之子也。**而孕**以证切。**好而**呼报切。**后稷长**丁丈切。注同也。**臼水**音舅。**有莘**疏臻切。**婴儿**或作缨非。**汤相**息亮切。**厥昭**曾子云：孤藜一名厥昭，恒翔绕其木，不能离之。《师说》云：孤藜，蜻蛉虫也。蜻蛉，音青零。**生乎湿**失入切。**因蒸**音证。**醯鸡**蠛蠓也。**羊奚比**音毗。**乎不筍**音笋。**久竹生青宁**《南华真经》从羊奚至青宁，连为一句。司马彪云：羊奚，草名，根似燕菁，与久竹比合，皆生非类。青宁，虫名也。**生程**《尸子》云：程，中国谓之豹，越人谓之貘。按《尔雅》熊虎陃其子豹。豹，熊虎之子也。《山海经》云：南山多貘豹。郭注云：貘是豹之白者。豹即虎生，非类也。据程是貘之别名也。按貘似熊，毛又黄而黑有光泽者，貘音陌。**马生人**《搜神记》云：秦孝公时，有马生人。刘向以为马祸。**生响**许两切。后同。**响应**于证切。**不复**扶又切。**之称**尺证切。**偕终**音皆。**料**音聊。**终进**音尽。下同。**虚谟**音莫。**故迭**音篆。**不久**音有。**不生者先有**悉荐切。下同。**而复**扶又切。**画其**胡参切。计策也。一本作尽，于义不长。**精神者天之久**音有。下同。作篆文与久字相类。按《汉书》杨玉孙曰：精神者，天之有；骨骸者，地之有。玉孙常读此经。今国子监本作分。**本较**音角。**少壮**寿照切。下同。**老耄**莫报切。**气飘**音漂。**德殷**正

列　子　619

也。一本作故。**与争**音诤。**间**古苋切。隔也。**大山**音泰。**乎郕**音成。鲁之邑名。**带索**先各切。**为乐**音络。下同。**之别**彼列切。**定分**扶问切。**故复**扶又切。**繀**居两切。**保**本或作褓襁。《博物志》云：织缕为之，广八寸，长尺二，以约小儿于背上。**林类**音泪。或本作颖者，误认。**底春**都礼切。**被裘**音备。**遗穗**音遂。**故畦**音携。**捃之**居运切。**并歌**蒲浪切。下同。谓旁畦而行。**彼叟**西口切。**有试往讯之**音信。一本无有字。**之垅**力踵切。**曾不**音曾。**不辍**丁劣切。止也。**叩之**丘候切。**而应**于证切。**少不**诗照切。**勤行**下孟切。下同。**长不**丁文切。下同。**何乐**音洛。**能寿**音受。**恶**乌路切。**不愈**音舆。**以告**古沃切。下章同。**卒然**仓汝切。**造极**七到切。**去彼**丘吕切。**许处**昌据切。**于厌**于艳切。**其圹**音旷。墓穴也。荀卿有此篇。**睪如**音皋。**宰如**言如冢宰也。**坟如**如坟墓也。**鬲如**音历。形如鼎又音隔。**伏焉**荀卿作休焉。**乐天**音洛。下同。**去**丘吕切。**离**力智切。**昧然**音妹。**之慸**蒲界切。疲也。**之佚**音逸。**晏子**齐大夫晏婴。**乐生**音洛。**恶死**乌路切。**慎行**下孟切。**无厌**一盐切。**之徼**音叫。**人才**音哉。下同。**种贤世**音重，形生。**名誉**余据切。**跨张**口花切。**知已**音以。**所去**丘吕切。注同。**为寤**音悟。**去彼**丘口切。**破砢**音毁。**亏丧**息浪切。**粥**音育。**熊**周文王师，封于楚，著子书二十二篇。**亡已**音无以。**操**七刀切。**随世**音生。下同。**省**上声。**进**音尽。**所瞩**音烛。一本作瞻。**自世**音生。**杞**音起。**国**系本云：殷汤封夏后于杞。周又封之。今在陈留雍丘县。武德年曾置杞州地是也。**崩隧**音坠。**星宿**音秀。下同。**胜**音升。**中伤**丁仲切。**块**口对切。**充塞**苏则切。**躇**音除。**步跐**音此。**蹈**徒到切。四字皆践踏之貌。**人舍**音释。下同。**长庐子**《史记》云：楚有长庐子。《汉书》云：长庐子著书九篇，属道家流。**虹蜺**音红倪。**之最**子外切。**大远**音泰。**偕全**音皆。**之见**贤遍切。**何处**昌据切。**舜问乎丞**谓辅弼疑丞之官。一本作烝。**有夫**音符。**重柱用**切。下同。**蜕**音税。**复**扶又切。**向氏**音响。**大壤**如掌切。又作穰。**施及**

以智切。延也。**亡不**音无。下同。**以脏**音藏。**先居**悉荐切。**曰嘻**音熙。哀痛之声。**吾盗天地之时利**句绝。**之滂**普郎切。**筑**音竹。**吾垣**音袁。**植**时职切。**鳖**并列切。**施尸**智切。**罔**文两切。**过东郭**音戈。一作遇字。**离**力智切。**仞而**音刃。**称**尺证切。**复**扶又切。**为吾**于伪切。**藏**才浪切。**大虚**音泰。**吝**良刃切。**所厝**音措。

黄帝第二

养正音性。**燋然**音焦。**肌色**一作颜色。**肝**古旱切。**黣**音每,诸书无此字。《埤苍》作楳同,音每,谓木伤雨而生黑斑点也。肝黣,亦然也。**不治**直吏切。下致治同。**进治**音尽。**赞曰**音叹。**过淫**音深。**舍宫**音舍。**去直**丘吕切。**钟县**音玄。**间居**音闲。**齐心**音斋。下同。**弇州**音奄。**几千**居岂切。**无帅**所类切。或作师。**长**丁丈切。师长,首主也。**嗜欲**常二切。**亲己**音纪。**知背**音佩。**斫挞**音酌。挞,打也。**指擿**音倜搔也。**无痟**音消。**痒**余两切。痟痒,谓疼痒也。《周礼》春时有痟首疾,夏时有痒疥疾。郑玄云:痟,酸削也。《说文》云:酸疼痛也。**见周**贤遍切。**不硋**五盖切。**雷霆**音廷。**不滑**音骨。**不踬**音致。**怡然**与之切。**大**音泰。**山稽**音鸡。《汉书》云:大山稽,黄帝师也。**帝相**息亮切。**疲而睡**句绝。**二十有八年**一本作三十有八年。**大治**直吏切。**几若**音祈。**假**音遐。**号之**户刀切。**列姑射**音夜。**山在海河洲中**《山海经》曰:姑射国在海中,西南环之,从国。南水行百里,曰姑射之山,又西南行三百八十里,曰姑射山。郭云:河水所经海上也。言遥望诸姑射山,行列在海河之间也。按《西域传》:黄河东注蒲昌海,潜行地下,入中国蒲昌海。一名盐泽,在交河郡。**见山**贤遍切。**上有神人**此章与《山海经》略同。**吸风**许及切。**岂复**扶又切。**渊泉**上字读为深字。**自粹**音邃。**不偎**乌恢切。爱也。**不爱**不偎不爱,谓或隐或见。《山海经》曰:北海之隅,其人水居。偎爱,隐偎也。《字林》云:偎,仿佛见不审也。**愿**音愿。**慭**口角切。**无慭**本又作愁,去言切。**常钧**音均。**札伤**侧八切。郑众注《周礼》云:

越人名死为札。《左传》曰:人不夭札。疵才移切。病也。厉音例。郑众注《周礼》云:厉,风气不和之疾也。灵向音响。进音尽。下同。泠然青零。寇称尺证切。数色主切。下同。不省息井切。因闲音闲。蘄音祈。怼音坠。怨也。又不与命一本无与字。女音汝。曩章载乃朗切。章载,字载则,一本作章戴。有憾胡绀切。脱然土活切。此乎本又作于。姬音居。女音汝。眄音面。斜眡也。从心音纵。下同。庚音更,居行切。益也。下同。于匿一本作已。道契苦计切。横去声,下同。纵放也。未造七到切。所倚于绮切。干音干。壳口角切。曾未音层。浃时子协切。可几音冀。甚怍音昨。屏息屏气似不息也。复言扶又切。关尹关令尹喜,字公度,著书九篇。潜行或作渐,亦音潜。不空一本作室,塞也。为閡音碍。不栗音栗。列音例。姬音居。鱼音吾。语鱼据切。女音汝。相远于万切。之造音作臧祚切。注同。者焉于虔切。深音淫。见贤遍切。养其气一本作真其气。造七到切。至也。无郤音綌。闲也。之队音坠。乘亦食陵切。選物音忖。遇也。一本作遟,心不欲见而晃曰遟,于义颇迂。《庄子》亦作遟。不慴之涉切。不窥去随切。为伯于伪切。无人莫侯切。下并同。穷镝音的。措杯必回切。肘竹九切。摘矢音的。本作镝。复扶又切。沓音踏。寓音遇。敏捷疾叶切。象人木偶人形曰象人。迿七旬切。二分垂谓足二分悬垂在外。至踵音肿。挥斥音尺。郭象云:挥斥,犹放纵也。又曰:挥斥,奋迅也。怵丑律切。有恂目音荀。何承天纂云:吴人呼瞬目为恂目。中也丁仲切。殆矣夫一本作始矣夫。偏肥皮美切。按《说文》《字林》并作膍,又作肶,皆毁也。字从其省。侔音谋。齐也。于朝音潮。相凌一本作相击。介意音界。副也,称也。坰外古萤切。田叟西口切。先悉荐切。窖奇陷切。困也。荷胡可切。畚音本。蕢,笼也。阔视苦括切。远也,广也。眄之奴草切。《方言》:扬越之间,凡人相轻侮以为无知谓眄。眄,耳目不相信也。欺诒音待。《方言》:相欺。本作绐。攩故广切。《方言》:今江东人亦名推为攟。又肯晃，搥打也。**拟**蒲结切。《方言》：凡相推搏曰拟。又扶毕切。推击也。**挨**乌骇切。推也。**扰**丁感切。《方言》：击背也。一本作抗，违拒也。**亡所**音无。**愠容**于问切。**技**渠奇切。**单**音丹。尽也。**惫于**蒲界切。疲也。**俱升**一本作俱乘。乘，登也。**漫言**莫汗切。散也。**偿百**音赏。**飞鸟**一本作飞凫。**扬**余亮切。犹飚物从风也。**骬骨**音肌。按骬是古委字。《说文》云：骨，曲直也。于义颇迂。**无砍**音毁。**偶然**五口切。**未巨**大也。一本作讵。**因复**扶又切。**之淫**音深。**隈**乌恢切。水曲也。一本作隅。**泳**音咏。潜行水中也。**水底**都礼切。**众昉**分两切。或作放。**难色**乃汗切。**埃不漫**为句**埃**一本作唤。**吾亡**音无。**近**去声。**誉**音余。**唯恐诚之之不至，至之之不行，行之之不及**一本无至之之不行一句。**怛然**丁达切。惊也。**危险**音岭。**识之**音志。**周宣王**名靖，厉王子也。**牧正**养禽兽之长也。**梁鸯**音央。**委**于伪切。**食**音嗣。下食虎同。**雕鹗**音雕锷。**无不柔驯者**松伦切。顺也。一本无驯字。**挚**音兹。又音字。**尾挚尾**，牝牡相生也。乳化曰挚，交接曰尾。**搏噬**音博逝。**毛丘园**姓毛，名丘园也。一本作囿，鱼吕切。**传受之**一本无受字。**为其**于伪切。下同。**碎之**一本作决之。**其侪**助皆切。**广泽**本又作旷。**操**七刀切。下同。**能游**浮水曰游。**数能**色据切。术也。注同。**攉舟**直孝切。一本作惧，恐字误。**而谖**所六切。《庄子》作便。**能骛**音木。鸭也。一本作矜，字误。**曰譩**音衣。与譩同，叹声也。**玩其**五贯切。习也。**道与**音余。**且为**于伪切。**恶往**音乌。**闲**音闲。**瓦抠**抠，探也。以手藏物，探而取之曰抠。亦曰藏彄。《风土记》云：腊日欲祭之后，叟姁儿童为彄之戏。辛氏《三秦记》汉钩弋夫人手拳，时人效之，因名为藏钩也。彄，口侯切。《庄子》作枢。**钩**银铜为之。**惮**待汗切。**殙**音昏。《方言》曰：迷殙也。**所要**于遥切。**愈重**音庚。益也。**拱**本作拙。**吕梁**在今彭城郡。《尔雅》曰：石绝水曰梁。**并流**音傍。《史记》《汉书》：傍，海傍河。皆作并。**而承**音拯。《方言》：出溺为承。诸家直作拯，又作撜。**棠行**音塘。下同。**道之**音道。下道之同。郭璞注《穆天子传》云：道从也。**承子**音拯。**曰亡**音无。本无此亡字。**齐**司马云：齐，汩水。如磨齐也。**汩**古忽切。涌波也。郭象云：洄伏而涌出者，汩也。**疴**于禹切。**偻**音缕。疴偻，背曲疾也。**承蜩**音条。一本作蜩。蝉也。**掇**都括切。拾取也。**絫**古累字。**垸**音丸。司马云：谓累丸于竿头也。**锱铢**音淄殊。**蜩**音调。**吾处身也**一本作无身也。**厥株驹**厥，本或作橛同。其月切。《说文》作橛，木本也。李颐云：厥，竖也。株驹，亦枯树本也。驹音俱。**崔撰**音佺。清河人也，晋议郎，注《南华真经》内外二十七篇。**槁木**空好切。**曰女**音汝。**逢衣**《礼记·儒行篇》曰：丘少居鲁，衣逢掖之衣。长居宋，冠章甫之冠。郑玄注云：逢，犹大也，谓大掖之衣。向秀曰：儒服宽而长大者。**有好**呼报切。**讴**音鸥。鸟鹦也。今江湖畔形色似白鸽而群飞者是也。**百住**音数。**汝取来**一本作可取来。**去言**丘吕切。**齐**在诣切。**忤**音悟。**骇**谐楷切。下同。**赵襄子**名元恤，简子之子也。**率徒**所律也。**畋**音田。**借**在夜切。**苁**而振切。在下曰借，草不剪曰苁。**燔**音烦。烧也。**烬**疲刃切。**上下**时掌切。**留之**力救切。谓宿留而视之也。**窍**口吊切。**向**音向。**刳**音枯。**去**丘吕切。**有暇**本又作假，亦音暇字。**大说**音悦。**强**其两切。**著**直略切。**挂**音卦。**硋**本作硋。**颠**都年切。坠也。**偏**音篇。**神巫**男曰觋，女曰巫。颜师古曰：巫觋亦通称。**季咸**姓季，名咸，郑人也。**避**一本作弃。**喜**许记切。**壶子**列子师也。**又过**音戈。**无其文**诸家本作既，于义不长。**道与**音余。**奚卵**来短切。司马云：汝受训未熟，故未成。若众雌无雄者，则无卵也。**和**胡卧切。**抗**口浪切。或作亢，音同。**相悉**细切。**眡之**音视。**向吾**一本作庸吾。下同。**嘻**音熙。**湿灰**司马云：气如湿灰。**罪**本作蕞。**諃**音震。**不止**崔撰云：不諃不止，如动不动也。**量**音亮。**灰**本作全。**功见**贤遍切。**机发于踵**许慎注《淮南子》云：机发不旋踵。**齐**侧皆切。下同。**大**音泰。**眹**直引切。兆也。**鲵**音倪。**桓**胡官切。盘桓也。一本作旋，谓盘旋也。**之潘**音盘。本作蟠。水之濊洄之濊。今作蟠，恐写之误。**为渊**鲵，大鱼也。桓，盘桓也。蟠，洄流也。此言大鱼盘桓其水，蟠洄而成深泉。

《南华真经》作审。梁简文云：蟠，聚也。**滥水**咸上声。《尔雅》云：水涌出也。**沃水**乌仆切。水泉从上溜下也。**汎水**音轨。水泉从傍出也。**雍水**音拥。河水决出复还入也。**汧水**音牵。水不流行也。**肥水**水所出异为肥也。**洄**音回。**易**以豉切。**舍之**音舍。**淡**徒滥切。**泊**音魄。**自失而走**丧失精神而走。**猗**于危切。**移**委移至顺之貌。**泛**芳剑切。**茅**《庄子》作茆。音颡。**靡**崔撰云：逊伏也。**为其**于伪切。**曩**七玩切。**食**音嗣。下同。**豨**虚岂切。楚人呼猎作豨。**适**音的。**雕琢**持究切。本作琢。**忿然**音纷。**而封哉**一本作戎。音哉。**恶乎**音乌。**馈**求位切。**俩**也。**惊己**音纪。谓惊其自失也。下处己，同音。**不解**音蟹。向秀曰：未能悬解。**谍**音牒。**便辟**婢亦切。**尊长**丁丈切。**而虿子**西切。**食羹**音嗣。**无多余之赢**音盈。一本无无气。**而知**音智。**保汝**保，附也。**屦**九遇切。关西呼履谓之屦。**敦杖**音顿。**甑之子**六切。**乎颐**音怡。**有问**少时也。**宾**本作傧。道也。必忍切。**提屦**音蹄屦。一本作履。**徒跣**先典切。**暨**其器切。至也。**当**丁浪切。**背**音佩。**焉**于虔切。**先悉荐切。**摇而本身**一本作摇而才本性。**易**以豉切。**觉**音教。**杨朱**解在第七篇。**之沛**音贝。**邀**于宵切。抄也，遮也。**中道**道中。**仰天**本作卬，亦音仰。**以女**音汝。**能去**丘吕切。**矜夸**口瓜切。**进涫**音管。《庄子》作盥。**潄**音漱。**巾栉**壮乙切。**脱屦**本作履。**向**音向。**不间**音闲。下同。**睢睢**许唯切。**盱盱**音吁。《说文》云：盱，仰目也。《苍颉篇》云：盱，张目貌。高诱注《淮南子》云：睢盱，视听貌。**甕**子六切。**炀**音杨。司马云：对火曰炀。《淮南子》云：富人衣纂锦，贫人炀灶口。**不恶**乌路切。**过宋**音戈。**而去**丘吕切。**之行**下孟切。**亦**本作易。以致切。**亡**音无。**鬻**本作粥。余六切。**倚**于绮切。**趣**章趣。**傅翼**音附。**庖**音匏。**牺**许宜切。**女娲**音瓜。庖牺女娲，皆古天子。**臆行**音亿。**曼**音万。**颈**乌葛切。**鼻上也。**颔**胡感切。**相**息亮切。**鹄步**音鹤。**鸢肩**音缘。**鹰啄**许秒切。**几**音异。**阪**蒲板切。**泉**在上谷。**帅**音率。**熊罴**音碑。**貀**丑俱切。**雕鹖**音雕曷。一本作鹗。

旗帜音炽。自熊罴皆猛兽勇斗者也。而人不知接之之道一本无人字。行则户刚切。大古音泰。介氏音界。数数音朔。六畜朽又切。解音蟹。注同。之长张丈切。蜎许缘切。蠕而充切。魑丑知切。魅音媚。虫蛾《尔雅》云：有足曰虫，无足曰蛾。一本作虫蚁。狙公七余切。养狙公也。好养呼报切。解音蟹。驯音唇。茅音序。橡子也。能鄙相笼一本作智鄙相笼。名实未亏一本作若实未亏也。纪消子姓纪，名消，或作消。所景切。为于伪切。影向音响。李颐云：应响鸣，顾影行。迅峻信二音。一本作速。惠盎阿浪切。见贤遍切。蹀足音牒。謦口顶切。欸音慨。所说音悦。下同。刺之七亦切。弗中丁仲切。下同。欢然音欢。墨翟音狄。宋大夫也，在孔子后，著书七十一篇。崇孝尊鬼，强本节用，亦救世之难。有攻守之术。为长张丈切。竟音境。说如字。又音税。服寡人也一本作晓寡人也。

周穆王第三一曰化本

俛仰音免。之觉音教。视瞚音舜。怳况往切。惚音忽。周穆王名满，昭王子也。化幻胡办切。贯音官。穿也。隧音坠。不硋音碍。腥音星。嫝音楼。而不可飨音享。《周礼·天官》内饔腥不可食者，马黑脊而般臂。郑玄云：般臂，毛自有文也。嫘蛄臭，今读者宜依《周礼》。饔食，按隋秘书王邵《读书记》云：嫘蛄，古本多作女旁者。《方言》亦同。饔音邕，般音班。膻恶音膻。廼古乃字。为之于伪切。赭音者。赤色。垩音恶。白土也。五府《周礼》：太府掌九贡九职之货贿，王府掌金玉玩好。内府主良货贿，外府主泉藏，膳府主四时食物者也。终南山名，在京兆。蛾媌音茅。好而轻者谓之蛾。自关而东河齐之间谓之媌，或谓之妖。靡曼音万。正娥音俄。笄音鸡。珥音饵。瑱也。晃上垂玉以塞耳也。瑱他见切。衣于既切。细縠音斛。曳音裔。齐纨《范子》云：白纨素出齐鲁。几居岂切。谒请也。祛音墟。上时掌切。暨见器切。广乐音岳。注同。秦缪音穆。甚乐音洛。累块口对切。积苏樵人。人复扶又切。之处昌据切。眩音县。黛音代。芷音止。莹乌定切。又音茎。九招本作韶。市昭切。以乐音洛。不舍音释。亡音无。悸其季切。丧息浪切。碛音陨。落也。向音向。㫳扶贵切。《方言》：㫳干物也。又音沸。三月而复为句。一本作不复。在觉音教。曩乃朗切。王闲音闲。恒有谓习其常存也。一本无有字。摸音谟。不恤思律切。治乱直吏切。骏音俊。乘实证切。下同。蕲音华。骝音留。绿耳皆八骏名。骖七南切。赤骥音异。白牺音义。《史记》曰：造父为穆王得骅骝、绿耳、赤骥、白牺之马。御以游巡，往见西王母，乐而忘归。与《穆天子传》略同。郭璞注云：皆毛色以为名也。后有渠黄、逾轮、盗骊、山子为八骏也。造七到切。父音甫。为御《史记》云：周穆王乘骅骝、绿耳，使造父为御，日行千里。窆音泰。篆作窎。冏音丙。《石经》作风，《字林》云：隐作面。本作冏商音。上齐下合，于义无取焉。为右《淮南子》云：钳且泰丙之御也，除辔衔，弃鞭策。高誧云：皆古之得道善御也。钳，其炎切。且，子余切。盗骊力移切。盗骊，即荀子之纤离者也。柏夭于表切。郭璞云：柏夭，人姓名。巨蒐音渠搜。西戎国名。以饮于禁切。之渾竹用切。以洗先礼切。二乘实证切。昆仑音昆论。之阿赤水之阳《山海经》云：流沙之滨，赤水之后，黑水之前，有大山名昆仑之丘，有人穴处，名曰西王母也。之北，古丘字。黄帝之宫陆贾《新语》云：黄帝巡游四海，登昆仑山，起官望于其上。以诒音怡，传也。遂宾于西王母《河图玉版》云：西王母居昆仑山。《纪年》云：穆王十七年，西征见西王母，宾于昭官。为于伪切。王和胡卧切。弇音奄。万行行读为里。于于音呜呼。又作乎。追数色句切。责也。王几音岂。之乐音洛。假音遐。考成子一本作老成子。著书十八篇。室屏必郢切。老聃吐蓝切。愤薄房吻切。而复扶又切。淫思音深。幡音翻。校音绞。顾野王读作翻交四时。蒸烁音铄。水湏音洪。不著陟虑切。而已音以。为之于伪切。觉有音教。义见贤遍切。曰丧息浪切。曰乐音洛。曰藎音愕。曰寤音悟。所怛丁达切。难谲音决。则濡音儒。燔音烦。炳如悦切。**抗则**或作亢。**借带**慈夜切。**造极**七到切。**几虚**音岂。**南嵎**与隅同。**古莽**莫朗切。**亡辩**音无。下同。**跨河**苦化切。**之分**符问切。**阜落**音妇。**常燠**音郁。**相借**音陵。**大治**音持。**趣役**音趋。下同。**呻呼**音申吟。下同。**昏愈**蒲介切。**昔昔**夜夜也。**游燕**音宴。**观古**乱切。**其乐**音洛。**觉**音教。下同。**啈**吾南切。**呓**音诣。**啈呓**，呻吟并寐语也。**恶焉**乌路切。**思虑**音四。**少间**病差也。**相侉**音夸。**御而**音讶，迎也。**毙之**音币。**诸隍**音黄。无水池也。**以蕉**与樵切。**不胜**音升。**不厌**音慊。又于艳切。**士师**掌五禁之法者。**仞人**一本作认。**曰嘻**音熙。**将复**扶又切。**国相**息亮切。**邪直**似遮切。或作邪真。**今亡**音无。**且恂**音荀。信也。**华子**胡化切。**病忘**音望。不记事也。**阖室**胡腊切。**毒之**毒，苦也。**蓍龟**音尸。**情匿**昵力切。**泊尔**音魄。**鉴**音监。**自拯**蒸上声，本作极。**行无**下孟切。**狂辟**音僻。**疢**音救。**痫**音阿。**府藏**才浪切。**脉诊**止忍切。**其瘳**丑鸠切。**然吾之方密**为句。**从之**音纵。**绝思**音四。**操戈**七刀切。**往数**色主切。**哀乐**音洛。**好呼**报切。**恶**乌路切。**可复**扶又切。**妙当**丁浪切。一本作赏。**逢氏**音庞。**子少**诗照切。**迷罔**文两切。**过陈**音戈。**乡使**音向。**哀乐**音洛。**之邮**音尤。**焉能**于虔切。**耑归**士缘切。**辩争**音诤。**长于**张丈切。**过晋**音戈。**诳之**九况切。**愀然**七小切。**喟然**丘愧切。**涽然**音法。胡犬、胡绢二切。**自禁**音金。**哑然**乌陌切。**给若**音待。欺也。**更微**少也。作彻者误。

仲尼第四—日极智

去情丘吕切。一本作忘。**仲尼**鲁国曲阜县人，颜氏祷尼丘山生，因名，字仲尼。周灵王二十一年庚戌岁生。**间居**音闲。**子贡**端木赐，卫人，字子贡，利口巧辞。**颜回**鲁人，字子渊。**援琴**音袁。**独乐**音洛。**之分**符问切。下同。**愀然**七小切。**有间**怅然变色少时。**意夹**音狭。一本作失。**亡变**音忘。一本作止。**曩吾**乃朗切。**礼乐**音岳。下同。**遗来**唯季切。**既治**直吏切。下治乱同。**不舍**音舍。**无阂**音碍。**将为**干伪切。**欲捐**音缘。**聘鲁**匹正切。**髣髴**芳味切。**之量**音亮。**其称**尺证切。下同。**泊然**音魄。下同。**亢仓子**音庚桑，名楚。《史记》作亢仓子。贾逵《姚氏英览》云：吴郡有庚桑姓，称为士族。**传之**又专切。**唯然**唯癸切。**眉睫**音接。**唯豁**火活切。**有分**扶问切。**六藏**徂浪切。心、肺、肝、脾、肾，谓之五藏。今六藏者，为肾有两藏，其左为肾，右为命门，命门者，谓神之所舍也。男子以藏精，女子以系胞。其乑与肾通，故言藏有六也。**商大**音太。**宰**商，宋国也。宋都商丘，故二名焉。大宰，官名。**示见**贤遍切。**简朴**片角切。**不治**直吏切。下治之同。**强其两切**为干为切。**得徧**与遍同。**崇崛**焦勿切。**浩芒**音茫。**嘿然**音墨。**吾语**鱼据切。**讷奴**忽切。**一行**下孟切。**不贰**贰疑也。**同要**一遥切。**瞽人**莫侠切。**乃居**一本作反居。**曰数**色主切。**料简**音聊。**无惕**他历切。**阅**音悦。**欺魄**片各切。《字书》作欺顭。人面丑也。顭，片各切。**形丧**息浪切。**思虑**音四。**未行**户郎切。**衍衍**口汗切。**在雄**一本作存雄。**骇**与骇同。**进知**音尽。**能离**力智切。**之称**尺证切。**一眄**音面。斜视也。**从心**音纵。**横心**去声。**外进**音尽。**以重**柱用切。**好游**呼报切。下同。**之乐**音洛。**零悴**疾醉切。**者鲜**息浅切。**不知务内观**一本作不如观。古乱切。下同。谛眎也。**口窊**乌瓜切。**温蒸**音证。**自匿**尼力切。**者难**乃旦切。**故重**柱用切。**所眎**音视。**文挚**音至。文挚，六国时人，尝医齐威王。或云春秋时宋国良医也，曾治齐文王，使文王怒而病愈。**所听**平声。**凡此众疾**一本作众庶，非是。**哀乐**音洛。**背明**音佩。**文挚后向明而望之**一本文挚，下加从及自字者，皆非也。**之分**符问切。**由死而生不幸也**本多无不字，观上下文于理有阙，故特添之。**失中**丁仲切。**将眇**亡少切。**先睹**音睹。**闻蚋**而锐切。**淄**音淄。**渑**音乘。淄水出鲁郡莱芜县，渑水西自北海郡千乘县界，流至寿光县，二水相合。《说符》篇曰：淄渑之合，易牙尝之。**难别**彼列切。下同。**将僵**音姜。**先亟**去吏切。《方言》：亟，受也。**犇佚**音奔逸。**仆也**音赴。可渝音俞。亢与抗同。要造七到切。后还音旋。郑之圃泽圃田也。在中牟县。有治直吏切。行过音戈。邓析音锡。为若于伪切。相嘲张交切。调徒吊切。所愿知也知，一本作如。养养上余亮切，下如字。长幼张丈切。牢借本作籍，侧战切。牢，牲牢也，圈也。籍，谓以竹木围绕。又刺也。《周礼·鳖人》以时籍鱼鳖蜃也。又《国语》云：罗籍鱼也。《庄子》云：以临牢栅。李颐云：牢，豕室也，栅木之也。文字虽异，其意同也。籍音栅。庖厨音匏。从者才用切。无相息亮切。而知音智。下以意求之。并为于伪切。下以意求之。无好呼报切。无恶乌路切。荀粲七汗切。傅嘏音贾。志局衢足切。公仪伯堂谿公公仪堂谿氏也，皆周贤士。懦夫乃玩切。女之音汝。能折之舌切。春螽音终。一曰蝗也。之股音古。能裂或作分字。犀兕徐子切。曳音裔。犹憾户暗切。不窥去随切。所易以豉切。下同。舆薪音余。撞钟宅红切。雷霆音亭。一家一本作一道，于义不长。子牟莫侯切。好与呼报切。不恤虽律切。子舆音余。行无下孟切。不中丁仲切。漫音万。衎以战切。韩檀不安切。肆之戈二切。肆习也。桓团大端切。之囿音又。之诒音待。欺也。下同。后镞作木切。中丁仲切。下注同。相属音烛。注同。矢造七到切。著直略切。下同。棚音朋。复扶又切。下同。所湊土豆切。逢蒙薄江切。乌号户羔切。綦卫音其。《史记》云：綦国之竹。晋灼曰：卫之苑多竹篠。射食弋切。矢末一本作来。眸子莫侯切。而眶音匡。不睒本作睒，目瞬也。下同。睒，且洽切。矢隧音坠。强弩其两切。能撺一本作穿。鲁缟古老切。与音余。人挪直炙切。之分符问切。差跌音蹉经。语张鱼据切。焉得于虔切。故借子亦切。见在贤遍切。孤犊音独。胜言音升。可解音蟹。下同。公孙龙平原君之客，字子秉，赵人。之鸣一本作公孙龙于马。并注无异于鸣，亦作无异于马。云马者，白马论之义也。云鸣者，但鸣而无理趣。取错仪则长矣。余窍口吊切。秽穴也。余日人质切。尧治天下为句。欲治直吏切。治欤，治名，治道同。**道洽**本作合。**外朝**音朝。**禅**时战切。**弖**古畴字。直留切。谁也。**泛然**芳剑切。**无系**音计。**其应**音应。**道亡**音无。**违物**一本作道不违物。**亡情**本作忘。**发无知**一本作废无知。下作废无能。**虽无为而非理也**一本漏为字。

冲虚至德真经释文卷下

唐当涂县丞殷敬顺撰

碧虚子陈景元补遗

汤问第五

齐所才细切。**殷汤**殷汤，姓子，或履，字天乙。**夏革**音棘。夏棘，字子棘，为阳大夫。**混茫**音忙。**今恶**音乌。下同。**必复**扶又切。下同。**故重**柱用切。下同。**画然**音获。一本作尽。**齐州**《尔雅》云：距齐以南，戴口为丹穴，北戴斗极为空桐。距，去也。齐，中也。**东行至营**今之柳城，古之营州，东行至海是也。**西行至豳**与邠同。**四海四荒四极**《尔雅》云：九夷、八狄、七戎、六蛮，谓之四海。觚竹、北户、西王母、日下谓之四荒。东泰远，西邠国，南濮铅，北祝栗，谓之四极。**义见**贤遍切。**大虚**音泰。下同。**笼罩**陟孝切。**亦焉**于虔切。下同。**知及**一本作及，恐字误。**豁视**呼括切。**无垠**音银。下同。一本作限。**皆拘**音俱。**桎梏**音质谷。**自解**音蟹。**刳斫**音枯。**夸大口**花切。**聃**他甘切。老子名。**周庄子**名。**女娲氏**音瓜。古天子，风姓。**断鳌**音短邀。具后释。**共**音恭。**工氏**古帝王。**颛顼**音专旭。**虙**音伏。**羲**许宜切。**水潦**音老。**渤海**今乐安郡。**大壑**《山海经》云：东海之外有大壑。**归墟**或作归塘。**八弦**音宏。**岱舆**音余。**员峤**渠庙切。山锐而高也。**方壶**一曰方丈。**瀛洲**音盈。**蓬莱**《史记》曰：方太、瀛洲、蓬莱，此三神山在渤海中，盖尝有至者，诸仙人及不死之药皆在焉。未至，望之如云。欲到，即引而去，终莫能至。**周犯**一本作范围字，一本作周旋字。**纯**音淳。**缟**古老切。**珠玕**音干。**可数**色主切。注同。**连著**直略切。**波上**时掌切。**暂峙**直里切。**仙圣毒之**毒，病之。**禺强**与隅同。《神仙传》：北方之神名禺强，号曰玄冥子。《山海经》曰：大荒之中，有神，人面鸟身，名曰禺强。《简文》云：此海神也。**巨鳌**《列仙传》云：巨鳌戴蓬莱山而抃沧海之中。《玄中记》云：即巨鳌也。**三番**音翻。更代也。**盈数**色主切。**步**一本作千。**钓**一本作钩。**而趣**音趋。**灼其**音酌。**以数**所据切。算计也。**又钻**钮官切。**鲲鹏**音昆朋。**蚊蚋**音文芮。**蚤虱**音早瑟。**帝冯**音愤。**浸减**子禁切。一本作侵。**使厄**乌卖切。**僬侥国**音樵尧。短人国名也。《史记》云：僬侥氏三尺，短之至也。韦昭曰：僬侥，西南蛮之别名也。案《括地志》在大秦国西北。**至伏羲神农时有国人犹数千丈**一本作数十丈。**事见**贤篇切。下同。**诤人**音争。《山海经》曰：东海之外，有小人，名曰诤人。**冥灵**木名也，生江南。以叶生为春，叶落为秋。**大椿**丑伦切。木名也，一名櫄。**菌芝**其阴切。崔撰云：粪上生芝也，朝生暮死。简文云：欻生芝。**蠓**莫孔切。**蚋**音芮。谓蠛蠓，蚊蚋也。二者小飞虫也。**终发之北**一本作终北之北。**溟海**《十洲记》云：水黑色谓溟海。**广数**上古旷切，下色主切。**长称**尺证切。下同。**为鲲**鲸鱼也。**鹏**步登切。**虽语**鱼据切。**名之**弥正切。与铭同。**志之**记之也。**么虫**亡果切。《字书》云：么，小也。**焦螟**音名。**蚊睫**音接。**拭**音式。**皆**在诣切。目际也。**䲵**除倚切。**俞师旷**皆古之聪耳人也。**摘耳**音惕。**俛首**音免。**空桐**《史记》云：黄帝至于河，登空桐之山。今在澧泉郡。**砰然**普耕切。**雷霆**音廷。**为櫾**音柚。《山海经》曰：荆山多橘柚。柚似橘而大，皮厚味酸。**己愤**房吻切。**厥之疾**气疾也。**渡淮而北而化为枳**《周礼》曰：橘渡淮北而化为枳。**鹳鹆**音瞿浴。**不逾济**子礼切。**貉**音鹤。似狐，善睡，兽也。**逾汶**武巾切。**则死矣**郦元《水经》曰：济水出王屋山，为兑音，充水东经温为济水，下入黄河十余里，南渡河为荣泽，又经济阴等九郡入海。《周礼》云：鹳鹆不逾济，貉逾汶则死，此地气使然也。郑玄云：汶水在鲁城北，先儒相因以为鲁之汶水，皆大误也。案

《史记》汶与潍同，武巾切，谓汶江也。非音同之汶。案《山海经》大江出汶山。郭云：东南径蜀郡，东北径巴东江夏，至广陵入海。《韩诗外传》云：昔者，江出于汶山，其始也，足以滥觞是也。又《楚词》云：隐汶山之清江。固可明矣。且《列子》与《周礼》通言水土性异，则迁移有伤，故举四渎以言之。案今鲁之汶水，阔不逾数十步，源不过二百里，褐厉皆渡，斯须往还，岂狐貉暂游，生死顿隔矣。《说文》云：貉，狐类也。皆生长丘陵旱地。今江边人云：狐不凌江，是明逾大水则伤本性，遂致死者也。**性钧已**皆至已字为句。一本云情性钧已。**分皆**符问切。**大形**音泰行。注同。**东垣**音袁。**惩山**《韩诗外传》云：惩，苦也。**之迂**音于。下同。**杂然**七合切。下同。**犹佥**七廉切。**致难**乃旦切。**曾不**音层。下同。**魁父**《淮南子》作魁阜。谓小山如堆阜。**且焉**于虔切。**荷**胡可切。**檐**丁甘切。**叩石**击也。**垦壤**苦恨切。起土也。**箕畚**音本。笼也。**之孀**音霜。**始龀**初刃切。《韩诗外传》云：男女七岁或毁齿，谓之龀。**跳往**音调。跃也。或作跳误也。**可澈**丑列切。**何若**一本作苦。**操蛇**七刀切。**高峰坠为幽谷**一本作高岸遂为幽谷。**废舍**音舍。**砥砺**音旨侧。**夸蛾氏**一本作夸蚁氏。夸，口花切。**一厝**音措。**垅断**力踵切。**与鳌**音狸。**以晒**式忍切。**嗤一**赤之切。**察与**音余。**夸父**口花切。父，音甫。《大荒经》云：有人珥两黄蛇，把两黄蛇，名曰夸父。**所浸**子禁切。**要之**一遥切。**大岁**音泰。**其分**符问切。**缯**似陵切。**矿**音旷。**舟车**音居。**齐限**子细切。**乔陟**《尔雅》云：乔，高曲也。又云：三山袭陟。郭璞云：重陇也。**甄**丁甘切。**甄**直为切。甋甄，谓瓦瓶也。**神瀵**甫问切。郭璞云：今河东汾阴有水，中如车轮许，大渎沸涌出，其深无底，名曰瀵渍。汾上聲。**兰椒**音焦。**醪醴**音劳礼。**四埒**音劣。**亡不**音无。下同。**札**侧八切。**厉札**厉疫死也。**性婉**音苑。**长幼**张丈切。**侪居**士皆切。**不娉**音聘。**挚**息也。**阜**盛也。**俗好**呼报切。**迭**音姪。**遥**音遥。**倦**音倦。**懑**昌两切。**数**色主切。**月甅**古乃字。**几克**其既切。**隰朋**音习。**君舍**音舍。**肆**音叱。**咤陟**嫁切。**徒卒**子忽切。**视扐**音指挥。**仲父**音甫。**之耄**莫报切。**伟**于鬼切。**臣恐**去声。**奚恋**力卷切。之也之适也。祝发之六切。孔安国注《尚书》云：祝者，断截其发也。《汉书》云：越人断发文身，以避蛟龙之害。一本作被，恐误。而裸平瓦切。谓不以衣蔽形也。韈巾音末。《方言》俗人帕头是也。帕头，幞头也。帕又作韈，又作袜。帕，亡八切。慄，七消切。茨防疾移切。夷貊音陌。越之东有辄休之国辄，《说文》作取。猪涉切，耳垂也，休，美也，盖儋耳之类是也。诸家本作缺沭者，误耳。长子丁丈切。生则鲜而食之杜预注《左传》云：人不以寿死曰鲜，谓少也。啖人谈去声。本作炎。歼其本作戋，音戋。剔肉也。又音朽。廼成古乃字。仪渠音蘧。祡音柴。《说文》烧柴焚燎以祭天神。或通作柴。积子智切。聚也。熏则音勋。烟上时掌切。辩斗都豆切。怆怆初良切。又本作沧。《周书》曰：天地之间，有怆热，善用道者，终无竭，孔鼂注云：怆，寒也。桓谭《新论》亦述此事作怆凉。鼂音嘲。凉凉《字林》云：凉，微寒也。不为于伪切。下同。连属音烛。下同。微脆七岁切。均处昌据切。詹何音占。独茧古典切。芒针音亡箴。荆篠本作条字。剖片口切。粒立力。汨流古物切。疾也。不桡乃孝切。曲木也。芒饵仍耳切。挂微音卦。施舍音舍。颉顽上胡结切，下户郎切。蒲且子余切。纤缴音灼。双鸧音仓。放而分两切。聚沫音末。鲁公扈音户。扁蒲典切。鹊《史记》曰：扁鹊，渤海郡人，姓秦氏，名越人。善医，能视病，尽见五藏之疾。汝襄乃朗切。府藏徂浪切。下同。偕长张丈切。今为于伪切。于断丁贯切。下同。遂饮于禁切。剖胸片口切。华户化切。他音陁。剜肠音枯。湎则前切。洗先礼切。思议音宜。臆断音忆。瓠巴音护。柱指一本作住。钧音均。舍琴音舍。不应于证切。后和胡卧切。无几居岂切。何复扶又切。而叩口侯切。凉风忽至一本作忽至，误也。以激音击。夹钟古洽切。叩羽王遇切。暴薄报切。沍胡古切。征陟里切。蕤宾儒佳切。炽烈尺志切。澧泉音礼。为晋于伪切。邹侧尤切。衍以战切。齐人，为燕昭王师。居稷下，号谈天衍，著书四十九篇，又有终始五十六篇。亡以音无。将挟音协。学讴音欧。之技渠绮切。响遏乌葛切。粮过音戈。雍门音邑。地名,杜预曰:齐城门也。鹥歌音育。梁欐音丽。屋栋也。曼声引声也。一里一本作十里。垂涕音体。曰汁也。复为扶又切。跃抃音汴。自禁音金。放娥分两切。峨峨音娥。卒逢村入声。淋雨音林。之操七到切。乃舍音舍。夫志音符。弇音奄。山日入之所。王荐《广雅》音进。下同。越曰一本作翼曰。谒见贤遍切。下同。能倡音昌。俳优步皆切。趣音趋。巧夫音符。锁驱音切。曲颐也,又五感切。锁犹摇头也。其颐音夷。瞚音舜。大憾而涉切。皆傅音附。谛都计切。料力吊切。肝音干。胆丁感切。心肺芳吠切。脾音毗。肾上声。筋音巾。会复扶又切。又如字。而叹一本作姑叹。几乎音折。云梯他兮切。墨翟音狄。飞鸢音缘。禽滑厘音骨狸。墨翟弟子也。敢数音朔。甘蝇余陵切。彀弓音构。张弓也。更古行切。嬴音盈。牵挺徒鼎切。机蹑女辄切。锥末音佳。倒都道切。眥在诣切。亚学乌嫁切。次也。一本作必学,非也。以氂音毛。悬蝨所乙切。浸大子禁切。物称尺证切。燕角音烟。之弧音狐。之榦音干。射之食亦切。以强其两切。拊膺音抚鹰。矢锋音峰。而坠一本作队。扞之音汗。克臂《淮南子》云:中国歃血,越人契臂,其一也。许慎云:克臂出血也。歃,所甲切。造七到切。父音甫。所易以豉切。吾趣音趁。下同。六辔音秘。仅音觐。疏稹音冀稠也。无跌音凸。捷乎疾叶切。齐辑音集。《说文》云:辑,车舆也。乎辔衔之际此言造父善御,得车舆之齐整,在于辔衔之际。喻人君得民心则国安矣。唇吻武粉切。胸臆音忆。中规丁仲切。下同。目眠音视。本又作眡。识之音志。以眰尼质切。丘邴鄙缺切。能称尺证切。体羸力为切。悍志音旱。铿萼音亡咢。痕户恩切。挞他达切。雏助俱切。㲉音寇,生而须哺曰㲉,自食曰雏。甲佗音陀。或音抱。一本作抱。之易以豉切。为我于伪切。僮子音同。泯然亡忍切。淡淡音艳。骍呼麦切,破声。传之丈专切。柙而与匣同。至要于宵切。

下同。**趣而**音趋。**三招**一本作拈。奴象切。指取物也。又音点。**我嗌**音益。喉上也。**支强**其两切。**其厌**于染切。木又作压,乌狎切。**锟铻之剑**昆吾,龙剑也。《河图》曰:瀛洲多积石,名昆吾,可为剑。《尸子》云:昆吾之剑可切玉。**火浣**音缓。**之布**《异物志》云:新调国有火洲,有木及鼠,取其皮毛为布,名曰火浣。**有咫**音止。八寸曰咫。**练钢**音刚。**皜然**音缟。又作皓。胡老切。**章断**大贯切。

力命第六

之分符问切。**寿夭**于兆切。**系**音计。**之行**下孟切。**季札**吴太伯之后。贤而让位,弃其室而耕,后封于延陵,故号曰延陵季子。**爱恶**乌路切。**乱适**音的。**以殉**本作徇,求也。**被醢**音海。**叩其**音寇。**并行**下孟切。**裋**音竖。**褐**音曷。《方言》裋,复襦也。许慎注《淮南子》云:楚人谓袍为裋。《说文》云:粗衣也,又敝布襦也。又云:襜褕短者曰裋褕。有作短褐者误。《荀子》作竖褐。扬倞注云:僮竖之褐。于义亦曲。**粢**即夷切。**粝**令达切。粢稻饼也。声类粝,米不碎。《史记》曰:陈平食糠粝。孟康云:麦糠中不破者是也。盖谓粗舂粟麦,为粢饼食之。**连欐**音丽,屋栋。**熙然**音怡。《字林》云:欢笑也。**在朝**音潮。**谔然**音鄂。**敖朕**音傲。**偊偊**丘朋切。本或作踽。《字林》云:疏行貌。**将舍**音舍。**言行**下孟切。**子语**鱼据切。**识夫**音符。**复言**扶又切。**衣其**于既切。**狐貉**音胡鹤字。**戎菽**音戎叔。《尔雅》云:戎菽谓之荏菽,即胡豆也。《管子》云:齐桓公北之岱山,采得冬葱及戎菽,布之天下。郑玄云:即大豆也。**庇其**必利切。**荜**音必。**辂**音路。《左传》云:柴车也。**迫**音由。**然**自得貌。后《杨朱》篇音同。**以槩**古代切。**能寤**音悟。**易**以豉切。**怛**当割切。或作悟者非。**管夷吾鲍叔牙**并颍上人也。鲍牙,齐大夫,塚在赢州。**公子纠**规酉切。**嫡庶**音的。**齐僖公**许其切。或作厘。**召忽**本作邵。**奔莒**音举。**绌无**音黜,又式忽切。**秩服**音帙。**遂杀**音试。**射**食亦切。**中**丁仲切。**擒鲁**又作胁。**治国**直吏切。**能为**于伪切。**霸主**

于况切。**必舍**音释。**堂阜**音妇。贾逵曰：堂阜，鲁之北境。杜预曰：齐地东莞。**而见**贤遍切。**身下**遐嫁切。**仲父**音甫。**叔贾**音古。**尝为**于伪切。**复讳**扶又切。**恶乎**音乌。**属国**音烛。**欲钦**音余。**絜廉**音结。**弃瑕**音遐。**隰朋**音习。**贤下**遐嫁切。**不瞽**音古。**故仅**音觐。**邓析**音锡。邓析著书二篇，郑人也，与子产并时。列子及孙卿并云：子产杀邓析。据《左传》昭公二十年，子产卒。定公九年，驷歂杀邓析而用其竹刑，则非子产所杀也。**操**七刀切。**数**音朔。**难**乃旦切。**戮之**音六，或作剹。**驷歂**音船。**产卒**子律切。**之行**下孟切。**而重**柱用切。**无分**符问切。注同。**鬼媚**或作魅。**遗丧**息浪切。**不为**于伪切。**弗劈**鱼列切。**不解**音蟹。**矫氏**居夭切。**畛其**之忍切。候脉也。**女寒**音汝。下同。**巫**音恢。**屏之**上声。除也。**乳渾**竹用切。乳汁也。**且食**音嗣。**之分**符问切。**重贶**音况。**自瘳**音惆。**鷽**音育。**熊语**鱼据切。下同。**算之**先玩切。**所亡**音无。**聃他**甘切。**所恶**乌路切。**揣利**初委切。**料倚**音聊。**有人于此年兄弟也訾**即移切。当作赀，财字。一本作言。**识之**音志。**昧昧**音晦。**亡寿夭**音元。下同。**悫矣**口角切。**奚乐**音洛。**动若械**户界切。本又作戒。**不为**于伪切。注同。**硋之**音碍。**墨尿**音眉痴。《方言》墨尿，江淮之间谓之无赖。《广雅》云：墨音目，尿作欺。自此二十人智巧才行两两相背，而能相与和同终年者，各任其真性故也。**单**音战。**至战**激之至。**樿**齿然切，又他丹切。**呾**音喧，又呼远切。郑玄注《礼记》云：喧，宽绰貌。《说文》云：喧，宽闲心腹貌。**憋**片灭切。**憨**音敷。《方言》憨，忕，音孚，急性也。**胥**相居切。**如胥**，相也，如随也。谓各从其志。**巧佞**巧言邪佞。**愚直**如愚质直。**娟**言上声。**斫**音酌。娟斫，客止峭巇也。《字林》云：娟，齐也，久不解语貌。**便房**连切。**辟婢**亦切。便僻，恭敬太过也。**不解**音蟹。**相语**鱼据切。**謬**口交切。**怀**口家切。阮孝绪云：奷讦伏态貌。**奷**口交切。**情露**无所隐蔽。**謇**音蹇。**极**音棘。《字林》云：极吃也。《方言》说吃。极，急也。谓语急而吃又讷涩貌。又云：疾也。又急性相背也。或作殛极。皆非是。**凌谇**旬入声。凌谇,谓好陵辱责骂人也。《说文》云:谇,责让也。《字林》音聚律切。**讷**奴忽切。**涩**所立切。**眠**眠上声。**姪**音殄,《方言》眠姪,欺慢之语也。郭璞云:谓以言相轻嗤弄也。又不开通貌。**谇**之睡切。**誃**口恚切。又如伪切。钝滞也。《尔雅》云:誃誃,累去也。郭璞云:谓以事相属累以誃誃也。又烦重也。**勇敢**勇猛果敢。**怯疑**怯慎持疑。**不相谪**知革切。**发谪**,谓责其过也。发,谓攻其恶也。**以行**下孟切。**无戾**无违戾也。**多偶**谓多与人相和谐也。《广雅》云:偶谐也。**自专**谓自专,擅不与众同也。**乘权**谓乘用权势也。**只立**独狐自立。**眄**音面。**众态**他爱切。**佹佹**姑危切。几欲之貌。**俏**与肖平同。**有几**音祈。下同。**俏之际昧然**为句。**不骇**与骇字同。**其卒**村声。**揜目**音奄。**背城**一本作坂。**不队**音坠。**仆也**音赴。**贫穷自时也**一本作富贵自时也。**夭折**之舌反。**料虚**音聊。**度人**徒落切。下同。**亦中**陟冲切。半也。下同。或作陟伸反,非也。**全而亡**音无。**丧**息浪切。下同。**知全**音智。下知丧同。**非行**下孟切。**牛山**今北海郡临淄县是。**郁郁芊芊**音千。《广雅》云:芊芊,茂盛貌。**若河滴滴**或作滂滂并音。普郎切。流荡貌。**艾孔**五盖切。一本作史孔。**跪**当作疏。**食**音嗣。《韩诗外传》全有此章。云:疏食恶肉,可得食疏食菜食。**驽马**音奴。**棱车**棱当作栈。《晏子春秋》及诸书皆作栈车,谓编木为之栈。**士**限切。**晏婴莱之夷维人也。**寡人今日之游悲**为句。**数君**色主切。**被蓑**先和切。**行假**音何暇。**其迭**音姪。**独**为伪切。下文同。**谄谀**音史。**其相**息亮切。**与乡**音向。**商趣**音趋。**遇否**蒲鄙切。

杨朱第七一曰达生

杨朱或云字子居,战国时人,后于墨子。杨朱与禽滑厘辩论,其说在爱己,不拔一毛以利天下,与墨子相反。陆德明云:杨戎,字子居。恐子居非杨朱也。**而好**呼报切。**恶劳**乌踏切。**而复**扶又切。**关键**音件。**为衿**音今。

枯槁口老切。为富为贵为死,奚为焉,为子孙并于伪切。无厌一盐切。燋其音椒。此难乃旦切。相齐息亮切。下同。君敛收聚也。己施始豉切。实亡音无。其省思井切。齐得去声。限也。千亡音无。几居音祈。下同。所弮绵婢切。昼觉音教。亡音无。下同。介音界。敬也。奚乐音洛。为美于伪切。厚复扶又切。下同。常厌一盐切。本或作餍。音同。俋俋丘羽切。慎耳一本作顺耳。囷累音累。桎古沃切。手械也。何以异古异字。大古音泰。卒然七忽切。从心音纵。下同。所好呼报切。下同。所去丘吕切。劝一本作观。不近去声。下同。不为刑所及刑害也。臭腐音辅。伯夷非亡音无。欲为句。矜清之卸音尤。《尔雅》云:尤,过也。以放饿死《公羊传》曰:放死不立。刘兆注曰:放,至也。寡宗少宗系也。原宪窭其羽切。殖累去声。焉在于虔切。相损音捐。不含音憾。勿壅音拥。勿阏安葛切。与遏同。相齐息亮切。复扶又切。得嗛许救切。阏颤与颤字同,须延切。废虐毁残也。去废丘吕切。熙熙许其切。纵情欲也。拘此音俱。不舍音舍。瘗之于例切。衣薪于既切。究文古本切。俭啬音色。一本作省。之分符问切。二人进音尽。子产郑大夫,公孙侨也,铸刑法于鼎。事在昭六年。相郑息亮切。以治直吏切。下治矣,必治之治同。公孙朝依字。朝好呼报切。积曲本又作麹。望门音亡。醴浆音遭。本又作糟。有亡音无。哀乐音洛。比房频密切。矮乌果切。婿奴坐切。眈于本又作妣,丁南切。屏上声。亲昵尼质切。足夜即且切。益也。未愜口蝶切。娥音俄。姣音绞。《广雅》云:好也。必贿呼猥切。挑之他尧切。《苍颉篇》云:挑,谓招呼也。《说文》作誂,相诱也。誂,大了切。密速本作造,七到切。析音锡。因闲音闲。事行下孟切。所好呼报切。俟易一本作俟。易及以豉切。下同。跨人口花切。下同。一本作夸。暂乐音洛。下同。力惫皮界切。说辞一本作伪辞。别之彼列切。注同。茫然音忙。径迋音听。抑抗苦浪切。欲去丘吕切。之累去声。先赀音髢。**所好**呼报切。下同。**犹蕃**甫袁切。**岨**与阻同。**崄**与险同。**行叱**音纸。**百住**色主切。或作往。**胞厨**蒲交切。本又作疱。**堂庑**音武。**库藏**徂浪切。**妾媵**以证切。**不为**于伪切。**之施**始豉切。下同。**禽屈厘**音骨狸。墨子弟子也。**德过**音戈。**以蕲**音祈。**好恶**并去,注同。**苦乐**音洛。下同。**乱治**直吏切。**既更**音庚。**则重**柱用切。**所复**扶又切。**践锋**音烽。践,本作蹯。**舍国**音舍。**不以一身自利**一本作以一身利物。**治矣**直吏切。**去子**丘吕切。**大过**音泰。**出语**鱼据切。**有断**音极。**省矣**息井切。**言当**丁浪切。**墨翟**音狄。**舜耕于河阳,陶于雷泽**案《史记》曰:舜耕于历山,陶于河滨,今濮阳雷泽县。**不告**古沃切。告上曰告,发下曰诰。**己长**张丈切。**商钧**音均。**鲧**古本切。禹父名本,又作骸。**禹纂**音缵。**过门**音戈。**跰**步千切。**胝**丁泥切。**禅**音善。**蔽**音弊,音卑。**绂冕**音弗冕。**仅免**音觐。**与株**音诛。**块**口对切。**从欲**音纵。下同。**尽骄**子忍切。**无厌**一盐切。**始悗**口帖切。**乐以**音洛。**若觉**音教。**不识**如字,又音志。下同。**要死**一遥切。**人俏**音笑,本或作肖。**自扞**音汗。**御**鱼举切。**不去**丘吕切。**趣走**音趋。**是横**去声。下同。**其唯圣人乎**从此句下其唯至人矣,连为一段。**为四事**于伪切。下同。**谓遁**音钝。**不要**一遥切。**周谚**音彦。**曰田父**音甫。下同。**啜**川劣切。**菽茹**去声。**藿**音霍。**肉麤**仓胡切。**筋节**音斤。**膌急**音唶。筋节,急也。或作朣疏,上音权,下区位切。朣丑筋,急貌。**绨幕**音啼莫。**心痟**一銚切。**佯地**莫俟切。**可卒**村入声。**常衣**于既切。**缊**一问切。**氅房**未切。缊氅,谓分弊麻絮衣也。《韩诗外传》云:异色之衣也。又音汾。**暨春**音泊。**自曝**蒲木切。**隩室**音奥。**狐貉**音鹤。**之暄**音萱。**戎菽**已解《力命篇》。**甘枲**胥里切。**茎枲**,胡枲也。《苍颉篇》云:耳也。一名苍耳。枲俗音此,思上声。**萍子**《尔雅》云:萍,䓑也。又苹,藾兰也。郭注:今苹蒿也,初生亦可食也。**蜇**音哲。**于口惨**千感切。**于腹惨**蜇痛也。**众哂**式忍切。**姣色**音绞。**无餍**一盐切。**之蠱**音妬。**累其**去声。**去名**丘吕切。下同。**者**

亡音无。下同。逸乐音洛。下同。恶乌路切。夫音符。而累去声。

说符第八

与争音诤。为解音蟹。不复扶又切。有和胡卧切。一作知。尔行下孟切。注同。见乎贤遍切。度在身依字读。人恶乌路切。王于放切。从径一本作衢，一本作术。而复扶又切。度诸徒落切。量也。为富于伪切。汝语鱼据切。强食靡文彼切。角《韩诗外传》云：靡，共也。《吕氏春秋》云：角，试力也。此言人重利而轻道，唯食而已。亦犹禽兽饱食而相共角力以求胜也。中矣丁仲切。下同。语道鱼据切。语道失为句。一本作矣，恐误。其相息亮切。为己于伪切。下同。国易以豉切。有为于伪切。楮叶敕吕切。锋杀所拜切。豪芒音亡。可别彼列切。以赡市艳切。不好呼报切。官遗唯季切。下同。佚乐音逸乐字。君遇一本作过，或作适。作难乃旦切。一作乱。一好呼报切。下同。说之音悦。而窘渠殒切。从请一本作谓，恐误。力争音诤。刖之音月。叩胸口侠切。投隙音郤。抵时当洗切。属乎音烛。智苟不足一本无不字。焉往于虔切。舍然音舍。元愠一问切。公子锄士鱼切。公寤音悟。有郄去逆切。雍音邕。貌一本作眼。眉睫音接。盗为于伪切。而牂音墙。注同。一本作戕。大骇与骇同。智料去声。以摘陟革切。圜流与圆同。厉之涉水也。并蒲浪切。涯音崖。错意七故切。子识音志。不复扶又切。费无极房未切。胜诗证切。白公名。报令郎定切。淄侧其切。渑音乘。复为扶又切。所别彼列切。者趣音趋。非乐音洛。去言丘吕切。浅知音智。解鲜息浅切。于难乃旦切。新穉穆子穆子，晋大夫新穉狗也。攻翟音狄。胜之为句。遽人音巨。遽传去声。飘风符宵切。德行下孟切。卒然子律切。之劲居盛切。力也。能拓一本作招。李善注《文选·吴都赋》曰：招与翘同。《淮南子》作枃。许慎云：枃，引也。古者县门，下从上枃引之者，难也。公输般音班。**有好**呼报切。**不懈**古卖切。**又复**扶又切。**先迀**音误。**围其城**许慎注《淮南子》云：楚庄王时，围宋九月。一本作囯，非是。**析骸**音锡。**大半**音泰。**兰子**《史记》注云：无符传出入为阑。应劭曰：阑，妄也。此所谓阑子者，是以技妄游者也。疑兰字与阑同。**以妓**渠绮切。**使见**贤遍切。**长倍**依字。**属**音烛。**基胫**音胫。**之复**扶又切。下同。**侨人**音乔。寄也。**妓无庸**为句。**拘而拟毃之**一本漏拟字。**豫要**一遥切。**年长**张丈切。**善相**息亮切。下同。**筋骨**音斤。**髣髴**上音昉，下芳味切。**慌惚**音恍忽。**弭**亡尔切。蹠迹也。一本作彻。**共同**也。一本作供。担丁甘切。**缥**音墨。**九方皋**音高。**此其**一本作比。**请见**贤遍切。下同。**有过**古卧切。**牝**频忍切。**牡**牟后切。**而骊**力移切。**不说**音悦。**其麤**与鹿同。**詹何**音占。**身治**直吏切。国治同。**孙叔敖**五劳切。楚大夫也。**长老**张丈切。**主恶**乌路切。**吾施**始豉切。**王廵**纪力切。急也。**为我**于伪切。**人禨**音機。祥也。又音几。**寝丘**在固始。《史记》云：孙叔敖善优孟，后优孟言于庄王，王召其子，封之寝丘。**牛缺**倾雪切。**邯郸**音寒丹。**曰嘻**许其切。**矣夫**音符。**往见赵君以我为事必困我**为句。一本云，往见赵君便以我为必困。**至关切**一本作阙。**意其兄**本亦作亿。**力争**音诤。**仁将焉**于虔切。**元量**去声。**财货无訾**音觜。言不可度量也。贾逵注《国语》云：赀，量也。**击博楼上**击，打也。如今双陆碁也。韦昭。《博奕论》云：设木而击之是也。《古博经》曰：博法，二人相对坐，向局分为十二道，两头当中名为水，用碁十二枚，六白六黑。又用鱼二枚，置于水中。其掷采以琼为之。琼㝵方寸三分，长寸五分，锐其头，钻刻琼四面为眼，亦名为齿。二人互掷采行碁，碁行到处即竖之，名为骁碁，即入水食鱼，亦名牵鱼。牵一鱼获二筹，翻一鱼获三筹，若已牵两鱼而不胜者，名曰被翻双鱼，彼家获六筹，为大胜也。敠，音侧。**博者射**为句。食亦切。**明琼张中**丁仲切。**反**音翻。**两擒**他腊切。**而笑**凡戏争能取中，皆曰射，亦曰投。裴骃曰：报采，获鱼也。擒字，案《真经》本或作鱼。案《大博经》作鲽，比目鱼也。盖谓两鱼，勇之比目也。此言报采获中，翻得两鱼大胜而笑也。鲽，他腊反。今本云：擒鱼者,是多一字也。据义用鲽不用鱼,用鱼不用鲽字。**飞鸢**音缘。**适**音只。
队音坠。**富乐**音洛。**轻易**以鼓切。**立**音勤。**勇也**。**戮力**音留。并力也。
精兵一本作积兵。**之行**下孟切。**狐父**音甫。下同。**壶**音孙。水浇饭也。
以铺音脯。**曰嘻**音熙。**食我**音嗣。**而欧**一口切。**喀**音客。**伏地而死**一
本无地字。**食菱**音陵。**芰**奇上声。一本作芡。**食橡**音象。**有难**乃旦切。
今死而弗死一本无而弗死三字。**不知己**音纪。**目以为不知己者居海
上**一本作而去海上。**怼**音坠。**以忘**一本作亡。**唯请**音精。《字林》云:精,
诚也。一本音情。《说文》云:人之阴气,有所欲也。徐广曰:古情字。或假借
作请。**实反**一本作及,非也。**戚然**子六切。**贱畜**丑救切。**勇于泅**音囚。
操七刀切。**几半**音祈。**之迂**音于。曲也。**之辟**音僻。**丧**息浪切。下同。
为亡音无。下同。**子长**张丈切。**之况**词也。**衣**于既切。下衣,缁衣同。
素衣依字。**朴之**片卜切。**乡者**音向。**使汝见狗**一本无见字。**与争**音诤。
下同。**患难**乃旦切。**不捷**以接切。**其使**所吏切。**自丧**息浪切。**奚为**于
伪切。**邯郸**音寒丹。**客和**胡卧切。**相为**于伪切。下同。**蚊**音文。**蚋**音
汭。**嚼**子腊切。**其亟**去吏切。数也。**之厩**音救。**分既**符问切。**无复**扶又
切。**宋人有游于道**一本作宋人有于道。**遗契**口计切。刻木以记事者。**密
数**色主切。**邻父**音甫。下同。**人廼**古乃字。**亡铁**音斧。钺也。**而扣**胡没
切。古掘字。又其月切。一本作相,非也。**复见**扶又切。**白公胜**诗证切。
策锭张劣切。许慎注《淮南子》云:马策端有利铁,所以刺不前也。**属**音烛。
著直略切。**足踬**音致,碍也。**株坞**音坎。**头抵**丁礼切。**衣冠**并去声。**适
鬻**音育。**因攫**音镬。**吏捕倡之**音昌。戏弄也。一本作得之。**子攫人之
金何故**一本无故字。**迷著**直略切。**泊然**音魄。安靖之貌。

关尹子

文始真经注

关尹子

关令尹喜,周大夫也。老子西游,喜望见有紫气浮关,知真人当过,候物色而迹之,果得老子。老子亦知其奇,为著书。喜既得老子书,亦自著书九篇,名《关尹子》。今陕州灵宝县太初观,乃古函关候见老子处。终南宗圣宫,乃关尹故宅。周穆王修其草楼,改号楼观,建老子祠,道观之兴,实祖于此。老子授经后,西出大散关。复会于成都青羊肆,赐号文始先生,所著书后为《文始真经》。

文始真经直解跋引

皓月圆明,普见千江之水。真空妙有,该通万卷之经。因水见圆明,由经悟妙有。圆明以皓月为本,妙有以真空为源。本末是同,源流非异。既循末以归本,仍溯流而还源。源即真空,乃是不容思议,流为妙有,爰非专一无言。无言之言以为经,无说之说以为妙。无说之说以荐言前,无言之言以明意外。言前洞奥,意外幽深,非由直解以难通,不假详笺而莫晓。因指见月忘指,而真月昭彰。因解悟经忘解,而真经洞彻。见千江之月影,知一月之维纲。究群经之真诠,悟一真之统摄。见知双泯,究悟俱忘。天眼龙睛,讵可窥于仿佛?神灵圣智,岂可测于依稀?意外难思,言前莫议也。

文始真经注卷之一

神峰逍遥子牛道淳[1]直解

一宇篇

宇者,喻真空之道也。凡二十八章。

关尹子曰:非有道不可言,

非有道者,元无道之强名,故不可以言议也。经云:唯莫能名,所以退天下之言是也,故云非有道不可言也。

不可言即道。

言前荐悟也。向言议未有之前,了然荐悟妙道,故言之不可及也,故云不可言即道也。

非有道不可思,

非唯元无道之强名,抑乃不属思惟也,思惟则属意识知解也,道不可以知而识也。故云才落思惟,即是鬼家活计,正谓此也。经云:唯莫能知,所以夺天下之智,故云非有道不可思也。

不可思即道。

言前荐悟也,向思惟未生之前,了然荐悟妙道,方知思惟不可及也。故云不可思即道也。

天物怒流,人事错错然,

天物者,本分天真也。怒者威光也,威光赫赫,广无边际也。流者心也,源流注,六用纷纷,与人事交杂而不一也。经云:性水也,心流也,故云天物怒流,人事错错然也。错者杂也,言迷人从事于道,见解纷纷不一,如下文也。

---

[1] 牛道淳,号神峰逍遥子,元代道士。

若若乎回也，

若者象也，似也。想像道似太虚，似明月，似澄潭，似冰壶，如此想象比似，则与道相违之远，故云若若乎回也，回者违也。

戛戛乎斗也，

戛戛者，相击之声也。斗者诤论也，以言语相诘难，辩论其道，以戒诤论也。故云：以承禀为户牖，各自开张，以经论为盾矛，递相攻击，以戒诤论也，故云：戛戛乎斗也。

勿勿乎似而非也。

勿思象，勿辩诤，论拟此见解，似即似，即不是，故云勿勿乎似而非也。

而争之，

争者，斗志也，三人两众同处学道，勇猛精进，斗志为高，萌此见者，亦未悟也，故云而争之也。

而介之，

介者，孤介也，孤然独处，精思妙道，萌此见者，亦未悟也，故云而介之。

而呗之，

呗者，唯古人之言赞美妙道也。逐言思惟赞美妙道，亦未悟也，故云而呗之也。

而嚍之，

嚍者，呵嚍古人名言法相，默默精思妙道，如此见解，亦未悟也，故云而嚍之也。

而去之，而要之。

去者，舍也，要者，取也，舍诸妄而取真道也。既有取舍，即是有为，亦未悟也。故云而去之，而要之也。

言之如吹影，

影者，喻名也，即戛戛诤论、呎喷之赞美呵喷者也。言呵叱名相，如吹影不能去也，何谓也。

思之如镂尘，

尘者，喻识也，镂者，削刻也，即前若若想象，比似勿思辩争之斗之介之，独思去要取舍者是也。如此属识见，如削刻尘而不得净尽是也。

圣智造迷，

圣智能解万法，以智造道而不能至，即智是迷也。绝圣弃智，了悟妙道，如此则即智是迷也，故云圣智造迷也。

鬼神不识。

鬼神存识见，识见不能知道也，故云鬼神不识。

唯不可为，

道本自然，不假修为也，故云不可为也。唯者，因上仍下之辞。

不可致，

致者，从外邀至也。道本自具足，不假外求，故云从门入者不是家珍也，故云不可致也。

不可测，

道鬼神难窥，阴阳莫测，况其凡乎？故云不可测。

不可分，

道混然天理，杳冥莫测，故不可以心思言议而分辩，故云不可分。

故曰天，曰命，曰神，曰玄，合曰道。

故曰，因上结下之辞。天者，无为而为，自然而然也。命者，不知所以然而然也。神者，阴阳不测之谓也。玄者，杳冥莫测，玄之又玄也。合者，契悟也，了悟天命神玄，方契妙道也。此章明道不在言思，在人心开了悟而密契之也。

右①第一章

关尹子曰：无一物非天，

天者自然而然，自然而然，即道之异名也。物物皆道生，即物是道，如沤从水生，即沤是水，故云无一物非天也。

无一物非命，

命者，不知所以然而然，不知所以然而然，亦道之异名也。物物具道之命也，故云无一物非命。

无一物非神，

神者，不神之神，阴阳不测，亦道之异名也。物物咸具神道，故云无一物非神也。

无一物非玄。

玄者，窈冥莫测，亦道之异名也。物物具此玄道，故云无一物非玄也。

物既如此，人岂不然。

天地万物，巨细洪纤，飞潜动植，咸具妙道，人岂不然乎？故云物既如此，人岂不然也。

人皆可曰天，人皆可曰神，人皆可致命通玄。

天命神玄，既是道之异名，名虽有四，其道不二。道者人人具足，个个见成，若人了悟，不假修为，立证无生，位齐诸圣矣。故云人皆可曰天，人皆可曰神，人皆可致命通玄。

不可彼天此非天，彼神此非神，彼命此非命，彼玄此非玄。

人人俱有本分天真，人人俱有不神之神，人人俱有不知所以然而然之命，人人俱有窈冥莫测之玄。天命神玄者，在凡不减，在圣不增，纤细不少，洪巨不多，岂可彼物而独有此，我独而无哉？故云

---

① 古籍排版从右往左，右指前文，左指后文。

不可彼天此非天,彼神此非神,彼命此非命,彼玄此非玄。

是以善吾道者,即一物中知天尽神,致命造玄。

是以者,因上仍下之辞也。善吾道者,即一物中知天尽神,致命造玄者,从缘悟道也。故云尽十方世界是道人眼,尽十方世界是道人身,尽十方世界是自己光明。尽十方世界在自己光明里,便怎么去?只是光影里作活计,向光影未发之前,洞然开悟,方信道无不在,即一物中了悟天命神玄,非他物也。故云是以善吾道者,即一物中知天尽神,致命造玄也。知者,悟也,致造者皆至也,言吾之至也。

学之徇异,名析同实,

学人徇逐天命神玄之异,名分析不异道之诚实,惑于名而迷于实也。故云学之徇异,名析同实也。

得之契同,实忘异名。

道本无名,因名悟道,道者实也,名者实之宾也。因名契悟,名异而实不异,悟实而忘名,得鱼忘筌,得兔忘蹄,得意忘言,名者言也,故云得之契同,实忘异名。此章明道无不在,悟实忘名。

右第二章

关尹子曰:观道者如观水,

观者,照也,以智照理,如照水也,此借喻也。

以观沼为未足,

沼者,喻凡人也。以智沼度量凡人,虽是有道,疑道在凡人不具足也,故云以观沼为未足。

则之河、之江、之海,曰水至也。

之者,往也。河者,喻君子,江者,喻贤人,海者,喻圣人,疑道在凡人不具足,又往观君子,又疑道在君子不具足,又往观贤人,又疑道在贤人不具足,又往观圣人,方不疑曰道之至也。故云则之河之江之海,曰水至也。

殊不知我之津液涎泪,皆水。

津液涎泪,喻动静语默也。殊不知动静语默,皆是道之用也。因用悟体,方信道在凡不少,在君子贤人圣人不多,故云殊不知我之津液涎泪,皆水也。此合喻也。此章明道无欠无余,圣凡平等具足是也。

右第三章

关尹子曰:道无人,圣人不见甲是道乙非道。

甲喻圣人,乙喻凡人,道本无我相,岂有人相哉？了道圣人,忘其见解,故不见圣人是道,凡人非道也。故云道无人,圣人不见甲是道乙非道也。

道无我,圣人不见,已进道,已退道。

进者取也,退者舍也,道者取之不得,舍之不失。道既无我相,圣人忘见解,故不见已进道而取之,已退道而舍之也。故云道无我,圣人不见已进道已退道也。

以不有道,故不无道,

道不属有无,圣凡平等,此释不见甲是道乙非道,故云以不有道,故不无道。

以不得道,故不失道。

道不属得失,本自见成,此释不见已进道已退道。此章明道不属有无得失。

右第四章

关尹子曰:不知道,妄意卜者,如射覆盂。

不知道者,迷人也。妄意卜者,妄以意识卜度也。射者,猜量也。覆盂者,喻迷尘覆蔽也。迷人不悟妙道,妄以意识卜度妙道,如猜量覆盂之下所合之物,故云不知道,妄意卜者,如射覆盂。

高之者,曰存金存玉。

金玉喻玄妙之言，又金者，明白也，玉者，莹净也。智见高者，妄以意识卜度妙道，曰如金之明白，如玉之莹净，又曰金铅玉汞，又曰玄之又玄，众妙之门，或是道否，迷尘覆蔽，虽执至言，亦未悟也。故云高之者，曰存金存玉。

中之者，曰存角存羽。

角者，喻智锋铦利，羽者，喻轻清中智之士。妄以意识卜度妙道，曰智锋铦利，无为清静，保养精神，身轻体健。又曰如羚羊卦角，鸾凤冲霄，敢是道也，如此猜量，亦未悟也。故云中之者，曰存角存羽。

卑之者，曰存瓦存石。

瓦者，喻曾经烧炼也，石者，喻坚固也。下智之士，妄以意识卜度妙道，煅炼顽心，一志坚固不移。又曰：道在瓦砾，如此莫是道否，如此猜量，转不悟也。故云卑之者，曰存瓦存石也。

是乎非是乎？唯置物者知之。

置者，委弃也，知者，悟也。已上高中卑三等之人，妄以意识卜度金玉角羽瓦石之物，或是或不是，唯委弃物外，内忘意识，了然开悟，迷孟去尽，无所覆蔽，方信道不从外得，故云是乎非是乎，唯置物者知之。此章明道由心悟，非妄意卜度而知。

右第五章

关尹子曰：一陶能作万器，终无有一器能作陶者，能害陶者。

范土曰陶，陶者，烧磁瓦窑匠也。一陶能作万般磁瓦之器，陶能使器之成坏，器安能成坏陶者乎？故云一陶能作万器，终无有一器能作陶者，能害陶者也。此章借喻。

一道能作万物，终无有一物能作道者，能害道者。

道运阴阳，生成天地万物，故云一道能作万物也。作者，生也。道如虚空，窈冥莫测，本自见成，不假修为造作，故云无有一物能作道者。道既似虚空,万物焉能害虚空哉？故云无有一物能害也。此合喻也。此章明道生万物,无物能害道者也。

右第六章

关尹子曰:道茫茫而无知乎,心侊侊而无羁乎,物迭迭而无非乎。

道者心之体,心之体者,真空也。真空窈冥,茫茫然,知识未萌之前也。心既以真空为体,则侊侊然万缘无由羁绊。物者心之用,即体即用,应变常寂,则迭迭然无非道也。迭迭者,周行而不殆之义也。故云道茫茫而无知乎,心侊侊而无羁乎,物迭迭而无非乎。

电之逸乎,

大达之人,得自利利他人之妙,为上根之人,机锋迅急,如击石火,似掣电光,拟议之间,千山万水,上根之人直下顿悟,洞彻妙道也,故云电之逸乎。

沙之飞乎。

大达之士,平等普利,不遗中下,以迅机接上根,以善巧方便,广演万法,罔遍沙界,接中下之人,故云沙之飞乎也。沙之飞乎者,言广演妙法如风飘尘沙也。

圣人以知心一、物一、道一,三者又合为一。

心一、物一、道一,三一之名,如日之光明,日是明之体,光是明之用,虽有三名,其道不二,故云圣人以知心一、物一、道一,三者又合为一。

不以一格不一,

一者,不二之体也,格者,度量也。不一者,应变之用也,即体即用,无用之用,如空谷传声,应变常寂,不以从体生心,度量应变也,故云不以一格不一也。

不以不一害一。

无用之用,如空谷传声,应变常寂,即体即用,不以用之妨体也,故云不以不一害一。害者,妨也。此章明道心物不二,体用如如也。

右第七章

关尹子曰:以盆为沼,以石为岛,鱼环游之,不知几千万里而不穷也,夫何故?水无源无归。

周回是水,中有山曰岛,以盆为沼,中安一石以为岛,放鱼于水内,鱼绕石环游,不知几千万里而不穷。为何故,夫何者,设问为何故也。答云:水无源泉,亦无流归,所以不穷也。此借喻也。故云以盆为沼,以石为岛,鱼环游之不知几千万里而不穷,夫何故?水无源无归也。

圣人之道,本无首,末无尾,所以应物不穷。

本者真空之体,末者妙有之用,圣人洞了真空妙有之道,道无首尾,莫之可测,环枢应变而无穷尽也。故云圣人之道,本无首,末无尾,所以应物不穷。此章明道无首尾,应物不穷也。

右第八章

关尹子曰:无爱道,爱者水也,

无者,禁止之辞也。言无爱道,道不属爱,才萌爱念,则落五行中,属水也,则与道远矣。故云无爱道,爱者水也。

无观道,观者火也,无逐道,逐者木也,无言道,言者金也,无思道,思者土也。

无得观逐言思其道,道不属色行名情,岂可观逐言思而测知也。才萌观逐言思之念,则落五行。观属火,逐属木,言属金,思属土,役于五行,则与道远矣。故云无观道。观者火也,无逐道,逐者木也,无言道,言者金也,无思道,思者土也。此垂诫后学深切也。

唯圣人不离本情而登大道,心既未萌,道亦假之。

唯者,因上结下之辞也。唯圣人不离情者,爱观逐言思未萌之前也。爱观逐言思未萌之前,即是真空之体,真空即道也。真空心未萌生,道之名亦假立也,言亦无道之名也,此垂示学人悟道之方也。故云唯圣人不离本情而登大道,心既未萌,道亦假之也。此章明道不属五行,向爱观逐言思未萌之前荐悟也。

右第九章

关尹子曰:重云蔽天,江湖黯然,游鱼茫然,忽望波明食动,幸赐于天,即而就之,鱼钓毙焉。

重云蔽天于夜,浓阴重厚,黑云蔽障于天,无星月以照耀,则江湖之水,黯然而黑暗也,游鱼茫茫然迷之也。于是渔者执灯火掷,钓饵于水中,鱼忽望见波明食动,不意人掷钓饵,而曰幸赐于天,即而就吞之,彼渔者钓之而毙死也。故云重云蔽天,江湖黯然,游鱼茫然,忽望波明食动,幸赐于天,即而就之,鱼钓毙焉也。

不知我无我,而逐道者亦然。

迷人无明障碍,重云蔽天,心地不明,如江湖黯然,不悟妙道,如游鱼茫然,智波流浪,泥法求真,如忽望波明食动,智波迷道,法尘障心,如鱼即而就之,丧道迷真,如鱼钓毙焉。不知者不悟也,不悟我本无我,即是真空之道,而妄有我,向外逐道者,与上譬喻亦然也。此合喻也。故云不知我无我,而逐道亦然也。此章叹迷人不悟道,而丧其生也。

右第十章

关尹子曰:方术之在天下多矣,

凡在天之下,百家之学,道术广博,故云方术之在天下多矣。方者道。

或尚晦,或尚明,或尚强,或尚弱,

百家之学不能遍举,略言其四。尚者贵也,或贵韬晦,不欲人知,或贵彰显,明明教诲,或贵能行,自强不息,或贵柔弱,不与物争,故云或尚晦,或尚明,或尚强,或尚弱也。

执之皆事，不执之皆道。

事者用也，若执尚晦、尚明、尚强、尚弱，皆谓之用也。执用而迷体，岂能洞彻妙道哉？若不执其用，则用无用，而无所住著，无所住著，则离种种边，名为妙道也。故云执之皆事，不执之皆道也。此章明道无不在，不可执著也。

右第十一章

关尹子曰：道终不可得，彼可得者，名德不名道。

道本真空，不属得失，有得则有失。道在人，圣凡同体，无欠无余，如初生赤子，与大人同体，不与大人同用。凡人与圣人同体，不与圣人同用，体本无名，随功用立名，用之于恶，则名凡人，用之于善，则名贤人，用之无所得，则名圣人。无所得而得之，则名德不名道也，故曰道终不可得，彼可得者，名德不名道也。

道终不可行，彼可行者，名行不名道。

道要心悟，不离本情而登大道，故不可行也。彼可行者，名善不名道也。故云道终不可行，彼可行者，名行不名道。

圣人以可得可行者，所以善吾生，

圣人得自利利他人之道，平等普利，不求报恩，名为德行，此德行所以善吾接物利生也。故云圣人以可得可行者，所以善吾生，此利他也。

以不可得不可行者，所以善吾死。

死者，心休歇也，以不可得不可行者，藏诸用也，藏诸用则无为也，无为所以善吾心之休歇也。故云以不可得不可行者，所以善吾死也，此自利也。此章明德行为用，道为体。

右第十二章

关尹子曰：闻道之后，有所为有所执者，所以之人，

若学人闻道之后，所行有为之事，有所执持智解，则所往与人事同也。之者,往也。故云闻道之后,有所为有所执者,所以之人。

无所为无所执者,所以之天。

天者,天真也。闻道悟解,罢参绝学,藏诸用,无所为,外不执相,内不著空,湛然清静,则契本分天真也。故云无所为无所执者,所以之天。

为者必败,执者必失,

有为者,必败于道,有执者,必失于德也。故云为者必败,执者必失也。

故闻道于朝,可死于夕。

故者,因上结下之辞也。闻道于早朝,可死于晚夕,便全身放下,心死休歇而保任之也。故云闻道于朝,可死于夕也。此章明悟道者无为无执,休歇保任。

右第十三章

关尹子曰:一情冥,为圣人,

冥者,真空窈冥莫测。一情者,情返归于真空也,如此则名圣人也。故云一情冥,为圣人也。

一情善,为贤人,一情恶,为小人。

从真空体上忽萌情念,不趋于善,必趋于恶,情起时,其可不谨乎?若趋于善而积于善,积之大也,则成德行之福,而名贤人也;若趋恶而积恶,积之大也,则成凶暴之祸,而名小人也。故云一情善为贤人,一情恶为小人也。

一情冥者,自有之无,不可得而示,

一情冥者,自有之无,从迹复本也。从迹复本,冥契真空之道,不得出示于人也,经云圣人竟不能出道以示人是也。故云一情冥者自有之无,不可得而示也。

一情善恶者,自无起有,不可得而秘。

无者,真空也,有者,情也。从真空上忽萌情念,趋善积善,趋恶积恶,是从本降迹。从本降迹,而善恶之迹,不可得而秘隐也。故云一情善恶者,自无起有,不可得而秘也。

一情善恶为有知,惟动物有之,

言一情善恶属知识,则与蠢动有识之物者无异也。故云一情善恶为有知,惟动物有之也。

一情冥为无知,溥天之下,道无不在。

一情与真空冥符,则知识未萌之前也。知识未萌之前,真空妙有之道,充塞太虚,无所不在,故云一情冥为无知,溥天之下,道无不在也。此章明道不属情识,无处不是道也。

右第十四章

关尹子曰:勿以圣人力行不怠,则曰道以勤成,

勿者,禁止之辞也。勿得言以圣人力加精进,行之不懈怠,则曰圣人学道,因以勤苦,而得道成。言非如此也,道由心悟,本自见成,岂待力行不怠,勤苦而后成哉?故云勿以圣人力行不怠,则曰道以勤成是也。

勿以圣人坚守不易,则曰道以执得。

勿得言圣人坚固保守而不改易,则曰圣人因以执持而得道,言亦非如此也。圣人心开悟解,以道为体,真常不变,无为无执,无失无得也。故云勿以圣人坚守不易,则曰道以执得也。

圣人力行,犹之发矢,因彼而行,我不自行。

矢者,箭也。圣人应物慈悲,普利而不息,人以谓力行,殊不知力行慈悲,普利不息,犹似人射,以弓发箭,感而后应,不得已而后行也。故云圣人力行,犹之发矢,因彼而行,我不自行也,言行之无心。

圣人坚守,犹之握矢,因彼而守,我不自守。

握者,把也。圣人恬然独处,人以谓坚守,殊不知圣人坚守,犹似人未射之时,以手把箭,因彼不应,所以静默,岂有心守静默哉?故云圣人坚守,犹之握失,因彼而守,我不自守也。此章明圣人动静无我。

右第十五章

关尹子曰:若以言行学识求道,互相展转,无有得时。

道本无名,不可以言求,道本无迹,不可以行求,道本无法,不可以学求,道本无情,不可以识求。若以名迹法情求之,如石辗之互相宛转,不离名迹法情,何时得悟道哉?故云若以言行学识求道,互相辗转,无有得时。

知言如泉鸣,知行如禽飞,知学如撷影,知识如计梦,一息不存,道将来契。

知言如泉鸣,则声不可辩,声不可辩,忘名也;知行如禽飞,则迹不可循,迹不可循,忘迹也;知学如撷影,则伪不可取也,不可取,则忘法也;知识如计梦,则妄不可信,妄不可信,则忘情也。息者,一呼一吸为一息,一息之间,名迹法情顿忘而不存,则契于妙道。故云知言如泉鸣,知行如禽飞,知学如撷影,知识如计梦,一息不存,道将来契也。撷者,以手提取也。此章明道不属名迹法情,不可以言行学识而求之。

右第十六章

关尹子曰:以事建物则难,以道弃物则易。

以事者,皆用也。建者,建立妙用也。物者,人物也。言建立妙用,普利天下,令人人了道,则诚为不易也,故云以事建物则难也。扫荡复本,一物不留,独露真空妙体,有何难哉?故云以道弃物则易。

天下之事,无不成之难,坏之易。

天下之物,纷纷亿万,俱要圆成,诚为不易。故云天下之事,无不成之难也。此释以事建物则难也。如秦之阿房宫,非一岁而成,楚之一火而尽,岂不坏之易耶？故云坏之易也。此释道弃物则易。此章明建立不易,复本不难。

右第十七章

关尹子曰：一灼之火,能烧万物,物亡而火何存？

火者,无我之物。或钻木,或击石,取火之一星而灼热之。及其大也,则劫火洞然能烧万物。及至烧尽万物,火亦不存,为火无我也。故云一灼之火能烧万物,物亡而火何存。此起喻也。

一息之道,能冥万物,物亡而道何在？

一喘息之间,洞彻真空之道,则窈然冥然,元无一物,如此,则外忘万物,外忘万物,则内亦忘,真空道之强名也。故云一息之道能冥万物,物忘而道何存也。此合喻也。此章明了悟道者,亦无道之强名也。

右第十八章

关尹子曰：人生在世,有生一日死者,有生十年死者,有生百年死者。

人生寿夭不等,或为赤子而死者,或为童子而死者,或寿满百岁而死者,故云人生在世,有生一日死者,有生十年死者,有生百年死者,此借喻也。

一日死者,如一息得道,十年百年死者,如历久得道。

利根之人,遇师垂接,直下顿悟,于一息之间,当时心死绝疑,如人生一日死也,故云一日死者如一息得道也。中下之士,遇师垂接,卒难了悟,如水浸物,渐渐得透,或十年,或二三十年,志心不退,触著磕著,有日洞彻心休,如人在世十年百年而死,故云十年百年死者,如历久得道者也。此合喻也。

彼未死者,虽动作昭智,止名为生,不名为死。

彼者,指上一日死者、十年、百年死者三等之人也。彼三等人未死之前,虽动静作为,昭昭灵灵智慧,止名为生,不名为死也。故云彼未死者,虽动作昭智,止名为生,不名为死。

彼未契道者,虽动作昭智,止名为事,不名为道。

彼者,指上顿渐三等人也。彼上中下三等,于未了悟契道之前,虽动静作为,昭昭灵灵智慧之用,止名为人事而已,不名为妙道也。故云彼未契道者,虽动作昭智,止名为事,不名为道。此合喻也。此章明悟有顿渐,道则不二也。

右第十九章

关尹子曰:不知吾道无言无行,而即有言有行求道,忽遇异物横执为道。

迷人不悟,道本无名迹,故云不知吾道无言无行也。迷人泥著古人名言法相求道,或古人灵迹异迹求道,既有尚灵异之心,忽遇邪魔化为异人,谈天论地,说事说理,或逞神异变化,迷人横执以为了道圣人,而欲师之求道,故云而即有言有行求道,忽遇异物横执为道。

殊不知舍源求流,无时得源,舍本求末,无时得本。

道由心悟,灵源妙湛,体用如如,迷人不悟,源名迹而向外求道,此迷灵源而逐名迹流浪也。本即源也,末即流也,如此流浪逐末,欲返本源不可得也。故云殊不知舍源求流,无时得源,舍本求末,无时得本。此章垂诫学人,勿逐名迹而求道也。

右第二十章

关尹子曰:习射、习御、习琴、习弈,终无一事可以一息得者。

习射者,习射弓箭也;习御者,习御车也;习琴者,习抚琴也;习弈者,习弈棋也。已上四者,必以岁月而习之。四者终无一事可以一喘息之间而得其妙者,故云习射、习御、习琴、习奕,终无一事可以一息得者也。

唯道无形无方,故可得之一息。

道乃真空,故无形像,无方位,利根之人直下顿悟真空,于一息之顷而得洞彻。故云唯道无形无方,故可得之一息也。此章明道易学于事也。

右第二十一章

关尹子曰:两人射相遇,则工拙见,两人弈相遇,则胜负见,

弓人相遇而斗射,则中者见为工巧,不中者为鲁拙也,故云两人射相遇,则工拙见也。两个弈棋人相遇斗弈棋,则赢者见为胜,则输者见为负,故云两人弈相遇,则胜负见也。

两人道相遇,则无可示。无可示者,则无工无拙,无胜无负。

两个洞彻妙道之人相遇,则无可出示呈似也。无可出示呈似,则不似射弈有工拙胜负也。故云两人道相遇,则无可示。无可示者,则无工无拙无胜无负也。此章明道无工拙胜负,无可出示呈似于人也。

右第二十二章

关尹子曰:吾道如海,有亿万金投之,不见,有亿万石投之,不见,有亿万污秽投之,不见。

海喻真空,金喻微言妙行,真空能冥众妙万行,窈然观之不见,故云吾道如海,有亿万金投之不见也。石喻众善,真空能冥万善,窈然示之不见,故云有亿万石投之不见。污秽喻众恶,真空能冥众恶,窈然视之不见,故云有亿万污秽投之不见。

能运小虾小鱼,能运大鲲大鲸。

小虾小鱼喻小人众生,大鲲大鲸喻君子贤人。真空能运小人众生,君子贤人,平等普利,自生至死,受用恃荫,但日用而不知也。

故云能运小虾小鱼,能运大鲲大鲸。

合众水而受之,不为有余,散众水而分之,不为不足。

真空益之不盈,故冥天地万物,而不为有余。真空损之而不亏,故生天地万物,而不为不足。故云合众水而受之,不为有余,散众水而分之,不为不足。此章明道无欠无余,而无所不容也。

右第二十三章

关尹子曰:吾道如处暗。夫处明者,不见暗中一物,而处暗者,能见明中区事。

道乃真空,窈窈冥冥,阴阳莫测,鬼神难窥,故云吾道如处暗。夫处明者,不见暗中一物也。真空虽然窈窈冥冥,阴阳莫测,神鬼难窥,其用事也,似酌醴以投器,其应物也,如悬镜以鉴形。又如空谷传声,寂然不动,感而遂通,万物不能逃其鉴也,故云而处暗者,能见明中区事。此章明道窈冥莫测,应变无穷。

右第二十四章

关尹子曰:小人之权归于恶,

权者,用也,小人愚痴颠倒,所用皆归于恶。恶者,何也?杀生偷盗邪淫,妄语绮言,恶口两舌,贪爱嗔恨,痴迷大逆,不孝不忠,不仁不义是也,故云小人之权归于恶者也。

君子之权归于善,

君子烛理,所用皆归于善,善者何也?不杀不盗,不邪淫,不诳语,不巧言令色,恭行五常百行是也,故云君子之权归于善。

圣人之权归于无所得。唯无所得,所以为道。

圣人之用,平等普利,不求报恩,上德不德,应变无方,离种种边,超诸法相,一无所得,强名真空之道也。故云圣人之权归于无所得,唯无所得,所以为道也。此章明道不属善恶,迥超诸有也。

右第二十五章

关尹子曰：吾道如剑，以刃割物即利，以手握刃即伤。

以剑喻道，道冥万物，普利无穷，故云吾道如剑，割物即利也。执持染著，昧性迷道，故云以手握刃即伤也。此章明道普利无穷，迷执者自伤也。

右第二十六章

关尹子曰：笾不问豆，豆不答笾，瓦不问石，石不答瓦，道亦不失。

笾者，以竹为之，以盛枣栗。豆者，以木为之，以盛菹醢，以供祭享。道无不在，笾豆瓦石不相问答而终日问答，虽问答而未尝问答也，道亦不失也。故云笾不问豆，豆不答笾，瓦不问石，石不答瓦，道亦不失也。此无情说法，昧者不知也，故云不应答藏真应答，无知知处是真知，正谓此也。

问与答与一气往来，道何在。

道本无问亦无答，向问答未萌之前，荐吾问答未萌之前，则心不生。心不生，则一气不往不来，一气不往不来，则心无生灭，无生灭即契妙道。既萌问答之心，心之所之，则气从之，是知一问一答，则一气往来，一气往来与道远矣，故云向上一机拟议即堕是也。故云问与答与一气往来，道何在也。此章明道无不在，问答殊离也。

右第二十七章

关尹子曰：仰道者跂，如道者骛，皆知道之事，不知道之道。

跂者，企羡也。骛者，驰求也。如者，往也。仰慕圣人之道，企羡不及，故云仰道者跂也。往外驰求妙道而不得也，故云如道者骛也。事者，用也，已上企羡驰求，即道之用也。随用而迷体，故云皆知道之事，不知道之道也。故云道源不远，性海非遥，但向己求，莫从他觅，觅亦不得，得亦不真，正谓此也。

是以圣人不望道而歉，不恃道而丰，不借道于圣，不贾道于愚。

歉者，欠少也。丰者，余多也。借者，假也。贾者，卖也。是以者,因上结下之辞也。真空妙道,本自具足,无欠无余,圣人了了洞彻,道本具足,故不望道而欠少,真空无有,亦不恃道而余多,道既人人具足,亦不假借道于圣人,圣人不能出道以示人,亦不卖道于愚,故曰是以圣人不望道而歉,不恃道而丰,不借道于圣,不贾道于愚也。此章明道人人具足,不相假而取舍之也。

右第二十八章

文始真经注卷之二

神峰逍遥子牛道淳直解

二柱篇

柱者,建立天地阴阳之妙用也。凡一十二章。

关尹子曰:若椀若盂,若缾若壶,若甕若盎,皆能建天地。

椀盂缾壶甕盎六者,皆所用之器也。器之为物者,外实而内虚也。实者属阴,虚者属阳,阳属天,阴属地,故建立妙用,物物可以取法也。故云若椀若盂,若缾若壶,若甕若盎,皆能建天地。

兆龟数蓍,破瓦文石,皆能告吉凶。

兆者,吉凶先兆也。以火烧银而钻龟毂,详裂文以辩吉凶之兆也。数蓍者,蓍乃蒿属,出蔡州,一科五十茎,按大衍之数,其用四十有九,一象太一,平分为二,以象二仪,扐一以象闰,以四揲之,以象四时,三揲而为一爻,十八变而为一卦,卦既已定,吉凶兆焉。破瓦者,打瓦卜也。打瓦破碎而奇者,属阳,吉之兆也,偶者属阴,凶之兆也。文石者,打石裂文以辩吉凶,文正数奇则属阳,告之兆也,文斜数偶则属阴,凶之兆也。故云兆龟数蓍,破瓦文石,皆能告吉凶者也。

是知天地成理,一物包焉,物物皆包之,各不相借。

是知者,因上椀盂缾壶甕盎,皆能建天地,兆龟数蓍破瓦文石,皆能告吉凶,以此知天地成理,一物包焉,成理者,道也。言道本自见成,不假修为也。道无不在,天地万物在道则存生,失之则亡灭,故云知见成之道,物物皆包藏妙道,非物能包之也,为天地万物不离妙道也。故云是知天地成理,一物包焉,物物皆包之,各不相借也。不相借者,物物具足,不须相借也。

以我之精合彼之精,两精相搏而神应之。

彼者,龟蓍瓦石也。我者,占卜之人。彼枯龟槁蓍、焦瓦坚石,岂有神灵先兆吉凶哉?为以我之精诚,合彼龟蓍瓦石,天地成理之精,两精相激搏,而有此神灵应之也。故云以我之精合彼之精,两精相搏而神应之也。

一雌一雄卵生,一牝一牡胎生。

以飞禽配偶名曰雌雄,八窍者卵生,以走兽配偶名曰牝牡,九窍者胎生也。故云一雌一雄卵生,一牝一牡胎生也。

形者彼之精,理者彼之神。

彼者,雌雄牝牡也。雌雄牝牡交感,精神混融为一,而成卵胎也。卵胎之形,是雌雄牝牡之精也。理者,识性也,是彼雌雄牝牡之神也。故云形者彼之精,理者彼之神也。

爱者我之精,观者我之神。爱为水,观为火,爱执而观,因之为木,观存而爱,摄之为金。

我者,说一切人之己也。人萌一爱念,则属己之精情,寓目观色,则属己之神也。精属水,故爱为水,神属火,故观为火。爱为水,观为火,相执相合,因化为木,其木绞之得水以见母形也,钻之得火以见子形也。观为神,爱为精,相存相合,摄化为金,其金击之得火以见夫形也,镕之得水以见子形也。故云爱者我之精,观者我之神,爱为水,观为火,爱执而观,因之为木,观存而爱,摄之为金也。

先想乎一元之气,具乎一物,执爱之以合彼之形,冥观之以合彼之理,则象存矣。

彼者,母也,父性真空,本来清静,清静真空性上忽萌想欲念,如道生一气也,故云先想乎一元之气也。既萌欲念,则母形已具乎识中,故云具乎一物也。母形具乎识中,执著相爱以与母交合精血,故云执爱之以合彼之形也。父母交感情识,混融于恍惚窈冥之际,因以观形而生爱以成交感,父之识性与母识性相合,则成胞胎之象。人形已经于胎肉,故云冥观之以合彼之理,则象存矣。理者,识性也。已上说禽兽与人交感相媾,精神与人精诚感龟蓍瓦石之神应同也。

一运之象,周乎太空,自中而升为天,自中而降为地。

道生一,道者,无极也,一者,太极也,无极而太极,天地万物之象已具乎太极之中也。太极虽含万象,犹未离无极,故云一运之象,周乎太空也。太空者,即无极也。太极而动,动而生阳,阳气轻清,自太极中上升,结而为天,故云自中而升为天也。动极而静,静而生阴,阴气重浊,自太极中下降,凝而为地,故云自中而降为地也。

无有升而不降,无有降而不升。

冬至一阳生,行三十六候,气上升一百八十日,阳气至天,阳极生阴。夏至一阴生,行三十六候,气下降一百八十日,阴气至地,阴极又复生阳。属乎阳自升,属乎阴自降,升降往来,周流不息,所以生生化化而无极矣。有升则有降,若无升则无降,无升无降,则无生死也。故云无有升而不降,无有降而不升也。

升者为火,降者为水。

火属阳,自然上升,火发向上,升行之象也;水属阴,自然下降,水流向下,降行之象也。故云升者为火,降者为水也。

欲升而不能升者为木,欲降而不能降者为金。

水生木,木生火,火者木之子,水者木之母,子母之情具在木中。火欲升,水欲降,木之气欲升而不能升,故云欲升而不能升者为木也。水者金之子,火者金之夫,夫子之情具在金中。水欲降,火欲升,金气欲降而不能,故云欲降而不能降者为金也。

木之为物,钻之得火,绞之得水。金之为物,击之得火,镕之得水。金木者,水火之交也。

钻木得火,以见子之情也,绞木得水,以见母之情也,此释欲升而不能升者为木也。故云木之为物,钻之得火,绞之得水。击金得火,以见夫之情也,镕金得水,以见子之情也,此释欲降而不能降者为金也。故云金之为物,击之得水也。如上所说,以此知金木各具水火之情,相交孕化为金木也,故云金木者水火之交也。

水为精为天,火为神为地,

水者,阴中阳也,如坎卦属阴,中爻属阳,属阳自升,天之象也。水在五行为水,在气为天,在人为精,在方为北,在时为冬,在数为一六,在卦为坎,在五常为智,在星为极,在岳为恒,在脏为肾,在支为亥子,在干为壬癸也,故云水为精为天。火者阳中阴也,如离卦属阳,中爻属阴,属阴自降,地之象也,火在五行为火,在气为地,在人为神,在方为南,在时为夏,在数为二七,在卦为离,在五常为礼,在星为荧惑,在岳为衡,在脏为心,在支为巳午,在干为丙丁,故云火为神为地也。

木为魂为人,金为魄为物,

木在五行为木,在气为人,在神为魂,在方为东,在时为春,在数为三八,在卦为震,在五常为仁,在星为岁,在岳为泰,在脏为肝,在支为寅卯,在干为甲乙,故云木为魂为人也。金在五行为金,在气为物,在神为魄,在方为西,在时为秋,在数为四九,在卦为兑,在五常为义，在星为太白，在岳为华，在脏为肺，在支为申酉，在干为庚辛，故云金为魄为物也。

运而不已者为时，包而有在者为方，

五行运转无穷，以成春夏秋冬四时也，故云运而不已者为时也。天地相包罗万物，以成八极上下之十方也，故云包而有在者为方也。

惟土终始之，有解之者，有示之者。

土无正行，旺于四季，一岁始终，成俱有土气。春夏为生，长物之始，秋冬为成，实物之终，故云惟土终始之也。解者，解散而隐者也。正月二月木王而土隐也，三月木旺十二日，土旺十八日，旺者显示也，四月五月火旺而土隐，六月火旺十二日，土旺十八日，七月八月金旺而土隐，九月金旺十二日，土旺十八日，十月十一月水旺而土隐，十二月水旺十二日，土旺十八日。土在五行为土，在方为中，在时为四季，在数为五十，在卦为坤艮，在五常为信，在星为镇，在岳为嵩，在支为辰戌丑未，在干为戊己，在脏为脾，在神为意。意识闻微言，则妙意解悟，得自利之妙，故云有解之者也，妙意解悟，既得自利，亦可利他，为上根者动容密示，直下顿悟，妙意亦无妙意之量，故云有示之者也。此章明建立天地万物之妙用者也。

右第一章

关尹子曰：天下之人，盖不可以亿兆计，

凡在天下之人，种类无穷，盖不可以十万为一亿，十亿为一兆之数而计算之，故曰天下之人，盖不可以亿兆计也。

人人之梦各异，夜夜之梦各异，有天有地有人有物，皆思成之，盖不可以尘计。

天下之人，同夜做梦，各有梦境不同，故云人人之梦各异也。天下之人，夜夜梦境不同，故云夜夜梦境亦各不同，故云夜夜之梦各异也。天下之人,夜夜做梦时,一般见有天地人物,故云有天有地有人有物也。梦见天地人物,皆是平日妄识染著天地人物,于其梦时神思昏惑,尸魄专权,平日所染,随思显见,故云皆思成之也。天下之人,同夜做梦各异,尚不可以数算,况夜夜各自不同,盖不可以尘数计算也。尘者如日影晃尘。

安知今之天地,非有思者乎?

安者,宁也,宁知今时未睡,见天地人物不有思者乎?言未悟之人,识见染著,所见天地人物亦与今时不异也,为昼夜俱迷也,故云安知今之大地,非有思者乎。此章明识迷觉梦,计天地人物,皆事妄识也。

右第二章

关尹子曰:心应枣,肝应榆,我通天地。

天地生物各属五行,枣赤属火,火在脏为心,故云心应枣也,榆青属木,木在脏为肝,故云肝应榆也。天地阴阳二气交通而生枣榆,心应枣,肝应榆,是我与天地相通也,故云我通天地也。

将阴梦水,将晴梦火,天地通我。

天气欲降,地气欲升,将作阴云为雨,阴气感人,夜即梦水,故云将阴梦水也。天气欲敛其降,地气欲收其升,阳气感人,夜即梦火,故云将晴梦火也。如上所说,天地阴阳之气感人,先梦水火,即是天地与我通也,故云天地通我也。

我与天地似契似离,纯纯各归。

如上说,我通天地,天地通我,即是我与天地似契合,则又不契合,天地有人,人亦有天地,天地即大人,人即小天地也,似离远又不远,故云我与天地似契似离也。天地与我并生,天地有道,人亦有道,道者纯一而无杂,本自全真,道为天地人归宿之所,故云纯纯各归也。此章明天地人物咸生之道也。

右第三章

关尹子曰：天地虽大，有色有形，有数有方。

天玄而地黄，故有色也，天圆而地方，故有形也，天地既有色形，会归于壤，故有数也，天地有八极上下，故有方也。天地虽广大，有色形之可观，有数方之可尽也。故云天地虽大，有色有形有数有方者也。

吾有非色非形，非数非方，而天天地地者存。

吾有真空之道，视之不见，故非色也，搏之不得，故非形也，真空无尽，故非数也，真空无处所，故非方也。真空之道，生天生地，天地有数，会归于壤，壤而复生，生而复壤，壤而又复生，生生壤壤，而道无生无壤，浩劫长存，故云吾有非色非形，非数非方，而天天地地者存。此章明天地有成壤，道无成壤。

右第四章

关尹子曰：死胎中者，死卵中者，亦人亦物，天地虽大，彼固不知。

彼者，死胎中人与卵中物也。人物之性，透入胎卵中，未生而死，天地虽广大，彼人物之性，固是不知也。故死胎中者，死卵中者，亦人亦物，天地虽大，彼固不知也。

计天地者，皆我区识。

人性虽在胎中，未知有天地。及乎已生，成童之时，始知在上曰天，在下曰地，自童至老不能忘者。是知计度有天地者，皆我区分之情识，故云计天地者，皆我区识也。

譬如手不触刃，刃不伤人。

手喻识也，刃喻天地也，譬如手不触握剑刃，剑刃不伤人手也。识不染天地，天地不昧识性也。识若忘时，亦不知有天地也。故云譬如手不触刃，刃不伤人也。此章明妄识障道也。

右第五章

关尹子曰：梦中，鉴中，水中，皆有天地存焉。

人睡梦之时，恍见天地人，以镜上下照鉴天地人，视澄潭水中上下皆天，傍照山原亦水中天地也。故云梦中鉴中水中，皆有天地存焉。

欲去梦天地者，寝不寐，欲去鉴天地者，形不照，欲去水天地者，盎不汲。

迷人不悟，真空无碍于天地，天地亦无碍于真空也。迷识染习妄，去梦中天地，不知梦亦妄也，何可去之哉？若去之者，则寝不能安寐也，故云欲梦天地者，寝不寐也。古人铸镜以鉴形容，照天见天，照地见地，镜本无心，妄识计之曰天地，彼镜岂知哉？何可去之？若去镜中天地者，碎镜则去也。若碎之，则无以鉴形容之妍丑也。故云欲去鉴天地者，形不照也。水之澄也，仰照于天，傍照于山原，决之润物，汲之济人，若去水中天地，涸之可也。若涸之，则盎以汲之为用也。故云欲去水中天地，盎不汲。

彼之有无，在此不在彼，是以圣人不去天地，去识。

彼者，梦鉴水也。此者，识也。彼梦鉴水中，或有时梦见天地，或有时不梦见天地，或不鉴不照天地，即无天地也。梦鉴水中，或有天地，或无天地，在此妄识计之，而有不在彼梦鉴水也。故云彼之有无，在此不在彼也。是以者，因上结下之辞也。圣人了悟真空，识浪渊澄，天地真空，各自如如，不相挂碍，故云是以圣人不去天地去识也。此章明觉破妄识，真空无碍。

右第六章

关尹子曰：天非自天，有为天者，地非自地，有为地者。

天地不能自生，生天地者道也。道生一，一者太极也，一生二，二者天地也。故云天非自天，有为天者也，地非自地，有为地者也。

譬如屋宇舟车,待人而成,彼不自成。

天地待道以生成,喻似屋宇舟车,待人造作而后成就,彼屋宇舟车岂能自成哉?以此知天地非道运太极元气而生成哉?故云譬如屋宇舟车,待人而成,彼不自成也。彼者,天地也。

知彼有待,知此无待,上不见天,下不见地,内不见我,外不见人。

知彼天地有待道而生成,知此大道无所待而生成,经云吾不知其谁之子,象帝之先是也。知者,悟也,了悟妙道,迥绝对待。既绝对待,上下天地,内外人我,对待亦不见矣。故云知彼有待,知此无待,上不见天,下不见地,内不见我,外不见人。此章明天地待道而生,道无对待生死。

右第七章

关尹子曰:有时者气,彼非气者,未尝有昼夜。

有时数者,一气之运耳。彼妙道真空非气也,道未生一气之前,未尝有天地日月,岂有昼夜十二时哉?故云有时者气,彼非气者,未尝有昼夜也。

有方者形,彼非形者,未尝有南北。

有方位者,以形定之耳。彼妙道真空非形也,道未生一气之前,未尝有天地形位,岂有东西南北之四方哉?故云有方者形,彼非形者,未尝有南北也。

何谓非气?气之所自生者,如摇箑得风,彼未摇时,非风之气,彼已摇时,即名为气。

自设问:何谓妙道真空非气也?自答云:气所自生者,譬如人摇竹扇而得风凉,喻道运而生一气也。故云何谓非气,气之所自生者,如摇箑得风也。箑者,竹扇也。彼未摇竹扇时,非风之气,喻道未生一气之前也。故云彼未摇时,非风之气也,彼未摇竹扇时,而得风凉之气，即名为气也。喻道运而生一，才名为气，故云彼已摇时，即名为气。

何谓非形？形之所自生者，如钻木得火，彼未钻时，非火之形，彼已钻时，即名为形。

此又自设问：何谓道之真空？答云：天地之形所自生者，譬如人钻木得火之形见，此喻太极分高厚之形也。故云何谓非形？形之所自生者，如钻木得火也。彼人未钻木时，非有火之形状也，此喻未有太极之前也。故云彼未钻时，非火之形也，彼人已钻木时，有火出见，即名为火之形状，此喻无极而太极，太极分而天地之形位矣。故云彼已钻时，即名为形也。此章明道不属时数方位者也。

右第八章

关尹子曰：寒暑温凉之变，如瓦石之类。置之火即热，置之水即寒，呵之即温，吹之即凉。

道运元气，变化阴阳五行，而成冬寒夏暑春温秋凉。四时之迁变元气，如瓦石之类，置之火即热，如夏火旺时，元气随火气而为炎暑也。置瓦石于水内，浸之即寒，如冬水旺时，元气随水气而为严寒也。人以口呵瓦石，久之即温暖，如春木旺时，元气随木气而和温也。人以口吹瓦石，久之即凉，如秋金旺时，元气随金气而清凉也。故云寒暑温凉之变，如瓦石之类，置之火即热，置之水即寒，呵之即温，吹之即凉也。

特因外物有去有来，而彼瓦石无去无来。

瓦石本无寒暑温凉，而特因物有水浸火烧呵之吹之人物，而寒热温凉有去有来，而瓦石本无寒热温凉之去来也。故云特因外物有去有来，而彼瓦石无去无来也。此喻元气本无寒暑温凉之去来，特因水火金木之气盛衰去来，而有寒暑温凉之去来也。

譬如水中之影，有去有来，所谓水者，实无去来。

先以瓦石水火呵吹,喻元气寒暑温凉之去来,恐人未晓,又说譬喻,令人晓悟。元气如水火金木之气,如水中之影,影有去来,水实无去来,以此明知水火金木之气有盛衰去来,而元气实无去来。元气尚无寒暑温凉之去来,而况于道乎?故云譬如水中之影有去有来,所谓水者实无去来也。此章明道不属元气,元气不属时。

右第九章

关尹子曰:衣摇空得风,气嘘物得水,水注水即鸣,石击石即光,知此说者,风雨雷电皆可为之。

人即小天地,天地即大人,风雨雷电,天地所为也,人亦能之,人衣摇扇,虚空得风来,人以气嘘呵物得水生,此风雨之象也。人以水灌注于水则声鸣,人以两石相击而火光迸流,此雷电之象也。人能知此说者,呼召风雨,立兴雷电,不为难矣。故云衣摇空得风,气嘘物得水,水注水即鸣,石击石即光,知此说者,风雨雷电皆可为也。

盖风雨雷电皆缘气而生,而气缘心生。

缘者,因也,盖风雨雷电因阴阳而生也。阳气下降,无阴气以承之,则化为风,阴气上升,无阳气以接之,则化为云,阴阳激搏,化为雷电,以此知风雨雷电因气而生,故云盖风雨雷电皆气而生也。人了悟真空妙道,得阴阳一气之源,洞明造化之妙,真心妙运,一气变化,呼召风雨,立兴雷电,圣人之余事,故云而气缘心生。

犹如内想大火,久之觉热,内想大水,久之觉寒,知此说者,天地之德皆可同也。

先说风雨雷电皆可为之,恐人信之不及,故再说譬喻以晓之。譬犹有人行持有为扭捏之功法,内存想下丹田如大火轮,久之,通身发热,人觉知此热,以为冲和,此非也。又如人内作观想,身心如大寒潭,澄澄湛湛,久之,觉通身寒冷,以为清凉境界,此亦非也。

彼且妄想寒热,犹随心变,况了真心乎?人能知此譬喻之说者,呼召风雨,立致雷电,此天地之德,达人皆可同之也。此章明道为阴阳之祖,德同天地之用也。

右第十章

关尹子曰:五云之变,可卜当年之丰歉。

五云者,五色云也。五色云者,青黄赤白黑也。变者,五云互相更变也。当年者,当一年也。丰者,收熟也。歉者,饥馑不收熟。按《占云书》云:每于正月朔旦,五方观之,随方五色云见,主随方丰歉也。见黑云者,主彼方当年雪少雨多也;见赤云者,主彼方当年荒旱也,五谷不收熟也;见青云者,主彼方当年有虫,小麦薄收;见白云者,主彼方当年人灾,粳糯薄收;见黄云者,主彼方当年人安,禾稼薄收;见黄云苍色者,主彼方五谷大收熟也。五谷者,稜房芒角穗也。黑赤青白黄各独见者,主歉也,五色相杂或苍黄者,主丰也。故云五云之变,可以卜当年之丰歉也。

八风之朝,可以卜当时之吉凶。

八风者,八卦之方所起之风也。朝者,从彼方起朝来之风也。按《占风书》云:每日寅占之,从干方风来,名曰不周,不周者,半凶半吉也;从坎方风来,名曰广漠,广漠者,无凶无吉;从艮方风来,名曰融风,亦名凶风,融凶者,半吉半凶也;从震方风来,名曰明庶,明庶者,大吉也;从巽方风来,名曰清明,清明者,大吉也;从离方风来,名曰景,景者,大吉也;从坤方风来,名曰凉,凉者凶也;从兑方风来,名曰阊阖,阊阖者,大凶也。故云八风之朝,可以卜当时之吉凶。

是知休咎灾祥,一气之运耳。

是知者,因占风云知丰歉吉凶,以此知风云变化,为休吉咎凶灾歉祥丰,一气之运行耳。故云是知休咎灾祥,一气之运耳。

浑人我,同天地,而彼私智认而已之。

人我天地，咸是一气之运行，而有其生。彼气尽，人我天地则死矣。今人我天地存者，以此知浑同一气耳。故云浑人我，同天地也。已上占风云浑人我同天地者，皆彼妄识私智计之也。彼妄识私智，非本来之性也。迷人认妄识私智为已之性，则非也。故云而彼私智认而已之。此章明私智非性，皆一气之运耳也。

右第十一章

关尹子曰：天地寓，万物寓，道寓，苟离于寓，道亦不立。

寓者，寄托也。气莫大于阴阳，形莫大于天地，天地者，有形中最巨者也，太虚中细物耳，是知天地寄托于太虚元气之内也，故云天地寓也。万物寄托于天地之间元气之内也，故云万物寓也。我本无我，无我之我，寄托于道之元气而有其生，故云我寓也。道本无名，圣人寄托于强名，以宣此道，故云道寓也。苟，且也，且离了强名之道，则无名可名，而道之强名亦不立也，苟离于寓，道亦不立也。此章明从本降迹，不离于寓，名从迹复本，道之寓名不立也。

右第十二章

文始真经注卷之三

神峰逍遥子牛道淳直解

三极篇

极者，超凡越圣，了道之极致也。凡二十七章。

关尹子曰：圣人之治天下，不我贤愚，故因人之贤而贤之，因人之愚而愚之。

圣人者，了道之圣天子也。治天下者，圣天子以道德抚安天下之民也。故云圣人之治天下也。不我贤愚者，圣人无我，而贤者自贤，愚者自愚，而贤愚之名，不出于圣人也。故云不我贤愚也。故者,因上仍下之辞也。言众人皆曰贤圣人,因人称贤,故亦贤之而进用也,众人皆曰愚,圣人因人称愚,故亦愚之而退黜也。故云故因人之贤而贤之,因人之愚而愚之也。

不我是非,故因事之是而是之,因事之非而非之。

圣人既无我,而是非者自是非者也,自是非之名不出于圣人也,故云不我是非也。事者,用也。体本无名,随功用立名,用之于善,众人皆曰是,圣人因人称是,故亦谓是而赏之也;用之于恶,众人皆曰非,圣人因人称非,故亦谓非而罚之也。故云因事之是而是之,因事之非而非之也。

知古今之大同,故或先古,或先今。

知者,悟也,古太之前道理也。今者,见前之事也。圣人了道悟事,理不二,古今一贯,故云古今之大同也。圣人得自利利他之妙,故或先以理示人,或先以事示人,上根之人,或从理入,或从事入,理事虽不同,入则不异也。故云或先古,或先今者也。

知内外之大同,故或先内,或先外。

知者,悟也。圣人了悟妙道,得形神俱妙,身心一贯,故云知内外之大同也。圣人慈悲普利,为上根之人,先以明心悟性示之,上根之人直下顿悟,心源本来清静,故云或先内也。圣人为中下之人恐难了悟,先以修身卫生之妙示之,令中下之人渐渐悟解,故云或先外也。

天下之物无以累之,故本以谦。

圣人洞彻真空,体同太虚,天下之物,纷纷亿万,岂曾得累碍虚空哉?故云天下之物无得以累之也。圣人在宥天下,法江海之居下,含尘忍垢,万邦流归,天下乐推而不厌,皆本谦德之效也,故云本之以谦。

天下之物无得以外之,故含之以虚。

物者，人物也。圣人以道德抚世，万邦归德而顺化，愿为臣民而不厌，是天下之人无得以外于圣人也。故云天下之物无得以外之也。既得万邦归德而顺化，愿为臣民而不厌，圣人亦不以此自满，心同太虚，故云故含之以虚者也。

天下之物无得以难之，故行之以易。

天下之人乐归圣德，无徭役难行之事，百姓所乐太平而富庶，无难化之民，故所行政事无难也。故云天下之物无得以难之，故行之以易。

天下之物无得以窒之，故变之以权。

天下太平，百姓富庶，和气通流，天地阴阳调顺，万物遂其生成，无一物而窒塞不通，圣人以道自牧而无为，以德应变而为用。权者，用也。故云天下之物无得以窒之，故变之以权也。

以此中天下，可以制礼。

以此者，权用也。中者，无太过不及之病也。权用合宜，不失天下民心，则可以制礼，正上下君臣，别尊卑父子也，故云以此中天下，可以制礼也。

以此和天下，可以作乐。

乐者，和也。乐贵和而不淫，以此德用抚世，天下和平，礼乐兴盛，而风化美也，故云以此和天下，可以作乐。作者兴盛。

以此公天下，可以理财。

以此道德抚世，公正无私之人，可委而理治天下之财用也，故云以此公天下，可以理财也。

以此周天下，可以御侮。

以此道德抚世，化周天下，其侮尊慢上之民，不期止而自止也。御者，禁止也。故云周天下，可以御侮也。

以此因天下，可以立法。

以此道德抚世，或因有害天下之民者，可以立法除之，或因有利天下之民者，可以立法行之也。故云以此因天下，可以立法。

以此观天下，可以制器。

以此道德抚世，观有便于天下之民用者，可以制器而与民用之也，故云以此观天下可以制器也。

圣人不以一己治天下，而以天下治天下。

圣人无我，以道德抚世，天下之民各安其业，忻乐太平而忘帝力，故云圣人不以一己治天下，以天下治天下是也。

天下归功于圣人，圣人任功于天下，

天下之民，或有归太平之功于圣人，圣人亦不自有其功，而不谓我能治天下，圣人以谦自牧，必任功于天下之民，此释圣人不以一己治天下，而以天下治天下也。故云天下归功于圣人，圣人任功于天下也。

所以尧舜禹汤之治天下，天下皆曰自然。

唐尧、虞舜、夏禹、殷汤四帝，治天下太平，使民忘帝力，天下之民皆曰自然太平，帝力何与焉。故云尧舜禹汤之治天下，天下皆曰自然。此章明圣人以道德抚世，无我也。

右第一章

关尹子曰：天无不覆，有生有杀，而天无爱恶。

至大者天，无一物而不蒙天之覆荫，春生秋杀而无心，天岂有爱而生之，恶而杀之耶？故云天无不覆，有生有杀，而天无爱恶。

日无不照，有妍有丑，而日无厚薄。

至明者日，无一物而不蒙日之照临，因有日照，妍者显其貌美，丑者显其貌陋，而日平等妍丑，皆照而无心，岂有厚于妍而偏于照，亦无薄于丑而不照也。故云日无不照，有妍有丑，而日无厚薄。此章以天日喻圣人普利无私者也。

右第二章

关尹子曰：圣人之道天命，非圣人能自道，

道者，不可思议也。天者，自然而然也。命者，不知所以然而然也。圣人洞彻不思议之道，自然而然，不知所以然而然，道之强名亦不立也，亦无所能也。故云圣人之道天命，非圣人能自道也。

圣人之德时符，非圣人能自德，

符者，合也。圣人普利合时，不求报恩，忘其所能，不住著德之名也，故云圣人之德时符，非圣人能自德。

圣人之事人为，非圣人能自事，

事者，用也。圣人以无用之用，普利无穷，用之为人，亦无能用之心也，故云圣人之事人为，非圣人能自事。

是以圣人不有道，不有德，不有事。

圣人无心，不知所以然而然，故不有道之名，不有德之迹，不有用之用，故云是以圣人不有道，不有德，不有事也。此章明圣人扫荡复本而无我也。

右第三章

关尹子曰：圣人知我无我，故同之以仁，

仁者，慈惠利物也。圣人妙体真空，我本无我，假立我名，圣人悟此，在仁与仁无异也，故云圣人知我无我，故同之以仁也。

知事无我，故权之以义，

事者，用也，权亦用也。圣人了悟无我之用以宜物也，故云知事无我，故权之以义。义者，宜也。

知心无我，故戒之以礼，

圣人悟本来妙心，元无我相，故戒人以履仪则之行也。故云知我无我，故戒之以礼也。礼者，履也，亦仪则也。

知识无我，故照之以智，

圣人悟灵识之源，本来无我，故用照之以鉴是非真伪也。故云知识无我，故照之以智也。智者，是是非非之谓智也，亦名审真伪之谓智也。

知言无我，故守之以信。

圣人悟无言之言，亦无我相之名，故保任真诚，言行相符也，故曰知言无我，故守之以信也。此章明圣人无我，妙用五常之德者也。

右第四章

关尹子曰：圣人之道，或以仁为仁，或以义为仁，或以礼以智以信为仁。

以者，用也。圣人以道为体，以五常为用，用之于慈惠惠物，故云圣人之道，或以仁为仁也，或裁是非，令物合宜而本于慈，故云以义为仁也，或履仪则而本于慈惠，或鉴真伪而本于慈惠，或言行相符而本于慈惠，故云以礼以智以信为仁者也。

仁义礼智信，各兼五者，

或行仁而兼于义礼智信，或行义而兼于礼智信仁，或行礼而兼于智信仁义，或行智而兼于信仁义礼，或行信而兼于仁义礼智，故云仁义礼智信，各兼五者。

圣人一之不胶，天下名之不得。

圣人洞彻真空，离种种边，超诸法相，一无所得，不染寓名，无名可呼，天下之人，不可得而名貌圣人也。故云圣人一之不胶，天下名之不得也。不胶者，不染著也。此章明圣人无用之用，不存名迹。

右第五章

关尹子曰：勿以行观圣人，道无迹，

圣人逆行顺行，鬼神莫测，盖真空之道，无迹可循，故不可以行观圣人也。故云勿以行观圣人,道无迹也。迹者,踪迹也,勿者,禁止之辞也。

勿以言观圣人,道无言,

勿以言观圣人者,圣人无言之言,令人荐悟言外之旨。言外之旨者,即道也,道本无名,言之不可及也。

勿以能观圣人,道无为,

勿得以所能观圣人者,圣人无为而为,为以无为,故云勿以能观圣人,道无为也。

勿以貌观圣人,道无形。

勿得以貌相观圣人,圣人貌不异众人,体冥真空,无形可睹,故云勿以貌观圣人,道无形也。此章明圣人之道,不属迹言为刑,不可以行言貌观也。

右第六章

关尹子曰:行虽至卓,不离高下,

人修善卓然异众,众为下而善行为高,高下对待不离于迹,故云行虽至卓,不离高下也。此章释前章勿以行观圣人也。

言虽至工,不离是非,

人有能言妙理异于众人,众人言之不妙为非,能言妙理为是,是非对待,不离名相,故云言虽至工,不离是非。工者,巧妙也。此章释前章勿以言观圣人。

能虽至神,不离巧拙,

人有能造作,所为神妙异众,不能者为拙,能为者为巧,巧拙对待,不离有为,故云能虽至神,不离巧拙也。此章释前章勿以能观圣人。

貌虽至殊,不离妍丑。

人有相貌美然殊众,众貌不美者为丑,而貌美者为妍,妍丑对待,不离假形,故云貌虽至殊,不离妍丑也。此章释前章勿以貌观圣人也。

圣人假此以示天下,天下冥此,乃见圣人。

圣人降世,假行言能貌以示天下,故云圣人假此以示天下。天下学人,当于行言能貌未萌之前荐悟洞彻者,窈冥真空圣人妙道也。故云天下冥此,乃见圣人也。此章明示学人随流得妙也。

右第七章

关尹子曰:圣人师蜂立君臣,师蜘蛛立网罟,师拱鼠制礼,师战蚁制兵。

上古圣人,因见蜜蜂有尊卑之序,因是得其师,遂立君臣以抚世也,故云圣人师蜂立君臣也。中古圣人,因见蜘蛛结网取食,由是得其师,遂立网罟取禽兽以供祭也,故师蜘蛛立网罟也。圣人因见山中之鼠,望人拱立而鸣,由是得其师,遂制礼乐以正上下,别尊卑序人大伦也。仍见二穴之蝼蚁,战斗争食相咬,由是得其师,遂制兵以伐逆,故云师拱鼠制礼,师战蚁制兵也。

众人师贤人,贤人师圣人,圣人师万物,唯圣人同物,所以无我。

众人师问贤人,以学五常百行,故众人师贤人也。贤人师问圣人,以学无为大道,故贤人师圣人也。圣人慈悲普利,因万物天然之理,由是得其师,种种方便普利天下,故圣人师万物也。圣人洞彻真空,处世和光不耀,同尘不染,不异众人,体同虚空而无我,故云唯圣人同物,所以无我。此章明圣人普利无穷者也。

右第八章

关尹子曰:圣人曰道,观天地万物皆吾道,倡和之,始终之,青黄之,卵翼之,不受道,不弃物,不尊君子,不贱小人。

圣人心冥至道,反观天地万物皆吾妙道也,故云圣人曰道,观天地万物皆吾道也。又观夫妇之倡和,万物之始终,草木之青黄,雌雄之卵翼，无非妙道也，故云倡和之，始终之，青黄之，卵翼之。圣人了悟天地万物，巨细洪纤，飞潜动植，无非妙道，不生爱道弃物，尊君子贱小人之念也，故云不爱道，不弃物，不尊君子，不贱小人也。

贤人曰物，物物不同，旦旦去之，旦旦与之，长之短之，直之方之，是为物役者也。

物者，用也。贤人迷体而专用，用之不一，故贤人曰物，物物不同也。旦者，日也，贤人日日舍去诸恶，日日与人善言，令人行之，故旦旦去之，旦旦与之也。贤人训人，明是者理长，非者理短，务要人行正直端方之行，故长之短之，直之方之也。迷体专用，用之不一，舍取去与，长短方直，辩之不息者，是专用为人物之使役也，故云是为物役者也。

殊不知圣人鄙杂厕，别分居，所以为人，不以此为己。

鄙杂厕者，鄙薄杂混厕染不净之人。别分居者，以礼仪正君臣父子，尊卑上下，别男女夫妇兄弟之序也。贤人殊不知圣人鄙薄混杂厕染不净之人，立礼仪，别分居，君臣父子夫妇兄弟男女之居处，不令混杂秽行者，所以为天下人，不以此为己也。故云殊不知圣人鄙杂厕，别分居，所以为人，不以此为己也。此章明道无不在，圣人利物无我。

右第九章

关尹子曰：圣人之于众人，饮食衣服同也，屋宇舟车同也，贵贱贫富同也。

圣人洞彻妙道，大隐于世，和光不耀，同尘不染。何谓和光同尘，不异众人？食服屋宇舟车，贵贱贫富者是也。圣人处世，凡食亦食，凡衣亦衣，凡居屋宇亦居屋宇，凡乘舟车亦乘舟车，凡仕而贵亦仕而贵，凡庶而贱亦庶而贱，凡无财而贫亦无财而贫，凡有财而富亦有财而富,寓世之迹,未尝异人。故云圣人之于众人,饮食衣服同也,屋宇舟车同也,贵贱贫富同也。

众人每同圣人,圣人每同众人,彼仰其高侈其大者,其然乎,其不然乎?

众人之迹,与圣人寓世之迹不异,故云众人每同圣人也。圣人每同众人,彼众人仰慕圣人之道高德大,故云彼仰其高侈其大者也。圣人有时建立妙用,平等普利,不求报恩,彼众人仰慕道之高,侈广德之大,及其圣人扫荡复本,不立一尘,阴阳不能测,神鬼莫能窥,而况于凡乎,故云其然乎,其不然乎。此章明圣人隐显莫测也。

右第十章

关尹子曰:鱼欲异群鱼,舍水跃岸即死,虎欲异群虎,舍山入市即擒。

鱼者,喻众人也。水者,喻汪洋妙道也。人欲履非义,生异谋,则违至道,人诛鬼责,不得终其天年而死,如鱼异群鱼舍去其水,跳跃于岸上,即枯而死也。故云鱼欲异群鱼,舍水跃岸即死也。虎者,喻君子也。山者,喻巍巍至德也。君子殉名而失德之实,希慕爵禄,被富贵所惑,而不知退止,或被谗下,或怏履危机而不得善终,如虎欲异于群虎,舍离大山入于城市,被人擒捉而击死。故云虎欲异群虎,舍山入市即擒也。即者,就也。

圣人不异众人,特物不能拘尔。

圣人行不崖异,迹同众人,非道不履,非德不行,体冥真空,万缘无碍,逍遥自在,独脱无羁,芒然彷徨乎尘垢之外,超然优游乎象帝之先,故云圣人不异众人,特物不能拘尔。特者,独也。此章明圣人行不崖异,寓世逍遥。

右第十一章

关尹子曰:道无作,以道应世者,是事非道,

作者，为也，事用也。圣人以道为体，无为自然，故云道无作也。圣人以德为用，从体起用，故云以道应世者也。从体起用，应变无穷，众人见圣人应用之事，便即为道之妙体，殊不知是用非体也，故云是事非道也。

道无方，以道寓物者，是物非道，

道本无形，岂有八极上下十方哉？以者，用也，物者，人也。寓者，寄托于玄妙之言而教人物者。众人见圣人有此道理玄妙之言，便即为道，殊不知是训人之迹，亦非道也。故云道无方，以道寓物者，是物非道。

圣人竟不能出道以示人。

竟者，终也，示者，晓示也。道乃真空，无形无相，无相似无比伦，心不可思而知，口不能言而议，在人心开了悟密契而已。虽是圣人，终不能拈出妙道以晓示学人也。故云圣人竟不能出道以示人也。此章明道由心悟，虽圣人不能与人道也。

右第十二章

关尹子曰：如钟钟然，如钟鼓然，圣人之言则然，

钟鼓者，不自声也。感而接应，应声无心，以喻圣人感而后应，应言无心也。钟声清，以喻圣人感而后应，以理训人，令从理悟入也，故云如钟钟然。鼓声浊，以喻圣人感而后应，以事训人，令从事而悟入也，故云如钟鼓然，圣人之言则然也。

如车车然，如车舟然，圣人之行则然，

车舟者，不自行也，感而后行，行而无心，以喻圣人迫而后动，不得已而后行，行而无心也。车行有迹，以喻圣人有时抚世，有时辅世，普利天下，其迹昭然，万世不泯者也，故云如车车然。舟行无迹，以喻圣人不得已而应世，所行之德，上德不德，即迹而无迹，使贤愚莫知，鬼神不测，故云如车舟然，圣人之行则然也。

唯莫能名,所以退天下之言,唯莫能知,所以夺天下之智。

道本无名,强名曰道,泯去强名,道亦不立,故云唯莫能名也。莫能名者,言无所议,虽天下有能者,于此而退默也,故云所以退天下之言也。道本无情,思之不可得而知也。思之不可得而知者,虽天下有大知之人,于此夺之而无用也,故云唯莫能知,所以夺天下之智。此章明圣人言行无心,道不可思议者也。

右第十三章

关尹子曰:蝍蛆食蛇,蛇食蛙,蛙食蝍蛆,互相食也。

蝍蛆者,蜈蚣也。蛙者,虾蟆也。蜈蚣入蛇鼻窍,吃蛇脑髓,蛇吞虾蟆,虾蟆吞蜈蚣,三虫互相吞食,故云蝍蛆食蛇,蛇食蛙,蛙食蝍蛆,以起喻也。

圣人之言亦然,言有无之弊,又言非有非无之弊,又言去非有非无之弊。

圣人所垂名言法相,喻似蝍蛆蛇蛙互相吞食,故云圣人之言亦然。圣人之言有是一边,无是一边,迷人住著二边,乃为学道之弊病也。此一句合蝍蛆食蛇之喻也,故云言有无之弊也。既知有无二边是非者,不著有不著无,唯行中道,又言非有非无之弊也。既知非有非无中道是病者,则去除非有非无,不立二边中道。迷人不悟,住著此言,便即为道者,亦是学道之弊病也。此合蛇食蛙,蛙食蝍蛆之喻也,故云又言去非有非无之弊也。

言之如引锯然。

向言有无,非有非无,去非有非无,皆为弊者,其言互相扫荡,如引拽锯,一来一往,其迹愈深矣,故云言之如引锯然也。

唯善圣者不留一言。

留者,住也。圣人之言譬如筌蹄,筌者所以在鱼,得鱼而忘筌,蹄者所以在兔,得兔而忘蹄,言者所以在意,得意而忘言。忘言者,不住著于言也。唯善悟圣人之道者，不住著于言，默不可得而互相扫荡也，故云唯善圣者不留一言也。此章明圣人之道，不属名言，拟议即为弊病。

右第十四章

关尹子曰：若龙若蛟，若蛇若龟，若鱼若蛤，龙皆能之。

龙之为物，乘乎云气，养乎阴阳，聚而成形，散而成章，变化莫测，能小能大，大则充塞天地，小则为蛟蛇龟鱼蚧蛤之类也。故云若龙若蛟，若蛇若龟，若鱼若蛤，龙皆能之。此借喻也。

蛟，蛟而已，不能为龙，不能为蛇为龟，为鱼为蛤。

蛟似龙而非龙，而终化龙者，必以其蛟也。未化龙时，水兽而已，故云蛟，蛟而已也。蛟为水兽，不能变化，岂能为龙为蛇为龟，为鱼为蛤者哉？故云不能为龙，亦不能为蛇为龟，为鱼为蛤。此亦借喻者也。

圣人龙之，贤人蛟之。

水喻道，龙喻圣人，蛟喻贤人，蛇龟喻君子，鱼蛤喻众人。龙蛟水蛇龟鱼蛤，俱在水中，自生至老，吞吐受用，各无欠少，蛟蛇龟鱼蛤同生在水，而不能变于水，唯龙变之。圣贤君子众人同生于道，自生至老，日用俱足，各无欠少，贤人君子众人同生于道，而不了于道，唯圣人了之，故云圣人龙之，贤人蛟之也。此合喻也。此章明道在圣凡，无余无欠，人不了而圣了也。

右第十五章

关尹子曰：在己无居，形物自著，其动若水，其静若镜，其应若响。

唯真常在，故云在己。不住空相，故云无居。真空圆明，物物昭彰，故云形物自著也。著者，昭彰也。真空独露，不住空相，头头显见，物物昭彰，其动也如水，流复澄而无迹，其静也如明镜，鉴形而无心，其应物也如空谷传声，而常寂，故云在己无居，形物自著，其动若水,其静若镜,其应若响也。

芒乎若亡,寂乎若清,

圣人洞了真空,心如寒灰枯木,似无生意,故云芒乎若亡也。芒者,芒昧也,如寒灰无光也。亡者,如枯木无生意也。心源澄彻湛然,清净如水之静定而清澄也,故云寂乎若清也。寂者,静之也。

同焉者和,得焉者失,

利根之人,同气相求学于圣人,圣人动容密示,利根者直下洞彻,转凡成圣,故云同也。先圣唱之于前,后圣和之于后,故云同焉者和也。钝根之人,未悟道,无所得,执持圣人名言法相,似为有所得,有此见解不忘,失之远矣,故云得焉者失。

未尝先人,而常随人。

圣人寓世,感而后应,不得已而为中下者立名言法相,尽是方便。然未尝先立此名言,为中下之人有此染著迷病,然后随分释缚,随病施方也。故云未尝先人,而常随人也。此章明圣人动静无心,感而后应者也。

右第十六章

关尹子曰:浑乎洋乎,游太初乎。

大道浑然,汪洋无边,即圣人之体也,故云浑乎洋乎也。太易者,未见气也。太初者,气之始也。一气始萌,道之用,乃圣人即体即用。即体即用,遨游无朕也,故云游太初乎也。

时金已,时玉已,时粪已,时土已,

了道圣人,寓世不违时,时可辅世而治天下,人以谓如金之贵,故云时金已。时可抚世而安天下,人以谓如玉宝之尊也,故云时玉已也。时可晦隐,卑辱贫贱,利物济人,人轻如粪土,故云时粪已,时土已。

时翔物,时逐物,

圣人寓世,时可独善,则逍遥翱翔,如鸾凤冲霄,不见其迹,故云时翔物也。时可随众,不露神通,故云时逐物也。逐者,随之也。

时山物,时渊物,

圣人寓世,时可山居涧饮,月卧云眠,而韬光自乐,或时可孤舟短棹,烟蓑雨笠,邀游江湖,天子不得臣,诸侯不得友,放任逍遥,故云时山物,时渊物也。

端乎权乎,狂乎愚乎。

端乎权乎者,此释前时金已、时玉已也。言辅世抚世,端正法则,权变政治,以安慰天下也,故云端乎权乎。狂乎愚乎者,此释前时粪已、时土已、时翔物、时逐物、时山物、时渊物也。谓圣人有时放任自得,不拘法则,隐显莫测,如狂如愚,不可得而仿佛也,故云狂乎愚乎也。此章明圣人随时达变,隐显莫测也。

右第十七章

关尹子曰:人之善琴者,有悲心,则声凄凄然,有思心,则声迟迟然,有怨心,则声回回然,有慕心,则声裴裴然。

凄凄者,悲怆之声也。迟迟者,思虑之声也。回回者,违怨之声也。裴裴者,慕恋之声也。人心所念,寓之于琴,随声发见。心念悲哀,则琴声凄凄然感怆也,故云人之善琴者,有悲心,则声凄凄然也;心念思虑,则琴声迟迟然如思虑也,故云有思心,则声迟迟然也;心念怨人,则声回回然违恨也,故云有怨心,则声回回然也;心念慕羡,则声裴裴然恋著也,故云有慕心,则声裴裴然。

所谓悲思怨慕者,非手非竹,非丝非桐,得之心,符之手,得之手,符之物,人之有道者,莫不中道。

向之所谓心念悲思怨慕,非是手竹丝弦桐琴而自有此凄迟回裴之声也,故云所谓悲思怨慕者,非手非竹,非丝非桐也。因人善琴得之于心,心之所念,符合于手,手之所动,符合于丝竹桐琴之物,自然心之所念,随声发见,彼善琴者,尚能随声发见心之所念,况善悟有道之士乎!有道之士,体用如如,拈来放下,语默起居,无非中道也。故云得之心,符之手,得之手,符之物,人之有道者,莫不中道也。此章明动静语默,无非是道也。

右第十八章

关尹子曰:圣人以有言有为有思者,所以同乎人,

言为思者皆用也,圣人应用之迹,有时与凡人不异,故云圣人以有言有为有思者,所以同乎人也。

以未尝言未尝为未尝思者,所以异乎人。

尝者,曾也,未曾言为思者,言为思未萌已前真空之体也。圣人真空之体,本与凡人不异,为凡迷而圣悟,所以异乎凡人也。故云以未尝言未尝为未尝思者,所以异乎人也。此章明迷人同圣人之迹,不同圣人之道也。

右第十九章

关尹子曰:利害心愈明,则亲不睦,贤愚心愈明,则友不交,是非心愈明,则事不成,好丑心愈明,则物不契,

心专明审,何者为利,一向求利,心专明审,何者为害,一向避害,如此,虽父子亲,亦不相和睦,况于他人乎?故云利害心愈明,则亲不睦也。心专明审,何者为贤,何者为愚,一向亲贤而远愚,彼既贤于我,必以我为愚,亦远之矣,如此,则至老不能交同志之友也。故云贤愚心愈明,则友不交也。心专明审,何者为是,何者为非,一向就是而舍非,被是非之名所拘,凡事无巨细,皆不敢为,如此,则事无大小,皆不能成也。故云是非心愈明,则事不成也。心专明审,何者为好,何者为丑,一向爱好而恶丑,爱恶迷心,一向著色,虽夫妇之情,不相契合矣。故云好丑心愈明,则物不契也。愈者,专也,物者,人物也。

是以圣人浑之。

是以者,因上结下之辞也。浑者,浑然真心,不生分别也。是以圣人真心浑然,不生分别,则无利害贤愚,是非好丑之名,故云是以圣人浑之也。此章明圣人真心浑然,不生分别者也。

右第二十章

关尹子曰:世之愚拙者,妄援圣人之愚拙自解,

援者,引也。世间有等愚鲁拙钝之人,恐人笑之,妄引圣人韬晦佯狂愚拙之迹,以九解释,谓圣人亦有此愚拙也,故云世之愚拙者,妄援圣人愚拙自解。

殊不知圣人时愚时明,时拙时巧。

世之愚拙之人,殊不知圣人随时达变,不滞于迹,时可隐者,则佯狂如愚,则隐之至也,时可显者,则名超日月也,时可无为,则忘所能而如拙钝也,时可有为,善巧方便垂示迷人也。故云殊不知圣人时愚时明,时拙时巧。此章明圣人隐显莫测也。

右第二十一章

关尹子曰:以圣师圣者贤人,以贤师圣者圣人,

以圣知师圣人之德,造之极者,仅为贤人也,故云以圣师圣者贤人也。以贤人之心师圣人之道,造之极者,乃为圣人也,故云以贤师圣人也。

盖以圣师圣者,徇迹而忘道,以贤师圣者,反迹而合道。

德用有迹,盖以圣智师圣人之德用,是徇德用之迹,忘道之体也,故云盖以圣师圣者,徇迹而忘道也。道体真空,无迹可徇,盖以贤人之心师圣人之道,心开悟解,体冥真空,与迹相反而合道也,故云以贤师圣者,反迹而合道也。此章明从本降迹,徇迹而为贤人,从迹复本,反迹而为圣人。

右第二十二章

关尹子曰：贤人趋上而不见下，众人趋下而不见上，圣人通乎上下，惟其宜之。

贤人明理，谓形而上者谓之道，形而下者谓之器，一向见于理，殊不知理障是一边，故云贤人趋上而不见下也；众人昧于理，迷著事用，殊不知事障亦是一边也，故云众人趋下而不见上也。上者，理也，下者，事也。圣人洞了真空，不拘事理，有时以理示人，有时以事示人，观机垂训，圣人逆顺合宜，应变无方也，故云圣人通乎上下，惟其宜之也。

岂曰离贤人众人，别有圣人也哉！

圣人如水，贤人众人如冰，水因寒而凝结为冰，冰遇暖而复化为水，冰虽未化，不可谓冰不是水也，为冰通身是水也。圣迷为凡，凡悟复为圣，虽凡未悟，不可谓凡不是圣也，为凡通身是圣也。迷者不悟，悲哉！如此则要知水者休离冰，寻即冰是水也，要悟圣人之道休离凡，究即凡是圣也明矣。故云岂曰离贤人众人，别有圣人也哉。哉者，深叹迷人之辞也。此章明道在圣凡，平等具足，但迷悟不同也。

右第二十三章

关尹子曰：天下之理，夫者唱，妇者随，牡者驰，牝者逐，雄者鸣，雌者应，

天下有自然之理，阳尊阴卑，阳刚阴柔，阳先阴后，故夫先唱而妇随后应和也。走兽牡阳先驰行，牝阴随后逐赶之也，飞禽雄阳先鸣于上风，雌阴应鸣于下风也。故云天下之理，夫者唱，妇者随，牡者驰，牝者逐，雄者鸣，雌者应。

是以圣人制言行，而贤人拘之。

圣人因观天下有自然阴阳尊卑先后之理，遂制立君臣父子夫妇兄弟尊卑先后之言行，古今贤人不敢违越而行之，是彼此言行拘束定，而不得自在逍遥也。故云是以圣人制言行，而贤人拘之。此章明圣人道超法则，垂范后世也。

右第二十四章

关尹子曰：圣人道虽虎变，事则鳖行，道虽丝棼，事则棊布。

虎变者，喻圣人道之威光赫然，应变无方。鳖行者，喻圣人用事，不得已而缓缓后应。故云圣人道虽虎变，事则鳖行。丝棼者，喻圣人之道纷然无所不包罗。棊布者，喻圣人用事，著著有条道理路下落也。故云道虽丝棼，事则棊布。此章明圣人之道难测，用事有法则也。

右第二十五章

关尹子曰：所谓圣人之道者，胡然孑孑尔，胡然彻彻尔，胡然堂堂尔，胡然臧臧尔。

孑孑者，无对待也。彻彻者，尽善尽美也。堂堂者，深奥难测也。臧臧者，妙之又妙也。胡者，何也。言圣人之道，何其孑孑然超诸对待也，故云所谓圣人之道者，胡然孑孑尔也。圣人之道何其彻彻然尽善尽美，何其堂堂然深奥难测，何其臧臧然妙之又妙，赞美不尽也，故云胡然彻彻尔，胡然堂堂尔，胡然臧臧尔者也。

惟其遍偶万物，而无一物能偶之，故能贵万物。

偶者，待也。惟道无我，能生万物，而与万物不异，而万物待道而生，而道无所待，故能超贵乎万物，故云惟其能遍偶万物，而无一物能偶之，故能贵万物也。无一物能偶者，无一物比配道也。此章明道超诸有，迥绝对待。

右第二十六章

关尹子曰：云之卷舒，禽之飞翔，皆在虚空中，所以变化不穷，

云之为物，地水之气上升结而为云，在虚空中，或卷或舒，聚散往来，无迹可见也。禽之为物，阳气化生，飞翔虚空中，南北东西，惟意所适，来往纵横，无迹可觅。云禽皆在虚空中，卷舒飞翔，变化往来不穷也，故云云之卷舒，禽之飞翔，皆在虚空中，所以变化不穷也。此借喻也。

圣人之道则然。

圣人之道，洞了真空妙有，体用如如，应变无方，如云之卷舒，禽之飞翔，纵横变化，无有穷极，而无踪迹可循也，故云圣人之道则然也。此章明圣人之道变化无穷，而隐显莫测也。

右第二十七章

文始真经注卷之四

神峰逍遥子牛道淳直解

四符篇

符者，精神魂魄也。凡一十七章。

关尹子曰：水可析可合，精无人也，

五行中，水析而分为万水，合而为一水，不假他物而独见，以此知水无人也。水在人属肾藏之精，故精无人也，故云水可析可合，精无人也。

火因膏因薪，神无我也，

五行中，火因油膏灯草，或以柴薪爇之见火之形，若无膏薪，则火不能独见，以此知火无我也。火在人属心藏之神，故神无我也，故云火因膏因薪，神无我也。

故耳蔽前后皆可闻无人，智崇无人，一奇无人，冬凋秋物无人，黑不可变无人，北寿无人，皆精。

水既无人，所在皆无人也。水在藏为肾，在形为耳，耳乃肾之外表，耳蔽著声听之，前后皆闻，耳既属水亦无人也，故云耳蔽前后皆可闻无人也。水在五当为智,智见孤高名曰崇也。智既属水无人,故曰智崇无人也。水在数为一,一乃奇数,即水之生数也。一既属水,亦无人也,故云一奇无人也。水在时为冬,冬严寒,故能凋秋草木之物,冬既属水,亦无人也,故云冬凋秋物无人。水在色为黑,黑不可以变别色,黑既属水,亦无人也,故云黑不可变无人。水在方为北,水寿长久不枯涸,以此知全精者多寿也,北既属水,亦无人也,故云北寿无人也。已上耳智一冬黑北六者皆属水,水在五神属精,故云皆精。

舌即齿牙成言无我,礼卑无我,二偶无我,夏因春物无我,赤可变无我,南夭无我,皆神。

火既无我,所在皆无我也。火在藏为心,在形为舌,舌乃心之外表,舌独不能言,即齿成言也。舌既属火,亦无我也,故云舌即齿牙成言无我。火在五常为礼,礼以谦卑为本,礼既属火,亦无我也,故云礼卑无我。火在数为二,二乃偶数也,即火之生数也,二既属火,亦无我也,故云二偶无我也。火在时为夏,夏因春生草木之物而长之也,夏既属火,亦无我也,故云夏因春物无我。火在色为赤,赤可变为别色也,赤既属火,亦无我也,故云赤变无我也。火在方为南,火易灭,故寿夭,是知纵真火者多夭也,南既属火,亦无我也,故云南夭无我也。已上舌礼二夏赤南六者皆属火,火在五神为神,故云皆神也。

以精无人,故米去谷则精存,

水在五神为精,水既无人,精亦无人,以精无人,譬如谷去皮𣪪,则精米存之,此无人之象也。故云以精无人,故米去𣪪则精存也。

以神无我,故鬼凭物则神见。

火在五神为神,火既无我,神亦无我,以神无我,譬如鬼凭附人物则见神通,此无我之象也。故云以神无我,故鬼凭物则神见也。

全精者,忘是非,忘得失,在此者非彼,

人能保全至精,孤然不与万法为侣,则善是恶非、宠得辱失俱忘之矣。既孤然不与万法为侣,是在此精而已,不假彼法而独存也,故云全精者忘是非,忘得失,在此者非彼者也。

抱神者,时晦明,时强弱,在彼者非此。

人能保抱至神,冥然无我,随时达变。时可晦隐,则晦隐而独善,时可明显,则明显而济天下。时可行仁德自强不息,则行仁德而自强不息也。时可谦卑柔弱,则谦卑柔弱而自牧也。晦明强弱在彼时而已,非在此神也,为神无我也,故云抱神者,时晦明,时强弱,在此者非彼也。此章明全精神者无我人者也。

右第一章

关尹子曰:精神水火也,五行互生灭之,其来无首,其往无尾。

精属水,神属火,故精神水火也。水生木,木生火,火生土,土生金,金生水;水灭火,火灭金,金灭木,木灭土,土灭水也,故云五行互生灭也。正月二月木旺,三月木旺十二日,土旺十八日,四月五月火旺,六月火旺十二日,土旺十八日,七月八月金旺,九月金旺十二日,土旺十八日,十月十一月水旺,十二月水旺十二日,土旺十八日,春夏秋冬四时,循环往来,首尾可寻,故云其来无首,其往无尾也。

则吾之精,一滴不存亡尔,

精属水,故曰一滴也。吾之至精之道,不属有无存亡也,故云则吾之精,一滴不存亡尔也。

吾之神,一欻无起灭尔。

神属火,故曰一欻。吾之至神,一欻之间无生无灭也,起者生也,故云吾之神一欻无起灭尔。

惟无我无人,无首无尾,所以与天地冥。

如上所说,神无我,精无人,五行互生灭之,其来无首,其往无尾,以此知惟无我人。首尾者,所以与天地同本于窈冥之道也,故云惟无我无人,无首无尾,所以与天地冥也。此章明精神无人我,与天地同生于道。

右第二章

关尹子曰:精者水,魄者金,神者火,魂者木。

水在五神为精,故云精者水也。金在五神为魄,故云魄者金也。火在五神为神,故云神者火也。木在五神为魂,故云魂者木也。

精主水,魄主金,金生水,故精者魄藏之。

精属水,魄属金,金是水之母,金生水也,以此知魄隐藏精也。故云精主水,魄主金,金生水,故精者魄藏之也。

神主火,魂主木,木生火,故神者魂藏之。

神属火,魂属木,木乃火之母,木生火,以此知魂隐藏神也。故云神主火,魂主木,木生火,故神者魂藏之也。

惟水之为物,能藏金而息之,能滋木而荣之,所以析魂魄。

希玄子贾本有此四句,似与经文势相联,不失次序,故亦从而解之也。金放于水中,则隐息而不见,木得水,则滋生荣旺,精既属水,魄既属金,魂既属木,水既藏金,以此知精能析分魂魄也。故云惟水之为物,能藏金而息之,能滋木而荣之,所以析魂魄。

惟火之为物,能镕金而销之,能燔木而烧之,所以冥魂魄。

火能镕销其金,亦能烧燔其木,神既属火,魄既属金,魂既属木,火既能销金燔木,以此知神能合魂魄也。故云惟火之为物,能镕金而销之,能燔木而烧之,所以冥魂魄也。

惟精在天为寒,在地为水,在人为精。

精属水,水在天时则为冬寒,水在地形则为五行之水,水在人五神则为精也,故云惟精在天为寒,在地为水,在人为精也。

神在天为热,在地为火,在人为神。

神属火,在天时则为夏热,在地形则为五行之火,在人五神则为神也,故云神在天为热,在地为火,在人为神。

魄在天为燥,在地为金,在人为魄。

魄属金,在天气则为炎燥,在地形则为五行之金,在人五神则为魄也,故云魄在天为燥,在地为金,在人为魄。

魂在天为风,在地为木,在人为魂。

魂属木,在天气则为风,在地形则为五行之木,在人王神则为魂也,故云魂在天为风,在地为木,在人为魂也。

惟以我之精,合天地万物之精,譬如万水可合为一水。

因万水可合为一水之喻,以此知吾之精,可合天地万物之精为一精也,故云惟以我之精,合天地万物之精,譬如万水可合为一水也。

以我之神,合天地万物之神,譬如万火可合为一火。

因万火可合为一火之喻,以此知吾之神,可合天地万物之神为一神也,故云以我之神,合天地万物之神,譬如万火可合为一火。

以我之魄,合天地万物之魄,譬如金之为物,可合异金而镕之为一金。

因异金可合镕之为一金之喻,以此知吾之魄,可合天地万物之魄为一魄也,故云以我之魄,合天地万物之魄,譬如金之为物,可合异金而镕之为一金也。

以我之魂,合天地万物之魂,譬如木之为物,可接异木而生之为一木。

因异木可接为一木之喻,以此知吾之魂,可合天地万物之魂为一魂也。故云以我之魂，合天地万物之魂，譬如木之为物，可接异木而生之为一木也。

则天地万物皆吾精吾神、吾魄吾魂，何者死，何者生。

如上所说，则天地万物精神魂魄同生于道也。既同生于道者，道岂有生死哉？故云天地万物皆吾精吾神、吾魄吾魂，何者死何者生也。此章明天地与我并生，万物与我为一，一生于道，道无生死者也。

右第三章

关尹子曰：五行之运，因精有魂，因魂有神，因神有意，因意有魄，因魄有精，

金木水火土五行运转，互相生也。精属水，魂属木，水生木，故云五行之运，因精有魂也；神属火，木生火，故云因魂有神也；意属土，火生土，故云因神有意也；魄属金，土生金，故云因意有魄也；精属水，金生水，故云因魄有精也。

五者回环不已，

精神魂魄意五者相生，循环不已也。已者，止也。故云五者循环不已也。相生者，精生魂，魂生神，神生意，意生魄，魄生精，精复生魂也。若人心神不生，则意不生，为无火，则无土也；意不生，则魄不生，为无土，则无金也；魄不生，则精不生，为无金，则无水也；精不生，则魂不生，为无水，则无木也；魂不生，则神不生，为无木，则无火也。以此则知，一心不生，五者皆废，乃出轮回之捷径也。

所以我之伪心，流转造化几亿万岁，未有穷极。

伪心者，业识也。一切众生业识忙忙，无本可据，流浪生死，出彀入彀，四生六道，骸骨如山，轮回不知几亿万岁，尚未有穷极出离也。大圣垂慈是经，由是而说也，故云所以我之伪心，流转造化几亿万岁，未有穷极也。造化者，生死也。我者，一切众生是也。

然核芽相生,不知几万株,天地虽大,不能芽空中之核,

果木有核者,埋于土内,则生芽长成树,复结果生核,核复埋土生芽,芽又长成树,生核,如此相生,不知几万株树而不穷,故云然核芽相生,不知几万株也。此喻心含识,则伪心流转,造化几亿万岁,未有穷极也。若将果核以线系之悬于空中,彼天地虽大,岂能生芽哉?故云天地虽大,不能芽空中之核也。此喻一心合于真空,造化不能轮回也。

雌卵相生,不知其几万禽,阴阳虽妙,不能卵无雄之雌。

禽之雌,因与雄交而生其卵,雌覆卵而生小禽,长大复有雌雄相交而生卵,如此相生,不知其几千万亿禽也,故云雌卵相生,不知其几万禽也。此喻心背觉合尘,生死不已也。彼禽之雌不与雄交合,彼阴阳虽妙,岂能生卵哉?故云阴阳虽妙,不能卵无雄之雌。此喻心不合尘,则无生死者也。

惟其来干我者,皆摄之一息,则变物为我,无物非我,所谓五行者,孰能变之。

我者,心也,心本无心,因物境来相干,则一息之间,心忽见也,以此知即物是心也,故云惟其来干我者,皆摄之一息,则变物为我也。若无物境来干,则心不见,心既不见,即是真空,五行岂能变真空哉?不能变真空者,则无生死轮回也,故云无物非我,所谓五行者,孰能变之。故云见物便见心,无物心不见,十方通塞中,真心无不遍,正谓此也。此章明一念才生,则落五行,轮回不已,一心不生则真空,阴阳不能陶铸矣。

右第四章

关尹子曰:众人以魄摄魂者,金有余则木不足也,

魄者,阴也,妄想贪著众恶是也。魂者,阳也,清静无染众善是也。众人愚痴颠倒,妄想贪著,外行众恶,内贪色欲,外损阴德,内耗元阳,阳魂耗尽,阴魄独强,恶习所摄,死沉阴界,如水流下,盖属乎阴者自降也。阴魄既独强,阴魄属金,是金有余也,阳魂既耗尽,阳魂属木,是木不足也。摄,制伏也,以强魄制伏弱魂也。故云众人以魄摄魂者,金有余则木不足也。

圣人以魂运魄者,木有余则金不足也。

运者,周行也。圣人初学道时,心开了悟,清静无染,外行众善,不住行善之迹,内保元阳,不住空相,离种种边,纯阳流住,阳魂运化,阴魄消寂,功满蜕形,升阳界,所以为圣人也。如火发往上行,盖属乎阳自升也。阳魂既运化,魂属木,是木有余也,阴魄既消寂,魄属金,是金不足也。

盖魄之藏,魂俱之,魂之游,魄因之。

魄属阴,阴主静,静者,隐藏之义也。魄隐藏于夜,魂亦俱随魄隐藏也,故云盖魄之藏,魂俱之也。盖者,大盖如此也。魂属阳,阳属动,动者,浮游之义。魂浮游于昼,魄因随之而浮游也,故云魂之游,魄因之者也。

魂昼寓目,魄夜舍肝,寓目能见,舍肝能梦。

魂乃肝藏之神,目乃肝之外表,魂昼寓目即无疑也。魄乃肺藏之神,鼻乃肺之外表,应当魄夜舍肺,今经言魄夜舍肝,于文理违背,传写之误也。且从舍肝解之,终是牵强。为魂昼寓游于目,魄因随之寓游于目也。魄夜舍藏于肺,魂俱游而舍藏于肺也。此论之甚当。若言魂昼寓游于目,魄因而随寓游于目,魄夜舍藏于肝,魂俱随而舍藏于肝,肝是魂之本家,不应说俱随之也,以此论牵强尤甚也。魂昼寓游于目,能见诸色相,皆魂识所辩也,故云魂昼寓目,寓目能见也。魄夜舍藏于肺者,能作诸梦境,皆尸魄妄想颠倒所成也,故云魄夜舍肺,舍肺能梦也。

见者魂无分别,析之者分别,析之曰天地者,魂狃习也。

狃者,狎也。魂昼寓游于目,能见众色相,皆魂所辩也,故云见者魂也。魂初寓目,本无分别,故云无分别也,忽生分别之识,故云析之者分别也。既生分别之识,则知在上曰天,在下曰地也,故云析之者天地也。既识天地,则是魂识狎习染狎于识性,如犀牛玩月,月形入角虽尽,犀牛形亦不能去角中之月也。识染天地万物者,亦复如是也,乃轮回之因尘劫不能出者,为此识也,故云魂狃习也。

梦者魄,无分别,析之者分别,析之曰彼我者,魄狃习也。

魄夜舍藏于肺,能作诸梦,故云梦者魄也。魄初舍肺,本无分别,而生分别之识,则分析曰彼人此我者,皆魄识狃习,颠倒梦想而迷真著妄也。故云无分别,析之者分别,析之曰彼我者,魄狃习也。

火生土,故神生意。

郭子谦本有此七字,甚与经文势通畅,故亦从而解之。神属火,意属土,火生土,故神生意也,故云火生土,神生意也。

土生金,故意生魄。

意属土,魄属金,故意生魄也,故云土生金,故意生魄。

神之所动,不名神名意,意之所动,不名意名魄。

动者,生也。神之所生,即不得名神也,乃名之为意。神属火,意属土,火生土,以此知神生则名意也,故云神之所动,不名神名意也。意之所生,不得名意,乃名之为魄也。魄属金,土生金,以此知意生则名魄也,故云意之所动,不名意,名魄也。

惟圣人知我无我,知物无我,皆因思虑计之而有。

圣人了悟真空,元本无我。真空者,思虑未萌,思虑未萌者,内不知有我,外不知有物也。知者,悟也,圣人了悟真空,元无物我,今计物我者,皆因思虑妄计之而有也。故云惟圣人知我无我,知物无物,皆因思虑计之而有。

是以万物之来,我皆对之以性,而不对之以心,性者心未萌也。

是以者,因上仍下之辞也。因上凡人以思虑妄计万物彼我,以此万物之来,吾但以性对之,性者真空,真空应物常寂,故云是以万物之来,我皆对之以性也。但对之以性,而不对之以心者,何也?答曰:性者,心未萌生也。心未萌者,即是真空之性也,故云而不对之以心,性者心未萌也。

无心则无意矣,盖无火则无土。无意则无魄矣,盖无土则无金。

心属火,意属土,无火不生土,故云无心则无意矣,盖无火则无土也。意属土,魄属金,无土则不生金,故云无意则无魄矣,盖无土则无金。

一者不存,五者皆废。

一者,心也,一心不生,则神意魄精魂五者皆废,而不相生也,故云一者不存,五者皆废也。

既能浑天地万物以为魂,斯能浑天地万物以为魄。

既者,因前章说,以我之魂合天地万物之魂也。既能以我之魂,浑同天地万物之魂,斯能以我之魄,浑同天地万物之魄也,故云既能浑天地万物以为魂,斯能浑天地万物以为魄。

凡造化所妙皆吾魂。凡造化所有皆吾魄。则无一物可役我者。

如上说者,我之魂魄,浑同天地万物之魂魄,以此知凡造化者所妙所有,皆吾魂魄也,故云凡造化所妙皆吾魂。凡造化所有皆吾魄,造化者,造物也。既与造物者游,则能役万物,无一物能役吾也。经云:一道能作万物,终无有一物能作道者,能害道者,与此同也,故云则无一物可役我者也。此章明一心既萌,则五神妄生不已,一心不生,则五神还原,可与造物同游。

右第五章

关尹子曰:鬼云为魂,鬼白为魄,于文则然。

云字傍鬼字为魂字,白字傍鬼字为魄字,于文字则如是,故云鬼为魂,鬼白为魄,于文则然。

鬼者,人死所变。

有一分阴不尽,不能为仙,有一分阳不尽,不能为鬼,以此知人元阳耗尽,虽未死亦死也。人是戴骰鬼,鬼是脱骰人,盖妄结恶习,死沉阴界,变而为鬼也,故云鬼者,人死所变也。

云者风,风者木,白者气,气者金,

阳气为云,云升,无阴相接,化而为风,风属巽,巽属木,故云云者风,风者木也。白色属金,金气化为白色,故云白者气,气者金。

风散故轻清,轻清者上天,金坚故重浊,重浊者入地,

风属阳,能散万物,故轻清也,风既属阳,又轻清,自然上升于天,故云风散故轻清,轻清者上天也。金形属阴,故坚而重浊,金既属阴形,坚而重浊,自然下沉于地也,故云金坚故重浊,重浊者入地也。

轻清者,魄从魂升,重浊者,魂从魄降。

人修众善则属阳,死则善福所资,则其气轻清,自然魄从魂升于阳界,此亦自然之类也,故云轻清者,魄从魂升也。人行众恶则属阴,死则恶业所摄,则其气重浊,自然魂从魄降,下沉于阴界,亦自然之类也,故云重浊者,魂从魄降也。

有以仁升者为木星佐,有以义升者为金星佐,有以礼升者为火星佐,有以智升者为水星佐,有以信升者为土星佐。

人专一行仁惠,行之至也,死而上升为木岁星之辅佐也,为仁属木也,亦自然而然各从其类也,故云有以仁升者为木星佐也。人专行义以宜物,行之至也,死而上升为金太白星之辅佐也,为义属金也,故云有以义升为金星佐也。人专行礼以尊君父,行之至也,死而上升为火荧惑星之辅佐也,为礼属火也,故云有以礼升者为火星佐也。人专以智别真伪是非,从真是而不从伪,行之至也,死而上升为水极星之辅佐也,为智属水也,故云有以智升者为水星佐也。人专行诚信,言行相符,行之至也,死而上升为土镇星之辅佐也,为信属土也,故云有以信升者为土星佐也。

有以不仁沉者木贼之,不义沉者金贼之,不礼沉者火贼之,不智沉者水贼之,不信沉者土贼之。

人行不仁,则众恶独擅,行之至也,则死而沉于阴界,则东岳拘而治罪,为东岳属木,既拘而治罪,非木贼而何,故云有以不仁沉者木贼之也。人专行不义,一切颠倒,不合义理,行之至也,则死而沉于阴界,则西岳拘而治罪,为西岳属金也,故云有以不义沉者金贼之也。人专行无礼,侮慢君父,不忠不孝,行之至也,则死而沉于阴界,则南岳拘而治罪,为南岳属火,故云有以不礼沉者火贼之也。人专行不智,愚痴所障,不鉴真伪是非,一切倒错,则死而沉于阴界,则北岳拘而治罪,为北岳属水也,故云有以不智沉者水贼之也。人专行不诚,信一切诳言妄语,言行相违,诳妄过重,则死而沉于阴界,则中岳拘而治罪,为中岳属土也,故云有以不信沉者土贼之也。已上行五常之德,则为五星之佐,背五常之德者,反彼五行贼之,可不慎欤!

魂魄半之,则在人间。

人行半善半恶,则罪福两停,善属阳魂,恶属阴魄,如此则不升阳界,不沉阴界,只在人间宛转生死也,故云魂魄半之,则在人间。

升魂为贵,降魄为贱,灵魂为贤,厉魄为愚,轻魂为明,重魄为暗。

前生作善多,则升魂为今生富贵,故云升魂为贵也。前生作恶多,则降魄为今生贫贱之人也,故云降魄为贱也。前生有慧,明理,则灵魂为今生贤人也,故云灵魂为贤也。前生无慧,愚痴刚悍,则厉魄为今生愚人也,故云厉魄为愚也。前生智性为善,则轻魂为今生聪明人也，故云轻魂为明也。前生无智性为恶，则重魄为今生痴暗也，故云重魄为暗。

阳魂为羽，钝魄为毛，明魂为神，幽魄为鬼。

今生轻薄作恶，死而阳魂为羽虫之类，故阳魂为羽也。今生痴钝作恶，死而钝魄为毛虫之类，故钝魄为毛也。今生聪明正直，疾恶乐善，死而明魂为神祇也，故明魂为神也。今生好幽暗，行奸盗，作诸不善，死而幽魄为鬼也，故幽魄为鬼也。

其形其居，其识其好，皆以五行契之。

贵贱贤愚，明暗羽毛神鬼，其形状居处虽不同，皆因业识所好之因，各报如此之果也。如好五常之因，得报为五星卿佐之果也，如违五常之因，报有五岳治罪之果也。故云其形其居，其识其好，皆以五行契之。

惟行之数，参差不一，所以万物之多，盈天地间犹未已也。

水生数一，成数六，火生数二，成数七，木生数三，成数八，金生数四，成数九，土生数五，成数十，故云惟行之数，参差不一也。五行阴阳，相推相荡，交感变化，巨细洪纤，飞潜动植，所以纷纷扰扰不止，于万亿之多，充盈于天地之间，生生化化，感异类创生，犹未止息也，故云所以万物之多，盈天地间犹未已也。

以五事归五行，以五行作五虫，可胜言哉？

以事者，皆用也。五用者，视听食息思。归五行者，目乃肝之外表，肝属木，故目视属木也，耳乃肾之外表，肾属水，耳听属水也，舌乃心之外表，心属火，故舌食属火也，鼻乃肺之外表，肺属金，故鼻息属金也，意乃脾之神，属土，故意思属土也。故云以五事归五行也。五行者，木火土金水也。五虫者，鳞羽倮毛甲也。东方甲乙木，作鳞虫三百六十种，龙为长也，南方丙丁火，作羽虫三百六十种，凤凰为长也，中央戊己土，倮虫三百六十种，圣人为长也，西方庚辛金,作毛虫三百六十种,麒麟为长也,北方壬癸水,作甲虫三百六十种,灵龟为长也,故云以五行作五虫,可任论动植之物也,故云可胜言哉也。胜者,任也,言者,论也。

譬如兆龟数蓍,至诚自契,五行应之,诚苟不至,兆之数之,无一应者。

兆龟数蓍,见解二柱首章也。向来所说贵贱贤愚明暗羽毛神鬼五常之因果,譬如以至诚祝愿,钻龟甃,数蓍草,五行应之以吉凶之兆也。人之其形其居其识其好,皆以五行契之,亦复如是也。故云譬如兆龟数蓍,至诚自契,五行应之也。若钻龟数蓍之时,而心不至诚,吉凶之兆无一应也。人心无所爱著,绝其所好,清净无染,离种种边,不落因果,轮回亦复如是也,故云诚苟不至,兆之数之,无一应者也。

圣人假物以游世,五行不得不对。

圣人假借四大之貌物,以五常之德,普利群品,为之妙用也。既以五常为妙用,寓游世间,普利群品,以仁属木,义属金,礼属火,智属水,信属土,既为之五常,不得不对属于五行也。故云圣人假物以游世,五行不得不对也。此章明心有染著,则落因果,心离染著,则出轮回。

右第六章

关尹子曰:三者具有魂,魂者识,目者精,色者神,见之者,为魂耳口鼻心之类。

魂具此识精神,三也,故云三者具有魂也。魂昼寓目,目视而辩五色,亦具识精神,然后能视辩之也。故云魂者识,目者精,色者神也。谓目之辩色者,魂识也,目之神水乃精神也。不独视为然,耳听声,口尝味,鼻闻香,心思境,皆同具有识精神,方能别辩声味香境也,故云见之者,为魂耳口鼻心之类也。类者同也。

在此生者,爱为精,为彼生父本,观为神,为彼生母本,爱观虽异,皆同识生。

在此生身者,为彼父,生爱识恋母,爱为精,精属水,彼母生观识恋父,观为神,神属火,父母交感精神,为此生身之本也。故云在此生者,爱为精,为彼生父本,观为神,为彼生母本。父母爱观虽不同,皆用识情交感生子则同也,故云爱观虽异,皆因同生也。

彼生生本,在彼生者,一为父,故受气于父气,为水,二为母,故受血于母血,为火。

彼父母,生生之本也。为父精属水,水数一,故一为父也。此身受生之初,先得父之精气以成胎元,精气属水,故云彼生生本,在彼生者,一为父,故受气于父气,为水也。为母血属火,火数二,故二为母也。此身受生之初,次得母之血气以成胎本,血气属火,故云二为母,故受血于母血,为火。

有父有母,彼生生矣。

有父有母,阴阳交感,彼为父父母母,而生生不穷矣,故云有父有母,彼生生矣。

惟其爱之无识,如锁之交,观之无识,如灯之照,吾识不萌,吾生何有。

惟以至仁不仁,平等普利而无识,不求报恩,不住行仁之迹,虽与世交,如锁镮相交,而无情识之心也,故云惟其爱之无识,如锁之交也。仁者兼爱也,圆明定慧,如大圆镜,鉴物无心,如灯破暗,照物无识也,故云观之无识,如灯之照也。如上所说,至仁不仁,平等普利而无心,定慧圆明,应物而无识,吾识不萌生,吾生死何有哉?故云吾识不萌,吾生何有哉。此章明识是生死之种,无识则无生死轮回也。

右第七章

关尹子曰：如桴扣鼓，鼓之形者，我之有也，鼓之声者，我之感也，桴已往矣，余声尚存，终亦不存而已矣。

寓游于世，物来相感，如似桴槌扣击于鼓，感而后声也，故云如桴扣鼓也。我之所有精神，如鼓之形，我之应感，如鼓之声也，故云鼓之形者，我之有也，鼓之声者，我之感也。桴槌已往，鼓余声尚在，如感我者已往，我之精神魂魄之识，尚未能忘，回光照破此识而忘之，是终亦不存也，故云桴已往矣，余声尚存，终亦不存而已矣。

鼓之形如我之精，鼓之声如我之神，其余声者，犹之魂魄。

吾之历历精明，如鼓之形也，吾之寂然不动，感而遂通，如鼓之声也，故云鼓之形如我之精，鼓之声如我之神也。吾之魂魄之识，物感不忘，犹似桴已往矣，鼓之余声尚存也，故云余声者，犹魂魄也。

知夫倏往倏来，则五行之气我何有哉？

人能了悟本性真空，物境倏忽来往，应变常寂，如此，金木水火土五行之气，于真空何有哉？故云知夫倏往倏来，则五行之气我何有哉。此章明真空不属五行也。

右第八章

关尹子曰：夫果之有核，必待水火土三者具矣，然后相生不穷，三者不具，如大旱大潦大块，皆不足以生物。

果木之中，有子核埋于土内，必待雨阴水之滋润，晴阳火之薰蒸，然后核生芽，芽长成树，树复结果核，核依前种之，水火土三者滋润薰蒸，复生芽长树结果核，相生无有尽期也。故云夫果之有核，必待水火土三者具矣，然后相生不穷也。若果核不埋于土，无阴雨阳晴滋润薰蒸，安能生芽成树哉？若无水火土，如似大亢旱时，大水涝时，大干土块时，三时种物皆不得生也。故云三者不具，如大旱大潦大块，皆不足以生物也。潦者，涝也。足者，得也。

精水神火意土三者本不交,惟人以根合之,故能于其中横见有事。

精属水,神属火,意属土,精神意三者本不交生于物,惟人之父母,以二根交合,精神意识混融于恍惚之际,横妄见其象有此胞胎之事,生生不穷,如果核得水火土,生芽长树复结果核,生生不穷也。故云精水神火意土三者本不交,惟人以根合之,故能于其中横见有事也。

犹如术呪,能于至无见多有事。

父母未交合之时,各自真空之性,本来清静无物,以二根交合,精神意而生子者,犹法术呪土巫觋之类,能于至无中呼召鬼神,妄见变化怪异之事也。故云犹如术呪,能于至无见多有事也。此章明本来清静,元无生死,人迷爱欲,屈沉生死也。

右第九章

关尹子曰:魂者水也,木根于冬水,而花于夏火,故人之魂藏于夜精,而见于昼神。

魂者,木也。木冬时归根复命,得冬水炁滋养,于夏得火炁薰蒸,则发花也,故云魂者木也,木根于冬水,而华于夏火也。精属水,魂属木,水生木,故云人之魂藏于夜精也。夜属阴,阴属水,昼属阳,阳属火,神属火,魂昼寓目以见神彩,故云而见于昼神也。

合乎精,故所见我独,盖精未尝有人,合乎神,故所见人同,盖神未尝有我。

精属水,水无人也,精亦无人也,合乎至精,则历历孤明,不与万法为侣也,故云合乎精,故所见我独。盖精无人也,合乎至神,则冥冥莫测,感而后应,应人事而无我也,神属火,火无我,神亦无我也,故云合乎神,故所见人同,盖神未尝有我也。此章明全乎至精至神者,无人我也。

右第十章

关尹子曰：知夫此身如梦中身，随情所见者，可以飞神作我而游太清，

知者，悟也。人能了悟四大假合之身，如尘埃聚沫、浮沤梦幻不坚固，虚妄不实之身，皆是随妄情所见，以为有我，了悟如此，洞彻真空，以飞腾神用，不疾而速，不行而至，太清之境无日不游也。太清者，真空之妙道也，故云知夫此身如梦中身，随情所见者，可以飞神作我而游太清也。

知夫此物如梦中物，随情所见者，可以凝精作物而驾八荒。

物者，用也。人能悟此六用神通，亦如梦幻不实，了悟知此，洞彻真空，以凝澄清精微之体，而作生妙用，驾驭八荒，而为顷刻之游也，故云知夫此物如梦中物，随情所见者，可以凝精作物而驾八荒也。八荒者，四海之外谓之八弦，八弦之外谓之八演，八演之外谓之八区，八区之外谓之八极，八极之外谓之八荒，八荒之外谓之鸿荒，广莫之界也。又太清者，太上所居之天也，在四种民天之上，即太清仙境也。大开之士，以真空太虚为体，远及八荒之外，近在眉睫之间，阴阳莫测，鬼神难窥，不假他物，八荒之外太清仙境而为咫尺顷刻之游也。或示变化警愚迷，启诚信向道之心，或以飞神作身外之身，而乘空履虚，升游太清仙境，或以凝精作龙虎鸾凤，龟鹤梁鲤箕楼之类，驾驭而适八荒之外，以为游戏也。

是道也，能见精神而久生，能忘精神而超生。

是者，此也，道者，不可思议之道也。了悟不可思议之妙道，则形如枯木，心似寒灰，自然神定精凝，返老还童延形，长生久视，如广成子千二百岁，身未尝衰是也，故云是道也，能见精神而久生也。既身心如枯木寒灰，即是以忘精神，而远超生灭也，故云能忘精神而超生也。

吸气以养精,如金生水,

气白色属金,世有卫生小功法,以鼻吸气在息须臾,微微缓出,以为养精攻病,以气养滋其精,如金生水,为气属金,精属水也,故云吸气以养精,如金生水也。

吸风以养神,如木生火,

世有小功法以治心者,以鼻引清风,微微来往出入,则心不乱而神定,亦得其所养,如木生火,为风属木,神属火也,故云吸风以养神,故木生火也。

所以假外以延精神。

如上所说,吸气吸风以养精神,是假外以延留精神,不令耗散也,故云所以假外以延精神也。

漱水以养精,精之所以不穷,

世有小功法,以漱津液而保养其精,不令走泄,而精益无穷也,故云漱水以养精,精之所以不穷也。

摩火以养神,神之所以不穷,

世有小功法,凝思以手摩脐轮,令热如火,久而神益无穷也,故云摩火以养神,神之所以不穷也。

所以假内以延精神。

如上所说,漱津液之水,摩脐轮之火,不假外物,是假内以延留精神,不令耗散也,故云所以假内以延精神也。

若夫忘精而超生者,吾尝言之矣。

若夫洞了真空,精神返源,窈冥莫测,不知有精神之可忘,亦无生灭之可超,吾尝垂示学人言之矣。其他假外假内小功小法,吾未尝言之也。故云若夫忘精神而超生者,吾尝言之矣。此章明道由心悟,而行小功小法莫之及也。

右第十一章

关尹子曰：人勤于礼者，神不外驰，可以集神，

礼在五行属火，神亦属火，礼者，谨敬也，人心专以谨敬慎独，不欺暗室，则心神不驰骋，而凝集静定也，故云人勤于礼者，神不外驰，可以集神也。谨者，专也。

人勤于智者，精不外移，可以摄精。

智在五行属水，精亦属水，智者，明真伪是非，专以保真忘伪，则名从是违非也，如此则精不妄泄于外，可以摄养至精也，故云人勤于智者，精不外移，可以摄精也。摄者，养也。

仁则阳而明，可以轻魂，义则阴而冥，可以御魄。

仁在五行属木，魂亦属木，仁以静自利，以慈利他，慈善属阳，静则明了，魂神轻清而澄湛也，故云仁则阳而明，可以轻魂也。义在五行属金，魄亦属金，洞了真空，与道相真，阴隐窈冥，令尸魄止静而澄彻也，故云义则阴而冥，可以御魄也。御者，使止也。此章明五常为道之妙用也。

右第十二章

关尹子曰：蜣螂转丸，丸成，精思之，而有蠕白存丸中，俄去殻而蝉，

蜣螂推粪转为丸球，丸球既成，钻入土中，抱丸而精一思之，其蜣螂精神气俱入丸中，化为蠕白虫，经秋冬春三时气含养，得夏火气薰蒸，出土缘上草木墙壁之类，俄顷之间，从脊裂开，退去皮殻，化而为蝉，飞游林木，吸风饮露而鸣也。故云蜣螂转丸，丸成，精思之而有蠕白存丸中，俄去殻而为蝉也。

彼蜣不思，彼蠕奚白？

彼蜣螂不抱粪丸精思之，彼蠕虫何得生白哉？皆因妄想，而形随之而变也。故云彼蜣不思，彼蠕奚白也。奚者，何也。此章明生死变化，皆因妄想贪著而有也。

右第十三章

关尹子曰：庖人羹蟹，遗一足机上，蟹已羹，而遗足尚动，是生死者，一气聚散尔，

庖厨之人，将螃蟹作羹之时，遗留螃蟹一脚足机卓案上，其螃蟹作成羹，而遗留之脚尚自播动，以此知是生死者，一气聚散尔。气聚则生，气散则死，遗足尚动者，气未散尽也。故云庖人羹蟹，遗一足机上，蟹已羹，而遗足尚动，是生死者，一气聚散尔。

不生不死，而人横计曰生死。

横者，妄也。本来面目真空之性，禀自五太之前，五太之前未有一气，以此明知真空之性不属气也。不属气者，则无聚散，无聚散者，则无生死也。如此则知不悟性者，但见气聚成形以为生，气散形坏以为死，岂不妄计哉？故云不生不死，而人横计曰生死也。此章明性本无生死，迷人妄计而恐怖也。

右第十四章

关尹子曰：有死立者，有死坐者，有死卧者，有死病者，有死药者，等死，无甲乙之殊。

世间或有人立地化去者，或有坐地化去者，或有卧地化去者，或有因病重化去者，或有因服毒药化去者，立坐卧病药五等之不同，其死则不异也，无甲死者如何、乙死者如何之殊异也。故云有死立者，有死坐者，有死卧者，有死病者，有死药者，等死，无甲乙之殊也。

若知道之士，不见生，故不见死。

知者，悟也。悟道之士，洞了真空，心无生灭，反观四大假合，如尘埃聚沫，如蓬庐赁舍暂寄而已，不见生死之可逃也。故云若知道之士，不见生，故不见死也。此章明道无生死，了道者无生死之可见也。

右第十五章

关尹子曰：人之厌生死超生死者，皆是大患。

患者，病也。迷人不悟道无生死，而能生死者，则不生不死也。未悟如此，起厌生死之心，拟欲直超生死者，皆是学道之大病也。故云人之厌生死超生死者，皆是大患也。

譬如化人，若有厌生死心，超生死心，止名为妖，不名为道。

化人者，教化人也。譬如为人师范，教化迷人学道，令人生厌，离生死之心，超越生死之心，止名为教人学妖怪不祥之事，岂名为教人学道哉？故云譬如化人，若有厌生死心，超生死心，止名为妖，不名为道也。此章明了道者无生死之可厌超也。

右第十六章

关尹子曰：计生死者，或曰死已有，或曰死已无，或曰死已亦有亦无，

妄计生死之人，或曰假身如赁舍，舍坏人存，身死性存也，故云计生死者，或曰死已有也。或有人曰，人生一世，草生一秋，人死如灯灭，已死则无有也，故云或曰死已无也。或有人曰，人死无踪迹，却有附人而通传者，直疑亦有亦无也，故云或曰死已亦有亦无也。

或曰当喜者，或曰当惧者，或曰当任者，或曰当超者，愈变识情，驰骛不已。

或有人曰，生不灵而死灵，生不乐而死乐，惟神之有形，犹形之有疣，苟无其疣，何所不可，如此不亦以死而为喜乎？故云曰当喜者也。或有人曰，人死为鬼，冥冥长夜，无三光之所照，无家乡之所居，无相识之依托，无饮馔之所食，黑暗阴界，诚可惧也，故云或曰当惧者也。或有人曰，人之生死，倏然而来，倏然而往，不喜不惧，任其自然，故云或曰当任者也。或有人曰，人之生死，欲超不难，一志学道，直超生死，故云或曰当超者也。向来妄计生死者，言死已有已无,亦有亦无,当喜惧任超之,八人所言,愈变妄识,迷情奔驰骛骤之不止也,故云愈变识情,驰骛不已也。

殊不知我之生死,如马之手,如牛之翼,本无有,复无无,譬如火水,虽犯火水,不能烧之,不能溺之。

向来妄计生死之人,殊不知本来元无生死,而妄计生死者,如妄计马有手而妄执,如牛有翼而妄飞,马牛本来无手翼,而妄计有手翼也。以譬喻则知本来元无有生死,复无无有也,故云殊不知我之生死,如马之手,如牛之翼,本无有,复无无也。本来真空妙有,与太虚同体,以空合空,如以火投火,不问其明,火不烧火也,以水投水,不问其清,水不溺水也,故云譬如火水,虽犯火水,不能烧之,不能溺之也。此章明情识不萌,元无生死也。

右第十七章

文始真经注卷之五

神峰逍遥子牛道淳直解

五鉴篇

鉴者,心也。凡二十章。

关尹子曰:心蔽吉凶者,灵鬼摄之,心蔽男女者,淫鬼摄之,心蔽幽忧者,沉鬼摄之,心蔽逐放者,狂鬼摄之,心蔽盟诅者,奇鬼摄之,心蔽药饵者,物鬼摄之。

蔽者,执蔽也,蒙昧也。人心专一执蔽吉凶祸福、五行阴阳者,则有灵通之鬼统摄而蒙昧也,故云心蔽吉凶者,灵鬼摄之也。人心专一执蔽婴姹夫妇、御女采战之术,则有淫欲之鬼统摄而蒙昧也,故云心蔽男女者,淫鬼摄之也。人心专一执蔽幽暗忧愁,则沉溺之鬼摄而蒙昧也,故云心蔽幽忧者,沉鬼摄之也。人心专一执蔽逐走放飞畋猎者,则有狂荡之鬼统摄而蒙昧也,故云心蔽逐放者,狂鬼摄之也。人心专一执蔽盟誓呪诅者,则奇异之鬼统摄而蒙昧也,故云心蔽盟诅者,奇鬼摄之也。人心专一执蔽修合服食药饵者,则有药物之鬼统摄而蒙昧也,故云心蔽药饵者,物鬼摄之也。

如是之鬼,或以阴为身,或以幽为身,或以风为身,或以气为身,或以土偶为身,或以彩画为身,或以老畜为身,或以败器为身。

如上所说,灵鬼、淫鬼、沉鬼、狂鬼、奇鬼、物鬼,六等之鬼,统摄蒙昧六等执蔽之人也,故云如是之鬼也。鬼无形相,必附托物以为身,或以附托阴影为身,而见形昧人者,故云或以阴为身也;鬼或有附托幽暗以为身,而见形昧人者,故云或以幽为身也;鬼或有附托旋风以为身,而见形昧人者,故云或以风为身也;鬼或有附托阴气以为身,而见形昧人者,故云或以气为身也;鬼或有附托土偶塑人以为身,而见形昧人者,故云或以土偶为身也;鬼或有附托彩画人物之像以为身,而见形昧人者,故云或以彩画为身也;鬼或有附托老畜走兽以为身,而见形昧人者,故云或以老畜为身也;鬼或有附托败坏器物以为身,而见形昧人者,故云或以败器为身也。

彼以其精,此以其精,两精相搏,而神应之。

彼者,附托阴、幽、风、气、土偶、彩画、老畜、败器八者之鬼也。此者,心蔽吉凶、男女、幽忧、逐放、盟诅、药饵六者之人也。为此人专一执蔽已上六者之事,精执不移,彼附托鬼之精,与人精两相激搏,而鬼有灵通神异之应也。故云彼以其精,此以其精,两精相搏,而神应之也。

为鬼所摄者,或解奇事,或解异事,或解瑞事,其人傲然,不曰鬼于躬,惟曰道于躬。

心执蔽之人,为灵淫沉狂奇物六鬼统摄蒙昧者,或解珍奇之事,或解异怪之事,或解祥瑞之事,预言必应,众人敬之以为圣。其解奇异瑞事之人,傲然不言有鬼附于身,唯言至道于身,有此灵通也。故云为鬼所摄者,或解奇事,或解异事,或解瑞事,其人傲然,不曰鬼于躬,惟曰道于躬也。

久之,或死木,或死金,或死绳,或死井。

为鬼所摄之人,预解奇异瑞事,傲然以为得道,久之,或自触树木而死,或以刀刃自刎而死,或以绳自缢而死,或自投井而死也。故云久之,或死木,或死金,或死绳,或死井也。

惟圣人能神神,而不神于神,役万神而执其机,可以会之,可以散之,可以御之,日应万物,其心寂然。

惟有了道圣人,洞彻真空妙有,了悟不神之神,阴阳莫测,神鬼难窥,化身周遍尘沙界,妙用神通无量,韬晦不显也,故云惟圣人能神神,而不神于神也。了道圣人能呼召风雨,役使万神而执机也。执者,把握也。了道圣人不唯能呼召风雨,而役使万神,更能使可以会而聚之,可以散而分之,可以御而止之也,故云可以会之,可以散之,可以御之也。了道圣人之心,如月印众水,如风鸣万籁,如悬镜鉴形,如空谷传声,应变而常寂常明,常清常静也,故云日应万物,其心寂然也。此章明心有执蔽皆邪心,无蔽皆道也。

右第一章

关尹子曰:无一心,五识并驰,心不可一;无虚心,五行皆具,心不可虚;无静心,万化密移,心不可静。

无者,禁止之辞也。谓本来妙心,元自不二,垂诚学人无得专心守一,若萌专心守一之念,则守一之念,与视听食息思之五识相并奔驰,不得一也。以此明了,则知心不可守一也,故云无一心,五识并驰,心不可一也。本来妙心元无一物,等同太虚,垂诚学人无得专心虚廓,若萌专心虚廓之念,与喜火、怒木、思土、忧金、恐水之五行,皆同具足不得虚也。以此明了,则知心不萌虚廓之念也,故云无虚心,五行皆具,心不可虚也。本来妙心元自清静,垂诫学人无得专心守静,若蒙专心守静之念,与万化密迁移而不得静也,以此明了,则知心不可守静也,故云无静心,万化密移,心不可静也。

借能一则二偶之,借能虚则实满之,借能静则动摇之。

本来妙心元自不二,于不二妙心,萌守一之念,则守一之念,与不二妙心为二偶对也,故云借能一则二偶之也,此释心不可一也。本来妙心元无一物,等同太虚,于此无物妙心,萌专虚廓之念,则专虚廓之念,填实满塞无物之妙心也,故云借能虚则实满之也,此释心不可虚也。本来妙心元自清静,犹如虚空无动无摇,于本静妙心,萌守静之念,守静之念既生,则是动摇妙心也,故云借能静则动摇之也,此释心不可静也。

惟圣人能敛万有于一息,无有一物可役吾之明彻,散一息于万有,无有一物可间吾之云为。

惟了道圣人之心,犹如太虚,无所不容,化身亿万,一息之间,返本还源,如一切水月,一真月统摄其水月波流,无有一水可没溺真月之明彻也,故云惟圣人能敛万有于一息,无有一物可役吾之明彻也。了道圣人,一息之间,散布化身周遍尘沙界,如一真月普见一切水也。一切水波流不停,无有一切水可间断真月之光明云为照耀也,故云散一息于万有,无有一物可间吾之云为也。此章明本来妙心元自不二,虚静应变纵夺无妨也。

右第二章

关尹子曰:火千年,俄可灭,识千年,俄可去。

火本无我,因膏因薪而见形,虽千年之久,若俄顷膏薪俱尽,则火亦随之而灭也,故云火千年俄可灭也。此起喻也。迷人业识忙忙,无本可据,轮回亿劫,不能出离者,皆因此识也。识亦无我,依境而见,虽千万年之久,若蒙师点化,直下顿悟,本来妙心元自清静,等同太虚,则俄顷之间,境忘识去矣,如薪尽火灭也,故云识千年俄可去也。此喻也。此章明识是生死根,境忘识去,出轮回之要者也。

右第三章

关尹子曰:流者舟也,所以流之者,是水非舟;运者车也,所以运之者,是牛非车;思者心也,所以思之者,是意非心。

人但见舟之流行,殊不知所以使舟流行者,是水流行,非舟自能流行也,故云流者舟也,所以流之者,是水非舟也。人但见车之运行,殊不知所以使车运行者,是牛拽之运行,非车能自运行也,故云运者车也,所以运之者,是牛非车也。此舟车二者借喻也。人但知心之思虑,殊不知所以能思虑者,是意识能思虑,非本来妙心有思虑也,故云思者心也,所以思之者,是意非心也。此合喻也。

不知所以然而然,惟不知所以然而然,故其来无从,其往无在。

本来妙心,真空为体,妙有为用,体用如如,应变无穷,神鬼难窥,阴阳莫测,不知所以然而然也。不知所以然而然,本来妙心,元在五太之前,象帝之先,洞然明了,其来不知从何而生来,冥然隐密其往,不知所在而居止,故云不知所以然而然。惟不知所以然而然,故其来无从,其往无在也。

其来无从,其往无在,故能与天地本原,不古不今。

叠上二句,谓本来妙心,不知从何而生来,冥然隐密往,然不知所在,如此,天地与吾同本原,妙心而生本原,妙心不属时节,故不古不今也。故云其来无从,其往无在,故能与天地本原,不古不今也。此章明本原妙心,禀自五太之前,非思虑之所知也。

右第四章

关尹子曰:知心无物,则知物无物,知物无物,则知道无物,知道无物,故不尊卓绝之行,不惊微妙之言。

本来妙心，以道为体，以物为用，了悟道心，元无一物，等同虚空，体用如如，应变常寂，故云知心无物，则知物无物，知物无物，则知道无物也。知者，悟也，物无物者，应变常寂也。洞悟道心体用无物，故不尊尚卓高绝代之行，为行虽卓绝，不离于迹，道本无迹，故不尊尚也。不惊异精微玄妙之言，为言虽微妙，不离于名，道本无名，故不惊异也。故云知道无物，故不尊卓绝之行，不惊微妙之言也。此章明道心应变常寂，非言行之可及也。

右第五章

关尹子曰：物我交心生，两木摩火生，

心本无心，因物而见，物我相交而心生显见，如两木相钻摩而生火也，故云物我交心生，两木摩火生也。

不可谓之在我，不可谓之在彼，不可谓之非我，不可谓之非彼，执而彼我之，则愚。

我本无我，因物来干，心忽显见，非我自生心也，故云不可谓之在我也。物来相感，心虽显见，心如虚空，与彼物无碍，故云不可谓之在彼也。若无我者，物虽来感，则心不生，心既有生，不可谓之非我也，故云不可谓之非我也。我未无我，彼物若不来感，则心亦不生，心本不生，因感而生，不可谓之非彼物也，故云不可谓之非彼也。迷人不悟无我无心，与物无碍，而妄立我心，与物作对，执有彼我，触物有碍，非愚而何，故云执而彼我之则愚也。而者，汝也，执汝彼我而不忘，乃愚迷之人也。此章明心本无彼我，与物无碍，迷人妄立彼我，与物作对也。

右第六章

关尹子曰：无恃尔所谓利害是非，尔所谓利害是非者，果得利害是非之乎？

无者，禁止之辞也。恃者，倚赖也。言无得恃赖汝之所言利害是非也,故云无恃尔所谓利害是非也。汝所言利害是非者,皆妄情无计,岂可利定为利,害定为害,是定为是,非定为非?利害是非随妄情变化,岂可一定之邪?既不可一定,随时妄情所计之耳,果何得利害是非者哉?故云尔所谓利害是非者,果得利害是非之乎。

圣人方且不识不知,而况于尔。

运化利害是非者,造物也。造物窈冥,莫测其所以,虽圣人大智,圆通于窈冥造物,方且不识不知,而况尔凡乎?故云圣人方且不识不知,而况于尔也。此章明利害是非,造物者运化,凡不可预测也。

右第七章

关尹子曰:夜之所梦,或长于夜,心无时。

长于夜,应作昼,于义则通也,盖传写之误也。迷人夜间作梦,或梦生长于昼,以此知本来妙心,不属时之数也,故云夜之所梦,或长于昼,心无时也。

生于齐者,心之所见皆齐国也,既而之宋之楚,之晋之梁,心之所存各异,心无方。

有人生长于齐国,心之所见之境,皆齐国而已。而者,汝也,之者,往也。既汝往宋国,又往楚晋梁之三国,四国境界不同,心之所存之境亦异,以此知本来妙心,不属方位也。故云生于齐者,心之所见皆齐国也,既而之宋之楚之晋之梁,心之所存各异,心无方也。此章明本来妙心,不属时数方位也。

右第八章

关尹子曰:善弓者,师弓不师羿,善舟者,师舟不师㚟,

羿者,古人善射之号也。昔帝喾赐羿弓矢,为司射之官,居穷石之地,至尧时,十日并出,命羿射之,中九日而落之也。后纂夏后相之位,号有穷国君,因羿以为名,其臣寒浞杀之,因有其室而生羿。羿多力，能陆地推舟而行，后为夏后相子少康所杀也。师者，法则也。善射弓者，以弓为法取中也。既以中为则，必以羿为法也，故云善弓者，师弓不师羿也。善操舟者，以舟为法则，务所往无滞为法则也，既以舟所往无滞为则，不必以羿为法也，故云善舟者，师舟不师羿也。此借喻也。

善心者，师心不师圣。

善悟本来妙心，元自清静无为，逍遥自在，不染不著，既以善了妙心，以悟为则，不必以圣人为法也，故云善心者，师心不师圣也。此合喻也。此章明心以悟为则，因超凡圣也。

右第九章

关尹子曰：是非好丑，成败盈虚，造物者运矣，皆因私识执之而有。

以善美为是好，以恶陋为非丑，以事物与荣为成盈，以事物废枯为败虚也，殊不知是非好丑成败盈虚，皆自然造物者所运，吾何容心哉？而迷者执之以为有实，殊不知皆因己私妄识计之也。故云是非好丑成败盈虚，造物者运矣，皆因私识执之而有也。

于是以无遣之犹存，以非有非无遣之犹存，无曰莫莫尔，无曰浑浑尔，犹存，譬犹昔游再到，记忆宛然。

既知是非好丑成败盈虚，皆因私识执之而有，于是以无遣其私识，犹有计无之识尚存，故云于是以无遣之犹存也。又以非有非无遣其计无之识，犹有计非有非无之识尚在，故云以非有非无遣之犹存也。曰莫计非有，莫计非无，故云无曰莫莫尔也。又以无遣之，曰浑然无，莫计非有浑然无，莫计非无，犹有浑浑然无莫计之识尚在，故云无曰浑浑尔，犹存也。以识遣识，何异泥里洗土？以识遣识者，譬如昔日曾游之境，今日再到，忽然记忆，旧之识宛然尚在，终不能忘遣也，故云譬犹昔游再到，记忆宛然也。

此不可忘,不可遣,善去识者,变识为智。

此识不可得而忘,亦不可得而遣,善去识者,洞了真空之心体,以识变为智慧,为心妙有之用也。故云此不可忘,不可遣,善去识者,变识为智也。

变识为智之说,汝知之乎?曰:想如思鬼心栗,思盗心怖。曰:识如认黍为稷,认玉为石,皆浮游罔象,无所底止。

底者,平稳也。向来演变识为智之说,汝还晓知之乎么?故云变识为智之说,汝知之乎。此设问也,却自答曰:曰想者譬如人思此处有妖鬼,则心悚然战栗而恐惧,又思此处有强盗,则心怯然而怕怖也。故云曰想如思鬼心栗,思盗心怖也。曰识者譬如人妄认黍以为稷者,似黍而黑,又如人妄认玉为石,此迷妄想识,皆浮游无象,无所得悟本来妙心,真空平稳之地而休歇也。故云曰识如认黍为稷,认玉为石,皆浮游罔象,无所底止也。罔者,无也,止者,休歇也。

譬睹奇物生奇物想,生奇物识,此想此识,根不在我。

向来所说想识,譬如人睹奇异之物,则生异物之想识,此奇异想,本心元无,因睹奇异之想识也,故云譬睹奇物,生奇物想,生奇物识,此想此识,根不在我也。想者,心思也,识者,心别辩也。

譬如今日,今日而已,至于来日想识,殊未可卜,及至来日,纷纷想识,皆缘有生。

先说此想此识,根不在我,恐人信之不及,再设喻以晓之。譬如今日从旦至夕,今日想识之事已知之矣,至于来日想识之事,殊未可预卜度而知之,故云譬如今日,今日而已,至于来日想识,殊未可卜也。及至来日,随事物旋生纷纷扰扰之想识,以知想识根不在我,皆因有事物而旋生也,故云及至来日,纷纷想识,皆缘有生也。缘者,因也。

曰想曰识，譬如犀牛望月，月形入角，特因识生，始有月形，而彼真月，初不在角。

本来妙心，元无想识，恐人信之不及，复设喻以晓之。譬如犀牛角中元无月形，特因犀牛望月，生此月中之想识，月形入角而始生月形也，而彼天上真月，初不曾在角也。故云曰想曰识，譬如犀牛望月，月形入角，特因识生，始有形，而彼真月，初不在角也。

胸中天地万物亦然，知此说者，外不见物，内不见情。

人胸臆中所怀天地万物之识，亦如犀牛望月，月形入角也，故云胸中天地万物亦然也。人能晓知如上所说譬喻者，则外不见物，内不见情。此章明本来妙心元无情识，皆因心迷，妄生情识也。

右第十章

关尹子曰：物生于土，终变于土，事生于意，终变于意。

万物生于土，万物终尽之时，复变化为土，故云物生于土，终变于土也。此起喻也。土在脾神为意，万事生于意，万事俱忘，终变为意，故云事生于意，终变于意。此合喻也。

知夫惟意，则俄是之，俄非之，俄善之，俄恶之，意有变，心无变，意有觉，心无觉。

如上所说譬喻，则知万事有无，惟此意根也。知此意根所生之事，俄顷之间，非化为是，是化为非，恶化为善，善化为恶也，故云知夫惟意，则俄是之，俄非之，俄善之，俄恶之也。意根有迁变，本来妙心无迁变，意根有知觉，本来妙心无有知觉也，故云意有变，心无变，意有觉，心无觉也。

惟我一心，则意者尘往来尔，事者欲起灭尔，吾心有大常者存。

本来妙心，元自不二，故云惟我一心也。尘者，法也。意根能生万法，能灭万法，灭则往，生则来，故云则意者尘往来尔也。若意根不生万事，如火烧薪，欻然而起，薪尽欻然而灭也，故云事者欻起灭尔也。欻者,速也。大常者,乃本来妙心真空之体,广无边际,越古今而无有变异,非存而何？故云吾心有大常者存也。此章明心之大常御意之小变也。

右第十一章

关尹子曰：情生于心,心生于性,情波也,心流也,性水也。

人之妄情从心上生,心从性上生也,故云情生于心,心生于性也。人迷情如水之波浪,人逐境之心如流动之水,人之本性如水之源也。波流源有三名而无二体,为波流源皆是水也。情心性有三名而无二体也,为情心性皆是真也,故云情波也,心流也,性水也。

来干我者,如石火顷,以性受之,则心不生,物浮浮然。

万物来相干吾者,俄顷之间,如电光石火,但以真空之性受之,则心不生,知识物境浮浮然,如太虚之云,不碍虚空,如空谷传声,应变常寂也,故云来干我者,如石火顷,以性受之,则心不生,物浮浮然也。此章明心性不二,应变无碍也。

右第十二章

关尹子曰：贤愚真伪,有识者,有不识者。

世间有真贤真愚,有伪贤伪愚,世人或有能变识,或有不能变识者,故云贤愚真伪,有识者,有不识者也。

彼虽有贤愚,彼虽有真伪,而谓之贤愚真伪者,系我之识。

彼世间虽是贤愚真伪,而别辩贤愚真伪者,皆系我之妄识也,故云彼虽贤愚,彼虽真伪,而谓之贤愚真伪者,系我之识也。

知夫皆识所成,故虽真者亦伪之。

若知别辩贤愚真伪,皆妄识所成,识既是妄,故虽真实,亦名假伪不真也,故云知夫皆识所成,故虽真者亦伪之也。此章明妄识非真心也。

右第十三章

关尹子曰：心感物不生心，生情，物交心不生物，生识。物尚非真，何况于识，识尚非真，何况于情。

本来妙心元自清静，因物所感也，心本无生，而所以生者情也，故云心感物不生心，生情也。一切物来交干于心，心别变物者非物也，乃心之识见也，故云物交心不生物，生识也。一切物境幻生幻灭，尚犹虚妄，何况于识，岂不为妄伪哉？故云物尚非真，何况于识也。既知识是妄伪，何况于情，岂不是妄哉？故云识尚非真，何况于情也。

而彼妄人，于至无中执以为有，于至变中执以为常，

而彼众迷妄之人，于本来至真妙心，元无一物之中，忽生妄识，坚执为有，染著不舍，不能明了本心也，故云而彼妄人，于至无中执以为有也。彼迷妄众人，于妄识生灭不停，逐境变化之识神中，坚执为本心之大常。噫！殊不知此妄识之神，乃轮回之种也，故云于至变中执以为常也。

一情认之积为万情，万情认之积为万物，物来无穷，我心有际。

本来清静妙心上，忽生一迷情，不觉是妄，认以为真，情情旋生，新新嗣绪，乃积之为亿万之情也，故云一情认之积为万情也。迷人于万亿之情，又不觉是妄，而认妄为真，染著物境，念念迁流，情波浩渺，积之亿万物境也，故云万情认之积为万物也。际者，边境也。本来妙心犹如虚空，广无边际，为妄识迷情专权，间截虚空，妄立境界，限量边际，迷染万物，而逐无穷物迁流也，故云物来无穷我心有际也。

故我之良心受制于情，我之本情受制于物，可使之去，可使之来。

心迷逐情，妄立境界，不由了悟良妙之心，专由迷妄之情驱使，是本来良妙之心，倒受制于迷妄之情，如臣反拘制君也，故云故我之良心受制于情也。我之本来正情既迷染万物，倒被万物驱使，是本来正情受制于万物，如百姓反拘制大臣也，故云我之本情受制于物也。心迷逐情，情迷染物，迷情妄染物境，限尽死后，被爱染物境牵引，爱染重处受生，生生死死，百千万劫轮回，无有出期，去来不已也，故云可使之去，可使之来也。

而彼去来，初不在我，造化役之，因无休息。

人之五情，则属五行也。五情者，喜属火，怒属木，思属土，忧属金，恐属水。五情既属五行，五行阴阳造化陶镕天地万物，驱役死生去来，无有休息之期也。究其所以，皆因五情迷妄，而有此去来死生，五情未萌之前，安有死生去来哉？以此知而彼去来初不在我，皆因迷情妄染，落于五行造化陶铸中，役使轮回因无休息也，故云而彼去来初不在我，造化役之，因无休息也。

殊不知天地虽大，能役有形，而不能役无形，阴阳虽妙，能役有气，而不能役无气。

迷人妄染爱境，被天地阴阳造化役使，轮回无休，殊不知迷情未萌之前，本来良妙之心，犹如虚空无形，虽天地阴阳造化之大，但能役使迷染有形之情，岂能役使如虚空良妙之心哉？故云殊不知天地虽大，能役有形，而不能役无形也。迷情既萌，元气随之，则落阴阳造化役使轮回也。迷情未萌，元气返本，与真空同体，阴阳造化虽妙，岂能役使真空哉？故云阴阳虽妙，能役有气，而不能役无气也。

心之所之，则气从之，气之所之，则形应之。

之者，往也。心之所往，则气从之而往也。心犹帅也，气犹军也，气之从心，如众军从帅也，故云心之所之，则气从之也。心迷妄爱，染著诸境，气亦从之，而有此轮回之身形也，故云气之所之，则形应之也。

犹如太虚,于至无中变成一气,于一气之中变成万物,而彼一气,不名太虚。

道本无名无形,犹如太虚,能运一气,一气分而为阴阳,一气阴阳变化天地万物,既名一气,不名太虚,无形名之道也,而况于万物乎?故云犹如太虚,于至无中变成一气,于一气中变成万物,而彼一气不名太虚也。此起喻也。

我之一心,能变为气为形,而我之心无气无形。

吾之本来良妙之心,以真空为体,思虑未萌之前,体同太虚,思虑既萌,所之则气从之,气之所之则形应之,如太虚中变成一气,于一气中变成万物也,故云我之一心,能变为气为形也。思虑未萌之前,本来良妙之心,元无气无形也,故云而我之心无气无形也。

知夫我之一心,无气无形,则天地阴阳不能役之。

知者,悟也。了悟本来不二之良心,犹如太虚未变为气为形之时,未有天地阴阳,令谁役之?假使有天地阴阳,岂能役使虚空哉?故云知夫我之一心,无气无形,则天地阴阳不能役之也。此章明心迷堕,阴阳陶铸而轮回不已,心悟出阴阳陶铸,永不轮回也。

右第十四章

关尹子曰:人之平日,目忽见非常之物者,皆精有所结而使之然。

人之平安之日,目忽然见非常奇异之物境者,皆是精神与物境凝结,而忽然使之变化如此之异也,故云人之平日,目忽见非常之物者,皆精有所结而使之然也。

人之病日,目忽见非常之物者,皆心有所歉而使之然。

人之患热病之日,被热气所烧而眼花,忽然见非常奇异之物境,皆是热病所烧,而心不足使然也,故云人之病日,目忽见非常之物者,皆心有所歉而使之然也。歉者,不足也。

苟知吾心能于无中示有,则知吾心能于有中示无。

苟者，识也，知者，悟也。如上所说，平日病日，目忽见非常之物，以此诚能了悟本来妙心元无一物，等同太虚，皆于无中示见非常之有，以此了悟即非常之有，昭示本来无物之妙心也，故云苟知吾心能于无中示有，则知吾心能于有中示无也。

但不信之，自然不神。或曰厥识既昏，孰能不信？我应之曰：如捕蛇师心不怖蛇，彼虽梦蛇，而不怖畏。

若人平日或病日，目忽见非常鬼神怪异之境，但悟本心清静元无一物，一切有相，皆是虚妄，如此则明了，不信不著，彼怪自然不呈神异也，故云但不信之，自然不神也。厥者，其也，孰者，谁也。或有人问其识情既昏昧，妄见非常神鬼奇异，谁便能不信哉？故云厥识既昏，孰能不信？此设问也，却自答曰：譬如能以法禁蛇之师，捕捉其蛇，心不怕蛇，彼虽睡梦见蛇，亦无怕怖畏惧之心也，以此明了，则知但不信之，自然不神也。故云应之曰：如捕蛇师心不怖蛇，彼虽梦蛇，而无畏怖也。此答上问也。

故黄帝曰，道无鬼神，独往独来。

以捕蛇譬喻答或问之人，恐信之不及，又引轩辕黄帝书中所载之言以证之。黄帝书中有言，道无鬼神，鬼属阴，神属阳，妙道不属阴阳，故无鬼神也。假使有鬼神，亦不能窥妙道也。妙道运斡，阴阳往来，而阴阳不能对偶于道也，故云故黄帝曰，道无鬼神，独往独来也。此章明随流得妙心悟妙道，鬼神不能测也。

右第十五章

关尹子曰：我之思虑日变，有使之者，非我也，命也。苟知惟命，外不见我，内不见心。

我本无我，因识妄立，思虑营营，日日千变万化，本非无我之我也，乃是不知所以然而然之命运化思虑也，故云我之思虑日变，有使之者，非我也，命也。命者，不知所以然而然也，使者，运化也。

诚能了悟不知所以然而然,乃是真空之道也。命者,道之异名也。了悟真空之道,则外无我相可见,内无心相之可见也,故云苟知惟命,外不见我,内不见心也。此章明我心本空,道非思虑可及也。

右第十六章

关尹子曰:譬如两目,能见天地万物,暂时回光,一时不见。

真空心体,元无一物,窈冥莫测,忽生思虑妄有,所见了然,回光返于真空,譬如人之两目,能观见天地万物之形状,暂时收回眼光,一时俱不见天地万物也。故云譬如两目能见天地万物,暂时回光,一时不见也。此章释前章思虑日变,命使之然也。

右第十七章

关尹子曰:目视雕琢者,明愈伤,耳闻交响者,聪愈伤,心思玄妙者,心愈伤。

目彻视为明,目专视雕琢金玉精巧花样,久视不已,而愈伤其明,经云五色令人目盲是也,故云目视雕琢者,明愈伤也。耳彻听为聪,耳专闻五音交响,久听不已,愈伤其聪,经云五音令人耳聋是也,故云耳闻交响者,聪愈伤也。玄妙之法为尘,心本清静,元无一法,即是玄妙之源也。不悟本心,专思古人玄妙之法,殊不知玄妙之法俱是尘垢,染污本心愈甚伤心也,经云涤除玄览是也。故云心思玄妙者,心愈伤也。此章明本来妙心,不属六尘也。

右第十八章

关尹子曰:勿以我心揆彼,当以彼心揆彼。

勿者,禁止之辞也。揆者,忖度揣量也。垂诫学道之人,寓游于世,勿得有心忖度揣量彼人,或有用人,当因人之贤而贤之,因人之愚而愚之,以此进退于人,不失人心也,故云勿以我心揆彼,当以彼心揆彼也。

知此说者,可以周事,可以行德,可以贯道,可以交人,可以忘我。

人能知此无心,因彼揆彼,贤愚进退,而贤愚进退无心不失人心也。如此,何事不周备,何德不行普,何道不贯通,何人不交友,何我不忘哉？唯了心一法尽善尽美也。故云知此说者,可以周事,可以行德,可以贯道,可以交人,可以忘我也。此章明无心寓世,自利利他,众美从之也。

右第十九章

关尹子曰:天下之理,小不制至于大,大不制至于不可制,

凡在天之下,所有事理,譬如水火,涓涓不塞,渐成江河,荧荧不救,炎炎奈何。又如积木成林,积石成山,积恶成祸,可不慎欤！故云天下之理,小不制至于大,大不制至于不可制也。

故能制一情者,可以成德,能忘一情者,可以契道。

故者,因上结下之辞也。制者,治也。人能于一情萌起之时治之,令正而向善,如此,可以成德行也。故云故能制一情者,可以成德也。人能于一情萌起之时,了然照破而忘之,则契于无极妙道也。故云能忘一情者,可以契道也。此章明为凡为圣,在一情之迷悟也。

右第二十章

文始真经注卷之六

神峰逍遥子牛道淳直解

六匕篇

匕者,食也,食者,形也。凡一十六章。

关尹子曰:世之人以我思异彼思,彼思异我思分人我者,殊不知梦中人亦我思异彼思,彼思异我思,孰为我,孰为人？

彼者,人也。世之迷人,以我之思虑异人之思虑,谓人之思虑,亦与我思虑不同，如此分别人我，妄生见解，殊不知妄生思虑彼此，天真随思虑之妄境作梦也。不独夜间睡梦为梦，至于白日，性随妄虑皆是梦也。岂可以思梦想异，所思所梦之境不同，而所谓之思梦者不异也。以此论之，谁为我，谁为人哉？故云世之人以我思异彼思，彼思异我思，孰为我，孰为人也。

世之人以我痛异彼痛，彼痛异我痛分人我者，殊不知梦中人亦我痛异彼痛，彼痛异我痛，孰为我，孰为人？

世之迷人，以我疼痛相异，如二人同灸，灸处不同，而疼痛不异也，岂可以疼痛妄分同异人我哉？殊不知梦中之人，亦以疼痛相异，及至觉来，却又无别人，如此则知梦中疼痛是妄识，白日疼痛亦是妄识，如此，谁为我，谁为人哉？故云世之人以我痛异彼痛，彼痛异我痛分人我者，殊不知梦中人亦我痛异彼痛，彼痛异我痛，孰为我，孰为人也。

爪发不痛，手足不思，亦我也，岂可以思痛异之？

先说思痛妄幻不异，恐人信之不及，又设譬喻以晓之。如人之爪甲与头发，剪之不害疼痛，又如人手共脚不思虑，爪发手脚皆我所有，不痛不思，岂可以思痛妄分人我哉？故云爪发不痛，手足不思，亦我也，岂可以思痛异之也。

世之人以独见者为梦，同见者为觉，殊不知精之所结，亦有一人独见于昼者，神之所合，亦有两人同梦于夜者，二者皆我精神，孰为梦，孰为觉？

世之迷人，以独自所见之境，他人不见者，以为是梦，众人同见之境，以为觉也，故云世之人以独见者为梦，同见者为觉也。殊不知人之精与物凝结，正昼日忽见非常之境，亦他人不得见，唯我独见之，以此知不独夜梦为梦也，故云殊不知精之所结，亦有一人独见于昼者也。以我之神与彼之神相合，亦有两个人同梦于夜也，以此知同见未必为觉也，故云神之所合，亦有两人同梦于夜者也。精结独见，神合同见，二者皆我之精神变化，而妄生同异之境，以此知谁为梦，谁为觉，梦是妄梦，觉是妄觉，觉梦皆妄，奚有彼此之异哉。故云二者皆我精神，孰为梦，孰为觉也。

世之人以暂见为梦，久见为觉，殊不知暂之所见者，阴阳之气，久之所见者，亦阴阳之气，二者皆我阴阳，孰为梦，孰为觉？

世之迷人，以夜夜暂见之境以为梦，以日日久见之境以为觉也，故云世之人，以暂见为梦，久见为觉也。殊不知夜间暂见之梦境，乃是精神魂魄阴阳之气变化所成，昼中久见之境，亦是精神魂魄阴阳之气妄有色尘之见也，故云殊不知暂之所见者，阴阳之气，久之所见者，亦阴阳之气。暂见久见二者，皆是精神阴阳之气变化识见，识见既妄，觉梦非真，以此知孰为之梦，孰为之觉哉？非有真觉者，不知此妄觉梦也。故云二者皆我阴阳，孰为梦，孰为觉也。此章明迷人梦觉皆妄也。

右第一章

关尹子曰：好仁者，多梦松柏桃李，好义者，多梦兵刀金铁，好礼者，多梦簠簋笾豆，好智者，多梦江湖川泽，好信者，多梦山岳原野，役于五行，未有然者。

仁属木，人专好行仁慈，识神多梦松柏桃李之木也，故云好仁者，多梦松柏桃李也。义属金，人专好行义宜，识神多梦兵刀金铁之金也，故云好义者，多梦兵刀金铁也。礼属火，礼者，仪则也。人专好行礼仪，识神多梦烧荒烈焰，或梦簠簋笾豆祭器仪则之物也，故云好礼者，多梦簠簋笾豆也。簠者，以竹为之，内外皆圆也。簋者，以竹为之，外圆内方也，笾者，外方内圆，以盛干物，豆者，以木为之，以盛湿物也。已上四物，皆以红漆漆之，按火色也。智属水，人专好行智以别真伪者，识神多梦江湖川泽之水也，故云好智者多梦江湖川泽也。信属土，人专好行信实不妄，识神多梦山岳原野之土也，故云好信者，多梦山岳原野也。然人专好仁木、义金、礼火、智水、信土，役于五常，梦此五行之偏也，故云然。

梦中或闻某事，或思某事，梦亦随之，五行不可拘。

昼为妄想，夜为妄梦，方其梦中，忽闻某事，忽思某事，念逐境迁，梦亦随之。以此心偏执于五行，心不偏执，五行亦不可得而拘之。故云梦中或闻某事，或思某事，梦亦随之，五行不可拘也。

圣人御物以心，摄心以性，则心同造化，五行亦不可拘。

御物者，皆用也。圣人以真空之性为心之体，以妙有之物为心之用，体用如如，应变常寂，上与造物者同游，下与外死生无终始者为友，而阴阳五行不可得而拘也。造化者，造物也。故云圣人御物以心，摄心以性，则心同造化，五行亦不可拘也。御物以心者，以心御物为用也，摄心以性者，以心摄还真空之性为体也。此章明心迷，被五行拘之心了，出五行之拘也。

右第二章

关尹子曰：汝见蛇首人身者，牛臂鱼鳞者，鬼形禽翼者，汝勿怪。

汝者，普指世间人也。世间人，或见人生头似蛇而人身者，或见人生臂似牛上有鳞如鱼者，或见人生似鬼形状而两腋有翅如禽翼者，汝世人勿怪，如古人伏牺蛇身人首，神农牛首而人身，岑彭鬼面，此中国之共知也。如东方朔所载四夷之人，西北荒有人，面目手足皆人同，而两腋有翼而不能飞者，西南荒有人，身毛猪头者，东北荒有人，朱发蛇身人面，而无手足者，南荒有人，口如鸟而有翼，能飞无足者，西荒有人，如虎长毛，人面虎足猳牙，尾长一丈八尺者,西北荒又有人,状如虎而食人,有翼而能飞,知人言语,此皆感阴阳错戾之气,而有非常之形,岂足怪哉?故云汝见蛇首人身者,牛臂鱼鳞者,鬼形禽翼者,汝勿怪也。

此怪不及梦,梦怪不及觉,有耳有目,有手有臂,怪尤矣。

向之所说人生非常之形,不足为怪,此怪不及梦。只此一人,及其睡也,梦见诸般异境,人物天地,山川草木,楼台禽兽,或祥瑞奇异,忽然觉来,一切皆空,不知是个甚麽物,便能作诸般梦境,此诚可怪也,故云此怪不及梦也。觉来看人,一块肉团,有耳能闻声,有目能观色,有手能把物,有臂能运动,无线索抽牵,是谁主张,便能恁麽云为中节恰好,此怪尤甚,而世人不知怪也,故云梦怪不及觉,有耳有目,有手有臂,怪尤矣也。

大言不能言,大智不能思。

究其六用之源,乃无名无情,真空妙有之道也,无名则大言不能言也,无情则大智不能思也。当于言思未萌之前荐悟,洞然心开,方晓大常御诸小变,向之所怪亦未是也,故云大言不能言,大智不能思也。此章明大常御小变,百姓日用而不知也。

右第三章

关尹子曰:有人问于我曰,尔何族何氏,何名何字,何衣何食,何友何仆,何琴何书,何古何今?我时默然不对一字。

或有人问曰:尔之宗族何姓氏,讳何名,表德何字,故云有人问于我曰,尔族何氏,何名何字也。又问:尔穿何衣服,吃何饮食,与何人为朋友,使何人为奴仆,抚何等琴,看何等书,师何古人理,行何今人事?我默然不答一字,盖密示不言之教也。故云何衣何食,何友何仆,何琴何书,何古何今,我时默然不对一字也。

或人叩之不已,我不得已应之曰:尚自不见我,将何为我所。

密示向上一机，其人不悟，又叩之不已，又不得已而应之曰：自己尚犹不见我，真空之上将何为我之所哉？故云尚不见我，将何为我所也。

右第四章

关尹子曰：形可分可合，可延可隐，一夫一妇可生二子，形可分，一夫一妇二人成一子，形可合，食巨胜则寿，形可延，夜无月火，人我，形可隐。

人得道之深者，骨肉都融，形神共妙，可分之为亿万不为足，可合之为一不为有余，永劫不坏，形可延也，冥冥莫测，形可隐也，故云形可分可合，可延可隐也。恐人信之不及，以俗譬喻晓之。于世俗一夫一妇双生二子，此形可分之象也，一夫一妇二人交合生一子，此形可合之象也，人服食巨胜子则寿长，此形可延之象也，夜无月火，人不见己，此形可隐之象也。故云一夫一妇可生二子，形可分，一夫一妇二人成一子，形可合，食巨胜则寿，形可延，夜无月火，不见我，形可隐也。巨胜，小者名胡麻，大者巨胜，出潞州上党县，多生原野，其高三尺余，其子类牛蒡子而小，苍黑色，八月中采之，仙人作饭，食之长生，昔韩众服之百岁，才服寿延千岁，莫知其终也。

以一气生万物，犹弃发可换，所以分形，以一气合万物，犹破唇可补，所以合形，以神存气，以气存形，所以延形，合形于神，合神于无，所以隐形。汝欲知之乎，汝欲为之乎？

向来以俗譬喻，晓于学人，复以真实妙道之用示之。得道之深者，形神俱妙，变化莫测，以一气化生亿万之形物，如人头发，旋落旋生而无穷，此乃形可分之理也，故云以一气生万物，犹弃发可换，所以分形也。敛一气亿万化身之形物，复合而为一身，犹如人破唇可补为无缺,此乃形可合之理也,故云以一气合万物,犹破唇可补,所以合形也。以不神之神,虚寂妙湛,则元气冲和,永无耗散,久之形神俱妙,长生不死,此乃形可延之理也,故云以神存气,以气存形,所以延形也。以形合神,以神合无极妙道,窈冥不见,神鬼难窥,阴阳莫测,此乃形可隐之理也,故云合形于神,合神于无,所以隐形也。如此妙道,汝之学人,欲愿知之乎麽,汝之学人,欲喜为之乎麽。此道不可以知,知亦不可以有为而得也,在人心了悟密契而已,故云汝欲知之乎,汝欲为之乎。此章明了道者,分合延隐而无碍也。

右第五章

关尹子曰:无有一物不可见,则无一物非吾之见,无有一物不可闻,则无一物非吾之闻。

世间物物之形,乃色尘也,道眼大开,无物不见,见见皆道也。故云无有一物不可见,则无一物非吾之见也。世间物物动鸣,乃声尘也,天聪大开,无声不闻,闻闻皆道也。故云无有一物不可闻,则无一物非吾之闻也。

五物可以养形,无一物非吾之形,五味可以养气,无一物非吾之气,是故吾之形气,天地万物。

五行推迁,阴阳造化,而生棱房芒角穗之五谷,以养人形。天地万物之形,因阴阳五行造化而有,吾形亦因阴阳五行造化而有。以此论之,天地之间,无一物非吾之形也。故云五物可以养形,无一物非吾之形也。以五行之气,造化酸咸甘辛苦之五味,人食之,保养五脏之气。万物因五行之气而有,吾之身亦因五行之气而有,以此论之,则无一物非吾之气,如上所说,则天地万物皆吾形吾气也。故云五味可以养气,无一物非吾之气,是故吾之形气,天地万物也。此章明天地与我并生，万物与我为一也。

右第六章

关尹子曰：耕夫习牛则犷，猎夫习虎则勇，渔夫习水则沉，战夫习马则健，万物可以为我。

犷者，圹也，刚悍愚戆也。耕种之夫，使牛久，共牛近，习性刚悍愚戆，故云耕夫习牛则犷也。畋猎之夫，逐杀虎豹久，共虎近，习性勇猛大胆也，故云猎夫习虎则勇也。渔取水族之夫，久近于水，习性能沉没于水而取物也，故云渔夫习水则沉也。征战之夫，惯骑骏马久，近于马，习性便捷轻健也，故云战夫习马则健也。人性本来清静，但因习情染执久同物性，如上所说，习牛习虎习水习马之四者，则犷则勇则沉则健，岂不以物性习为我之情性也？故云万物可以为我也。

我之一身，内变蛲蛔，外蒸虱蚤，瘕则龟鱼，瘘则鼠蚁，我可为万物。

蛲者，腹中细虫也。蛔者，腹中大虫也，一名蝐虹也。因所食相感阴阳之气，变生蛲蛔虫也。虱子垢蚤，因身外衣暖，游汗薰蒸而生也。瘕者，疮也。昔人生疮于背，徐生一龟，引首啮肉，苦痛而死也。昔人生疮于腰，徐生一鱼，每动则不胜其痛也。瘘者，亦疮也。人生疮于项，有肉鼠也。昔有一僧，嫌蚁缘循于栏楯，以火烧之俱尽，不数日，僧生一疮，溃开皆蚁也。人身内变蛲蛔之虫，身外薰蒸生虱子垢蚤，感疾生疮，或为龟为鱼，为鼠为蚁之七虫，以此知我亦可为万物也。故云我之一身内变蛲蛔，外蒸虱蚤，瘕则龟鱼，瘘则鼠蚁，我可为万物也。此章明有我则物为我，而我为物，无我则造化莫能移也。

右第七章

关尹子曰：我之为我，如灰中金，而不若矿砂之金，破矿得金，淘砂得金，扬灰终身，无得金者。

我者，能所自专之心也。心如火而无我，因膏因薪而见火之形，膏薪若尽，而火为灰矣。心本无我，因境而见境，忘心灭无能所自专之我也。故云我之为我，如灰中金也。灰中无金，则灰心无我也。矿者，金朴也，矿砂喻六尘也。六尘者，色声香味触法也，而不若矿砂之金者，以喻我心也。如要取金，向矿砂寻之可得金也。破炼其矿，淘去其砂，必得其金，若播扬其灰，直饶终老此身，无得其金也。此喻心本无我，因六尘而见也。如要见心，向六尘谛观则见心，流因流悟，源随流得之妙也。若六尘净尽，心复真空，直饶天眼龙睛亦视之不见，况于凡乎？故云不若矿砂之金，破矿得金，淘砂得金，扬灰终身，无得金者。此章明我本无我，因境妄立也。

右第八章

关尹子曰：一蜂至微，亦能游观乎天地，一虾至微，亦能放肆乎大海。

蜂虾喻人，天地大海喻大道也。蜂虾微小，亦能游观乎天地之间，放肆乎大海之内，人虽微小，亦能了其大道，广无边际，超凡越圣，迥出阴阳之外也。故云一蜂至微，亦能游观乎天地，一虾至微，亦能放肆乎大海也。游观、放肆者，皆自得优游也。此章明人虽微小，能了大道也。

右第九章

关尹子曰：土偶之成也，有贵有贱，有士有女，其质土其壤土人哉。

土偶者，以泥塑人像也。塑成人像，或为官人，或为奴仆，或为男子，或为女人，俱是泥土塑成之形质，人之见识，随形相而生分别贵贱男女也。噫！殊不知俱是泥土，何妄分贵贱男女哉？此喻人虽有贵贱男女之身，俱是地水火风之四大假合，如尘埃聚沫，何妄分贵贱男女哉？故云土偶之成也，有贵有贱，有士有女，其质土其壤土人哉也。此章明人迷假合，妄分贵贱男女也。

右第十章

关尹子曰：目自观，目无色，耳自听，耳无声，舌自尝，舌无味，心自揆，心无物，众人逐于外，贤人执于内，圣人皆伪之。

目是根，色是尘，目离尘返照，方悟目本清静，元无色尘也，故云目自观，目无色也。耳是根，声是尘，耳离尘返听，方悟耳本清静，元无声尘也，故云耳自听，耳无声也。舌是根，味是尘，舌离尘返尝，方悟舌本清静，元无味尘也，故云舌自尝，舌无味也。心是根，物者法也，法是尘，心离尘返自揆度忖量，方悟心本清静，元无物法尘也，故云心自揆，心无物也。一切众生，染著六尘，逐缘外事而迷真也，故云众人逐于外也。贤人舍离外事，执守内理，因有取舍，执守内理，却成理障而违道也，故云贤人执于内也。圣人外不染六尘，则悟事障之伪妄也，内不取舍执守于理，则悟理障之伪妄也，故云圣人皆伪之也，盖不住三际也。此章明心本清静，不住三际中边也。

右第十一章

关尹子曰：我身五行之气，而五行之气，其性一物。

人身五脏之气，肝气属木，内隐魂也，心气属火，内隐神也，肺气属金，内隐魄也，肾气属水，内隐精也，脾气属土，内隐意也，精神魂魄意，五神复性，乃五气朝元。故云我身五行之气，而五行之气，其性一物也。言五神复性，五气朝元，总为不二也，妙性也，物者性之妙用也。

借如一所，可以取火，可以取水，可以生木，可以凝金，可以变土，其性含摄，元无差殊。

既是五神复性，五气朝元，是一性又复能生神火、精水、魂木、魄金、意土也，为五神复性，五气朝元，即是性中含摄五行，元无差殊之异也。故云借如一所，可以取火，可以取水，可以生木，可以凝金，可以变土，其性含摄，元无差殊也。

故羽虫盛者，毛虫不育，毛虫盛者，鳞虫不育，知五行互用者，可以忘我。

五虫言其三者，其二可知也。五虫者，鳞、羽、毛、甲、倮也。羽虫属火，毛虫属金，正盛旺时，则金不生也，故云羽虫盛者，毛虫不育也。育者，生也。毛虫属金，鳞虫属木，金正盛旺时，则木不生也，故云毛虫盛者，鳞虫不育也。以此则知鳞虫盛者，倮虫不育，倮虫属土，木旺土不生也。倮虫盛者，甲虫不育，甲虫属木，土旺水不生也。甲虫盛者，羽虫不育，水旺火不生也。以此则知心不生，则意不育，意不生，则魄不生，魄不生，则精不生，精不生，则魂不生，魂不生，则神不生，神不生，则心不生，心不生，则无我可忘也，故云知五行互用者，可以忘我也。此章明道为五行祖，性为五神之源也。

右第十二章

关尹子曰：枯龟无我，能见大知，磁石无我，能见大力，钟鼓无我，能见大音，舟车无我，能见远行。

无我者，无心也，枯干龟壳而无心，人以诚钻之，则兆知未来之吉凶，非大知而何？故云枯龟无我，能见大知也。磁石无心，稍近于针，则吸针相著，非大力而何？故云磁石无我，能见大力也。钟鼓无心，撞之擂之，其声远振，非大音而何？故云钟鼓无我，能见大音。舟车无心,因水因牛载物到远,非远行而何?故云舟车无我,能见远行也。

故我一身虽有知有力,有音有行,未尝有我。

圣人无心,无知无不知,洞彻物理,无力无不力,众魔不敢侵,无音无不音,威音尽妙,无行无不行,顷刻游遍十方,而未尝有我有心也。故云故我一身虽有知有力,有音有行,未尝有我也。此章明无我之道,尽善尽美也。

右第十三章

关尹子曰:蜮射影能毙我,知夫无知者亦我,则普天之下,我无不在。

蜮者,水虫名也,一名短弧,一名水弩,其状如鳖,三足长三五寸,多生南方,含沙射人影,能令人死,故云蜮射影能毙我也。以此则知影本无知,蜮但射影能令人死,是知无知亦我也。若知无知亦我,则知溥天之下,有识无情无非是我也。我者,无我之我,体同虚空,无所不在也,故云知夫无知者亦我,则溥天之下,我无不在也。此章明无我之我,即是妙道,妙道无所不在也。

右第十四章

关尹子曰:心忆者犹忘饥,心忿者犹忘寒,心养者犹忘病,心激者犹忘痛。

人心忆著于事,犹能终日忘于饥馁也,故云心忆者犹忘饥也。人当严凝冰雪之时,忿然心火暴发,裸身袒臂于露地,汗流浃体,犹能忘于寒泠也,故云心忿者犹忘寒也。世之君子得养心之术,遇一切危亡,或染笃疾病,亦不动心介怀,如此犹能忘于病疾也,故云心养者犹忘病也。二人互相激发,心怒相击,残伤肢体,而不觉疼痛,故云心激者犹忘疼痛也。

苟吸气以养其和，孰能饥之？存神以滋其暖，孰能寒之？养五脏以五行，则无伤也，孰能病之？归五脏于五行，则无知也，孰能痛之？

先说世人有心，但因忆忿养激之四者，犹能忘饥寒病痛，何况无心了道者乎？了道无心，元气冲和，绵绵呼吸，能一日百食，百日一食而不饥也，故云苟吸气以养其和，孰能饥之也。孰者，何也。了道无心，精神永固，真火薰蒸能敌严寒也，故云存神以滋其暖，孰能寒之也。了道无心，百脉调畅，五脏安和，五神澄彻，五气氤氲，百病不生也，故云养五脏以五行，则无伤也，孰能病之也。了道无心，心肝脾肺肾，归属火木土金水，忘其知识，白刃临项，不惧不痛，如剪发去垢，何疼痛之有哉？故云归五脏于五行，则无知也，孰能痛之也。此章明饥寒病痛，有我而难逃，了道无心，超饥寒病痛之苦也。

右第十五章

关尹子曰：人无以无知无为者为无我，虽有知有为，不害其为无我。

先说枯龟、磁石、钟鼓、舟车无我，恐人一向认无知无为以为无我，又垂诫学人，无得认以无知无为，如同死物，方名无我，如此，则黑山下鬼窟里作活计也。殊不知无知无不知，无为无不为，寂然不动，感而遂通，虽知虽为，何妨以为无我哉？故云人无以无知无为者为无我，虽有知有为，不害其为无我也。

譬如火也，躁动不停，未尝有我。

既说了有知有为，不害其为无我，恐人信之不及，又说譬喻以晓之。如火本无我，因薪见形，火之发也，躁动缘烧不停，火未曾有我也，如真空应变，常寂而无我也，故云譬如火也，躁动不停，未尝有我也。此章明真空无我不拘，知为有无也。

右第十六章

文始真经注卷之七

神峰逍遥子牛道淳直解

七釜篇

釜者，化也。凡十三章。

关尹子曰：道本至无，以事归道者，得之一息，事本至有，以道运事者，周之百为。

无者，真空也。至道本来真空，以用复体，一喘息之间了悟也，故云道本至无，以事归道者，得之一息也。事者，用也，有者，妙有也。以妙有为用也，即体即用，应化无穷也，故云事本至有，以道运事者，用之百为也。

得道之尊者，可以辅世，得道之独者，可以立我。

尊者，极贵也。不失道之极贵，可用辅佐世之太平利他也，故云得道之尊者，可以辅世也。以者，用也，独者，不二也，我者，真空之体也。不失道之不二，可摄妙有之用，复真空之体自利也，故云得道之独者，可以立我也。

知道非时之所能拘者，能以一日为百年，能以百年为一日。

知者，悟也，道者，真空妙有不可思议之道也。了悟真空妙有不可思议之道，犹如太虚空，非时数之所能拘管也。凡所有形，皆有数尽之时，海有时而枯，山有时而摧，日月有时而昏暗，天地有时而崩陷，唯此真空之道，不属时数，能用一日为百千万年，能用百千万年为一日也。故云知道非时之所能拘者，能以一日为百年，能以百年为一日也。

知道非方之所能碍者,能以一里为百里,能以百里为一里。

道本无形,非十方之能碍,至神无我,非八极之能拘,不疾而速,不行而至,体同太虚,用亦同太虚。了悟如此,能用一里行时周遍八荒之外,能用周遍八荒作一里行时也。故云知道非方之所能碍者,以一里为百里,能以百里为一里也。

知道无气,能运有气者,可以召风雨。

了悟至道一气未生之前,道运生气,变化阴阳,而为风雨,大达之士,从真空密运妙用,立致云雷,呼召风雨也。故云知道无气,能运有气者,可以召风雨也。

知道无形,能变有形者,可以易鸟兽也。

了道之士,神通无量,与造物者同游,能无形化有形,能有形化无形,隐显自如,能令飞禽化走兽,走兽化飞禽,纵横妙用,变化无穷矣。故云知道无形,能变有形者,可以易鸟兽也。

得道之清者,物莫能累,身轻矣,可以骑凤鹤。

道不属清浊,能浊能清。了道之士,清净无染,犹如虚空,万物岂能累虚空哉?形神俱妙,与真空同体,空无锱铢之重,不假所乘,顷刻周遍十方之外,示见神变,以警愚迷,或骑凤鹤,或乘彩云,昭示中下,启向道之诚也。故云得道之清者,物莫能累,身轻矣,可以骑凤鹤也,如卫叔卿乘白鹤,王子晋乘凤吹箫升天也。

得道之浑者,物莫能溺,身冥矣,可以席蛟鲸。

了道之士,寓世同尘不染,和光不耀,隐晦之至也,故云得道之浑者,物莫能溺,身冥矣也。莫能溺者,不染也,身冥者,隐晦也。或示神通,以蛟龙鲲鲸为席,乘坐而游太虚也,故云可以席蛟鲸也。如古人夏禹乘龙而道百川,李太白跨蛟虬,刘知古乘金鲤,琴高控赤鲤升天者是也。

有即无，无即有，知此道者，可以制鬼神。

有者，妙有之用也，无者，真空之体也。即用即体，即体即用，体用如如，了悟此道，可以制伏鬼神，以为役使之用，故云有即无，无即有，知此道者，可以制鬼神也。如刘根善役使鬼神，汉天师善制鬼神于成都是也。

实即虚，虚即实，知此道者，可以入金石。

实者，实有也，虚者，真空也。真空实有者，乃至道之体用不二也。了悟体用不二，则虚实相通，可以蹈水火入金石而无碍也。故云实即虚，虚即实，知此道者，可以入金石也。

上即下，下即上，知此道者，可以侍星辰。

上者，五太之前妙道也，下者，至德万行也。妙道为体，德行为用，体用一源，则上下不二，了此道者，万象森罗以为侍卫也。故云上即下，下即上，知此道者，可以侍星辰也。

古即今，今即古，知此道者，可以卜龟筮。

古者，理也，今者，事也。以理为体，以事为用，体用如如，了此道者，寂然不动，感而遂通，如龟筮之兆吉凶，诚信无妄也。故云古即今，今即古，知此道者，可以卜龟筮也。

人即我，我即人，知此道者，可以窥他人之肝肺。

人者，境也，我者，心也。心境两忘，道眼开明，了此道者，则能无见无不见，可测他人肺腹思虑之念也，谓之他心通也。故云人即我，我即人，可以窥人之肺肝也。

物即我，我即物，知此道者，可以成腹中之龙虎。

天地与我并生，万物与我为一，了此道者，即吾之肝神可化为龙，吾之肺神可化为虎，乘之跨之，而游太清之境也。故云物即我，我即物，知此道者，可以成腹中之龙虎也。

知象由心变，以此观心，可以成女婴。

万象之境，皆由心神变化而见也。以此谛观，心体真空，内藏妙有之用，即心藏之神化为姹女，肾藏之神化为婴儿，姹婴匹配，性命混融，而出离生死也。故云知象由心变，以此观心，可以成女婴也。

知气由心生，以此吸神，可以成炉冶。

心之所之，则气从之，以此知气由心生，心了真空，如水澄彻，呼吸神气，绵绵无间，则心火下降，肾水上升，水火既济，以成大丹，若人服之，永超生死之病矣。故云知气由心生，以此吸神，可以成炉冶矣。已上龙虎姹婴，至炉冶，后圣以丹喻道者，源于此也。

以此胜物，虎豹可伏，以此同物，水火可入。

以此至道至德，威光赫赫，物物归尊，虎豹顺伏以为乘骑，故云以此胜物，虎豹可以伏也。以此至道，体同太虚，水火岂能溺烧虚空哉？了道者无所不同，故能大浸稽天而不溺，大旱金石流土山焦而不热也，故云以此同物，水火可入也。

惟有道之士能为之，亦能能之而不为之。

以上从辅世立我，一里一日为百里百年，召风雨，易鸟兽，骑凤鹤，席鲛鲸，制鬼神，入金石，侍星辰，卜龟筮，窥肺肝，成龙虎，女婴炉冶，伏虎豹，入水火之十八神通妙用，唯了道圣人悉能为之，亦能不为，能为之神通变化也。盖道贵真诚，韬晦为上，惊愚骇俗之神异，圣人不为也。此十八神异便是，事本至有，以道运事者，周之百为也，故云惟有道之士能为之，亦能能之而不为之也。此章明道德体用，变化无穷，而圣人韬晦，不惊骇愚俗也。

右第一章

关尹子曰：人之力，有可以夺天地造化者。

人能了道者，上与造化者同游，可以夺天地阴阳造化生成之妙也，故云人之力，有以夺天地造化者也。

如冬起雷，夏造冰，死尸能行，枯木能华。

了道者能颠倒阴阳，冬能起雷，夏能凝冰，如老成子学于尹文，能存亡自在，翻校四时，冬起雷，夏造冰，飞者走，走者飞，终身不著其术，世莫传焉者是也。故云如冬起雷，夏造冰也。昔太上以太玄生符投徐甲之枯骨，即时复活能行，故云死尸能行也。纯阳祖师以丹活安州枯柳，又以丹活莱州枯槐，而枝叶复荣华，故云枯木能华也。

豆中摄鬼，

昔郭璞真人，撒小豆数百颗于墙外，尽化为赤衣鬼，以符为神将，一一缚之，投入井中也，故云豆中摄鬼也。

杯中钓鱼，

昔左慈真人，共曹操饮酒，以铜盆贮水，掷钩饵于中，俄顷钓得金鲤尺余，而鲙之也，故云杯中钓出鱼也。

画门可开，

唐太宗诏吴道子，于宫壁以墨水泼之，以幕幪之，良久撤去蒙幕，请太宗观画，其山水草木，人烟鸟兽悉具。俄顷，见岩下一洞门，道子指洞曰：此中神仙，遂以手击之，洞门忽开，道子踊身入洞，以手招帝，帝不敢入洞，须臾复合而不见，故云画门可开也。

土鬼可语，

昔庐山庙中，泥塑神鬼能言祸福，乐巴真人呪之，乃野狸精所托而见也。彼野狸精尚能使土鬼能语，况神仙乎？故云土鬼能语也。

皆纯气所为，故能化万物。

如上所说冬起雷，夏造冰，死尸能行，枯木能华，豆中摄鬼，杯中钓鱼，画门可开，土鬼能语之八者，皆得纯而无杂，真空妙道，能运一气，变化万物，此乃是向之所说，人之力有可以夺天地造化者也。故云皆纯气所为，故能化万物也。

今之情情不停，亦气所为，而气为物，有合有散。

今迷人之心情，流浪如水波之不停，亦强阳之气所为也。彼强阳之气，自生至壮，气合而充溢，自壮至老，气散而衰败也。故云今之情情不停，亦气所为，而气之为物，有合有散也。

我之所以行气者，本未尝合，亦未尝散。

圣人了悟真空之道，乃得元气之祖，元气之祖，未曾有合散也。故云我之所以行气者，本来未尝合，亦未尝散也。本者，祖也。

有合者生，有散者死。

彼迷人所受一斤元气，男子得八数，二八一十六岁，为始走泄，不知保养，三年损一两，三十年损十两，三六十八，总四十八年一十六两，元气耗散俱尽，四十八又加十六岁，乃八八六十四卦，数之尽也。元气既尽，但有五谷之气滋养之，虽名曰人，其实为鬼矣。女人所受元气十四两，女人得七数，二七一十四岁，天癸降，元气为始走泄，二年半损一两，二十五年损十两，外有四两，十年损尽，二十五加十年，总三十五年，又加十四岁，乃七七四十九。中阳数尽，天癸枯干，但有五谷之气滋养，虽名曰人，其实为鬼也。男女元气既尽，等候死矣。以此知气聚则生，气散则死也。故云有合者生，有散者死也。合者，聚也。

彼未尝合未尝散者，无生无死，客有去有来，邮常自若。

彼了道圣人，得元气之祖，未曾有聚有散，以此则知无生无死也。邮者，驿舍也，客者，使客也。客有去来，而驿舍自若自如，不移不动，无去无来。客者喻气也，去来喻散聚也，邮者喻道也。道运元气，升降往来，气聚则生，气散则死，而道运气者，非气也。非气者，无聚散生死去来也。故了道者，无聚散生死去来也。故云客有去来，邮常自若也。自若者，如如不动不变也。此章明道为元气之祖，变化无穷，而无去来生死也。

右第二章

关尹子曰：有诵咒者，有事神者，有墨字者，有变指者，皆可以役神御气，变化万物。

法箓之士传受咒诀，专精祷诵，以致灵验，如九字傍通密，诵十万八千遍，如意使用验如影响也，故云有诵咒者也。世有设像，专一恭敬事奉，随心祷祝，无有不应，故云有事神者也。法箓家有传受玄坛批降，于纸墨写字，以报未来吉凶祸福，其验无爽，故云有墨字者也。法箓家有传受手降报指，令患者手于香炉上展之，法师掐诀，召将良久，手指大小变为高低，法师以辩鬼神作祟之由，其验无差也，故云有变指者。诵咒事神、墨字、变指之四者，皆可以役使鬼神，御运元气，能变化万物，以昭神灵也。故云皆可以役神御气，变化万物也。

惟不诚之人，难于自信，易于信物，故假此为之。

人人有真空妙道，威光无量，头头具足，用无欠少，一念开悟，位齐诸圣，能役使鬼神，呼召雷雨，神通无量。人人有奇特，说与时人，便自不诚信之。既难信于自己，容易信于物，圣人慈悲，要启信道之心，故假诵咒、事神、墨字、变指之诚，以彰灵验也。故云惟不诚之人，难于自信，易于信物，故假此为之也。

苟知为诚，有不待彼而然者。

苟者，诚也。诚知诵咒、事神、墨字、变指有灵通，因诚而有者，既知唯诚感神，有不待彼诵咒、事神、墨字、变指，而亦能役使鬼神也，故云苟知为诚，有不待彼而然者也。此章明诚为役神之本，诚为入道之由也。

右第三章

关尹子曰：人一呼一吸，日行四十万里，化可谓速矣，

人一呼一吸为一息，一昼一夜一万三千五百息，一息气行六寸，昼夜气行八百一十丈，脉行五十度也。十百为一千，十千为一万，十万为一亿，十亿为一兆，人之一息，日行四十万里，即是一息日行四亿里，十息日行四兆里，一百息日行四十兆里，千息日行四百兆里，一万息日行四千兆里，三千息日行一千二百兆里，五百息日行二百兆里，总计一昼夜日行五千四百兆里也。以此则知大化可谓之速疾也，故云人一呼一吸，日行四万里，化可谓速矣。

惟圣人不存不变。

圣人洞彻真空之道则无我，无在无不在也，真空越古今，而无有变异也。古云添一岁减一年，真空不动然是也。故云惟圣人不存不变也。不存者，无我也。此章明道不属大化，能运大化也。

右第四章

关尹子曰：青鸾子千岁而千岁化，桃子五仕而心五化。

青鸾子者，古之圣人也。圣人之形，随时改化，岁岁更变，直至千岁，无时不移易变化也。然化化者，有不化者存也，不化者，真常不变异之道也。如圣人行年六十，而六十化也，未尝不始之是，而卒之非也,故云青鸾子千岁而千岁化也。桃子者,古之贤人也。五仕而为官,而心五度改化,如蘧伯玉行年六十而六十化,未知六十之是,而非五十九之非也。古云停灯于缸,后焰非前焰,假容于鉴,今吾非故吾是也,故云桃子五仕而心五化也。

圣人实事去物,岂不欲建立于世哉？有形数者,惧化之不可知也。

事者,用也,圣人宾事不以用为主也。道体真空,不著物境,而物境自远也,故云圣人宾事去物也。圣人不以建立妙用为主,而保任真空之体,但感而后应,应变常寂,而岂不欲建立妙用利世哉？但不以用为主也。若以建立妙用为主,而反以真空之体为宾,则堕形数之迹。人天小果有漏之因,如影随形,虽有非实既堕形数之迹,则彼大化迁移改变也。以此则明有形数者,惧泪大化也。学道之人,不可不悟此也。故云岂不欲建立于世哉,有形数者,惧化之不可知也。不可知者,为才萌知识,即落大化也。此章明以真之体为主,以建立妙用为宾也,有体有用,则化化而不化也。

右第五章

关尹子曰：万物变迁,虽互隐见,气一而已,惟圣人知一而不化。

万物俄生俄长,俄老俄死,无时不变迁,春木隐,夏火见,夏火隐,秋金见,秋金隐,冬水见,冬水隐,春木见,土隐见于四季。五行四时,互相隐见,生生化化而不息,皆一气运转,相推相荡而行鬼神也。故云万物变迁虽互隐见,气一而已也。圣人了悟不二之妙道犹如虚空,故不随大化而迁移。故云圣人知一而不化也。知者,悟也。此章明道运大化而不化也。

右第六章

关尹子曰：爪之生，发之长，荣卫之行，无顷刻止，众人见之于著，不能见之于微。

人手爪甲共人头发，旋生旋退，及人身血行之荣，气行之卫，昼夜周流，而共爪发生长，俱无顷刻之时止息而不生长流行也。故云爪之生，发之长，荣卫之行，无顷止也。著者，粗迹也。众人但见粗迹显见，而不能见微细爪发之生长，荣卫之行也。故云众人见之于著，不能见之于微也。

贤人见之于微，而不能任化，

郭子谦本有此十一字添入，甚有次序，故亦从而解之也。贤人但见于微妙而不能了心，故不能任化无化也。故云贤人见之于微，而不能任化也。

圣人任化，所以无化。

圣人了独立而不改之体，任周行而不殆之用也。任周行而不殆之用，即任化也，了独立而不改之体，即无化也。故云圣人任化，所以无化也。此章明道独立而不改，周行而不殆也。

右第七章

关尹子曰：室中有常见闻矣，既而之门之邻，之里之党，既而之郊，之山之川，见闻各异，好恶随之，和竞从之，得失成之，

堂内退房曰室，五家为邻，五邻为里，五百家为党，城郭之外曰郊也，人居堂室之内，所见闻人物之境，以为寻常日日见闻也。故云室中有常见闻矣也。之者，往也。既以从室往院门，又往邻里乡党，或又往城外郊野，又往山林川泽，眼见众色形相之境不同，耳闻众声之境不同，故云既而之门之邻，之里之党，既而之郊，之山之川，见闻各异也。眼见耳闻色声之境各异，有喜而好爱之，有不喜而恶嫌之，有和顺同乐之境，有违逆争竞之境，有可取而得之，有可

舍而失之，如此之境，随情变化，随从成就之，故云好恶随之，和竞从之，得失成之也。

是以圣人动止有戒。

止者，静也，戒者，禁止也。圣人垂训学人，一动一静，令有禁止声色，谨慎行藏，不随见见闻闻色声之境迁变也，故云是以圣人动止有戒也。动止有戒者，训学人也。彼既是圣人，又何戒哉？此章明迷人随色声改变也。

右第八章

关尹子曰：譬如大海，能变化亿万蛟鱼，水一而已。

大海喻前道运大化也，蛟鱼喻贤愚也。大海能变化亿万蛟鱼，俱生在一水中也，道能运大化变亿万贤愚，同生于一道也。故云譬如大海能变化亿万蛟鱼，水一而已也。此乃起喻也。

我之与物，翕然蔚然，在大化中，性一而已。知夫性一者，无人无我，无死无生。

翕然者，草木丛生稠密之貌也。蔚然者，草木繁盛之貌也。我之与物，翕然蔚然，如荒草丛生，林木繁盛，不可胜数，俱在大化中，道性不二而已也，故云我之与物，翕然蔚然在大化中，性一而已。此合喻也。了悟真空不二之道性，外不见人之过，内不见我之自，是心同大虚，无灭无生也，故云知夫性一者，无人无我，无死无生也。死者，灭也。此章明道性无人我，死生不属大化也。

右第九章

关尹子曰：天下之理，是或化为非，非或化为是，恩或化为雠，雠或化为恩，

天下事理随人妄情而变，同于己者谓之是，或因公事违己私情，前日之是，化之为非也；不同于己者为非，或因私事顺已私情，前日之非,化之为是也。故云天下之理,是或化为非,非或化为是也。天下之恩莫大于君父,或因公事公理违己私情,前日莫大之恩,化为莫大之雠也,世有弒君弒父者是也;天下之雠莫大于敌国,或因私事私理顺己私情,前日莫大之雠,化为莫大之恩也,世有敌国和好结亲者是也。故云恩或化为雠,雠或化为恩也。

是以圣人居常虑变。

是以者,因上仍下之辞也。圣人垂训学人,安性之大常,戒情之小变,不徇私也,故云是以圣人居常虑变也。居者,安也,虑者,审思而戒慎也。此章明徇妄情之小变,则是非恩雠之不正,任真性之大常,冥是非之恩雠者也。

右第十章

关尹子曰:人之少也,当佩乎父兄之教,人之壮也,当达乎朋友之箴,人之老也,当警乎少壮之说,万化虽移,不能厄我。

人之年少之时,父兄有教诏之言,当书之佩带于身,依从而行之无忘也,故云人之少也,当佩乎父兄之教也。壮年之时,或有同门之朋,同志之友,相为箴规药石德之,病当通达晓解,不惮改过,日新其德也,故云人之壮也,当达乎朋友之箴也。人之老年之时,历事既久,饱谙是非得失,当以所谙事理警戒于少壮之人,演说训之无厌,乃仁人之心也,故云人之老也,当警乎少壮之说也。如上所说,少从父兄教,壮达朋友箴,老警少壮说,则不逆为人之理也。任理而寓游于世,虽万化密移,但不违拒造物,顺之而无危厄也,故云万化虽移,不能厄我也。此章明任理则可与造物同游而无厄也。

右第十一章

关尹子曰:天下之理,轻者易化,重者难化。

天下之理,性所禀轻清之气,其人必根性明利,则容易化之而开悟也。故云天下之理,轻者易化也。所禀重浊之气,其人必根性暗钝,则难化之而悟也,故云重者难化也。

譬如风云,须臾变灭,金玉之性,历久不渝。

渝者,变也,譬如风云之气,须臾顷刻变灭,没而不见也。故云譬如风云,须臾变灭也。此喻前轻者易化也。金性坚,玉性硬,故能历时长久不变改也。故云金玉之性,历久不渝也。此喻前重者难化也。

人之轻明者,能与造化俱化而不留,殆有未尝化者存。

人之所禀轻清之气,根性明利,心易开悟,能与造化同游而无滞也,故云人之清明者,能与造化俱化而不留也。不留者,不滞也。既然了悟与造化同游而无滞,则任化而无化,行小变而不失大常也,故云殆有未尝化者存也。存者,不失大常也。此章明利根者易悟,任化而无化也。

右第十二章

关尹子曰:二幼相好,及其壮也,相遇则不相识,二壮相好,及其老也,相遇则不相识,如雀蛤鹰鸠之化,无昔无今。

二人年幼相爱,喜好游戏相狎,及其相别多年,俱长壮盛,变貌更形,二人再相遇,则不能相识如幼之时也。故云二幼相好,及其壮也,相遇则不相识。二人年壮,相为莫逆之交,喜好同学,及其相别多年,更形易貌,皓首苍颜,皮皱绞皱,二人再相遇,则不能相识如壮年相好也。故云二壮相好,及其老也,相遇则不相识也。二幼化壮,二壮化老,如雀入水化为蛤,又如鸠之化为鹰鹞也。《化书》云:蛇化为龟,雀化为蛤是也。又《列子》云:鹞化为鹯,鹯化为布谷,布谷复化为鹞是也。布谷者,即鸠之异名也。故云如雀蛤鹰鸠之化,无昔无今也。雀为蛤之昔,蛤为雀之今,雀之为蛤,蛤全体是雀也,鸠之为鹋,鹋全体是鸠也,如此形虽变,性无古今也。此章明形随化化而不息,性越古今而无变异也。

右第十三章

文始真经注卷之八

神峰逍遥子牛道淳直解

八筹篇

筹者,物也。凡六章。

关尹子曰:古之善揲蓍灼龟者,能于今中示古,古中示今,高中示下,下中示高,小中示大,大中示小,一中示多,多中示一,人中示物,物中示人,我中示彼,彼中示我。

蓍龟见解二柱首章。古之人有善揲蓍草,若以热铁锥灼钻龟壳,以兆未来过去见在之吉凶也。能以今之事,示晓古之理,复以古之理,示晓今事之吉凶得失也,故云古之善揲蓍灼龟者,能于今中示古,古中示今也。高者,天也,天属阳,阳属吉也。下者,地也,地属阴,阴者属凶也。揲蓍灼龟,能于吉中示告人之凶,复能凶中示告人之吉也,故云高中示下,下中示高也。小者,一身也,大者,天下国家也。揲蓍灼龟,能于一身告示天下国家之祸福也,复能于天下国家告示一身之吉凶也,故云小中示大,大中示小也。一者,人君也,多者,百姓也。揲蓍灼龟,能于人君告示百姓之祸福,复能于百姓告示人君之吉凶也,故云一中示多,多中示一也。物者,财物也。揲蓍灼龟,能于人之得失告示财物多寡也,复于财物多寡告示人之得失也,故云人中示物,物中示人也。彼者,父母兄弟妻子也。揲蓍灼龟,能于我之八字,告示父母兄弟妻子存亡得失多寡也,复于父母兄弟妻子存亡得失多寡,告示我之八字贵贱祸福也,故云我中示彼,彼中示我也。

是道也,其来无今,其往无古,其高无盖,其低无载,其大无外,其小无内,其本无一,其末无多,其外无物,其内无人,其近无我,其远无彼。

是者,此也。此真空不可思议之道,非同揲蓍灼龟分析今古高下、大小一多、人物彼我之六对待也。道不属时,独往独来,无古今之异也,故云是道也,其来无今,其往无古也。道不属形位,充塞虚空上下,无所不在,非似天地定于盖载也,故云其高无盖,其低无载也。道不属内外中边,言其大者,广无边际,言其小者,视之不见,故云其大无外,其小无内也。道不属数,不可定于一多也。道为五太、二仪、万物之本源,运行一气,化生天地万物,天地万物无须臾离于道,若离于道,则天地万物坏灭也,以此知天地万物为道之末也,故云其本无一,其末无多也。此其本无一,其末无多,郭子谦本有此八字,于经甚有次序,故亦从而解之也。道不属人物,内外不二也,故云其外无物,其内无人也。道不属彼我,远近不二也,故云其近无我,其远无彼也。

不可析,不可合,不可喻,不可思,惟其浑沦,所以为道。

道如虚空,无散无聚也,故云不可析,不可合也。道无相似,无比伦,无情识,故不可以言议而譬喻,不可以心思而知解也,故云不可喻,不可思也。若人了悟,本自具足,本自见成,本自全真,不假修为造作扭捏也,如此强名曰道也,故云惟其浑沦,所以为道也。此章明道不属形数,不可分析而知也。

右第一章

关尹子曰:水潜,故蕴为五精,火飞,故达为五臭,木茂,故华为

五色,金坚,故实为五声,土和,故滋为五味。

精者,精神之精也,水性好潜隐于内,故蕴积为五虫之精。五虫者,鳞羽毛甲保也,水在藏为肾,在五神为精也,故云水潜,故蕴为五精也。火性好飞扬于外,故通达人鼻,为腥膻香焦朽之五臭也,故云火飞,故达为五臭也。木性好荣茂,故华发为青黄赤白黑五色也,故云木茂,故华为五色也。金性坚硬,故实而击之,为宫商角徵羽之五音,听之为五声也。土性温和,故滋酸咸甘辛苦之五味也,故云土和,故滋为五味也。

其常五,其变不可计,其物五,其杂不可计。

其常五者,五常也,仁义礼智信也,仁属木,义属金,礼属火,智属水,信属土也。其物五者,金木水火土也。变者,杂也。此金木水火土之五行,仰之为五星,俯之为五岳,位之为五方,变之为五色,击之为五音,族之为五姓,物之为五金,气之为五臭,潜之为五精,滋之为五味,动之为五虫,植之为五行,善之为五德,恶之为五贼,身之为五藏,神之为五神,识之为五情也。故云其常五,其变不可计,其物五,其杂不可计也。

然则万物在天地间,不可执谓之万,不可执谓之五,不可执谓之一,

向之五行,变化万物,纷纷扰扰于天地之间,其杂不可胜数计算,岂定执谓之万哉?故云然则万物在天地间,不可执谓之万也。万物归属五行,其常五,其变不可计,岂可执定谓之五行哉?故云不可执谓之五。五行归属于一,一统亿万,生生化化而不息,岂可执定谓之一哉?故云不可执谓之一也。

不可执谓之非万,不可执谓之非五,不可执谓之非一。

天地之间,翕然蔚然,纷纷扰扰之物,岂止于亿万哉?奈何总名谓之万物也,故云不可执谓之非万也。万物纷纷虽多,终归属于五行也,故云不可执谓之非五也。五行虽变不可计,终属一气之统摄也,故云不可执谓之非一也。

或合之,或离之,以此必形,以此必数,以此必气,徒自劳尔,物不知我,我不知物。

或将万物五行合之为一,或将一气离之为五行万物也,故云或合之或离之也。既有合有离,以此必属万物之形,故云以此必形也。以此万物必属五行之数也,故云以此必数也。以此五行必属一气也,故云以此必气也。向来分别万物五行一气,俱属妄情,已落形数气化之变也,谩徒自劳尔。若妄情返于真性,则物我如如,各不相知,迥出形数气运变化之外也,故云徒自劳尔,物不知我,我不知物也。此章明才萌妄情,即落形数气运之化,妄情复本,则形数气运不可得而拘也。

右第二章

关尹子曰:即吾心中可作万物,盖心有所之,则爱从之,爱从之,则精从之。

心本清净,元无一物,等同太虚,于此清净心上,忽萌一妄情于此,不觉是妄,则情情相续,积之为万情,万情迷染万物也。经云一情认之,积为万情,万情认之,积为万物是也,故云即吾心中可作万物也。盖心之妄情有所往,则随所爱之境,从而往之也。爱属水,水属精,心情有所爱之境,则精神亦从之所往也,故云盖心有所之,则爱从之,爱从之,则精从之也。之者,往也。

盖心有所结,先凝为水,心慕物涎出,心悲物泪出,心愧物汗出。

元气周身,随心感而出见,盖心有住著,彼所住著之境结缚也,故云盖心有所结也。心先与物凝滞，则元气化而为水也。心若有所慕爱可食之物，则元气于口中化为涎液而出见也。故云先凝为水，心慕物涎出也。心感凄怆，亲戚死丧，忽然悲哀，则元气于眼中化为泪而出见也，故云心悲物泪出也。自作不善之行，见人忽起惭愧之心，则元气于面化为汗而出见也，故云心愧物汗出也。

无暂而不久，无久而不变。

暂者，不久也，久者，常静也，变者，动也。若无暂生暂灭之情念，而不能悟真空常静之心体也，故云无暂而不久也。若无悟真空常静之心体，而不能应群动之变而常寂也，故云无久而不变也。

水生木，木生火，火生土，土生金，金生水，相攻相克，不可胜数。

人心藏属火，内藏神，其神情好喜也。肝藏属木，内藏魂，其魂情好怒也。脾藏属土，内藏意，其意情好思也。肺藏属金，内藏魄，其魄情好忧也。肾藏属水，内藏精，其精情好恐也。精生魂，则恐生怒，故云水生木也。魂生神，怒生喜，故云木生火也。神生意，喜生思，故云火生土也。意生魄，思生忧，故云土生金也。魄生精，忧生恐，故云金生水也。攻字应作生字，恐传写之误也，应作相生相克。相克者，水克火，火克金，金克木，木克土，土克水也。五行相生相克，化生天地万物，万物相生相克，不可以数计算也，故云相生相克，不可胜数也。

婴儿奼女，金楼绛宫，青蛟白虎，宝鼎红炉，皆此物，有非此物存者。

贤藏属坎，坎中阳爻谓之婴儿，即精化元阳之气也。心藏属离，离中阴爻谓之奼女，即心液之神也。肺藏属兑，兑属金管十二节，谓之金楼也，又谓之十二重楼也。心藏属火，火色赤，谓之绛宫也。肝藏属木，内藏魂，木色青，谓之青蛟，又谓之青龙也。肺藏属金,内藏魄,金色白,谓之白虎。故云婴儿姹女,金楼绛宫,青蛟白虎也。身中元气属阳,阳属乾也,乾属金,乃谓之宝鼎也。心中之神属阴,阴属坤,心属火,火色红,乃谓之红炉也。身心谓之乾坤鼎炉也。既身心为鼎炉,即神气为药物也,故云宝鼎红炉,皆此物也。此物者,即神气也。道无形名,乃为神气之祖。神气之祖者,乃不可思议之道也,故云有非此物存者也。此章明道运神气,变化无穷也。

右第三章

关尹子曰:鸟兽呦呦,俄旬旬,俄逃逃,草木俄茁茁,俄停停,俄萧萧,天地不能留,圣人不能系,

呦呦者,鸟兽之子初生之声也。旬旬者,鸟兽经数旬长大也。逃逃者,鸟兽老而死亡如人逃遁不见也。茁茁者,草木初生芽也。停停者,草木长大停停卓立也。萧萧者,草木老枯萧萧无叶也。言鸟兽俄生俄长,俄顷之间复变而为死也,故云鸟兽俄呦呦,俄旬旬,俄逃逃也。草木俄生俄长,俄顷之间复变而为枯死也,故云草木俄茁茁,俄停停,俄萧萧也。鸟兽草木生时不得不生,长时不得不长,老时不得不老,死时不得不死,生长老死四者,大化之流行,虽天地之广大,圣人之神通,亦不能暂留系,而使不生长老死也,故云天地不能留,圣人亦不能系也。

有运者存焉尔。

造物运斡一气,阴阳五行四时相推相荡,生生化化无有穷极,故云有运者存焉尔也。

有之在彼,无之在此,鼓不桴则不鸣,偶之在彼,奇之在此,桴不手则不击。

有造化之运,在彼迷情形气之数也,故云有之在彼也。无物真空之道,在此心开了悟,与道冥合,不属形气时数,造化安能运之哉?故云无之在此也。心既开悟,不生妄情,不染物境,清净湛然,犹如虚空,彼造物岂能陶铸虚空哉?心了如此,似鼓不用桴击,则鼓不鸣响也,故云鼓不桴则不鸣也。与造化对偶,在彼迷情也,故云偶之在彼也。不与造化对偶,则奇然无侣,在此真空了悟之心也,故云奇之在此也。真空心尚未萌,岂有迷情染物哉?真空如此,似桴不用手则不能击鼓也,故云桴不手则不击也。此章明迷染万物,则不能逃于大化。悟真空,则大化不能迁也。

右第四章

关尹子曰:均一物也。众人惑其名,见物不见道,贤人析其理,见道不见物。

一者,不二之道也,物者,天地万物也。天地万物,咸赖不二之道而有其生也,故云均一物也。道寓于天地万物,无所不在,众人为天地万物之名惑乱其心,心迷著物,见物不见不二之道也,故云众人惑其名,见物不见道也。贤人能分析事理,昭昭明白,明见道理,外忘万物,故云贤人析其理,见道不见物也。

圣人合其天,不见道,不见物,一道皆道。

圣人了悟,冥契天真,了道之实,忘道之名,道名尚忘,何况物哉?故云圣人合其天,不见道,不见物也。道元不二,道无不在,故云一道皆道也。

不执之即道,执之即物。

心无所住,全身放下,即冥契真空妙有之道也,故云不执之即道也。心有所住,染著种种之边,即迷情逐于境物也,故云执之即物也。此章明未能洞彻,贤愚一例属迷,了然悟彻,凡圣不二也。

右第五章

关尹子曰：知物之伪者，不必去物，譬如土牛木马，虽情存牛马之名，而心忘牛马之实。

知者，悟也。了悟所有物境，皆是伪妄不真，自然心不染著，湛然清静，不必去除物境也，故云知物之伪者，不必去物也。了悟所有物境伪妄不真，自然不染，譬如泥土塑成牛，木雕刻成马，见之，虽然情存牛马之名像，而心自然忘牛马之真实也，故云譬如土牛木马，虽情存牛马之名，而心忘牛马之实也。此章明了悟物境之伪忘，心自然清静无染也。

右第六章

文始真经注卷之九

神峰逍遥子牛道淳直解

九药篇

药者，杂治也。凡三十一章。

关尹子曰：勿轻小事，小隙沈舟；勿轻小物，小虫毒身；勿轻小人，小人贼国。

学道之人，微善必积，小过必除，不可轻易，事虽微小，不可轻易而忽之，如万斛之舟，虽箭头小窍，若不塞之，以至于沈没大舟也，故云勿轻小事，小隙沈舟也。勿者，禁止之辞也，隙者，窍也。勿得轻易于小物，如蝎子七寸蛇，虽微小，若觑小可而近之，则被螫啮而毒伤人身也，故云勿轻小物，小虫毒也。勿得轻易于小人，如黄巢赤眉黄巾等，虽是小人，而能贼汉唐天下，而况于国乎？故云勿轻小人，小人贼国家也。

能周小事，然后能成大事；能积小物，然后能成大物；能善小人,然后能契大人。

事者,用也,施之于用也,平等普利,不遗细行,然后能成上德不德之至德。至德者,大德也,大德者,乃道之大用也,故云能周小事,然后能成大事也。小物者,细行微功也,草木昆虫亦救护而不害,妙有普利如同时雨,不择荆棘田苗净秽,平等普济也,又如大海不择清浊,包容不辩也,所以能为百谷王也,及其功行,积之大也为贤为圣,岂不是为大人物哉?故云能积小物,然后能成大物也。善以仁德普利,不择君子小人,平等仁慈,如此则不失人心,人皆推尊而敬之,然后能契大人之道也,故云能善小人,然后能契大人也。

天既无可必者人,人又无能必者事,惟去事离人,则我在我,惟可即可。

人之贵贱贫富,寿夭穷通,在乎天命。善恶迷悟为小人君子贤圣,天命岂可必然定之哉?故云天既无可必者人也。事者,用也,用之于恶为小人,用之于善为君子,用之于德为贤人,用之于道为圣人,人之于用,岂可必然一定之哉?故云人又无能必者事也。若放舍诸缘,外离人相,藏诸妙用而无为清静,则我不知有我,存亡自在,无可无不可,自由自在逍遥无拘也,故云惟去事离人,则我在我,惟可即可也。

未有当繁简可,当戒忍可,当勤惰可。

未有正当建立方便之门,众行齐修,不舍一法,而却扫荡复本而行简易,则不可也,故云未有当繁简可也。未有当合戒慎,而忍行之而不戒,则不可也,故云当戒忍可也。未有当精进善行之时,而却懒惰不精进,则不可也,故云当勤惰可也。此章明防微杜渐,不遗细行,可以为贤,可以为圣也。

右第一章

关尹子曰:智之极者,知智果不足以周物,故愚;辩之极者,知辩果不足以喻物,故讷;勇之极者,知勇果不足以胜物,故怯。

极有智者,可以烛理通法,而智果实不足以周济万物,既知如此,未若如愚韬晦契道也,故云智之极者,知智果不足以周物,故愚也。极能辩者,可以自明事理,以此知辩果不足以晓喻天下人物,不如若讷养气神也,故云辩之极者,知辩果不足以喻物,故讷也。极勇有力者,可胜十人百人,以此知勇果不足以胜天下人物,未若如怯弱谦卑柔和而养德也,故云勇之极者,知勇果不足以胜物,故怯也。此章明治智辩勇之病也。

右第二章

关尹子曰:天地万物,无有一物是吾之物,物非我物,不得不应,我非我,我不得不养。

一气运阴阳,生天地万物,而一气之源,本来无物,既是本来无物,即是真空,物来相感,不得不应,但应物常寂也,故云天地万物,无有一物是吾之物,物非我物,不得不应也。吾者,本来也。一气运阴阳,生四大假合之我,而一气之源,本来元无四大假合之我也。既寓假合,不得不资衣食而养之也,故云我非我,我不得不养也。非我者,本来也。

虽应物,未尝有物,虽养我,未尝有我。

真空妙有虽应物,如空谷传声,应变常寂,谷未尝有声也,真空应物亦复如是也,故云虽应物,未尝有物也。了悟真空,则四大如赁舍,虽资衣食之养,十二时中,独露真空,而真空无我也,故云虽养我,未尝有我也。

勿曰外物然后外我,勿曰外形然后外心,道一而已,不可序进。

外者,忘也。四大假合之身既如赁舍,与物何异,俱是妄伪不真。既明俱是妄伪，一时顿忘，勿得言先忘万物而复忘身也，故云勿曰外物然后外我也。形者，四大之身也，心者，五蕴妄积之心也。不独四大假合与物无异，而五蕴妄积之心，亦与物无异，而物我形心，均为妄伪不真。既悟妄伪，一齐顿忘，勿得言先忘身而后忘五蕴妄积之心也，故云勿曰外形然后外心也。道既不二，无内外物我之分也，岂容次序而进之哉？故云道一而已，不可序进也。心者，内也，形者，外也。此章明治迷著物我心形之病也。

右第三章

关尹子曰：谛毫末者，不见天地之大，审小音者，不闻雷霆之声。

谛者，审察也，毫末者，秋兔毛之尖细也。详审察视兔之秋毫之末，而心著微色相，故不睹天地之大色相也，故云谛毫末者，不见天地之大也。小音者，蠓蚋之声也，雷声之大者，为霹雳震霆也。详审察听蠓蚋之微音声，故不闻雷之震霆霹雳之大音声也，故云审小音者，不闻雷霆之声也。

见大者亦不见小，见迩者亦不见远，闻大者亦不闻小，闻迩者亦不闻远。

不独审视秋毫之末，不见天地之大，若审视天地之大，亦不见秋毫之末也，故云见大者亦不见小也。迩者，近也。不独见大者亦不见小，若见浅近，亦不见深远，生前之实相也，故云见迩者亦不见远也。不独审听蠓蚋之音声不闻雷霆之音声，若审听雷霆之音声亦不闻蠓蚋之音声也，故云闻大音者亦不闻小也。不独闻大者亦不闻小，若闻浅近之淫音，亦不闻深远劫外之威音也，故云闻迩者亦不闻远也。

圣人无所见，故能无不见；无所闻，故能无不闻。

所见者色也，所闻者声也，故毫末天地，形虽小大不同，而色不异也。蠓蚋雷霆，音虽小大不同，而声不异也。圣人无所见无所闻者，不住著色声也。不住著色声者，真空明聪无所不见闻也，故云圣人无所见，故能无不见，无所闻，故能无不闻也。此章明治迷染色声之病也。

右第四章

关尹子曰：目之所见，不知其几何。或爱金，或爱玉，是执一色为目也。耳之所闻，不知其几何。或爱钟，或爱鼓，是执一声为耳也。

眼之所观，不知其几何之色，大约或是爱金之黄色，或是爱玉之白色。若爱金之黄色者，则恶玉之白色，若爱玉之白色者，则恶金之黄色也，如此须是爱执一色，为目之偏见也，故云目之所见，不知其几何，或爱金，或爱玉，是执一色为目也。耳之所听，不知其几何之声，大约或爱钟之清声，或爱鼓之浊声，若爱钟之清声者，则恶鼓之浊声也。若爱鼓之浊声者，则恶钟之清声也。如此须是爱执一声，为耳之偏闻也，故云耳之所闻，不知其几何，或爱钟，或爱鼓，是执一声为耳也。

惟圣人不慕之，不拒之，不处之。

了道圣人，洞彻真空，不慕爱色声，亦无色声可除扫去也，何谓也？为色声于真空不可得居止也，故云惟圣人不慕之，不拒之，不处之也。处者，居止也。此章明治迷执爱恶色声之病也。

右第五章

关尹子曰：善今者可以行古，善末者可以立本。

今者，目前之人事也。古者，五太之先道理也。末者，五常百行也。本者，大本大宗之道也。善以目前人事及五常百行为之妙用，可以应变无住，冥符五太之先，卓然独立于大本大宗之道也，故云善今者可以行古,善末者可以立本也。行者,无住也。此章明治迷著事理本末,不悟体用之病也。

右第六章

关尹子曰:狡胜贼能捕贼,勇胜虎能捕虎,

人心机狡,胜过于贼寇,可以能捕捉贼寇也,故云狡胜贼能捕贼也。人力威勇胜过于虎豹,可以能捕擒虎豹也,故云勇胜虎能捕虎也。此设喻也。

能克己乃能成己,能胜物乃能利物,能忘道乃能有道。

克者,胜也,己者,私也。善能胜去己之私欲,乃能成己之至德也,故云能克己乃能成己也。善能胜去迷贪物欲,乃能普利人物,以成万亿之妙行也,故云能胜物乃能利物也。善能忘却悟道之智慧,则冥符真空,而不失妙有真空之道也,故云能忘道乃能有道。能有者,不失妙有也。此章明治不能忘悟道智慧之病也。

右第七章

关尹子曰:函坚则物必毁之,刚斯折矣,刀利则物必摧之,锐斯挫矣。

函者,铠甲也。铠甲虽坚硬,则必有硬弓强弩箭之物穿透而毁之也。以此则知凡物之太刚,必有物以折碎之也,故云函坚则物必毁之,刚斯折矣也。刀刃锋利,则必有钢石之物摧坏其锋刃也。以此则知凡物铦锐,则必有物以挫毁之也,故云刀利则物必摧之,锐斯挫矣也。以此设喻也。

威凤以难见为神,是以圣人以深为根,走麝以遗香不捕,是以圣人以约为纪。

已上二譬喻,如威尊之凤凰,以世人希罕难见为神异也。若频频见世,则世人不为希罕难见之神异也,故云威凤以难见为神也。

因上譬喻,是以知圣人韬光,冥符幽深之道,以为五太二仪五常百行之根源也,故云是以圣人以深为根也。香獐,人逐之急,自啮脐麝而遗弃之,人见之无麝,则不捕捉也,故云走麝以遗香不捕。因上譬喻,是以知圣人俭约圣智神通,冥于真空,物来感之不得已而后应,常应常寂,不离至道,如网之有纪有网,引之而众目齐张也,故云是以圣人以约为纪也。此合喻也。此章明治不能摧强挫锐,及不能韬晦圣智神通之病也。

右第八章

关尹子曰:缾有二窍,水实之,倒泻,闭一,则水不下,盖不升则不降。井虽千仞,汲之水上,盖不降则不升。

实者,满也。缾之两头有窍,先塞下窍,以水注于缾内,充实既满,提起猛塞上窍,取去下窍先塞之物泻之,水不下流也。何为也?为猛塞一窍,气不通也,盖气不升通,则水不降也,故云缾有二窍,水实之,倒泻闭一,则水不下,盖不升则不下降也。一仞七尺,又如井虽七千尺之深,以绳引桶而汲之,则水亦从之而上出也,故云井虽千仞,汲之水上也。若不以绳引桶下汲之,而水亦无由上出也,故云盖不降则不升也。此设喻也。

是以圣人不先物。

已上所说譬喻,不升则不降,不降则不升,以此则知是以圣人不先物,则物不先圣人也。不先者,圣人不先自尊大傲人,人亦不敢傲圣人也,故云是以圣人不先物也。物者,人物也。此章明治不能持后之病也。

右第九章

关尹子曰:人之有失,虽已受害于已失之后,久之,窃议于未失之前。

世之迷人，或用之于不善，则于善行而有失，虽然因失善行，而自己受凶祸之害于已失善行之后，久之，自省悔过，私自暗议所用所行之善恶吉凶利害于未失之前，再谨用之而行善行也。故云人之有失，虽已受害于已失之后，久之，窃议于未失之前也。窃者，私也。

惟其不恃己聪明，而兼人之聪明，自然无我，而兼天下之我，终身行之，可以不失。

惟达士了悟妙道，亦不恃赖了悟妙道之聪明，藏诸妙用兼众人聪明之用，随所便利众人之用，亦从而用之，普利自然无我也，故云惟其不恃已聪明，而兼人之聪明，自然无我也。真空无我，应物见形，如一月普见一切水也。一切水月光明，皆因天上一月光明之统摄也。天下之人聪明，皆是一真空道之威光统摄也。以真空道之威光，应变常寂，则终身无住于中边，可为妙用普利，不失于道德也，故云而兼天下之我，终身行之，可以不夫也。行者，无住也，以者，用也。此章明治不能无我普利之病也。

右第十章

关尹子曰：古今之俗不同，东西南北之俗又不同，至于一家一身之善又不同，吾岂执一豫格后世哉？

往古来今，风俗淳浇之各异也，故云古今之俗不同也。东夷、西戎、南蛮、北狄风俗之各异也，故云东西南北之俗又不同也。处处各一家，家家各一身，好恶善恶之各异也，故云至于一家一身之善又不同也。天下人之心情随时改化，所向不同，吾岂可执定一法，豫先为后世之格式哉？故云吾岂执一豫格后世哉。

惟随时同俗，先机后事，捐忿塞欲，简物恕人，权其轻重而为之，自然合神不测，契道无方。

大达之士，惟能随时达变而无我，和光同尘而无心，先了真空妙有之活机，事感而后应，应变而常寂也，故云惟随时同俗，先机后事也。如上所说，既了真空妙有之活机，物来逐之，而心无嗔怒，美色魔之，而心无染著也，故云捐忿塞欲也。心无嗔怒，是捐去其忿怒，心无染著，是塞断其色欲也，故云惩忿窒欲，源于此也。大达之士，不多贪外物，但资生之具，不得已而用之，不由义而不取也，故云简物也。大达之士，虚缘而葆真，清而容物，又如巨海处下，清浊皆容纳也，故云恕人也。既能容物恕人，其应物也，如悬镜以鉴形，不遗妍丑，其用事也，如权衡以等物，不失轻重，无为而无不为也，故云权其轻重而为之也。既无为而无不为，以不神之神为用，而阴阳莫能测，以不可思议之道为体，应变无方也，故云自然合神不测，契道无方也。此章明治不能以活机应变随时之病也。

右第十一章

关尹子曰：有道交者，有德交者，有事交者。

大达之士，了悟妙道，同契相求为莫逆之交也，故云有道交者也。同行众善之君子，相为忘年之交也，故云有德交也。同经营公私之事，遂有相得以为交也，故云有事交者也。

道交者，父子也，出于是非贤愚之外，故久；德交者，则有是非贤愚矣，故或合或离；事交者，合则离。

同了道之人，相为莫逆之交，犹如父子之亲，相忘是非贤愚，以游物境之外，永无绝交也，故云道交者父子也，出于是非贤愚之外，故久也。同为善人君子，以德行为务，相与为交，不能无心，所以分别是非贤愚，而有合有离也，故云德交者，则有是非贤愚矣，或合或离也。不以道德为心，同经营公私之事，以俗礼为交，虽事合而情离，稍有相违而绝交也，故云事交者，合则离也。《庄子》云君子结交淡若水,小人结交甘若醴,君子淡以亲,小人甘以绝是也。此章明治不能道交之病也。

右第十二章

关尹子曰:勿以拙陋曰道之质,当乐敏捷;勿以愚暗曰道之晦,当乐轻明;勿以傲易曰道之高,当乐和同;勿以汗漫曰道之广,当乐要急;勿以幽忧曰道之寂,当乐悦豫。古人之言学之多弊,不可不救。

勿得言钝拙鄙陋以为道之质朴,当以聪敏捷利了悟为乐也,故云勿以拙陋曰道之质,当乐敏捷也。勿得言愚痴无明黑暗为学道之韬晦,当以轻清明了为乐也,故云勿以愚暗曰道之晦,当乐轻明也。勿得言傲慢轻易于人为道德之高,当以谦逊和光同尘不染为乐也,故云勿以傲易曰道之高,当乐和同也。勿得言汗漫漭荡顽空以为道之广大,当以了悟真空为要妙,以妙有为应变急切之用以为乐也,故云勿以汗漫曰道之广,当乐要急也。勿得言身处幽静,心怀忧愁,以成学道之寂静,当以逍遥悦豫不染为清静之乐也,故云勿以幽忧曰道之寂,当乐悦豫也。如拙陋愚暗傲易汗漫幽忧之五者,皆是古人了达佯狂混世之言,后学不悟,便为真实,依而行之,以为学道之弊病,不可不以药石之言救疗也,故云古人之言学之多弊,不可不救也。此章明治不能悟古人言之病也。

右第十三章

关尹子曰:不可非世是己,不可卑人尊己,不可以轻忽道己,不可以讪谤德己,不可以鄙猥才己。

学道之人,不可见他人之过恶,专开病眼,举世之人以为非,以恃所能胜心,自专自是也,故云不可非世是己也。学道之人,不可小觑众人,以为卑贱,而自尊自大也,故云不可卑人尊己也。学道之人，不可轻忽傲慢众人，以为不悟妙道，而自专以为有道也，故云不可以轻忽道己也。学道之人，不可专一讪谤他人，以为无德，自专己有德也，故云不可以讪谤德己也。学道之人，不可小觑众人为鄙猥愚陋无才，而自专己有才学也，故云不可以鄙猥才己也。此章明治不能忘人我能所之病也。

右第十四章

关尹子曰：困天下之智者，不在智而在愚；穷天下之辩者，不在辩而在讷；伏天下之勇者，不在勇而在怯。

真空窈冥，不可以智知而识识，故能困天下大智之人也。了道之士，默默韬晦如愚，世有智者不可得而知也，故云困天下之智者，不在智而在愚也。道本无名，不可得而言辩，而天下言辩者，于此穷而无辩也。了悟道者难以告人，未若如讷不辩言也，故云穷天下之辩者，不在辩而在讷也。了悟妙道，以无为清静保内，以谦卑柔弱不与物争保外，天下有好争者，莫能与不争者争，如此则天下无敌也。以不争之德，能伏天下勇力之人，不在于争也，故云伏天下之勇者，不在勇而在怯也。怯者，柔弱也。此章明治不能忘智辩勇力之病也。

右第十五章

关尹子曰：天不能冬莲春菊，是以圣人不违时也，不能洛橘汶貊，是以圣人不违俗。

莲花夏开，菊花秋开，天不能使莲花冬开，而菊花春开也，是以圣人不逆天之四季，不违时之通塞也，故云天不能冬莲春菊，是以圣人不违时也。洛者，嵩洛之地也，橘者，柑子也，多生江南暖处，移来嵩山洛水之畔栽种之，而变为枳也。汶山所出之水为之汶江，在吴越之地也，狐貊生于江北高原山野，将到江南下湿之地则死也,此二者地气使然也。既地不能洛地生橘,江南生貉,以此圣人不违夷狄蛮戎中夏之风俗也,故云地不能洛橘汶貉,是以圣人不违俗也。

圣人不能使手步足握,是以圣人不违我所长,圣人不能使鱼飞禽驰,是以圣人不违人所长。

以掘为手所长,以步为足所长,虽圣人岂能使手步足握,易手足之用哉?以此圣人不违拒我之六用所长也,故云圣人不能使手步足握,是以圣人不违我所长也。长者以能为为长,以不能为为短也,鱼以水中能游为长也,禽以空中能飞腾为长也,驰者,马走速也,虽圣人,岂能易鱼禽游驰飞腾哉?以此圣人不违拒众人所长之用也,故云圣人不能使鱼飞禽驰,是以圣人不违人所长也。

夫如是者,可动可止,可晦可明,惟不可拘,所以为道。

如是者,已上所说圣人不违时、不违俗、不违我所长、不违人所长之四者也。如此不违四者,可动时,亦不违时之动,可止时,亦不违时之止,可晦时,亦不违时之晦,可明时,亦不违时之明。惟能不违拒造物之变化,不拘泥于死法,所以应变无穷而为妙道也。故云夫如是者,可动可止,可晦可明,惟不可拘,所以为道也。此章明治不能随时达变之病也。

右第十六章

关尹子曰:少言者,不为人所忌;少行者,不为人所短;少智者,不为人所劳;少能者,不为人所役。

学道之人,慎言俭语则寡过,不为众人之所忌惮也,故云少言者,不为人所忌也。于利名场上,慎多贪进,行履则不为众人所嫉妒、短过也,故云少行者,不为人所短也。智慧收藏,俭于使用,则不为众人之所劳苦也,故云少智者,不为人所劳也。大巧若拙,俭施其能,则不为众人所役使也,故云少能者,不为人所役也。此章明治不能忘言行智能之病也。

右第十七章

关尹子曰:操之以诚,行之以简,待之以恕,应之以默,吾道不穷。

操者,持也。诚者,真实也。简者,不繁也。行者,无住也。待者,应也。恕者,宽裕包容也。了悟真空实有,保任护持,无住种种之边,如此简当不繁也,故云操之以诚,行之以简也。与众同处,或御群下,但应之以宽裕包容,不见人之过失,曲全己德也,故云待之以恕也。或有人来叩问,但动容密示,不假言教,利根顿悟,与吾所悟之道俱无穷极也,故云应之以默,吾道不穷也。此章明治不达诚简恕默之病也。

右第十八章

关尹子曰:谋之于事,断之于理,作之于人,成之于天,事师于今,理师于古,事同于人,道独于己。

图谋人事,以理裁断而合其宜也,故云谋之于事,断之于理也。所作之事,力与不力在人为,而成与不成在天命也,故云作之于人,成之于天也。事以今人为师,理以古人为师也,故云事师于今,理师于古也。事者用也,用虽与众人同,而了悟妙道,应变常寂,无染清静,不与众人同也,故云事同于人,道独于己也。此章明治不能事理圆通之病者也。

右第十九章

关尹子曰:金玉难捐,土石易舍,学道之士,遇微言妙行,慎勿执之,是可为而不可执。若执之者,腹心之疾,无药可疗。

金玉者,喻圣人之言行也。土石者,喻凡人之言行也。金玉虽贵,入眼为尘,大道无名迹,故言行不可及也,学人于圣人之言行难忘，如世人难舍金玉也，故云金玉难捐也。学人于凡人之言行容易忘之，如世人易舍土石也，故云土石易舍也。学道之士，若遇圣人微言妙行，慎勿执著不忘也，故云学道之士，遇微言妙行，慎勿执之也。圣人之妙行，可为之而成德，而不可执著圣人妙行之迹也，故云是可为不可执也。若执著之者，如人皮肤有病，容易治疗，若人病在心腹，虽卢医扁鹊，亦不能疗治。迷人执著圣人妙行之迹，亦复如是也。故云执著之者，腹心之疾，无药可疗也。此章明治不能忘言行之病也。

右第二十章

关尹子曰：人不明于急务，而从事于多务他务奇务者，穷困灾厄及之。

急务者，道德也。多务者，万法也。他务者，傍门伎艺也。奇务者，异世之术也。学人不明了道德为简要急切之务，而务泥万法，或学傍门小法，或学医卜工伎之艺，或学异世奇怪之术，学虽不同，失于道德者一也。失于道德而堕轮回，动经尘劫，无有出期，此穷困灾厄莫大于是也。故云人不明于急务，而从事于多务他务奇务者，穷困灾厄及之也。从事者，务泥也。及之者，堕轮回也。

殊不知道无不在，不可舍此就彼。

此者，身心道德急切之务也。彼者，多务他务奇务也。学人殊不知道无不在，即此身心是道也。既道无不在，何独身心道不在哉？身心从道生，如沤从水生，即沤是水也，即此身心是道，亦复如是也。既悟即此身心是道，不可舍此身心，就彼多务他务奇务求道德也，故云殊不知道无不在，不可舍此就彼也。此章明治不能以道德为务之病也。

右第二十一章

关尹子曰：天下之理，舍亲就疏，舍本就末，舍贤就愚，舍近就远，可暂而已，久则生害。

亲者，性命也。疏者，财色也。本者，道也。末者，五常百行万法也。贤者，智慧之德也。愚者，痴迷也。近者，慈善也。远者，众恶也。天下之道理，学人迷之，舍性命道德慈善，而就泥财色万法，痴迷之众恶，可暂乐妄情，而久泥不悟，堕轮回生死，胎卵湿化，无有了期，害莫大于此也。故云天下之理，舍亲就疏，舍本就末，舍贤就愚，舍近就远，可暂而已，久则生害也。此章明治不悟道之病也。

右第二十二章

关尹子曰：昔之论道者，或曰凝寂，或曰邃深，或曰澄彻，或曰空同，或曰晦冥，慎勿遇此而生怖退。

凝者，定也。寂者，静也。邃者，幽也。昔之古人论道者，或言泰定安静者，或言道幽深难穷者，或言道如水之澄彻渊奥者，或言道如虚空广大者，或言道隐晦杳冥莫测者，学人若遇此，或言凝寂、邃深、澄彻、空同、晦冥之五者，慎勿生怕怖之心，以为道之难学而退怠也。故云昔之论道者，或曰凝寂，或曰邃深，或曰澄彻，或曰空同，或曰晦冥，慎勿遇此而生怖退也。

天下至理，竟非言意，苟知非言非意在彼微言妙意之上，乃契吾说。

天下至理者，道也。竟者，终也。向来所论之言凝寂、邃深、澄彻、空同、晦冥之五者，总属名相妄情之意识也。道本无名无情，穷究到彻尽之处，终非言意之可及也，故云天下至理，竟非言意也。诚知非言意之可及，在彼古人微言妙意未萌之前，荐悟了然，洞彻本来见成之道，元自清净具足，不假修为外求也。如此了悟，乃契合所说之义也。故云苟知非言非意在彼微言妙意之上，乃契吾说也。上者,前也。苟者,诚也。此章明治未了根尘之病也。

右第二十三章

关尹子曰:圣人大言金玉,小言桔梗芣苢,用之当,桔梗芣苢生之,不当,金玉毙之。

圣人大言者,如《道德》《阴符》二经,如金玉之贵也,故云圣人大言金玉也。桔梗者,草药之名也,能治风湿之疾也。芣苢者,亦草药之名也,一名车前草,能治赤白泻痢之疾也。小言者,如后圣诗词直言语录也。或因诗词直言语录悟之而了道,如桔梗芣苢之草药治痊风湿痢疾,而人复安乐得活也。故云小言桔梗芣苢,用之当,桔梗芣苢生之也。用之当者,治痊疾也。生者,活也。或人背诵《道德》《阴符》二经如同流水,而不能开悟了道者,如服金玉贵细之药,不能痊愈风湿泻痢之疾,以至于丧生也。故云不当,金玉毙之也。毙者,丧生也。不当者,不能痊疾也。此章明治分别经言精粗之病也。

右第二十四章

关尹子曰:言某事者,甲言利,乙言害,丙言或利或害,丁言俱利俱害,必居一于此矣,喻道者不言。

某者,代称之辞也。世人言论事理,所见不同,一人名甲,言论此事,有利益于世也,一人名乙,言论彼事,有损害于世也,故云言某事者,甲言利,乙言害也。一人名丙,言论彼此之事,或有利益于世,或亦有害损于世也,故云丙言或利或害也。一人名丁,言论彼此之事,行之正,俱利益于世,彼此之事,行之不正,俱害损于世也,故云丁言俱利俱害也。甲乙丙丁四人,各论利害不同,然必有一人言之当,安于理也,故云必居一于此矣。居者,安也。道本无名,不可以言比喻,在人心了悟而已,非如事有利害之比喻也,故云喻道者不言也。此章明治未忘利害之病也。

右第二十五章

关尹子曰：事有在事言有理，道无在道言无理，知言无理，则言言皆道，不知言无理，虽执至言，为梗为医。

世间万事，所用各有下落，言论一事，自有一理所在也，故云事有在事言有理也。道无处所下落，亦不属名言事理，圣人之言皆无言之言，以荐言外之旨，若了悟无言之言，不属事理，则终日言而未尝言，言言无非道也。知者，悟也，若不悟无言之言不属事理，虽执至人之言于道眼上，如人咽喉有物梗塞，又如人眼内有尘眯障也，故云不知言无理，虽执至言，为梗为翳也。医当作翳。此章明治未忘事理之病也。

右第二十六章

关尹子曰：不信愚人易，不信贤人难，不信贤人易，不信圣人难，不信一圣人易，不信千圣人难。

不信者，不执泥而染著也。凡愚人之言行，不执泥染著则容易，至于贤人之言行则难忘也，故云不信愚人易，不信贤人难也。不执泥染著贤人之言行，亦容易，至于圣人之言行又难忘也，故云不信贤人易，不信圣人难也。不执泥染著一圣人之言行，又亦容易，至于千圣人之言行尤难忘也，故云不信一圣人易，不信千圣人难也。

夫不信千圣人者，外不见人，内不见我，上不见道，下不见事。

若夫学人不执泥染著千万圣人之言行，则心忘名迹，冥然契道，而迥超凡圣人我事理之名迹也，故云不慕诸圣，不重己灵，正谓此也。故云夫不信千圣人者，外不见人，内不见我，上不见道，下不见事也。道者，理也。此章明治未忘凡圣之病也。

右第二十七章

关尹子曰:圣人言蒙蒙,所以使人聋,圣人言冥冥,所以使人盲,圣人言沉沉,所以使人瘖。

圣人之言,尽是无言之言,令人于无言之言,荐悟言外之旨,言外之旨不属声,故学人蒙蒙然,迷情障蔽不可得而闻之,如患聋一般也,故云圣人言蒙蒙,所以使人聋也。言外之旨不属于色,杳杳冥冥,视之不见,令人如患盲病一般也,故云圣人言冥冥,所以使人盲也。言外之旨不属于名,沉沉静静,言之难议,令人如患瘖痖之病也,故云圣人言沉沉,所以使人瘖也。

惟聋则不闻声,惟盲则不见色,惟瘖则不音言。

惟患耳聋之病者,则于声无所闻也,故云惟聋则不闻声也。惟患目盲之病者,则于色无所见也,故云惟盲则不见色也。惟患瘖痖之病者,则于声无所言也,故云惟瘖则不音言也。

不闻声者,不闻道,不闻事,不闻我。不见色者,不见道,不见事,不见我。不音言者,不言道,不言事,不言我。

言外之旨,既听之不闻其声,未若如患耳聋,亦不闻道、事、我三者之声也,故云不闻声者,不闻道,不闻事,不闻我也。言外之旨既视之不见其色,未若如患眼盲,亦不见道、事、我三者之色也,亦不生此见解也,故云不见色者,不见道,不见事,不见我也。言外之旨既议之无名,未若患瘖痖不能言者,亦不言道、事、我三者之名也,故云不音言者,不言道,不言事,不言我也。此章明治未忘色声名道事我之病也。

右第二十八章

关尹子曰:人徒知伪得之中有真失,殊不知真得之中有真失,徒知伪是之中有真非,殊不知真是之中有真非。

学人谩知认著妄得以为诚失于至道,殊不知真得之见,亦诚失于至道也。如金屑虽实，入眼则为尘翳也，故云人徒知伪得之中有真失，殊不知真得之中有真失也。伪者，妄也。真者，诚也。徒者，谩也。学人谩知认著妄是以为诚非，殊不知认著真是亦为诚非也，故云徒知伪是之中有真非，殊不知真是之中有真非也。此章明治未忘真假之病也。

右第二十九章

关尹子曰：言道者如言梦，夫言梦者曰，如此金玉，如此器皿，如此禽兽，言者能言之，不能取而与之，听者能闻之，不能受而得之，惟善听者，不泥不辩。

大悟大彻之士，如人睡梦觉来，方知梦中所见之境，皆是妄想颠倒识见之所成也。未能大悟大彻之士，以识见能通万法，为人谈演妙道，皆是梦中说梦也，故云言道者如言梦也。梦中说梦曰，梦见如此金宝大山，巍峨无量，如此玉洞，广阔幽深难测，此二者喻以道德为灵宝洞玄，广大幽深无量难测也，故云夫言梦者曰，如此金玉也。又梦中说梦曰，梦见如此玉器金皿，使用无数，此喻建立妙用，普利众善万行也，故云如此器皿也。又梦中说梦曰，如此乌兔龟凤龙虎，此喻金乌玉兔，乌龟赤凤，白虎青龙，阴阳造化也，故云如此禽兽也。梦中说梦见此金玉器皿禽兽，说者但能说之，不能取金玉器皿禽兽与听说之人也，此喻圣人不能出道以示与学人也，故云言者能言之，不能取而与之也。梦中听说梦境之人，但闻说如此金玉器皿禽兽，不能承受取得之也，此喻学道者因师方便点化，言下自悟不从外得也，故云听者能闻之，不能受而得之也。惟有利根者善闻道德玄妙，不执泥筌蹄，不辩论圣人无言之言，但因圣人无言之言，荐悟言外之旨，了悟不可思议之道也，故云惟善听者，不泥不辩也。此章明治未悟谈道之病也。

右第三十章

关尹子曰：圆尔道，方尔德，平尔行，锐尔事。

尔者，学道之人也。天下学道之人，但能详读审诵九篇，精之研之，究之彻之，自然了悟不可思议之至道，人人具足，个个圆成，不假修为，位齐诸圣也，故云圆尔道也。方者，正也，德者，道之用也。天下学道之人，若因经了悟不可思议之至道，仍要护持保任也。如何护持保任？但能以无为清净，逍遥自在，不染不著护其内，以谦卑柔弱，不与物争护其外，次又正其妙用，用之于众，善利物安人，不求报恩，皆为用之正，而成上德也，故云方尔德也。天下学人，若因经了悟不可思议之至道，护持保任，要成上德，须是自利利他，平等普惠，不择贵贱贫富，男女妍丑，仁慈等利，无偏无党，以成万德之妙行也，故云平尔行也。锐者，利也，事者，用也。天下学人，因经了悟不可思议真空妙有之道，以为真心之体，以至德妙行为真心之用，自利利他，于事无往不利也，故云锐尔事也。此章尹君自述一经之旨趣也。

右第三十一章

文始真经后序

晋葛仙翁撰

洪体存蒿艾之质，偶好乔松之寿，知道之士，虽微贱必亲也，虽夷狄必贵也。后遇郑君思远，郑君多玉笈琼笥之书，服饵开我以至道之良药，呼吸洗我以紫清之上味，后属洪以尹真人《文始经》九篇，洪爱之诵之，藏之拜之。宇者，道也。柱者，建天地也。极者，尊圣人也。符者，精神魂魄也。鉴者，心也。匕者，食也。釜者，化也。筹者，物也。药者，杂治也。洪每味之，泠泠然若蹑飞叶，而游乎天地之混溟,茫茫乎若履横杖,而浮乎大海之渺漠,超若处金碧琳琅之居,森若握鬼魅神奸之印,倏若飘鸾鹤,怒若斗虎兕,清若浴碧,惨若梦红,擒纵大道,浑沦至理。方士不能到,先儒未尝言,可仰而不可攀,可玩而不可执,可鉴而不可思,可符而不可言,其忘物遗世者之所言乎,其绝迹去智者之所言乎,其同阴阳而冥彼此者之所言乎!何如此之尊高,何如此之广大,又何如此之简易也。洪亲受之。

咸和二年五月朔丹阳葛洪稚川序

文始真经言外旨

文始真经言外旨序

　　愚闻三教鼎立于天地间，如三光在天，相须为明，不可偏废也。三家经文充府满藏，其间各有精微极至之书。吾儒六经皆法言，而最精微者《易》也；释氏大藏累千万轴，最精微者《楞伽》也；道家大藏亦千万卷，最精微者《关尹子》书也。三书之在三教，如三光之在三才，然三光虽明，人无眼目，无由见其明，三书虽妙，世无慧哲，无由知其妙，故三书虽存，旨昧久矣。《传》曰：苟非其人，道不虚行，信哉！呜呼！儒更三圣之后，《易》变而为象数卜筮之书。释传四灯之后，《楞伽》变而为象教之文。道历秦汉而来，《关尹子》书付淮南方术家矣。况乎道隐小成，言隐浮伪，至人不常生，至言不常行，宜乎《关尹子》书秘而不传于世矣。虽然，天地至灵之气，发而为文，载道之言，阴有神护，终不可泯，行之有时尔。《易》自孔子之后数千年，至陈希夷始传心法。《楞伽》自瞿昙涅槃数千年，至达磨始传于中国。今《关尹子》书自老子西征出关，亦数千年矣，抱一先生始发明此书玄奥。然此书句读且难，况通其义耶？先生证悟道真，慈愍后学，乃探老关骨髓，述成言外经旨。或因言而悉旨，或转语以明经，或设喻以彰玄，或反辞而显奥，或句下隐义，或言外漏机，或指意于言前，或显微于意外，大率多《关尹子》言外之旨，故总其多者，目之曰《言外经旨》。是书也，真所谓剖大化之秘藏，增日月之光明，泄大《易》未露之机,述《楞伽》秘密之蕴,即伏羲之本心,尽姬文之神思,探仲尼之精微,究诸佛之命脉,穷诸祖之骨髓,显黄帝之机缄,露老聃之肺腑也。学者得见此书,诚为不世之遇,岂可不知其幸耶!愚蒙师亲授,得悟道真,无以报称师恩,敬锓于梓,传之无穷,使天下后世志道君子得遇此书,言下打发,了悟道真,皆吾师抱一先生无穷之德施也。是书在处,当过于佛乘之经,阴有神天护持,岂可轻慢耶?学者当藏拜庄诵,如葛稚川可也。故为之序。有宋宝佑二禩长至日,门弟子希微子王夷再拜炷香谨序。

汉刘向进《关尹子》书

右新书著定《关尹子》九篇,护左都水使者光禄大夫臣刘向言:所校中秘书《关尹子》九篇,臣向校雠太常存七篇,臣向本九篇。臣向辄除错不可考,增缺断续者九篇成,皆杀青,可缮写。关尹子名喜,号关尹子,或曰关令子。隐德行,人易之,常请老子著《道德经》上下二篇,列御寇、庄周皆称道家书。篇皆寓名有章,章皆首关尹子曰四字,篇篇序异,章章义异,其旨同,辞与老列庄异,其归同。浑质崖戾,汪洋大肆,然有式则,使人泠泠轻轻,不使人狂。盖公授曹相国参,曹相国薨,书葬。至孝武皇帝时,有方士来以七篇上,上以仙处之,淮南王安好道聚书,有此不出。臣向父德,因治淮南王事得之,臣向幼好焉。寂士清人,能重爱黄老清净,不可阙。臣向昧死上。永始二年八月庚子,护左都水使者光禄大夫臣刘向所校《关尹子》书谨进上。

文始真经言外旨序

夫道本无名,《老子》曰有物混成,先天地生,吾不知其名,强名曰道。既曰无名，而不知其名矣，则不可以言言也。如是，则圣人于道，惟当不立言，不立文字，然圣人欲晓天下后世，苟不强立其名以述其实，则所谓道者，将绝学而无传矣。关令尹望云气，以候老子出关，邀而留之，师其道，而请立言以惠天下后世，则圣人慈愍后学之心至矣。及乎得老子之道，传五千言之后，乃述是书，以晓天下后世，而露五千言之所未述之旨。然是道也，不可名言之道也，而是书也，所述无言之言也，则其言岂可以百家窥哉？宜乎庄子闻其风而悦之，自以其学出于关尹，而称之为古之博大真人也。列御寇亦师之以传其道焉。呜呼！至人不常生，至言不常闻，而关尹之书，自昔以来，秘传于世，少有知者。虽圣明之朝，以庄列二书名之为经，而是书不传，不得上达，使庄列二子有知，岂不有愧于地下乎！庄子不云乎，不离于宗，谓之天人，不离于精，谓之神人，不离于真，谓之至人，以天为宗，以德为本，以道为门，兆于变化，谓之圣人。今观是书，则知关尹子咸备四者之道，宜其称之为博大真人矣。自清浊兆分以来，未有立言垂训，显道神德，至精至微，至玄至妙如此书者也。葛稚川谓擒纵大道，浑沦至理，先儒未尝言，方士不能到。惟其尊高也，故浅近者不能窥，惟其广大也，故孤陋者不能造，惟其简易也，故该博者不能测。学者望之不及，研之不得，契之不可，咀之无味，扪撷无门，探索无路，甚至指为伪书，以为出于汉儒之口。噫！是书也，庄列不能言，文程不能道，而谓汉儒能述之乎？自汉明帝时，西域之教始流入中国，而其书最精微者，《楞严》《楞伽》《金刚》《法华》也。其所言之神通妙义，变化正魔，以至无我无人之说，悉先述于是书矣。然其言简，其义详，又非重译之书所可比拟也。关尹圣人，生周末之世，与孔子同时，二圣人皆亲见老子，故其言问有一二与孔子同者，如朝闻道,夕死可矣之类,岂所闻所见亦有同得者乎?今观是书首篇之言,似发明五千言之旨,而为《道德经》作传也。学者当与《道德经》参观之,庶几心释神悟于是书矣。若夫因是书感悟之后,而复随世俗一曲之士,轻生诬谤,不生恭敬,侮圣人之言,则其人本以心之神灵者,悟是书之旨,必复为心之不神不灵者昧其性天,而随失其悟矣。是书之灵,必至如是读是书者,可不若葛稚川爱之诵之,葳之拜之哉?今欲于强名之下强字表德,故述言外经旨。有宋宝佑二年岁在甲寅重阳日,抱一子陈显微再拜炷香敬序。

抱一子曰:宇者,尽四方上下之称也,故以一宇冠篇首。谓无是宇,则无安身立命之地。道则遍四方上下无不在焉,无是道,则天地造化或几乎废矣,故一宇者,道也。宇既立,不可无柱,故以二柱次之。柱者,建天地也。天地定位,圣人居中。圣人者,道之体也,圣人建中立极,故以三极次之。三才既立,四象位焉,故以四符次之。符者,契神之物也,故为精神魂魄。五居数之中,心居人之中,故以五鉴居中,以明真心能照也。然无形,则心无所寓,故以六匕次之。匕者,食也。食以养形,故形食一体,形久则化,故以七釜次之。釜者,变化万物之器也,釜中不可无物,故以八筹次之。筹者,物也。物物可为药,药可以杂治,故以九药终之。九者,究也,尽也,物至于为药,功用极矣。然药之功,复能活人,有复生之理,以明万物皆具是气是性,可以生物,不逐形尽也,故以药终焉。今将九篇分为三卷,以见自一生三,自三成九之义。至九则复变为一,而无穷矣。原上中下三卷,今离为九卷。

文始真经言外旨卷之一

抱一子陈显微①述

一宇篇

宇者,道也。凡二十八章。

关尹子曰:非有道不可言,不可言即道。非有道不可思,不可思即道。天物怒流,人事错错然,若若乎回也,戛戛乎斗也,勿勿乎似而非也。而争之,而介之,而呪之,而喷之,而去之,而要之。言之如吹影,思之如镂尘,圣智造迷,鬼神不识。惟不可为,不可致,不可测,不可分,故曰天,曰命,曰神,曰玄,合曰道。

抱一子曰:《老子》曰:道可道,非常道,名可名,非常名。世之学者,罕见关尹子书,而多以百家之言及臆说解之,愈不能明老子之旨。关尹谓使有道不可言,则道与言为二,惟不可言即道,则言与道为一,学者骤观,非有道不可言,多误认为有道可言,若有道可言,则当云有道非不可言,不曰非有道不可言也。今曰非有道不可言,不可言即道,是则翻老子之言,以明老子言外之旨也。此言翻之,则曰非有道不可道,不可道即道,既翻出不可道即道,则翻出道可道非道矣,道可道非道,即是《老子》道可道,非常道也。或者犹疑可道为口道之道,愚又翻经言以晓之,曰:如曰空可空,非真空,使其可空,即是有物,窒而不空之处,岂谓之真空乎?知空可空非真空,则知道可道非常道矣。或者喻曰,如心心如性性,皆可用功以人为,而道独不可以人为,故不可以道道也。向非翻言外之言,

---

① 陈显微,字宗道,号抱一子,宋代道士。

吾终世不能明《老子》之经旨矣。世人又多被常字转了，将谓《老子》有非常之道，然《老子》立此常字者，政恐世人疑吾所谓道有异乎人也，殊不知此乃通天下之常道尔，犹强名曰道者，通天下之常名尔。是道也，通天彻地，亘古亘今，无往而不在，才开口言，则去道远矣。故曰二也。才指此强名之名为可名，则非名矣。惟不可名，故假常名强名之，犹曰非有名不可名，不可名即名也，是则不可言即道，不可名即名，即《老子》可道则非常道，可名则非常名之意也。然则老子大圣人也，其言如天之不言之言，非有大圣人如关尹子者，畴能复以不言之言，发明其言外之旨哉？然关尹子既发明不可名言之旨矣，又恐世人谓道不可名言，则可以思而得之，故又曰非有道不可思，不可思即道，与上意同。噫！可言可思皆人也，不可言不可思皆天也，然则人与天果可以异观乎？曰人皆可曰天，然则人与天果可以同观乎？曰天物怒流，人事错错然，有相若而回者，有相戛而斗者，有相勿而似而非者，或争而目以心斗，或介而不交于物，或呢而呵叱之，或喷而呼唤之，或去而离之，或要而合之，天物人事，不齐如此，岂可以同观哉？今欲以人之言思及之，譬如吹影镂尘，徒劳心耳。是道也，圣智造之犹迷，鬼神测之不识。惟其不可为，故曰天不可致，故曰命不可测，故曰神不可分，故曰玄，合是四者，强名曰道。

关尹子曰：无一物非天，无一物非命，无一物非神，无一物非玄。物既如此，人岂不然？人皆可曰天，人皆可曰神，人皆可致命通玄。不可彼天此非天，彼神此非神，彼命此非命，彼玄此非玄。是以善吾道者，即一物中知天尽神，致命造玄。学之徇异，名析同实，得之契同，实忘异名。

抱一子曰：《老子》言道，继之以常无欲以观其妙，常有欲以观其徼，同谓之玄，玄之又玄，众妙之门。关尹子恐学者徇异，名析同实，而并以天命神玄四者异观之，故于此章重言，即一物中，可以知天尽神，致命造玄，物物皆然，人人本具，不可彼天此非天，彼神此非神，彼命此非命，彼玄此非玄也。是则或曰妙，或曰徼，或曰玄，亦物物皆然，人人本具，惟得之者，契其同有之实，忘其异谓之名，至于玄之又玄，可以入道矣。

关尹子曰：观道者如观水，以观沼为未足，则之河、之江、之海，曰水至也。殊不知我之津液涎泪，皆水。

抱一子曰：观道如观水，则我与水为二矣。所观愈大，所歧愈远，返照回光，则吾身自有沼河江海也。今之津液涎泪皆水，非吾身中之沼河江海之发见者乎？昧者不知耳。

关尹子曰：道无人，圣人不见甲是道，乙非道。道无我，圣人不见已进道，已退道。以不有道，故不无道，以不得道，故不失道。

抱一子曰：有人则我与人为二，有我则我与道为二，我不可有，道可有乎，我不可得，道可得乎？惟不有我者，然后能不无我，惟不得我者，然后能不失我，不有不无，不得不失，岂如事物之有成坏得丧哉？彼自执有所得者，乌足以语此。

关尹子曰：不知道，妄意卜者，如射覆盂。高之者，曰存金存玉，中之者，曰存角存羽，卑之者，曰存瓦存石。是乎是非乎，惟置物者知之。

抱一子曰：使置物者不置物于覆盂之下，则徒劳射覆者卜度矣，是则甲置物而乙射覆，为两人矣。今焉甲自置之而甲自覆之，而不知所置何物，何耶？以物欲为盂，以识阴为覆，虽有大智力，亦不能射此覆盂，悟其置也，何则？并与置之时忘之矣。自疑以为他人置之，而我射之，卜度终身而不能得，一旦揭去物欲之盂，破除识阴之覆,而见其所置之物,方悟置之者非他人,而前日存金存玉、存角存羽、存瓦存石之想,皆妄意也。噫!覆盂之下果何物乎?学者毋以为未尝置而昧之。

关尹子曰:一陶能作万器,终无有一器能作陶者,能害陶者。一道能作万物,终无有一物能作道者,能害道者。

抱一子曰:谓之器矣,焉能作陶,焉能害陶,谓之物矣,焉能作道,焉能害道?然器不作陶,谓之非陶则不可,物不作道,谓之非道则不可,况器不能害陶,而害陶者必器,物不能害道,而害道者必物。然器存则陶存,物在则道在,去是器,则陶安在哉?亡是物,则道安在哉?果能去是器乎?器成无尽,果能亡是物乎?物生无穷,惟不器器,谓之善陶,惟不物物,谓之善道,善陶者陶乎陶,善道者道乎道,陶乎陶者,不知其陶,道乎道者,不知其道,不知其陶者无器可作,不知其道者无物可成。器乎,物乎?陶乎,道乎?

关尹子曰:道茫茫而无知乎,心傥傥而无羁乎,物迭迭而无非乎。电之逸乎,沙之飞乎,圣人以知心一,物一,道一,三者又合为一。不以一格不一,不以不一害一。

抱一子曰:见物便见心,无物心不现,见心便见道,无心道不现。或曰先达以无心是道,其说非乎?又曰无心犹隔一重关,其说信乎?曰见物便见心时,汝领会否?曰会,曰无物心不现时,心安在哉!或者茫然自失。他日复问曰,心可见乎?曰心不可见,孰可见?曰道可见乎,曰汝以为道与心一乎二乎?曰心与道可一矣,物可与道与心一乎?曰汝欲以不一者害一乎?或者唯唯而退。

关尹子曰:以盆为沼,以石为岛,鱼环游之,不知几千万里而不穷也,夫何故?水无源无归。圣人之道,本无首,末无尾,所以应物不穷。

抱一子曰：有首有尾者，应物易穷，无本无末者，应物不穷。传曰：如循环之无端，孰能穷之哉？尝疑夫太素之先有太始，太始之先有太初，是则道未尝无本末也。太素者，质之始，太始者，形之始，太初者，气之始。人能及本还源，自太素以至太初，如上百尺竿头，至矣尽矣，不可以复上矣。殊不知太初之外，更有所谓太易焉。太易者，未见气也，是犹向百尺竿头更进一步，方见太易，无首无尾，无源无归，莫知所终，莫知所始者矣。虽然，学者向百尺竿头如何进步。

关尹子曰：无爱道，爱者水也，无观道，观者火也，无逐道，逐者木也，无言道，言者金也，无思道，思者土也。惟圣人不离本情而登大道，心既未萌，道亦假之。

抱一子曰：爱、观、逐、言、思五者，出于心，心生则五者皆生，心冥则五者皆泯。经曰：五贼在心，施行于天。世人有执一端以求道者，或以爱，或以观，或以逐，或以言，或以思，起心动念，去道愈遥。惟圣人非不爱也，爱未尝爱，非不观也，观未尝观，以至非不逐、言、思，而未尝逐、言、思，故不离本情而登大道，圣人本情岂异于人哉？特心未尝萌尔。

关尹子曰：重云蔽天，江湖黯然，游鱼茫然，忽望波明食动，幸赐于天，即而就之，渔钓毙焉。不知我无我，而逐道者亦然。

抱一子曰：逐者木也，心已萌也。有心逐道，或遇异景异物，异祥异气，异光异明，异见异趣，异灵异通，横执为道，是犹鱼望波明食动，即而就之也。惟知我无我，则心无心矣，安事逐哉？或曰进修亦逐也，精进亦逐也，皆非也，曰：为学日益，故须精进，退修以成其德，为道则日损，损之又损，以至于无为，无为无不为，是名真精进。

关尹子曰：方术一作方士。之在天下多矣，或尚晦，或尚明，或尚弱，或尚强，执之皆是，不执之皆道。

抱一子曰：修真练性，圆通觉轮，所尚不同，或观音声而尚晦，或定光耀而尚明，或运动而尚强，或寂静而尚弱，是数者，皆可以入道。然执之，则非道也。事也，苟不执之，皆可以入道，执不执之间，相去远哉！

关尹子曰：道终不可得，彼可得者，名德不名道。道终不可行，彼可行者，名行不名道。圣人以可得可行者，所以善吾生，以不可得不可行者，所以善吾死。

抱一子曰：道不可须臾离也，可离非道也。若夫可得可行，则可失可止。可失可止，则有时而离矣。惟不可得不可行，故须臾不可离，须臾不可离，则我在是，道在是矣。《易》曰，显道神德，行道固自我以显矣，而德行尤不可不神也。然圣人于道有所得者，皆德也，于道有所行者，皆行也，所以积德而不敢失德，累行而不敢失行，功满三千，大罗为仙，行满八百，大罗为客，此皆以可得可行者善吾生也。若夫不可得不可行者，安有所谓生，安有所谓死哉？此所以善吾死也。

关尹子曰：闻道之后，有所为有所执者，所以之人，无所为无所执者，所以之天。为者必败，执者必失，故闻道于朝，可死于夕。

抱一子曰：道果可闻乎？闻于心，而不闻于耳。道果可传乎？传于天，而不传于人。天其可有所执乎？故为者必败，执者必失，皆人也。以是知朝不闻道于天，则人不真死于夕。

关尹子曰：一情冥，为圣人，一情善，为贤人，一情恶，为小人。一情冥者，自有之无，不可得而示，一情善恶者，自无起有，不可得而秘。一情善恶为有知，惟动物有之，一情冥为无知，溥天之下，道无不在。

抱一子曰：文王之不识不知，孔子之无知，老子之能无知乎，皆圣人之冥情也。自有之无，荡荡乎不可名状，岂可得而示哉？若夫颜孟之仁善，桀跖之暴恶，皆自无起有，昭昭乎不可得而秘也。一情善恶为有知，动物皆然，一情之冥为无知，无知则与太虚同体矣，故曰溥天之下，道无不在。

关尹子曰：勿以圣人力行不怠，即曰道以勤成，勿以圣人坚守不易，即曰道以执得。圣人力行，犹之发矢，因彼而行，我不自行。圣人坚守，犹之握矢，因彼而守，我不自守。

抱一子曰：时行则行，时止则止，圣人初何固必哉？时乎用九，则圣人自强不息，非勤也，因时而动，不容息也。时乎用六，则圣人利永贞，非执也，因时而静，不容动也。《易》曰：动静不失其时，其道光明。故学道有时节因缘，圣人初何所容心于动静哉！善观圣人者，观其时而已矣。

关尹子曰：若以言行学识求道，互相展转，无有得时。知言如泉鸣，知行如禽飞，知学如撷影，知识如计梦。一息不存，道将来契。

抱一子曰：言行学识，可以进德修业，不可以求道，舍言行学识四者之外，孰从而求之哉？善求道者，不即四者，亦不离四者。知言如泉鸣，无是非之可辨，知行如禽飞，无善恶之可思，知学如撷影，无得失可验，知识如计梦，无事理之可寻。是则有言忘言，有行忘行，有学忘学，有识忘识，则几于道矣。曰：然则道可求乎？曰：求则非求也，不求则真求也。故曰：一息不存，道将来契。

关尹子曰：以事建物即难，以道弃物即易，天下之物，无不成之难，坏之易。

抱一子曰：以事建物，天下之人争趋之，而不惮其难，盖有为之功，有可把捉，成之甚难，而为之甚易也。以道弃物，天下之人咸畏之，而不知其易，盖无为之功，无可把捉，成之甚易，为之甚难也。大而建立世界，次而建邦立国，以至成家立身，莫不积德累功，日将月就，或经岁，或累年，或终身，或积世，不惮劳苦，庶可晞冀，信不易也。至于一行之差，一念之失，一动之非，一事之愳，则隳坏世界，丧覆邦国，破家亡身，可立而待，故曰成之难，而坏之易也。至于悬崖撒手，自肯承当，不假修为，立地成道，至易也。非天下至刚至健之大丈夫，孰能与于此？

关尹子曰：一灼之火，能烧万物，物亡而火何存？一息之道，能冥万物，物亡而道何在？

抱一子曰：天下之物皆有形，有形则有我，若夫有形而无我者，惟火而然。何也？火不自立，附物而现，无我也，使不附于草木金石，火可安在哉！是则天下无复存火矣。然击之金石，钻之竹木，则火不期至而至矣，火果有乎，火果无乎？圣人以火喻道，噫，善喻哉！

关尹子曰：人生在世，有生一日死者，有生十年百年死者。一日死者，如一息得道。十年百年死者，如历久得道。彼未死者，虽动作昭智，止名为生，不名为死。彼未契道者，虽动作昭智，止名为事，不名为道。

抱一子曰：昔人谓方生方死，方死方生。盖方生方死者，生非真生，方生方死者，死非真死。今有生一日死者，生果真生乎，死果真死乎？以至十年百年，莫不皆然。何以知其真死？曰：动作昭智者是也。曰：孰不动作昭智？曰：未死者，止名为生，未契道者，止名为事而已。噫，安得真死者而与之语道哉！

关尹子曰:不知吾道无言无行,而即有言有行者求道。忽遇异物横执为道,殊不知舍源求流,无时得源,舍本求末,无时得本。

抱一子曰:言行可以进德,不可以进道,以言行求道,不惟不可得道,并与德失之矣。何则?彼求道者过于求德,则过用其心,以善言善行为不足为,必求奇言异行,以为跨德入道之蹊,必有异事契其异言,异物感其异行。学者不悟,横执为道,未有不遭魔境,如道经佛书之所云者,岂止无时得源,无时得本而已哉?其害有不可胜言者矣。

关尹子曰:习射,习御,习琴,习乐,一作习弈。终无一事可以一息得者,惟道无形无方,故可得之一息。

抱一子曰:世事有为,用力甚难,而人乐为。大道无为,用力甚易,而人不为。何则?世事如射如御,如琴如棊,有物有则,可师可息,故可渐为之,非积岁累时不能臻其妙;大道无色无形,无数无方,不可师,不可习,不可渐造之,有一弹指顷立地成道者,或积岁累时不得,或一弹指顷得之,相去远矣。此无他,有为之功,与无为之功不同也。

关尹子曰:两人射相遇,则工拙见,两人弈相遇,则胜负见,两人道相遇,则无可示者,无工无拙,无胜无负。

抱一子曰:孔子见温伯雪子于鲁,目击而道存,无可示者,无可言者。世有主宾相见,勘辨正邪,以较高下浅深之学者,两俱失之矣。安得两眼对两眼者,与之相视而笑哉?

关尹子曰:吾道如海,有亿万金投之,不见,有亿万石投之,不见,有亿万污秽投之,不见。能运小虾小鱼,能运大鲲大鲸。合众水而受之,不为有余,散众水而分之,不为不足。

抱一子曰:以海喻道,可谓善喻矣。言其体,则金石污秽,虾鱼鲲鲸，无所不纳；言其用，则合受分散，善利善藏，无所不周。大哉海乎！大哉道乎！虽然，使海知有一物存留其中，知有一滴合散其中，则海之为海殆矣，问海知乎哉！问道知乎哉！

关尹子曰：吾道如处暗，夫处明者，不见暗中一物，而处暗者，能见明中区事。

抱一子曰：处暗则不见我而见物，不见我则亡我，而身隐矣，见物则昭智而不昧矣，能亡我，而昭智不昧，圣人之功也。若夫处明，则见我，见我则见明，见明则不见暗中一物，是则众人熙熙，如春登台，我形俱显，宠辱皆惊，昧于倚伏，而不觉不知者矣，奚取哉？

关尹子曰：小人之权归于恶，君子之权归于善，圣人之权归于无所得，惟无所得，所以为道。

抱一子曰：人皆有是权，顾所归如何耳。权者，谓无一定之称也。夫小人岂一定为恶耶？能迁就为善，则君子矣。君子岂一定为善耶？苟造次为恶，则小人矣。惟圣人权如虚空，归无所得，学者于不思善不思恶之际，而求其权之所归，亦几矣。

关尹子曰：吾道如剑，以刃割物即利，以手握刃即伤。

抱一子曰：人患不达道，达道之人，断天下事无难无易，莫不迎刃而解。盖精神刚明，智慧照彻，物来自明，事至自判，不知其所以然而然也，岂容一毫人力于其间哉？若夫撰吾精神，察吾智慧，何刚何明，何照何彻，是犹以手握刃，不自伤者鲜矣。

关尹子曰：筵不问豆，豆不答筵，瓦不问石，石不答瓦，道亦不失。一作识。问与答与一气往来，道何在。

抱一子曰：道无问，问无应，是则人与人居，道与道会，有问有答，一气往来耳。胡不观诸筵豆瓦石乎？筵与豆终日讲礼，而昧者不睹，瓦与石终日谈道，而聋者不听。然则筵之与豆，瓦之与石，有问有答乎,一气往来乎？

关尹子曰:仰道者跋,如道者骎,皆知道之事,不知道之道。是以圣人不望道而歉,不恃道而丰,不借道于圣,不贾道于愚。

抱一子曰:道不可求也,求之者不得,道不可道也,逐之者不及,道不可恃也,恃之者不尊,道不可炫也,炫之者不贵。世之学者未造道也,仰而跋之,望而慊然,与夫师而资之,如而骎之,皆求之逐之者也。既造道矣,恃之而自丰,炫之而贾愚,皆不尊不贵者也。是则知道之事,不知道之道耳,于道何有哉！若夫圣人则不师而得,不逐而及,不恃而有,不炫而贵,前无圣人,后无愚者,独往独来,知我者稀,我者贵矣。

文始真经言外旨卷之二

抱一子陈显微述

二柱篇

柱者,建天地也。凡十二章。

关尹子曰:若椀若盂,若瓶若壶,若甕若盎,皆能建天地。兆龟数蓍,破瓦文石,皆能告吉凶。是知天地万物成理,一物包焉,物物皆包之,各不相借。以我之精合彼之精,两精相薄而神应之。一雌一雄卵生,一牝一牡胎生。形者彼之精,理者彼之神,爱者我之精,观者我之神。爱为水,观为火,爱执而观,因之为木,观存而爱,摄之为金。先想乎一元之气,具乎一物,执爱之以合彼之形,冥观之以合彼之理,则象存矣。一运之象,周乎太空,自中而升为天,自中而降为地。无有升而不降,无有降而不升。升者为火,降者为水,欲升而不能升者为木,欲降而不能降者为金。木之为物,钻之得火,绞之得水。金之为物,击之得火,镕之得水。金木者,水火之交也。水为精为天,火为神为地,木为魂为人,金为魄为物,运而不已者为时,包而有在者为方,惟土终始之,有解之者,有示之者。

抱一子曰:天地者,万物父母也。万物生于天地,而各具天地之体而微也。具是体则具是理,虽椀盂瓶盎,皆有天地,龟蓍瓦石,皆存吉凶。物之无情者尚尔,况血气有情者乎?况人为万物之灵者乎?精神薄应,形理爱观执存,因摄而生生不穷矣,非天下至达,其孰能与于此。人徒知神为天,而精为地,而不知神火自地升,精水自天降,欲升不升者,为木为人,欲降不降者,为金为物,金木者,水火之交也,故各具水火之性。运而不已,四时生焉,包而有在,四方立焉。四时既生,四方既立,则大中成焉。大中成则土为尊矣,故始之终之,解而分之,示而显之,皆中土之功也。自夫大中之气周乎太空,则天自中而升,地自中而降,而天地之形分矣。无有升而不降,无有降而不升,自上下下自上上下之精神也。故人之发根在首,而四肢垂下,魂神自天而降也。草木之根茹在下,而枝茎向上,精魄自地而升也。禽兽横生,则根在尾矣。故虽具血气之情,而杂金木之性,五行交杂,则蠢动虫虫异禀异根,有不可胜穷者矣。

关尹子曰:天下之人,盖不可以亿兆计,人人之梦各异,夜夜之梦各异。有天有地,有人有物,皆思成之,盖不可以尘计。安知今之天地,非有思者乎?

抱一子曰:梦中天地人物,与觉时天地人物有以异乎,无以异乎?皆思成之乎,非思成之乎?婴儿未解思念之时,彼见天地人物,亦不知其为天地人物也。谓之天地人物者,系乎识尔。婴儿未识之时,能梦天地人物否乎?彼初见之,亦未识之,久而后凝,心水印之,梦斯著矣,犹如玉石鳞角之中,有山川星月凝而结秀,则形状具存也。然则鳞角有思乎,玉石有思乎?知鳞角玉石之思,则知天地之思也。

关尹子曰:**心应枣,肝应榆,我通天地。将阴梦水,将晴梦火,天地通我。我与天地似契似离,纯纯合归。**

抱一子曰:天地,形之大者也,人身,形之小者。自形观之,则有小大之辨,自神观之,则无离契之分。天之日月明暗,即人之精神盛衰,岂特阴梦水,晴梦火哉?地之五味药食,即人之五脏好恶,岂特心应枣,肝应榆哉?我与天地一乎二乎?同归乎?各归乎?

关尹子曰:**天地虽大,有色有形,有数有方。吾有非色非形,非数非方,而天天地地者存。**

抱一子曰:生生者未尝生,死死者未尝死,是则天天者非天,地地者非地也。人徒见有形色数方者,谓之天,而不知非形色数方者,能天天能地地,能生生能死死也。学者识认得真,体会得实,然后知不可以名言,不可以形似。昔人谓非心非物,离性离相,寒山子谓之天中之天,亦强名也,何可云谓哉?

关尹子曰:**死胎中者,死卵中者,亦人亦物。天地虽大,彼固不知,计天地者,皆我区识,譬如手不触刃,刃不伤手。**

抱一子曰:识识易,去识难,稚年一见,皓首不忘,识之粘缚于人如此,可畏哉!彼死胎中死卵中者,不见天地固矣,然在胎在卵之时,有识性乎?无识性乎?苟无识性,则胡为而在胎在卵,然则在胎在卵之中,果有天地乎?果无天地乎?释氏以识为五音之最微者,以其难忘也,使无识则不生矣,不生则不中胎卵化湿之阴矣。今日计有天地者,皆我区识自计之,天地何尝期人之识哉?故曰我不触刃,刃不伤人。

关尹子曰:**梦中,鉴中,水中,皆有天地存焉。欲去梦天地者,**

寝不寐,欲去鉴天地者,形不照,欲去水天地者,盎不汲。彼之有无,在此不在彼。是以圣人不去天地,去识。

抱一子曰:天地有大恩于人,亦有大盗于人,知其盗,则不为其所盗矣。天地本不盗人,而人自盗之,何则? 胸中之天地万物,始如梦见中,如鉴照终凝于神水,至死不能忘其为盗,岂胜言哉! 然梦因寐,鉴因照,水因汲。汲者取也。梦生于视,视生于取,取生于识,故曰不去天地,去识。言天地,则万物在其中矣。

关尹子曰:天非自天,有为天者,地非自地,有为地者。譬如室宇舟车,待人而成,彼不自成。知彼有待,知此无待,上不见天,下不见地,内不见我,外不见人。

抱一子曰:天不自天,所以天长,地不自地,所以地久,使人不自人,我不自我,则可以同天地之长久矣。天地果待人而成乎? 待人而成者,成夫人之胸中之天地尔。待固在彼,成不成在我,故不为天地者,上不见天,下不见地,内不见我,外不见人。

关尹子曰:有时者气,彼非气者,未尝有昼夜。有方者形,彼非形者,未尝有南北。何谓非气? 气之所自生者,如播箕得风,彼未摇时,非风之气,彼已播时,即名为气。何谓非形? 形之所自生者,如钻木得火,彼未钻时,非火之形,彼已钻时,即名为形。

抱一子曰:气不能生气,生气者非气也,形不能生形,生形者非形也。或曰:气不能生气,则不问,敢问形不能生形,则人与万物以形生形,非乎? 曰:枯木死尸亦形也,能生形乎? 今人与万物以形生形者,盖有非形者存乎其中,虽金石草木,莫不皆然,故圣人独以火而喻之,以明形之最精者犹若是,况形之粗者哉? 非气者,摇动则生气,非形者,钻磨则生形,气者天也,有时也,有昼夜也,形者地也,有方也,有南北也,世有克时日、择方向,以求生气生形者焉,知时在天地未判之先,方乃自然南向之位也哉?

关尹子曰:寒暑温凉之变,如瓦石之类,置之火即热,置之水即寒,呵之则温,吸之则凉。特因外物有去有来,而彼瓦石无去无来。譬如水中之影有去有来,而所谓水者,实无去来。

抱一子曰:愚解《参同契》尝曰:天地不能昼夜也,以日月往来而为昼夜,天地不能寒暑也,以日月远近而为寒暑也,此言寒暑之常也。若夫盛夏寒风,三冬暴郁,此不正之气,非时之风,倏往忽来,非天地有为也,客气往来尔。故曰如水中之影有去有来,而所谓水者,实无去来。

关尹子曰:衣摇空得风,气嘘物得水,水注水即鸣,石击石即光,知此说者,风雨雷电皆可为之。盖风雨雷电皆缘气而生,而气缘心生。犹如内想大火,久之觉热,内想大水,久之觉寒,知此说者,天地之德皆可同之。

抱一子曰:人知精神魂魄,犹天之风雨雷电。风雨雷电出于天,而人且能为之,而自己之精神魂魄,岂不能自生自养,自保自炼乎?知摇空得风,则鼓吾橐籥可以生气,知嘘物得水,则胎吾之气可以化精,知注水则鸣,则炼吾之精可以制魄,知击石即光,则锻吾之魄可以益神。是则观天之道,执天之行,而阴符之制在气,而气之制在心,想火则热,想水则寒,潜天而天,潜地而地,千变万化,无不可矣,德同天地,信哉!

关尹子曰:五云之变,可以卜当年之丰歉,八风之朝,可以卜当时之吉凶,是知休咎灾祥,一气之运耳。浑人我,同天地,而彼私智认而已之。

抱一子曰:五云八风,有灾有祥,皆一气之运,而预见休咎于天地者也,气之为气,神矣哉!灵矣哉!而昧者不知也。一人感之,而五云为之变，八风为之迁，盖有至灵至神者存乎其中。如是，则曰人曰我，曰天曰地，莫不贯通，而私智认为己有，安知虚彻灵通大同之道哉？

关尹子曰：天地寓，万物寓，我寓，道寓，苟离于寓，道亦不立。

抱一子曰：寓者，在己无居之谓也。昔人谓人生天地之间，若白驹之过隙，忽然而已。非寓而何？我寓，则天地寓，天地非自成，待我天天地地而成也。故我寓，则天地寓，天地寓，则万物寓。我与天地万物皆寓矣，而道独不寓而长存焉，则我与道为二矣，道何立哉？其人存，则其道存，其人亡，则其道息，故苟离于寓，道亦不立。

文始真经言外旨卷之三

抱一子陈显微述

三极篇

极者，尊圣人也。凡二十七章。

关尹子曰：圣人之治天下，不我贤愚，故因人之贤而贤之，因人之愚而愚之。不我是非，故因事之是而是之，因事之非而非之。知古今之大同，故或先古，或先今，知内外之大同，故或先内，或先外。天下之物无得以累之，故本之以谦，天下之物无得以外之，故含之以虚，天下之物无得以难之，故行之以易，天下之物无得以窒之，故变之以权。以此中天下，可以制礼，以此和天下，可以作乐，以此公天下，可以理财，以此周天下，可以御侮，以此因天下，可以立法，以此观天下，可以制器。圣人不以一己治天下，而以天下治天下，天下归功于圣人，圣人任功于天下，所以尧舜禹汤之治天下，天下皆曰自然。

抱一子曰：天无为，而万化成，圣人无为，而天下治。圣人何心哉？人徒见夫制礼作乐，理财御侮，立法制器，周济曲成而不遗，将谓圣人物物思之，事事计之，而以一己之智力当天下之事物也。殊不知圣人本之以谦，含之以虚，行之以易，变之以权，因人之贤而贤之，因之愚而愚之，因是是之，因非非之，不以古今而先后其心，不以内外而轻重其事，而以天下治天下也。天下归功于圣人，圣人不自以为功，而任功于天下。是道也，尧舜禹汤得之，故皆曰自然。

关尹子曰：天无不覆，有生有杀，而天无爱恶。日无不照，有妍有丑，而日无厚薄。

抱一子曰：圣人犹天也，物有生杀，天无爱恶，圣人犹日也，物有妍丑，而日无厚薄，是盖圣人无为无心之治也。

关尹子曰：圣人之道天命，非圣人能自道，圣人之德时符，非圣人能自德，圣人之事人为，非圣人能自事，是以圣人不有道，不有德，不有事。

抱一子曰：圣人无我，故道以天命，不自有道也，德以时符，不自有德也，事以人为，不自有事也。彼执有道有德有事者，庸人尔，焉能忘我哉？

关尹子曰：圣人知我无我，故同之以仁，知事无我，故权之以义，知心无我，故戒之以礼，知识无我，故照之以智，知言无我，故守之以信。

抱一子曰：圣人之五常，亦犹众人之五常，夫岂异乎人哉？特众人之五常未能忘我，而圣人之五常本于无我，此其所以异乎人矣。仁无我，则同天下之我以为仁，义无我，则权天下之事以为义，礼无我，则戒天下之心以为礼，智无我，则照天下之识以为智，信无我，则守天下之言以为信，此其所以不可跂及欤！

关尹子曰：圣人之道，或以仁为仁，或以义为仁，或以礼以智，以信为仁，仁义礼智信，各兼五者，圣人一之不胶，天下名之不得。

抱一子曰：以仁为仁，天下之人能与知而与行，至于以义以礼以智以信为仁，则非天下至圣，其孰能与此。何则？举一常而五常备，五换循环各兼五者。视贤智之士厚于仁而薄于义，智有余而信不足者，大有径庭也。《易》曰：仁者见之谓之仁，智者见之谓之智。然则圣人之道，混混沦沦，何可得而名状哉？故曰圣人一之不胶，天下名之不得。

关尹子曰：勿以行观圣人，道无迹，勿以言观圣人，道无言，勿以能观圣人，道无为，勿以貌观圣人，道无形。

抱一子曰：道无形，无迹，无言，无为，学者何从而求之哉？不已，则求诸圣人。圣人者，道之体也，然果可求之于圣人乎？求之于圣人者，不过言貌行能而已，愈失之矣。舍言貌行能之外，何从而观圣人哉？善观圣人者，观其心而不观其迹，然则圣人之心果可观乎，果不可观乎，果异于吾心乎，果不异于吾心乎？前章有言曰：不借道于圣，此之谓也。

关尹子曰：行虽至卓，不离高下，言虽至工，不离是非，能虽至神，不离巧拙，貌虽至殊，不离妍丑，圣人假此以示天下，天下冥此，乃见圣人。

抱一子曰：圣人本无言貌行能，不得已而假此以示天下，人徒见圣人言之工，貌之殊，行之卓，能之神，而谓道在夫四者之间，而有是非妍丑高下巧拙之辩，愈不足以识圣人矣。学者冥此，而于四者之外观之，斯善学矣。

关尹子曰：圣人师蜂立君臣，师蜘蛛立纲罟，师拱鼠制礼，师战蚁置兵。一作制兵。众人师贤人，贤人师圣人，圣人师万物，惟圣人同物，所以无我。

抱一子曰：众师贤，贤师圣，圣师万物，固矣。然则圣人果师蜂而立君臣，师蛛鼠蚁而置网礼兵乎？圣人同物，置作无我，天下之物皆圣人之师也，物生自然，圣人师其自然而已矣，圣人何心哉？

关尹子曰：圣人之于众人，饮食衣服同也，屋室舟车同也，贵贱贫富同也。众人每同圣人，圣人每同众人，彼仰其高，侈其大者，其然乎，其不然乎？

抱一子曰：圣人之处世，和其光，同其尘，惟恐自异于众人，而其起居衣食，贫富贵贱，何敢异于人哉！使人仰其高，侈其大者，圣人所惧也。士成绮见老子而问曰：吾观子非圣人也，鼠壤有余蔬，生熟不尽于前，而积敛无崖。老子漠然不应。然则圣人之处世，岂容众人之仰侈哉？

关尹子曰：圣人曰道，观天地人物皆吾道，倡和之，始终之，青黄之，卵翼之，不爱道，不弃物，不尊君子，不贱小人。贤人曰物，物物不同，旦旦去之，旦旦与之，短之长之，直之方之，是焉物易者也。殊不知圣人鄙杂厕，别分居，以为人，不以此为己。

抱一子曰：圣人道则如丝之纷，事则如綦之布，声倡倡之，声和和之，事始始之，事终终之，色青青之，色黄黄之，物卵卵之，物翼翼之，无爱道，无弃物，不尊君子，不贱小人，此则道如丝棼也。至于鄙杂众物，厕别分居，或短或长，或直或方，物物不同，旦旦去取，井井有条，此则事如綦布也。圣人志于道，无心无我，故不为物易，贤人志洛物，有心有人，故未免为物所易。

关尹子曰：鱼欲异群鱼，舍水跃岸即死，虎欲异群虎，舍山入市则擒，圣人不异众人，特物不能拘耳。

抱一子曰：庄子谓，昔吾闻之大成之人曰，自伐者无功，功成者堕,名成者亏,孰能去功与名,而还与众人,纯纯常常,削迹捐势,无责于人,人亦无责焉。此圣人不异众人之说也。若夫游于雕陵而忘其身,见异鹊之利而忘其真,虞人逐之以吾为戮,反走而三月不庭,此鱼舍水跃岸,虎舍山入市之谓也。虽然圣人处众,虽不自异,物岂能拘之哉?

关尹子曰:道无作,以道应世者,是事非道,道无方,以道寓物者,是物非道,圣人竟不能出道以示人。

抱一子曰:道本无为,而以道应世者,是事也,道本无体,而以道寓物者,是物也。圣人终不能将出此道以示人,然则志道之士何从而得之哉?昔人谓使道可献,人莫不献之于其君,使道可进,则人莫不进之于其亲,使道可传,人莫不传之于其子孙,惟其不可以出示于人,故得之者鲜矣。然则圣人终不传于人乎?孔子不云乎,吾无隐乎尔。善观圣人者,当于事物之外观之。

关尹子曰:如钟钟然,如钟鼓然,圣人之言则然,如车车然,如车舟然,圣人之行则然。惟莫能名,所以退天下之言,惟莫能知,所以夺天下之智。

抱一子曰:谓钟为钟,人皆然之,谓鼓为钟,则人不测其言,所以退天下之言也。谓车车行,人皆然之,谓舟车行,则人罔测其行,所以夺天下之智也,是犹犬可以为羊,轮不辗地之辩也。其可以言名乎,其可以智知乎?

关尹子曰:蝍蛆食蚋,蚋食蛙,蛙食蝍蛆,互相食也。圣人之言亦然,言有无之弊,又言非有非无之弊,又言去非有非无之弊,言之如引锯然,惟善圣者不留一言。

抱一子曰:夫大道无说,善圣者不言,非无说也,不可说也。不可说而言之,则有弊,何则?言不出乎有无也。言有则无,言无则有,言非有则非无,言非无则非有,有无相吞,互相为弊,犹虫蛙蝍蛆,互相吞食,如引锯然去来牵掣,是则有言不如无言也。然则圣人果不留一言乎?圣人之言满天下,学者苟以圣人之言为言,不惟不知言,并与圣人失之矣。

关尹子曰:若龙若蛟,若蛇若龟,若鱼若蛤,龙皆能之。蛟,蛟而已,不能为龙,亦不能为蛇为龟,为鱼为蛤。圣人龙之,贤人蛟之。

抱一子曰:圣人能大能小,能智能愚,能垢能净,能贵能贱,能寿能夭,千变万化,无可无不可。贤人则不然,能大者不能小,能智则不能愚。昔孔子见老子,归谓弟子曰:吾乃今于是乎见龙,龙合而成体,散而成章,乘乎云气,而养乎阴阳,予口张而不能嚼,又何规于老聃哉!子贡曰:然则人固有尸居而龙见,雷声而渊默,发动如天地者乎?赐亦可得而观乎?圣人龙之,贤人蛟之,其是之谓欤!

关尹子曰:在己无居,形无自著。其动若水,其静若镜,其应若响。芒乎若亡,寂乎若清,同焉者和,得焉者失,未尝先人,而尝随人。

抱一子曰:在己不自居,自居则有我矣。能无我,则形物自著,非我分别而著彼形物也。此静也,静极则动,而其动也,如水之流,动已复静,而其静若镜之莹,是则虽有动静,而何尝动静哉?其应物也,若响之应声,则吾如虚空虚谷矣。芒芴乎若未尝有寂,湛乎彻底纯清,同乎物而不自异,则与物和而不竞也。惊其得而不自有,则与道忘而不失也。未尝先人,常后而不先,不敢为天下先也,而尝随人,和而不唱,不得已而后动也。体用具存,权实毕备,此圣人之所以为善圣欤!

关尹子曰:浑乎洋乎,游太初乎,时金己,时玉己,时粪己,时土己,时翔物,时逐物,时山物,时渊物,端乎权乎,狂乎愚乎。

抱一子曰:老子曰:吾游于物之初。孔子曰:何谓邪?曰:心困焉而不能知,口辟焉而不能言。始终相反乎无端,而莫知乎其所穷。谓之浑乎洋乎,游太初乎,岂不信然?至于如金在矿,如玉蕴石,则时金时玉也。道在瓦砾,道在屎溺,则时粪时土也。鹑居而鷇食,鸟行而无影,则时翔物也。呼我马而谓之马,呼我牛而谓之牛,则时逐物也。块然如石,槁然如木,则时山物也。如鳞之潜,如鱼之泳,则时渊物也。然则皆圣人之正行也,皆圣人之权变乎?大圣若狂,大智若愚,夫岂真狂真愚也哉!

关尹子曰:人之善琴者,有悲心,则声凄凄然,有思心,则声迟迟然,有怨心,则声回回然,有慕心,则声裴裴一作奕奕。然。所谓悲思怨慕者,非手非竹,非丝非桐,得之心,符之手,得之手,符之物,人之有道者,莫不中道。

抱一子曰:人之善琴者,得之心,而符之手,得之手,而符之物,而悲思怨慕之心,犹足以感丝桐,而声为之变,而况有道之人,动止周旋无不中道,宁不感天动地,康时丰物哉?昔庚桑楚得老子之道,居畏垒之山,三年而畏垒大穰,其是之谓乎!

关尹子曰:圣人有言有为有思者,所以同乎人,未尝言未尝为未尝思者,所以异乎人。

抱一子曰:圣人终日言而未尝言,终日为而未尝为,终日思而未尝思,特人不能测识耳,何以异于人哉!

关尹子曰:利害心愈明,则亲不睦,贤愚心愈明,则友不交,是非心愈明,则事不成,好丑心愈明,则物不契,是以圣人浑之。

抱一子曰:众人昭昭而我独昏昏,众人察察而我独闷闷,昭昭察察,则利害贤愚是非好丑之心愈明矣,愈明则于亲友事物愈难睦交成契矣。惟圣人以无心浑之,则利自利,害自害,贤自贤,愚自愚,是自是,非自非,好自好,丑自丑,如是,则亲无不睦,友无不交,事无不成,物无不契,圣人初何容心哉?

关尹子曰:世人愚拙者,妄援圣人之愚拙自解,殊不知圣人时愚时明,时拙时巧。

抱一子曰:圣人有大巧而若拙,有大智而若愚。世之愚拙者,妄援圣人以自解,则愚者愈见其愚,而拙者愈露其拙,岂能自解哉!

关尹子曰:以圣师圣者贤人,以贤师圣者圣人,盖以圣师圣者,徇迹而忘道,以贤师圣者,返迹而合道。

抱一子曰:有圣有贤之分者,迹也,未尝有圣有贤之分者,道也。视圣人为圣人,岂可跂及哉?是则徇迹而忘道也。惟不知其为圣,而以贤师资之,则智齐于师,庶乎忘其迹,而得其道矣。而古人犹谓智与师齐,减师半德,学者须负过师之智,则几矣。

关尹子曰:贤人趋上而不见下,众人趋下而不见上,圣人通乎上下,惟其宜之,岂曰离贤人众人,别有圣人也哉!

抱一子曰:中人以上可以语上,故贤人趋上。中人以下不可以语上,故众人不见上,皆偏也。圣人浑通上下,无所不趋,无所不见,在贤亦宜,在众亦宜,和光同尘,所以异于贤人远矣。

关尹子曰:天下之理,夫者唱,妇者随,牡者驰,牝者逐,雄者鸣,雌者应,是以圣人制言行,而贤人拘之。

抱一子曰:圣人言满天下,无口过,行满天下,无怨恶,何则?任物理之自然,而君臣上下、父子兄弟、贵贱尊卑之间,感应贯通,出于口而行于身,譬如夫唱妇随,牡驰牝逐,雄鸣雌应,莫不顺其自然之理也,圣人初何容心哉?贤人制礼法以防人心,故不得不拘之,至有言行枢机荣辱之戒,善恶千里违顺之几,故学者不得不谨言行也。

关尹子曰:圣人道虽虎变,事则鳖行,道虽丝棼,事则棊布。

抱一子曰：前云圣人龙之，如《易》之乾卦有大人飞龙之象，今云虎变，如《易》之革卦有大人虎变之象。龙则言圣人之体，变化无常，飞潜莫测，虎则喻圣人之道，焕乎有文章之可观，凛乎有威风之可畏。及乎行圣人之事，则愚夫愚妇亦可行之，而步履方拙如鳖，初无甚高难行之举也。道则丝芬，事则綦布者，以言其道若浑而难理，其事则有条而不紊也。

关尹子曰：所谓圣人之道者，胡然子子尔，胡然彻彻尔，胡然唐唐—作堂堂。尔，胡然臧臧—作藏藏。尔。惟其能遍偶万物，而无一物能偶之，故能贵万物。

抱一子曰：圣人之道如太虚，子子然无与为偶，彻彻然无不洞贯，唐唐然充满乾坤，臧臧然不容视听。惟其能遍偶万物，而无一物能偶之，所以贵于万物。《老子》曰：有物浑成，先天地生。巍巍尊高，其是之谓乎！

关尹子曰：云之卷舒，禽之飞翔，皆在虚空中，所以变化不穷，圣人之道则然。

抱一子曰：圣人之道，如云在太虚而卷舒不定，如禽在太空而飞翔无穷，使无此虚空以容之，则云禽之变化飞翔窒矣。使圣人之道，不得无方之神，无体之玄以运之，则圣人之变化穷矣。

文始真经言外旨卷之四

抱一子陈显微述

四符篇

符者，精神魂魄也。凡十七章。

关尹子曰：水可析可合，精无人也，火因膏因薪，神无我也，故耳蔽前后皆可闻无人，知崇无人，一奇无人，冬雕秋物无人，黑不可变无人，北寿无人，皆精。舌即齿牙成言无我，礼卑无我，二偶无我，夏因春物无我，赤可变无我，南夭无我，皆神。以精无人，故米去穀则精存，以神无我，故鬼凭物则神见。全精者，忘是非，忘得失，在此者非彼，抱神者，时晦明，时强弱，在彼者非此。

抱一子曰：此言全精抱神之道也。精本无人，故当忘其是非，忘其得失，以全吾之精。神本无我，故当时其晦明，时其强弱，以抱吾之神。精一也，水可分可合一也，耳属肾，虽蔽之前后，皆可闻一也，水为智，智崇崇则自尊一也，冬物归根一也，黑不可变一也，北方主寿有我一也，米去穀则精存一也，一数奇独也，故皆曰无人也。神二也，火因膏因薪二也，舌属心，即唇齿而能言二也，火为礼，礼卑则尊人二也，夏物荣华二也，赤色可变二也，南主夭无我二也，鬼凭物则神见二也，二数耦两也，故皆曰无我也。无人，则在此者非彼，无我，则在彼者非此，知乎此，则知所以忘其是非得失，与夫时其晦明强弱之理矣。

关尹子曰：精神水火也，五行互生灭之，其来无首，其往无尾。则吾之精，一滴无存亡耳，吾之神，一欲无起灭耳。惟无我无人，无首无尾，所以与天地冥。

抱一子曰：精神水火也，自水生木，木生火，火生土，土生金，金复生水，则互生也。自火克金，金克木，木克土，土克水，水复克火，则互灭也。其来无首，其往无尾，灭已复生，生已复灭，则知精未尝有一滴存亡，神未尝有一欻起灭，惟无我无人，无首无尾，与天地冥契，则精神长存矣。

关尹子曰：精者水，魄者金，神者火，魂者木。精主水，魄主金，金生水，故精者魄藏之。神主火，魂主木，木生火，故神者魂藏之。

惟火之为物,能镕金而消之,能燔木而烧之,所以冥魂魄。惟精在天为寒,在地为水,在人为精。神在天为热,在地为火,在人为神。魄在天为燥,在地为金,在人为魄。魂在天为风,在地为木,在人为魂。惟以我之精,合天地万物之精,譬如万水可合为一水,以我之神,合天地万物之神,譬如万火可合为一火。以我之魄,合天地万物之魄,譬如金之为物,可合异金而镕之为一金。以我之魂,合天地万物之魂,譬如木之为物,可接异木而生之为一木。则天地万物皆吾精吾神,吾魄吾魂,何者死,何者生?

抱一子曰:精水一合魄金四为五,神火二合魂木三为五,精藏魄而神藏魂,是则四物虽居两处,可以一五擒之。然魂木为龙,魄金为虎,使魂藏于神,魄藏于精,则二物分于二所,终不能相制。惟火能镕金燔木,故神可以制魂魄。殊不知神寓于魂,如火附于木,而火二木三之五运于西北,制精炼魄,使四象五行俱归于土,实资神火之功也。故丹法始终全资火候者,火之功用大矣哉!至于合天地万物之水火金木,皆为吾之精神魂魄,譬如万水可合为一水,万火可合为一火,异金可镕为一金,异木可接为一木,此则山河大地,皆吾法身之妙用也,安有所谓生。安有所谓死哉!

关尹子曰:五行之运,因精有魂,因魂有神,因神有意,因意有魄,因魄有精,五者回环不已,所以我之伪心,流转造化几亿万岁,未有穷极。然核芽相生,不知其几万株,天地虽大,不能芽空中之核,雌卵相生,不知其几万禽,阴阳虽妙,不能卵无雄之雌。惟其来干我者,皆摄之以一息,则变物为我,无物非我,所谓五行者,孰能变之。

抱一子曰:精神魂魄意五者,回环相生不已,则人之伪心,轮回四生六道,经几亿万年,未有穷极。何则?有此伪心,则有此伪意,有意则有魄,有魄则有精,有精则有魂,有魂则有神,有神则又有意矣。彼空中之核与无雄之雌,胡为而不芽不卵耶？盖精不存也,物则自清而入浊,故始因精而终成魄,神则自微而入妙,故始因意而终成神。盖意土数五,而五与人俱生,故首与四肢及手足之指皆五也。使终能至神而不复生意,则遇物对境,当以一息摄之,则变物为我矣。无物非我,则五行皆为吾用,而不复有相生相灭之机,孰能变之哉？此永不轮回不受生之妙用也,学者欲知之乎？

关尹子曰:众人以魄摄魂者,金有余则木不足也,圣人以魂运魄者,木有余则金不足也。盖魄之藏,魂俱之,魂之游,魄因之,魂昼寓目,魄夜舍肝,寓目能见,舍肝能梦。见者魂无分别,析之者分别,析之曰天地者,魂狃习也,梦者魄无分别,析之者分别,析之曰彼我者,魄狃习也。土生金,故意生魄。神之所动,不名神名意,意之所动,不名意名魄,惟圣人知我无我,知物无物,皆因思虑计之而有。是以万物之来,我皆对之以性,而不对之以心,性者心未萌也。无心则无意矣。盖无火则无土,无意则无魄矣。盖无土则无金。一者不存,五者皆废。既能浑天地万物以为魂,斯能浑天地万物以为魄。凡造化所妙皆吾魂,凡造化所有皆吾魄,则无有一物可役我者。

抱一子曰:愚解前章,谓物之自精至魄,从清入浊而魄盛,则死矣,故曰金有余,则木不足。若夫圣人自意生身,至于成神,则木有余而金不足,魂有余者多觉,魄有余者多梦,觉之与梦,皆能分别者,非魂魄能自析之也,皆有真性存乎其中,而狃习既久,而能生此分别识也。惟圣人知我无我,知物无物,皆因心意计之,故对境忘识无意,而对之以性。性者心未萌也,无心则无意矣。一意不存,五行皆废,斯能浑天地造化之所妙者,皆为吾魂,浑天地造化之所有者,皆为吾魄,是则万物皆为吾役,而不役于物矣。

关尹子曰:鬼云为魂,鬼白为魄,于文则然。鬼者,人死所变。云者风,风者木,白者气,气者金,风散故轻清,轻清者上天,金坚故重浊,重浊者入地。轻清者,魄从魂升,重浊者,魂从魄降。有以仁升者为木星佐,有以义升者为金星佐,有以礼升者为火星佐,有以智升者为水星佐,有以信升者为土星佐。有以不仁沉者木贼之,不义沉者金贼之,不礼沉者火贼之,不智沉者水贼之,不信沉者土贼之。魂魄半之,则在人间。升魂为贵,降魄为贱,灵魂为贤,厉魄为愚,轻魂为明,重魄为暗。扬魂为羽,钝魄为毛,明魂为神,幽魄为鬼。其形其居,其识其好,一本作名。皆以五行契之。惟五行之数,参差不一,所以万物之多,盈天地间犹未已也。以五事归五行,以五行作五虫,可胜言哉?譬犹兆龟数蓍,至诚自契,五行应之,诚苟不至,兆之数之,无一应者。圣人假物以游世,五行不得不对。

抱一子曰:云白今之楷字也。楷字出于秦之程邈变篆为隶而后有也,在当时字体与今不同。🕉字,古之云字;皋字,古之白字。是则🕉鬼为魂,皋鬼为魄,于古文则然。🕉则从虚,轻清故为风。🐍,古风字。皋则从身,重浊故为气,皃古气字。然则古人制字,亦或有道焉。风属木,气属金,木主升,金主降,以五常而升者,为五星之佐,反五常而沉者,为五行所贼。《楞严》所述升沉之报,与此同义。魂魄相半则在人间,常常人止有三魂七魄,故魂多者为贵,为贤为明,为羽为神,魄多者为贱,为愚为暗,为毛为鬼,而其识其好皆契五行。惟五行参差不一,故胎卵湿化,有色无色,有想无想等类众生,盈天地间,生生不已也。然圣人本无我,不假于物则不能游世,如火不附木,则无所托形。然物之在世,岂能坚久哉?圣人必以五行对之,然后生生不穷,如水火相克,却成既济,金木相克,却成夫妇,皆对法也。是道也,如兆龟数蓍,至诚自契,诚若不至,则五行无一应者矣。

关尹子曰:三者具有魂,魂者识,目者精,色者神,见之者,为魂耳口鼻心之类。在此生者,爱为精,为彼生父本,观为神,为彼生母本。爱观虽异,识生,彼生生本,在彼生者,一为父,故受气于父气,为水,二为母,故受血于母血,为火,有父有母,彼生生矣。惟其爱之无识,如锁之交,观之无识,如灯之照。吾识不萌,吾生何有?

抱一子曰:目耳鼻口心,谓之五根,声色香味事,谓之五尘,观听嗅尝思,谓之五识。五根主于精,精有我无人之物也。五尘主于神,神无我即物而见也。五识主于魂,故曰魂识,盖根尘识三者具而后有魂也。父以精爱,母以神观,爱为水,观为火,水为气,火为血,父精母血交,而识存乎中,此降本流末,生生不穷之理也。若夫爱无识,而如锁之交,观无识,而如灯之照,则吾识未尝萌,吾生何尝有哉?

关尹子曰:如桴叩鼓,鼓之形者,我之有也,鼓之声者,我之感也,桴已往矣,余声尚在,终亦不存而已矣。鼓之形如我之精,鼓之声如我之神,其余声者,犹之魂魄。知夫倏往倏来,则五行之气我何有哉?

抱一子曰:精如鼓,神如声,余声如魂魄,固矣。然则鼓不叩则不生声,精不感则不生神,叩鼓以桴,桴亡,则虽有余声,终亦不存矣,感精以气,气亡,则虽有魂魄,终亦不存矣。是则五行之气倏往倏来,我本无有,而我之所有者,叩桴感气者而已矣。或问曰:今欲声声不绝,鼓鼓长存,毕竟以何道感之?曰:请放下手中桴,方向汝说。

关尹子曰:夫果之有核,必待水火土三者具矣,然后相生不穷。

三者不具，如大旱大潦大块，皆不足以生物。精水、神火、意土三者本不交，惟人以根合之，故能于其中横见有事。犹如术呪，能于至无见多有事。

抱一子曰：世之术呪，能于无中见多有事，如张谐作五里之雾，左慈掷梁上之盃，是道也，无出于精神意三者。合而为之，如果之有核，必待水火土三者俱而后生，三者不交，则如大旱大潦大块，不能生物。然三者本不能自交，惟人以根合之，如男女二根交精而生形也，然天有天根，地有地根，人有人根，而造化有造化之根，人能于造化之根上以起天地之根，则能无中生有，而知变化之道矣。

关尹子曰：魂者木也，木根于冬水，而华于夏火，故人之魂藏于夜精，而见于昼神。合乎精，故所见我独，盖精未尝有人，合乎神，故所见人同，盖神未尝有我。

抱一子曰：此章独言木喻者，发明上章言根之旨也。盖木为魂为人也，人之所以为人，以魂识昼夜隐见于精神之中而已矣。精一也，故魂识合精，则所见惟我独，神二也，故魂识合神则所见与人同，如木之根于冬，而荣于夏，即魂之藏于夜，而见于昼也。知夫木之根，则知魂之根矣，知夫魂之根，则知天地造化之根矣。

关尹子曰：知夫此身如梦中身，随情所见者，可以飞神作我而游太清，知夫此物如梦中物，随情所见者，可以凝精作物而驾八荒。是道也，能见精神而久生，能忘精神而超生。吸气以养精，如金生水，吸风以养神，如木生火，所以假外以延精神。漱水以养精，精之所以不穷，摩火以养神，神之所以不穷，所以假内以延精神。若夫忘精神而超生者，吾尝言之矣。

抱一子曰：人假精神以有生，善养精神者，能见精神而久生，《阴符经》谓，天有五贼，见之者昌是也。能忘精神而超生，《阴符经》谓,人知其神而神,不知不神之所以神是也。世有梦飞神而游太清者,亦有梦乘物而驾八荒者。此身此物,皆如梦如幻,梦而能之者,灵于神也,觉而不能者,拘于形也。惟能自见精神者,觉梦一致,可以飞神作我,可以凝精作物,是皆法之妙用也。至于吸气吸风以益金木于外,漱水摩火以养精神于内,亦皆足以延精神,斯术之祖者也。若夫忘精神而超生者,道也。是道也,隐然述于此书,又在夫人自得之而已矣。

关尹子曰:人勤于礼者,神不外驰,可以集神,人勤于智者,精不外移,可以摄精。仁则阳而明,可以轻魂,义则阴而冥,可以御魄。

抱一子曰:圣人因人之常心之所固有者,立为五常,皆自然而然,非有牵强,故曰常也。人能循此常而行之,至可以集神摄精,轻魂御魄,盖人之五神主此五常,犹天之五星主此五事也。火星主礼,礼主升,火亦升,神属火,人勤于礼者,神不外驰,可以集神,其余如木星主仁,金星主义,水星主智,而木轻金冥水降,所以能轻魂、御魄摄精,莫不皆然。只言四者,四物具,则土在其中,四常具,则信在其中,四神具,则意在其中,四方立,则中在其中。《孟子》亦只言四端,而不及信,与此意同。

关尹子曰:蛣蜣转丸,丸成,精思之,而有蝎白者存丸中,俄去蟮而蝉。彼蛣不思,彼奚白?

抱一子曰:此章言感化之机,能动无情之物也。圆本无情,而蛣蜣转而精思之,则蝎生圆中,俄去蟮而化为蝉。外炉金丹生于金鼎神室之中,神室本虚器,全借守炉之人神识不昧,昼夜精观,而神丹生于虚器之中。外丹既熟,而内丹亦就,化形而仙矣。《参同契》曰:万象凭虚生,感化各有类。感化者,亦蛣精思之意耶?

关尹子曰:庖人羹蟹,遗一足几上,蟹已羹,而遗足尚动,是生死者,一气聚散耳。不生不死,而人横计曰生死。

　　抱一子曰:人以动物为有生,今釜中之蠏已羹,而几上之遗足尚动,是则生者一气之聚,死者一气之散耳。彼非气者,何尝有聚散生死哉？人横计之耳。

　　关尹子曰:有死立者,有死坐者,有死卧者,有死病者,有死药者,等死,无甲乙之殊。若知道之士,不见生,故不见死。

　　抱一子曰:世人不知我本无生,而见坐脱立亡者,以为了达,见卧死病死者,以为未了达,殊不知均一死耳,初无甲乙之殊。惟知道者,未尝有生,故不见其生,未尝有死,故不见其死。

　　关尹子曰:人之厌生死超生死者,皆是大患也。譬如化人,若有厌生死心,超生死心,止名为妖,不名为道。

　　抱一子曰:老子谓专气致柔能婴儿。今问婴儿曰:汝生乎？则不知也。汝死乎？则不知也。然则人之有厌生死心,非大患乎？有超生死心,非妖乎？

　　关尹子曰:计生死者,或曰死已有,或曰死已无,或曰死已亦有亦无,或曰死已不有不无,或曰当幸者,或曰当惧者,或曰当任者,或曰当超者,愈变情识,驰骛不已。殊不知我之生死,如马之手,如牛之翼,本无有,复无无,譬如火水,虽犯火水,不能烧之,不能溺之。

　　抱一子曰:以马之无手,牛之无翼,以况我之未尝有生死也,以水犯水,以火犯火,以况我之入生死也。然则既曰如马手牛翼之未尝有矣,又何入哉？曰以未尝有生而入死,以未尝有死而入生,是则入亦无入,犯亦无犯。若夫以谓或有或无,或幸或惧,或任或超,愈变情识,而驰骛愈远矣,安足以知此哉？

文始真经言外旨卷之五

抱一子陈显微述

五鉴篇

鉴者,心也。凡二十章。

关尹子曰:心弊一作蔽,下同。吉凶者,灵鬼摄之,心弊男女者,淫鬼摄之,心弊幽忧者,沉鬼摄之,心弊逐放者,狂鬼摄之,心弊盟诅者,奇鬼摄之,心弊药饵者,物鬼摄之。如是之鬼,或以阴为身,或以幽为身,或以风为身,或以气为身,或以土偶为身,或以彩画为身,或以老畜为身,或以败器为身。彼以其精,此以其精,两精相搏,则神应之。为鬼所摄者,或解奇事,或解异事,或解瑞事。其人傲然,不曰鬼于躬,惟曰道于躬。久之,或死木,或死金,或死绳,或死井。惟圣人能神神,而不神于神,役万神而执其机,可以会之,可以散之,可以御之,日应万物,其心寂然。

抱一子曰:圣人能神神,而不神于神,众人神于神,而不能神神。能神神,则日应万物,其心寂然。神于神,则心蔽事物,而为鬼所摄。鬼亦神之纯阴者也,故亦无我而附物身。既认物为我身,则精存于物,物我相搏则神应之,故为鬼所摄者,或能瑞异,或知吉凶。其人傲然,自谓得道,不悟魔摄久致丧身,五行贼之,随类死物,如释教《楞严》所述二十五魔,一同是说也。在周末之时,释教未入中国,已先述于是书矣。较之释经,理详而辞简,然则《关尹子》书岂一曲之士所能测识耶?

关尹子曰:无一心,五识并驰,心不可一,无虚心,五行皆具,心不可虚,无静心,万化密移,心不可静。借能一则二偶之,借能虚则实满之,借能静则动摇之。惟圣人能敛万有于一息,无有一物可役吾之明彻,散一息于万有,无有一物可间吾之云为。

抱一子曰:圣人之心,能敛能散,敛则会万有于一息,散则敷一息于万有,初不待一之虚之静之也。苟用功于一,则不一矣,用功于虚,则不虚矣,用功于静,则不静矣。惟其不用功于一,不用功于虚,不用功于静,则此心未尝二,未尝实,未尝动也。虽曰敛散,何尝敛散哉?如是,则日应万变,吾心寂然,无一物可役吾之明彻,无一物可间吾之云为,圣人以五鉴明心,信乎其为鉴矣。

关尹子曰:火千年,俄可灭,识千年,俄可去。

抱一子曰:火本无我,自清浊兆分而来,天下未尝有自生之火也,必假人力钻燧击石而后生,《列子》曰:人生火是也。夫火本无体,故虽燎熟千年,而俄顷可灭。惟识亦然,自胞胎赋形而来,此心未尝先具此识也。盖因根尘取受伊,习而后生,《关尹子》曰物交心,生识是也。夫识本无方,虽计认千年,而俄顷可去。然则灭火易,不然难,去识易,不续难。《传》曰得道易,守道难,信哉!

关尹子曰:流者舟也,所以流之者,是水非舟。运者车也,所以运之者,是牛非车。思者心也,所以思之者,是意非心。不知所以然而然,惟不知所以然而然,故其来无从,其往无在,其来无从。其往无在,故能与天地本原,不古不今。

抱一子曰:心火也,意土也,思亦土也,故所以思者,是意非心也。犹舟流因水,车运因牛,而心思因意也。昔人谓车不行,打车即是,打牛即是,今夫心役于思,去心即是,去意即是。三教圣人皆主张无意,而不主张无心者,旨必有在也。学者当思念之时,推求意之所生,则不知其所以然而然,故其来无从,其往无在。如是则意未尝有意。意未尝有意,则思未尝有思,念未尝有念,而无思之思,无念之念,与天地之本原,不古不今,而长存矣。视夫断思绝念,心如土木者异矣。

关尹子曰:知心无物,则知物无物,知物无物,则知道无物,知道无物,故不尊卓绝之行,不惊微妙之言。

抱一子曰:昔人有言曰,若云他是圣,自己却成狂。苟遇卓绝之行而尊之,闻微妙之言而骇之,则徇迹而不见道矣。盖道无古今,无圣狂,无言行,前无先达,后无作者,知乎此,则何者为物,何者为心哉?

关尹子曰:物我交心生,两木摩火生,不可谓之在我,不可谓之在彼,不可谓之非我,不可谓之非彼。执而彼我之,则愚。

抱一子曰:心火也,二也,故物我交而后心生,两木摩而后火生。彼有执,以为心在我或在彼,又以执,以为火在此或在彼者,不然,则或以为非我非彼者,皆愚人也,乌足以识心哉!

关尹子曰:无恃尔所谓利害是非,尔所谓利害是非者,果得利害是非之乎? 圣人方且不识不知,而况于尔?

抱一子曰:利害心愈明,则亲不睦,是非心愈明,则事不成,圣人方且不识不知,而况尔? 所谓利害是非者,果得而利害是非之乎?

关尹子曰:夜之所梦,或长于夜,心无时。生于齐者,心之所见皆齐国也,既而之宋之楚,之晋之梁,心之所存各异,心无方。

抱一子曰:邯郸之梦,终身荣辱,不知历几寒暑矣。既觉,则黄粱未熟,特片时尔,心岂有定时耶? 楚人之子生长楚国,引而置之庄岳之间,数年,虽日挞而求其楚不可得矣,心岂有定方耶? 世有执时执方以求心者,安足以识心哉?

关尹子曰:善弓者,师弓不师羿,善舟者,师舟不师奡,善心者,

师心不师圣。

抱一子曰：轮扁斲轮之妙，父不可传于子，得之心，应之手，岂可以师傅哉？然则逢蒙学射于羿，尽羿之道，果尽乎？曰：使尽羿之道，则不思天下惟羿为愈己也。然学圣人者，自以为尽圣人之道者，如鼠饮河，足厌其量尔。今善弓者师弓，善舟者师舟，以喻善心者师心，可谓善喻矣。弓则有矢的步力之可师，舟则有帆拖风水之可法，至于心明则觉，昏则而已，孰从而师之哉？虽然，学者于动静语默之间，向明觉昏昧处通得一线，则心之法有余师矣。

关尹子曰：是非好丑，成败盈虚，造物者运矣，皆因私识执之而有。于是以无遣之犹存，以非有非无遣之犹存，无曰莫莫尔，无曰浑浑尔。犹存，譬犹昔游再到，记忆宛然，此不可忘，不可遣。善去识者，变识为智。变识为智之说，尔知之乎？曰：想如思鬼，心栗，思盗，心怖。曰：识如认黍为稷，认玉为石，皆浮游罔象，无所底止。譬睹奇物，生奇物想，生奇物识，此想此识，根不在我。譬如今日，今日而已，至于来日，想试殊未可卜，及至来日，纷纷相识，皆缘有生。曰想曰识，譬犀望月，月形入角，特因识生，始有月形，而彼真月，初不在角，胸中之天地万物亦然。知此说者，外不见物，内不见情。

抱一子曰：天地万物，古今万事，在人胸中，如月形生于犀牛之角，彼犀不望月而想，则角无由而生月矣。月形既存于角中，则尽犀之形不可去也。以喻人之胸中万物万事，忘不得，遣不得，如昔日曾游之景，再游则忆记宛然，皆识使然也。且如今日见某物某事，至于来日所见，殊未可卜。及乎来日，纷纷想识，皆缘有生。若夫来日未至，事物未有之时，此想此识根安在哉？然则今日想识，皆妄想妄识明矣。譬如无鬼思鬼，无盗思盗，本妄想也，而能生栗生怖之妄情，认黍为稷，认玉为石，本妄认也，而能生真稷真石之妄识。然则睹奇物见异事,何异夫妄情妄识耶?执而有之,即于心府,可谓不智矣。知乎此,则知变识为智之说矣。变识为智,则外不见物,内不见情。

关尹子曰:物生于土,终变于土,事生于意,终变于意。知夫惟意,则俄是之,俄非之,俄善之,俄恶之。意有变,心无变,意有觉,心无觉。惟一我心,则意者尘往来尔,事者欻起灭尔,吾心存大常者存。

抱一子曰:识生于意,意生于心,善去识者,去其识之所生之母而已矣。譬如物生于土,则终变于土,识生于意,终变于意,事之是非善恶,虽以识分辨之,而莫不皆随意变也。意在是非,则识随而在是非,意在善恶,则识随而在善恶,是则子随母转也。然意虽有变,心未尝变,意虽有觉,心未尝觉,知心无变无觉,则意如尘之往来,事如欻之起灭,皆不足以动吾心君,而我心惟一,盖有大常者存焉耳。

关尹子曰:情生于心,心生于性,情波也,心流也,性水也。来干我者,如石火顷,以性受之,则心不生,物浮浮然。

抱一子曰:后世言性者,皆曰性生于心。以心为母,性为子,谓如五常之性,根于一心,皆未达夫真性之所以为性。三教圣人发明性真如出一口,而贤人胶之,此其所以未入圣域欤!孔子言穷理而后尽性,理者心也。与孟子言尽其心者,知其性,知其性,则知天意,同释氏言明心然后见性,故直指人心,见性成佛,与今言心生于性,皆以性为母,心为子也。而尚恐学者未明,又以水喻之曰,性水也,心流也,情波也,则本末次第历然易辨矣。苟事物来干我,而以心应之,不亦劳乎?天下之事物无穷,吾心之精神有限,以有限对无穷,吾心殆矣。惟圣人以性受之,则心不生,而事物浮浮然,不能入吾之灵府矣。

关尹子曰：贤愚真伪，有识者。有不识者，彼虽有贤愚，彼虽有真伪，而谓之贤愚真伪者，系我之识。知夫皆识所成，故虽真者亦伪之。

抱一子曰：人之贤者，可慕可重，愚者，不必慕不必重。事物之真者，易留意而难忘，事物之伪者，不甚著意而易忘。而谓彼贤愚真伪者，皆我之区识。苟知性识，则虽贤者亦愚之，虽真者亦伪之，则变识为智而易忘矣。

关尹子曰：心感物不生心，生情，物交心不生物，生识。物尚非真，何况于识？识尚非真，何况于情？而彼妄人，于至无中执以为有，于至变中执以为常，一情认之积为万情，万情认之积为万物，物来无穷，我心有际。故我之良心受制于情，我之本情受制于物，可使之去，可使之来，而彼去来，初不在我，造化役之，固无休息。殊不知天地虽大，能役有形，而不能役无形，阴阳虽妙，能役有气，而不能役无气。心之所之，则气从之，气之所之，则形应之。犹如太虚，于一气中变成万物，而彼一气，不名太虚，我之一心能变为气为形，而我之心无气无形。知夫我之一心，无气无形，则天地阴阳不能役之。

抱一子曰：天地虽大，阴阳虽妙，能役有形气者，不能役无形气者，而我之一心无形无气，天地阴阳尚不能役，反受制于情，受役于物，何耶？于至无中执以为有，于至变中执以为常，因识生情，因情著物，物来无穷，造化无定，使去使来，不得自在。或者谓我之一心能变为气为形，既为气矣，既为形矣，役于五行，拘于阴阳，盛衰往来，初不在我，造化役之，安能自由哉？噫！如绘塑师幻像鬼神，自生怖畏，殊不知我之一心本同太虚，太虚于一气中变成万物，而彼一气不名太虚，昧者直以一气名为太虚，焉能逃天地阴阳之役哉！

关尹子曰：人之平日，目忽见非常之物者，皆精有所结而使之然。人之病曰,目忽见非常之物者,皆心有所歉而使之然。苟之吾心能于无中示有,则知吾心能于有中示无,但不信之,自然不神。或曰厥识既昏,孰能不信？我应之曰:如捕蛇师心不怖蛇,彼虽梦蛇,而无畏怖。故黄帝曰:道无鬼神,独往独来。

抱一子曰:瞪目发劳,劳久精结,故忽见非常之物,与彼病目见空中花及第二月,无以异也。又有心有所慊,忽见冤尤之形,皆无中示有也。既见矣,孰能不信？如捕蛇之师,虽梦蛇不畏者,习惯如自然也。昔有人居山习定,而山精现怪异之形,变化百种,魔挠其人,其人闭目不视,曰:汝之技俩有尽,我之不闻不见无穷,山精退不复见。此即有中示无,惟不信之,自然不神也。若夫即吾心中可作万物,而见婴儿姹女,青龙白虎等物者,皆自我作之,有无在我,与忽见非常之物者异矣。然圣人睹此,犹且见如不见,何哉？黄帝不云乎,道无鬼神,独往独来是也。

关尹子曰:我之思虑日变,有使之者,非我也,命也。苟知惟命,外不见我,内不见心。

抱一子曰:人之思虑日日不同,莫之致而致也,孰使之哉？命也,既曰命矣,则由我乎？不由我乎？使我命在天,则思虑不由我。若我命在我,则何思何虑？故外不见我,内不见心。

关尹子曰:譬如两目,能见天地万物,暂时回光,一时不见。

抱一子曰:此章当连前章为一章,谓人有思虑,譬如两目能见天地万物,若能回光返照,则天地万物一时不见,是则何庸思虑哉？但世人知此机者鲜矣。

关尹子曰:目视雕琢者,明愈伤,耳闻交响者,聪愈伤,心思玄妙者,心愈伤。

抱一子曰:此章亦与上章意连,谓目不能返照而视,雕琢者明愈伤,耳不能返听而闻,交响者聪愈伤,心不能无念而思,玄妙者心愈伤。三章相续,其义始圆。

关尹子曰:勿以我心揆彼,当以彼心揆彼,知此说者,可以周事,可以行德,可以贯道,可以交人,一作立人,可以忘我。

抱一子曰:若以我心揆彼,则人之识见各各不同,人我既分,町畦斯判,安能周事哉?事且不周,况交人乎?况行德贯道乎?惟以彼心揆彼,此圣人无我之学也。如是,则何事不周,何人不交,何德不行,何道不贯哉?

关尹子曰:天下之理,小不制而至于大,大不制而至于不可制,故能制一情者,可以成德,能忘一情者,可以契道。

抱一子曰:学者但知防患于微,而不知制情于微,能制一情,则可以成德,能忘一情,则可以契道,是则德不难成,而道不难契也,特情之难制耳。一情虽微,苟不制,而必至于大,大不制,而至于不可制,其为害岂胜言哉!天下之理,莫不皆然。

文始真经言外旨卷之六

抱一子陈显微述

六匕篇

匕者,食也。食者,形也。凡十六章。

关尹子曰:世之人以我思异彼思,彼思异我思分人我者,殊不知梦中人亦我思异彼思,彼思异我思,孰为我,孰为人?世之人以我痛异彼痛,彼痛异我痛分人我者,殊不知梦中人亦我痛异彼痛,彼痛异我痛,孰为我,孰为人?爪发不痛,手足不思,亦我也,岂可以思痛异之?世之人以独见者为梦,同见者为觉,殊不知精之所结,亦有一人独见于昼者,神之所合,亦有两人同梦于夜者,二者皆我精神,孰为梦,孰为觉?世之人以暂见为梦,久见为觉,殊不知暂之所见者,阴阳之气,久之所见者,亦阴阳之气,二者皆我阴阳,孰为梦,孰为觉?

抱一子曰:昔人有不识我而求我者,以色求之,不得,又以声求之,不得,又于臭味觉意求之,俱不得,然后知我之为我,视之不见,听之不闻,搏之不得,而横执以为我者,皆妄也,安识所谓真我哉?今夫世之人,以能思能痛者为我,以不能思不能痛者为非我,两失之矣,能思能痛者果我乎?我本无意无念,思从何来?是则妄有缘尘,于中积聚狃习为思,非我真有是思也。我本无相无体,痛从何起?是则妄有血气,于中假合触觉为痛,非我真有是痛也。然则不能思不能痛者,果非我乎?爪发不痛,手足不思,亦我也,梦中之天地万物不思,梦中之人神鸟兽不痛,亦我也,岂可以人我异之?世之人以独见暂见者为梦,以同见久见者为觉,亦两失之矣,独见暂见者果梦乎?我本无梦,盖因阴因夜因寐,与识相缘而有是梦也。我本无觉,盖因阳因昼因寤,与见相缘而有是觉也。然则同见久见者,果非梦乎?神之所合,亦有两人同梦于夜者,阴阳结习,亦有天地万物久见于梦者,岂可以觉梦异之?人与我不异,觉与梦不殊,然后知遍虚空世界,天地人物,无一物非我之真,无一物是我之已而已矣。

关尹子曰:好仁者,多梦松柏桃李,好义者,多梦兵刀金铁,好礼者,多梦簠簋笾豆,好智者,多梦江湖川泽,好信者,多梦山岳原野,役于五行,未有不然者。然梦中或闻某事,或思某事,梦亦随变,五行不可拘。圣人御物以心,摄心以性,则心同造化,五行亦不可拘。

抱一子曰：世人不能逃阴阳五行者，以心有所思，而役于事物也。传曰：寇莫大于阴阳，无所逃于天地之间。又曰：五贼在心，施行于天。是则五贼生于阴阳，而人之所思，不著事既著物，事物不出于五行，所以为五贼所役而不能逃也。是贼也，在阳则为见，在阴则为梦，在觉为事，在梦为物，如好仁者，多梦松柏之类，皆役于五行。虽役于五行，而梦中忽闻别事，忽思他事，识见变迁，则梦亦随变，五行亦不能拘。知梦中之五行不能拘，则若事若物皆可以御而役之，而不役于事物也。不役于事物，则阴阳五行乌能为寇为贼哉！圣人御事物不以思，而以心摄心，不以念而以性，此其所以心同造化，而五行不可拘欤！

关尹子曰：汝见蛇首人身者，牛臂鱼鳞者，鬼形禽翼者，汝勿怪，此怪不及梦，梦怪不及觉，有耳有目，有手有臂，怪尤矣。大言不能言，大智不能思。

抱一子曰：天不言，而日月运，四时行。天虽不言，而日月运，四时行，乃大言矣。圣人不思而得，圣人虽不思而能得，乃大智矣。今有人见夫未尝见者，如蛇首人身之类，必以为怪矣。不思夫形寝神息之时，忽有所梦，天地人物从何而生，从何而见，世人习惯不以为怪，细推详研，吾之精神本自清明宁一，而化为是梦，岂不甚可怪哉？知梦为怪矣，今观我之形，有耳有目，有手有臂，视听动止，比之梦中所见一一有实，岂不尤可怪耶？况口之能言，心之能思，其为怪有不可胜言者矣。或曰：吾道与之貌，天与之形，虽具耳目手足，反为思之不见其为有也，如是则怪可去乎？愚答曰：道甚么？或者再举前问。愚曰：大言不能言，大智不能思。或者哧然而退。

关尹子曰：有人问于我曰：尔族何氏，何名何字，何衣何食，何友何仆，何琴何书，何古何今？我时默然不对一字。或人叩之不

已,我不得已应之曰:尚自不见我,将何为我所?

抱一子曰:人有真我,虽圣智未易自见也。人惟不能自见,故或以色求我,或以声音求我,转不可得而见矣。况问我以族氏名字、衣食友仆、琴书古今哉?宜乎圣人默然不对是不对也,乃所以深对也。或者不喻圣人之意,而叩之不已。夫叩之不已者,疑乎信乎?以为信耶?彼之我,即我之彼也,彼之彼,即我之我也,彼彼不能相我,则我我不能喻彼矣。以为疑耶?则我以不我对,而不对以我对,我以对非对,则以不对对。又何疑焉,而叩之不已耶?圣人于是自其妄见而喻之,谓彼以见见我,不以不见见我,以见不见我见我之处,不以不见见我不见之所,乃应之曰:尚自不见我,将何为我所?噫!是尔第二义矣。

关尹子曰:形可分可合,可延可隐。一夫一妇可生二子,形可分,一夫一妇二人成一子,形可合。食巨胜则寿,形可延,夜无月火,人不见我,形可隐。以一气生万物,犹弃发可换,所以分形,以一气合万物,犹破唇可补,所以合形,以神存气,以气存形,所以延形,合形于神,合神于无,所以隐形。汝欲知之乎,汝欲为之乎?

抱一子曰:学道有三品,上品者以神为主,中品者以气为主,下品者以形为主。以神存气,以气存形,所以延形;合形于神,合神于无,所以隐形。二者虽有微妙之分,然皆以神为主,上品也。以一气生万物,以一气合万物,如采祖气、服元气、闭胎息、袭气母之类,皆以气为主,中品也。食巨胜则寿,无月火则隐,如服食金石草木,存意形中一处,皆以形物为主,下品也。然三者之中,至清者神,至浊者形,半清半浊者气。夫以至浊之形,犹可合可分,可延可隐,而况于气乎,而况于神乎?学者欲知之,欲为之,惟其志而已矣。

关尹子曰:无有一物不可见,则无一物非吾之见,无有一物不可闻,则无一物非吾之闻。五物可以养形,无一物非吾之形,五味可以养气,无一物非吾之气,是故吾之形气,天地万物。

抱一子曰:五物可以养形,五味可以养气,则天地之间,无一物非吾之形气也。至于无一物非吾之见,无一物非吾之闻,则闻与见果何物耶?以为形可闻见乎,则死尸胡不能闻见也,以为气可闻见乎,则吁呵胡不能闻见也,是则形气之外别有物焉,为之主张乎是。维持乎是,然则是物果安在哉?经不云乎,恍恍忽忽,其中有物,窈窈冥冥,其中有精。欲识是物,精神是也。然神无我也,即天地万物之色以见吾神,精无人也,即天地万物之声以闻吾精,是故吾之形气,天地万物,吾之精神,万物声色。

关尹子曰:耕夫习牛则犷,猎夫习虎则勇,渔夫习水则沉,战夫习马则健,万物可为我。我之一身,内变蛲蛔,外孳蟁蚤,瘠则龟鱼,瘘则鼠蚁,我可为万物。

抱一子曰:人之形本非我,有习于物,则与物俱化,病于气,则与气俱化。昔人有绘虎入神而化为虎者,是习牛则犷之理也。昔人有患瘤,破之其中皆蟁者,是则孳变蛲蛔之类也。习则与物俱化,病则与气俱化,而世人执有其身,妄认为己有者,又岂悟夫天地之委形哉?

关尹子曰:我之为我,如灰中金,而不若矿砂之金,破矿得金,淘砂得金,扬灰终身,无得金者。

抱一子曰:不知我无我,而尽智求我者,如扬灰求金,终身不可得也。知无我而不求我,则如金藏于矿砂,玉蕴于石朴。昔人以喻水中咸味,色里胶清,毕竟是有,不见其形,可谓善喻矣。

关尹子曰:一蜂至微,亦能游观乎天地,一虾至微,亦能放肆乎大海。

抱一子曰：蠢动含灵皆具是心，皆具是道。昔人谓焦冥虫向蚊虫眉睫上建立世界，盖以形观之，则有巨细之分，以心论之，则无小大之辨，故一蜂可游观天地，一虾可放肆大海，岂可以其形微而轻贱之哉！

关尹子曰：土偶之成也，有贵有贱，有士有女，其质土其壤土者人哉？

抱一子曰：人之遇人，有男女贵贱之相，而起爱恶尊卑之念者，分别于识，而不照于智也。今遇土偶之人，亦有男女贵贱之相，而不起爱恶尊卑之念者，知其质为土，而有伪之之智也。故前章有言曰：知夫皆识所成，故虽真者亦伪之。此变识为智之妙用也。

关尹子曰：目自观，目无色，耳自听，耳无声，舌自尝，舌无味，心自揆，心无物，众人逐于外，贤人执于内，圣人皆伪之。

抱一子曰：目逐于色，耳逐于声，舌逐于味，心逐于物者，众人也。目内视自观，耳返聪自听，舌收津自尝，心摄念自揆者，贤人也。逐于外者固非，执于内者亦妄，先达有诗云：虽然放下外尘劳，内又萦心两何异。是以圣人皆伪之。

关尹子曰：我身五行之气，而五行之气，其性一物，借如一所，可以取火，可以取水，可以生木，可以凝金，可以变土，其性含摄，元无差殊。故羽虫盛者，毛虫不育，毛虫盛者，鳞虫不育，知五行互用者，可以忘我。

抱一子曰：天地之间，鸟兽虫鱼莫不皆具五行之性，比之人则有偏盛之禀耳。偏于火者为羽，偏于金者为毛，偏于水者为鳞，朱雀在南，白虎在西之类是也。偏盛于此，则不育于彼，是知人与万物各具五行，而五行之气轮环互用，回视我身，皆五行之气假合而成，而昧者执有此身，岂不惑哉？知此说者，可以忘我。

关尹子曰：心忆者犹忘饥，心忿者犹忘寒，心养者犹忘病，心激者犹忘痛。苟吸气以养其和，孰能饥之？存神以滋其暖，孰能寒之？养五藏以五行，则无伤也，孰能病之？归五藏于五行，则无知也，孰能痛之？

抱一子曰：人之饥寒病痛，皆出于妄心，若夫心忆犹能忘饥之类，是则以妄止妄之说也。苟知夫我之妄心皆出于五行，而以五行胜之，则妄心可以消释矣。故吸气以养和，则可以忘饥，存神以滋暖，可以忘寒，是则以金实土，以火胜水之术也，养五藏以五行可以愈病，是则生克补泻之法也，归五藏于五行可以忘痛，是则形气无我之道也。若夫不吸气而饱，不存神而暖，不养五藏以愈病，不归五行以忘痛，非天下至精至通之士，其孰能与于此？

关尹子曰：人无以无知无为者为无我，虽有知有为，不害其为无我。譬如火也，躁动不停，未尝有我。

抱一子曰：此篇逐章言形食，而论无我之说详矣。圣人又虑学者执无我如木石，故于卒章重发明无我之妙用以为譬，如火也，虽躁动不停，未尝有我，若人达此妙用，虽终日言行施为，不害其为无。噫！《庄子》所谓深知无心者矣。

文始真经言外旨卷之七

抱一子陈显微述

七釜篇

釜者，化也。凡十三章。

关尹子曰：道本至无，以事归道者，得之一息，事本至有，以道运事者，周之百为。得道之尊者，可以辅世，得道之独者，可以立我。知道非时之所能拘者,能以一日为百年,能以百年为一日。知道非方之所能碍者,能以一里为百里,能以百里为一里。知道无气,能运有气者,可以召风雨。知道无形,能变有形者,可以易鸟兽。得道之清者,物莫能累,身轻矣,可以骑凤鹤。得道之浑者,物莫能溺,身冥矣,可以席蛟鲸。有即无,无即有,知此道者,可以制鬼神。实即虚,虚即实,知此道者,可以入金石。上即下,下即上,知此道者,可以侍星辰。古即今,今即古,知此道者,可以卜龟筮。人即我,我即人,知此道者,可以窥他人之肺肝。物即我,我即物,知此道者,可以成腹中之龙虎。知象由心变,以此观心,可以成女婴。知气由心生,以此吸神,可以成炉冶。以此胜物,虎豹可伏,以此同物,水火可入。惟有道之士能为之,亦能能之而不为之。

抱一子曰:《易》曰:知变化之道者,其知神之所为乎。《孟子》曰:圣而不可知之谓神。今天下之学者,去圣逾远,望道而未之见,觊其庶几圣人者,绝代无闻焉,而况不可知之神。故言神者,例以孔子不语怪力乱神绝之,故知道之士绝口不言,至于生死之说,亦秘而不传矣。且孔子果不言神乎?果不言生死乎?如曰知死生之说,如曰阴阳不测之谓神,鼓之舞之以尽神,皆孔子之言也。今圣人于七釜一篇备言变化之道,盖釜者,资水火以变物之器也。后世学者观之,不惊其言者鲜矣。或者指为异端伪书宜哉?《庄子》有言曰:瞽者无以与乎文章之观,聋者无以与乎钟鼓之声,岂唯形骸有聋瞽哉?夫知亦有之,其是之谓欤!《易》不云乎,天下之动真夫一者也,即以事归道者,得之一息之理也,以道运事者,周之百为,即能成天下之务,一致而百虑也。得道之尊独者,可以辅世立我,即辅相天地之宜,圣人之大宝曰位也。道非时之所能拘，非方之所能碍，即通乎昼夜之道，而知不疾而速，不行而至之谓也。可以召风雨侍星辰，则风以散之，雨以润之，可谓佑神之谓也。可以易鸟兽，骑凤鹤，席蛟鲸，制鬼神，则精气为物，游魂为变，知鬼神之情状之谓也。可以入金石，即兑为金，艮为石，山泽通气，然后能变化成万物之谓也。可以卜龟筮，即卜筮尚占受命如响之谓也。学者能知乾坤一阖一辟谓之变，则知坎离交遇，水火相射，山泽通气，雷风相薄之机，然后知我之震兑，即他人之肺肝，能入震兑之神，则可以窥他人之肺肝矣。我之魂魄即龙虎之精英，能凝魂魄之气，则可以化腹中之龙虎矣。坎之中有婴儿，离之中有姹女，能取坎中之实，以点离中之虚，则女婴相见，各现其形。是道也，因运神火照入坎中，驱逐阴中之阳飞腾，而上至神火本位，遇阳中之阴，擒制交结，如金乌搦兔，磁石吸针，二气纽结而生变化，或现女婴之像，或呈龙虎之形，变化万端，飞走不定，往来腾跃，不出鼎炉。当是时，则当鼓动巽风，助吾离火猛烹极煅，炼成真丹，凝成至宝道也。其中有观心吸神二用，皆助火候之力者。释氏之观法观心，似是而非，方士之服气咽津，弃本逐末，安识运神火以观真心，鼓巽风以吸真神之妙用哉？丹成之后，自然可以伏虎豹，可以入水火，是皆性命之秘，间有形于《易》书者。《易》不云乎，非天下至神至精至变至通，其孰能与于此？苟非其人，道不虚行，故曰惟有道之士能为之。圣人欲显诸仁，藏诸用，以尽内圣外王之道，故曰亦能能之而不为之。

关尹子曰：人之力，有可以夺天地造化者，如冬起雷，夏造冰，死尸能行，枯木能华，豆中摄鬼，杯中钓鱼，画门可开，土鬼可语，皆纯气所为，故能化万物。今之情情不停，亦气所为，而气之为物，有合有散，我之所以行气者，本未尝合，亦未尝散。有合者生，有散者死,彼未尝合未尝散者,无生无死,客有去来,邮常自若。

抱一子曰:列子问:至人潜行不窒,蹈火不热,行乎万物之上而不栗,何以至此?关尹答曰:是纯气之守也,非智巧果敢之列。夫人拘于形,则不能变化,若夫炼形为气,使形尽化气,则聚成形,而散为气矣,故能化万物。今观云之变化,则知气之变化也。且蜃之为物,不灵于人,而犹积气之久,可以化楼阁人物以为海市,至于鹰化为鸠,豹变为虎,蜣化为蝉,鱼化为龙,鸟兽虫鱼尚能夺天地之造化,人反不若,何耶?以六欲七情内贼其天真,五行六尘外铄其神气,虽间有知道者,能制精葆神,炼形化气,而作辍不常,十寒一曝,求其纯乎化气,虽亿兆人中而求一人不可得矣。是道也,贤愚贵贱皆可为之,其道不远,今之情情不停,皆此物也,盖有非此物者存乎其中。学者知乎此,则知吾之所以行气者,知所以行气,则知所以炼气,知所以炼气,则知所以化气成醇矣。是宝也,不随气合,不随气散,不逐形生,不逐形死,故曰客有去来,邮常自若。

关尹子曰:有诵咒者,有事神者,有墨字者,有变指者,皆可以役神御气,变化万物。惟不诚之人,难以自信,而易于信物,故假此为之,苟知为诚,有不待彼而然者。

抱一子曰:诚者,可以动天地,感鬼神,故或诵咒事神,或墨字变指,皆可役神御气,变化万物。不诚之人,不自信其虚,而易于信外物,故圣人假此变化,以启其信心,使其苟知其为诚,则不待彼为之,而自能为之矣。

关尹子曰:人一呼一吸,日行四十万里,化可谓速矣,惟圣人不存不变。

抱一子曰:天地之大,不可以程度计。今云一呼一吸,日行四十万里,则人一昼一夜凡一万三千五百息,日行五十四亿里,为一周天。昔人以表影长短验日之行度远近,亦以世之寻文为准,既可以寻文计,则可以步里计矣。愚妄以谓日行四十万里,岂得无奇?是盖总其大数耳。若果有奇,则恐满五千五亿里之数,则与《易》之天地之数五十有五合矣。日月五星离合顺逆,圣人皆能测而为历,而昧者莫不见,莫能知也,故《阴符经》曰天下莫不见,莫能知者是也。夫速莫速于大化,昔人谓揭天地以趋新,负山岳以舍故,造化无斯须不移也,万物无暂忽不变也。山川日更矣,而世人以为如昨,时世日新矣,而世人以为如故。今交一臂而失之者,皆在冥中去矣,故向者之我,非复今我,今日之我,非复故吾矣,是则我与今俱往矣。而昧者不知,横谓今日所遇可系而存,安知一息之顷,而大化已行四十万里哉?惟圣人不逆化而存,亦不顺化而变,故曰不存不变。亿者,谓万万为亿。

关尹子曰:青鸾子千岁而千岁化,桃子五仕而心五化,圣人实事去物,岂不欲建立于世哉?有形数者,惧化之不可知也。

抱一子曰:有形有数者必化,在圣人不欲苟免也,何则?既谓之形,必有数焉,非我所有也,天地之委蜕也。天地且不能停化,而形岂能违化哉?虽然,圣人假众物以游世,对五行以寓形,应万事不敢为天下先,故不为主而为宾也,御万物而不为万物所役,故立于独而无待也。为宾则如寄,谓来去自如耳,无待则无耦,谓存亡不二耳。如是,则若形若数,岂能拘哉?而圣人犹不欲久立于世者,示此形躯为吾大患,惧化之不可知也。青鸾子,古之得道之士也,住世千岁而千岁化,即此意也。若夫桃子五仕而心五化者,如孔子行年六十而六十化,曾子再仕而心再化,意同。

关尹子曰:万物变迁,虽互隐见,气一而已,惟圣人知一而不化。

抱一子曰：此章意连上章，谓有形之物，虽互隐见，而一气在天地间未尝化也，一气犹且不化，况吾之非气者哉！何谓非气？气之所自生者，前篇已详述之矣。圣人此章明吾之灵真，若寓于形，则虽千年亦化，寓于气，则一而不化也。

关尹子曰：爪之生，发之长，荣卫之行，无顷刻止，众人能见之于著，不能见之于微，圣人任化，所以无化。

抱一子曰：众人徒见天地日月化行之速，此著而易见者也，而不知吾之荣卫，昼夜之间行阴二十五度，行阳二十五度，凡一万三十五百息，脉络之循环运转，无顷刻止。故爪之生，发之长，无暂忽停。此微而难见者也，孰能逃之哉？惟圣人不存不变，任彼自化，所以无化。

关尹子曰：室中有常见闻矣，既而之门之邻，之里之党，既而之郊之山之川，见闻各异，好恶随之，和竞从之，得失成之，是以圣人动止有戒。

抱一子曰：圣人之闻见，未尝异于众人，众人之闻见，随处变异而生好恶和竞得夫之心，使圣人异于众人，而随处不生好恶和竞得失之心，则有心矣，有我矣，此贤人不动心之学，望圣人而未至者也。若夫圣人则出门同人，随人好恶，从人和竞，成人得失，如老子之人号亦号，人笑亦笑，孔子之耳顺纵心，列子从师三年，心不敢念是非，口不敢言利害，从师五年，心更念是非，口更言利害，此皆圣人不异众人，众人不异圣人之说也。何尝以闻见自异哉？圣人之所谨者，不妄出户庭而无咎，不妄同人于莽而弗克攻，不妄同人于郊而志未得，危邦不入，乱邦不居，特以动止为戒而已矣。

关尹子曰：譬如大海，能变化亿万蛟鱼，水一而已。我之与物，翁然蔚然，在大化中，性一而已。知夫性一者，无人无我，无死无生。

抱一子曰：昔人有言曰：鱼龙不知水为命，犹人在空中不识空。我之与物，林然在大化之中，性一而已，犹蛟鱼生于大海之中，水一而已。知大海为一水，则蛟鱼相忘矣，知太虚惟一性，则人我相忘矣。何者为死？何者为生？

关尹子曰：天下之理，是或化为非，非或化为是，恩或化为雠，雠或化为恩，是以圣人居常虑变。

抱一子曰：天下无有不变之事，亦无有不变之理。圣狂之相去，奚啻天渊？生死之不齐，奚啻冰炭，而圣罔念则化作狂，狂克念则化作圣，而生极则化为杀，杀极则化为生，而况是非恩雠之间，疑似反复，岂不易变哉？昧者执其自是，如山之不可移，恃其有恩，如海之流不竭，未几是化为非，恩化为雠，而前日自是之我山，俄化而为众非之海，恃恩之人海，俄化而为积怨之山，如高岸为谷，深谷为陵，不期变而变也。吁，可畏哉！惟圣人不执是，不辨非，不恃恩，不念雠，平我山，夷人海，居天下之常，虑事物之变，未尝先人，而尝随人，其要无咎而已矣。

关尹子曰：人之少也，当佩乎父兄之教，人之壮也，当达乎朋友之箴，人之老也，当警乎少壮之说，万化虽移，不能厄我。

抱一子曰：人之处世，未免有立身行己，应事接物之为。苟有我而自用，则一动之顷，吉凶悔吝随之，惟有一吉之利，而凶悔吝三者厄我矣。惟圣人舍己从人，当少时即佩父母之教，及其壮也，达乎朋友之箴，至于老也，警其少壮之说，是则自少至老，未尝有我，万化虽移，安能厄我哉？

关尹子曰：天下之理，轻者易化，重者难化，譬如风云，须臾变灭，金玉之性，历久不渝。人之轻明者，能与造化俱化而不留，殆有未尝化者存。

抱一子曰：轻者人之魂也，明者人之神也。魂为木，所以轻也，神为火，所以明也。日出于卯而魂旺，日中于午而神旺，日晡于申而魂绝，日没于亥而神绝，是则一日之间，而吾之魂神与造化俱化而不留矣。惟精与魄重而且暗，可以历久，故能胎魂胎神，至于来日，轻明魂神，复自精魄因明因寤而复生复旺矣。是则轻而明者，假重而暗者为之母也。使魂神绝于申亥之间，而精魄坏而不存，则来日之魂神无自而生矣。知道之士知乎此，故炼精炼魄为金为玉，使历久不渝，则吾之魂神，可以永久乘负，得其所托而生长矣。《参同契》曰：吉人相乘负，安稳可长生。是则炼精魄为金玉，则吾身为大吉之身，而乘负吾之魂神矣。所以太乙火符修炼金丹只念二物者，炼精与魄也，并土为三物耳。《参同契》谓其三遂不入，火二与之俱者，木三之魂，与火二之神，不须锻炼，不入炉鼎，而在炉鼎之外，周天运火者，乃神与魂也，魂三神二合之成五，所以能周天运火而不昧。精水之一与魄金之四，亦合之成五，所以能化金液以成丹，如是四物俱能成五者，实假中宫土五以成变化。张悟真谓只缘彼此怀真土，遂使金丹有返还者此也。又曰：东三南二同成五，北一西方四共之，戊己自居本生位，三家相见结婴儿。知此理，然后知吾身，殆有未尝化者存。

关尹子曰：二幼相好，及其壮也，相遇则不相识，二壮相好，及其老也，相遇则不相识，如雀蛤鹰鸠之化，无昔无今。

抱一子曰：人之形体，亦天地间一物耳，无倾刻不与造物俱化者也。幼时颜貌，至壮则异，壮时颜貌，至老则殊。如雀蛤鹰鸠，随四时阴阳之气变化形体，不得自如也，安有今昔之同哉？然则吾之形容，与今俱往矣，与物俱化矣，可不觉乎？

文始真经言外旨卷之八

抱一子陈显微述

八筹篇

筹者,物也。凡六章。

关尹子曰:古之善揲蓍灼龟者,能于今中示古,古中示今,高中示下,下中示高,小中示大,大中示小,一中示多,多中示一,人中示物,物中示人,我中示彼,彼中示我。是道也,其来无今,其往无古,其高无盖,其低无载,其大无外,其小无内,其外无物,其内无人,其近无我,其远无彼。不可析,不可合,不可喻,不可思,惟其混沦,所以为道。

抱一子曰:《易》曰:探赜索隐,钩深致远,成天下之亹者,莫大乎蓍龟。如是则蓍之与龟可以喻道矣。是物也,本枯茎朽骨耳,灵从何来?圣从何起?今焉能于今中卜古,古中卜今?是则其来无今,其往无古,而彰往察来也。能于高中示下,下中示高,是则其高无盖,其低无载,而上下无常也。能小中示大,大中示小,是则其大无外,其小无内,而齐小大也。能一中示多,多中示一,是则错综其数,而一致百虑也。能人中示物,物中示人,是则其外无物,其内无人,而无有远近幽深,遂知来物也。能我中示彼,彼中示我,是则其近无我,其远无彼,而以言乎远,则不御,以言乎迩,则静而正也。然则枯茎朽骨,何其神哉!是神也,存乎枯茎朽骨之中,而不可析,不可合,不可喻,不可思,知妙道之存乎人之血肉形体之中,而不可析合不可喻思也。《易》不云乎,蓍之德圆而神,惟其混沦,所以为道。

关尹子曰：水潜，故蕴为五精，火飞，故达为五臭，木茂，故华为五色，金坚，故实为五声，土和，故滋为五味。其常五，其变不可计，其物五，其杂不可计。然则万物在天地间，不可执谓之万，不可执谓之五，不可执谓之一，不可执谓之非万，不可执谓之非五，不可执谓之非一。或合之，或离之，以此必形，以此必数，以此必气，徒自劳耳，物不知我，我不知物。

抱一子曰：五行之在天地间，其常五，其变不可胜计，其物五，其杂不可胜计，总其纲领，则水蕴为五精，火达为五臭，木华为五色，金实为五声，土滋为五味。然万物在天地间不可胜计，皆自五行错杂而生。或合之，或离之，不可执谓之五，不可执谓之万，不可执谓之一，又不可执谓之非五、非万、非一，若分别某物必某数必某气，徒自劳耳，故曰物不知我，我不知物。

关尹子曰：即吾心中可作万物，盖心有所之，则爱从之，爱从之，则精从之。盖心有所结，先凝为水，心慕物涎出，心悲物泪出，心愧物汗出。无暂而不久，无久而不变，水生木，木生火，火生土，土生金，金生水，相攻相克，不可胜数。婴儿姹女，宝楼绛宫，青蛟白虎，宝鼎洪炉，皆此物，有非此物存者。

抱一子曰：《阴符经》曰：天有五贼，见之者昌，五贼在心，施行于天，宇宙在乎手，万化生乎身。然则五行之妙用，灵哉神哉，人患不知其机耳。知其机而制之，则五贼皆为吾用，而婴儿姹女，宝楼绛宫，青蛟白虎，宝鼎洪炉，皆见其形而不能隐，故曰见之者昌。见之者，见吾身之精神魂魄，凝于神水，结而成象，现于黄庭之中也。是物也，犹在肾感爱而为精，在目感悲而为泪，在鼻感风为涕，在身愧物为汗，一同是皆出于心有所之，而神水随应也。如幼年所见景物，至壮至老，犹能梦见，终身不忘者，印入于心，凝结神水，无暂而不久,无久而不变也。但心有所之,与心无所之不同耳,若夫擒制五贼,锻炼五行,惟一心不动,神水自凝,然后五贼见形,千变万化矣。是道也,虽皆此五行之物所化而成,然自有非此五行之物者存乎其中,而为之主宰耳。

关尹子曰:鸟兽俄呦呦,俄旬旬,俄逃逃,草木俄茁茁,俄亭亭,俄萧萧,天地不能留,圣人不能系,有运者存焉耳。有之在彼,无之在此,鼓不桴则不鸣,偶之在彼,奇之在此,桴不手则不系。

抱一子曰:圣人观化,所以无化,化之运于形气之间也,天地不能留,圣哲不能系。夫鸟兽呦呦而鸣,旬旬而来,逃逃而去,与夫草木茁茁而芽,亭亭而茂,萧萧而枯,皆俄然尔,化可谓速矣。然圣人所以无化者,如鼓不桴则不鸣,有在彼无在我也,桴不手则不击,偶在彼奇在我也。前篇曰手不触刃,刃不伤人,与此同旨。

关尹子曰:均一物也。众人惑其名,见物不见道,贤人析其理,见道不见物,圣人合其天,不见道,不见物,一道皆道。不执之即道,执之即物。

抱一子曰:万物盈天地间,各具一名,各具一理,见其名而不见其道者,为物所格,众人也;析其理而不见其物者,能格于物,贤人也。圣人则不然,不见所谓道,不见所谓物,合其天而已矣。若夫指一物谓之道,则物物皆道也,惟不执之谓之道,则即道也,若执之以为道,即物矣。

关尹子曰;知物之伪者,不必去物,譬如见土牛木马,虽情存牛马之名,而心忘牛马之实。

抱一子曰:物之真伪生于识,圣人遇物真者亦伪之,去识也。真者且伪之,则举天下之物皆伪矣。知天下之物皆伪,则何必去物哉? 如见土木偶形,虽有某物之名,而心忘某物之实。学道之士,当对景之时能如是乎！

文始真经言外旨卷之九

抱一子陈显微述

九药篇

药者,杂治也。凡三十一章。

关尹子曰:勿轻小事,小隙沉舟,勿轻小物,小虫毒身,勿轻小人,小人贼国。能周小事,然后能成大事,能积小物,然后能成大物,能善小人,然后能契大人。天既无可必者人,人又无能必者事,惟去事离人,则我在我,惟可即可,未有当繁简可,当戒忍可,当勤惰可。勤惰,一作动静。

抱一子曰:此一篇皆药石之言,所以谓之杂治也。盖人之处世,未能去事离人,则应事接物之际,一动一止,有吉凶悔吝存焉。圣人欲人避凶就吉,免悔吝之虞,故垂药石之训,使人服膺而对治之,非大圣大智,其孰能如是哉？且夫天既无可必者人,人又无能必者事,其敢轻小人轻小物轻小事哉！孔子曰:人心险于山川,难于知天。天犹有春秋冬夏旦暮之期,人者厚貌深情,其就义若渴者,其去义若热,岂可测哉！世之轻小人易小物忽小事,而至于败国亡家丧身失命者多矣。故圣人谓能善小人,然后能契大人,能积小物,然后能成大物,能周小事,然后能成大事,无非自小以至大,自微以至著,而不敢以其小人小物小事而轻忽之也。圣人之待小者且加之谨,况其大者乎！天下之理,未有当繁之事以简能了者,亦未有当戒之事可以强忍为之者,亦未有当勤之事可以慵惰成之者,故圣人于世惟可则可,惟不可则不可,故于事无可无不可,初何固必哉？是知圣人虽日应事物，而不著事不著物，而我在我矣。

关尹子曰：智之极者，知智果不足以周物，故愚。辩之极者，知辩果不足以喻物，故讷。勇之极者，知勇果不足以胜物，故怯。

抱一子曰：天下之理，争之则不足，逊之则不余。圣人之大智若愚，大辩若讷，大勇若怯者，岂姑为是伪行哉？盖知夫智果不足以周物，故愚，辩果不足以喻物，故讷，勇果不足以胜物，故怯耳。传曰：其愚不可及，则智不如愚。十信九中不如一默，则辩不知讷，柔能制刚，弱能胜强，则勇不如怯。

关尹子曰：天地万物，无有一物是吾之物。物非我，物不得不应，我非我，我不得不养。虽应物，未尝有物，虽养我，未尝有我。勿曰外物然后外我，勿曰外形然后外心，道一而已，不可序进。

抱一子曰：善应物者无物，善养我者无我，有物则不能应物，有我则不能养我，何则？物非我物，我非我我，才外物便是外我，才外我便是外心。若作内观其心，外观其形，远观其物，则分心、我、物为三，未免序进也。道一而已，直下便见，不劳分别，一空总空，何必序进哉？

关尹子曰：谛毫末者，不见天地之大，审小音者，不闻雷霆之声。见大者亦不见小，见迩者亦不见远，闻大者亦不闻小，闻迩者亦不闻远。圣人无所见，故能无不见，无所闻，故能无不闻。

抱一子曰：人有所见，则有所不见，有所闻，则有所不闻，非神有所限，而精有所量也，用吾精神不得其道耳。殊不知凡天地万物之妙者，皆吾之神，凡天地万物之有者，皆吾之精，夫如是，则圣人无所见乃能无所不见，无所闻乃能无所不闻，学者知之乎？

关尹子曰：目之所见，不知其几何，或爱金，或爱玉，是执一色为目也，耳之所闻，不知其几何，或爱钟，或爱鼓者，是执一声为耳也。惟圣人不慕之,不拒之,不处之。

抱一子曰:是章又释前章之旨,圣人虑学者不知无所见无所闻为大也,姑以所见所闻喻之。如目之所见,不知其几何色,而视其物者,执某色以拘其见,耳之所闻,不知其几何声,而听某响者,执其声以拘其闻。惟圣人则不慕彼之声色,亦不拒彼之形响,惟不处吾之见闻,则吾之见闻大矣。

关尹子曰:善今者可以行古,善末者可以立本。

抱一子曰:学者欲行古道,必善今俗,欲反本源,须知末务。苟生于今之世,而违今之俗,则害生矣。只知有本源,而不知有末务,则难立矣。故圣人和光同尘以善今,泛应曲当以善末者,乃所以为行古道,立本源之地也欤!

关尹子曰:狡胜贼能捕贼,勇胜虎能捕虎,能克己乃能成己,能胜物乃能利物,能忘道乃能有道。

抱一子曰:贼以狡胜,虎以勇胜,固矣。然则己以何克哉?己者,我身也,克者,能胜也。知我身本何物,则知所以克之之道矣。学者当观我本无己,因七情六欲缘合而生,欲克我身,先克情欲,前章不云乎,能制一情者,可以成德,能忘一情者,可以契道,此圣人成己之学也。既能成己矣,然后能利物。苟有一物存乎吾前,则为物胜矣,焉能利物哉?既能成己,又能利物,可以造道矣。然则道可忘乎?道未能忘,焉能有道?

关尹子曰:函坚则物必毁之,刚则折矣,刀利则物必摧之,锐则挫矣。威凤以难见为神,是以圣人以深为根,走麝以遗香不捕,是以圣人以约为纪。

抱一子曰:坚则毁矣,锐则挫矣,以深为根,以约为纪,皆《老子》之言也。《关尹子》复以函刀凤麝以发明老子之旨,使学者尽守柔取虚,韬光无藏之理,以曲全免咎而已,岂非药石之言乎?

关尹子曰:瓶有二窍,水实之,倒泻闭一,则水不下,盖不升则不降;井虽千仞,汲之水上,盖不降则不升,是以圣人不先物。

抱一子曰:圣人不敢为天下先者,乃所以为天地万物之先也。何则?天下之理,不升则不降,不后则不先,不下则不高,故《老子》为天下谿,为天下谷,皆此意也。以管取水,按上窍则水下留,以瓶吸水中置火,则水逆上,皆不升则不降之理,与闭窍汲井同一理。然则可升可降者水也,所以闭之汲之火之按之者人也,人之所以能使水之升降留逆者气也。虽然天道好还,持而盈之不如其已,况敢先物乎,是尤圣人所大戒也。

关尹子曰:人之有失,虽己受害于已失之后,久之,窃议于未失之前,惟其不恃己聪明,而兼人之聪明,自然无我,而兼天下之我,终身行之,可以不失。

抱一子曰:使睿智聪明如虞舜,犹不自恃其聪明,而舍己从人,况余人乎?殊不知不恃己聪明,而兼人之聪明易,而能察人之情伪,而择其为交际难。噫!知人知言之说,尧舜其犹病诸!

关尹子曰:古今之俗不同,东西南北之俗又不同,至于一家一身之善又不同,吾岂执一豫格后世哉?惟随时同俗,先机后事,捐忿塞欲,简物恕人,权其轻重而为之,自然合神不测,契道无方。

抱一子曰:随时同俗,先机后事,捐忿塞欲,简物恕人,是数者,与孔子翼易随时同。人知几成务,惩忿窒欲,易简恕忠之言略同。而学者不知,谓道家之学独尚无为,是则将谓圣人执一豫格后世,圣人何心哉?古今四方,一家一身俗尚虽各不同,而圣人权其轻重而为之制,可从先进则先进,可拜下则拜下,惟其无可无不可,所以合神不测,契道无方也。孔子不云乎,窃比于我老彭,然则孔老之道，其可以异观哉？

关尹子曰：有道交者，有德交者，有事交者。道交者，父子也，出于是非贤愚之外者，故久；德交，则有贤愚是非矣，故或合或离；事交者，合则离。

抱一子曰：子华子与孔子相遇于途，倾盖终日，欢如平生，孔子顾弟子取束帛以赠先生，而子路疑之。盖子华子者，老子之弟子程本也。孔子一见，倾盖如故，此道交也。二子邂逅相遇，目击道存，岂若世俗之德交利交，有贤愚是非利害之分哉？宜乎子路之不识也。噫！安得如程子华、孔仲尼邂逅倾盖，相忘于形骸之外哉？

关尹子曰：勿以拙陋曰道之质，当乐敏捷，勿以愚暗曰道之晦，当乐轻明，勿以傲易曰道之高，当乐和同，勿以汗漫曰道之广，当乐要急，勿以幽忧曰道之寂，当乐悦豫，古人之言学之多弊，不可不救。

抱一子曰：古人之言教，不止一端，在当时有禽滑厘、宋钘、尹文、彭蒙、田骈、慎到、墨翟诸家之学，今其言不传，至孟子之时，止有杨墨二家之言，则知禽宋尹彭田慎之言，至关尹仲尼之时，已拒绝之矣。敏捷者，如今之禅学问答，所以尚口捷给也。轻明者，如今之腾身踊跃习观之类也。和同者，如西域教之六群和合也。要急者，如今之参一句话头，以求顿悟也。悦豫者，如今之放逸旷达，逍遥自在也。是数者，虽非当时古人之教，而其事大率相类，学之多弊，亦不可不救也。

关尹子曰：不可非世是己，不可卑人尊己，不可以轻忽道己，不可以讪谤德己，不可以鄙猥才己。

抱一子曰：非世者，世亦非之，祸也；卑人者，人亦卑之，辱也；遇轻忽而能忍，自以为已有道，浅也；遇讪谤而不辩，自以为已有德，骄也；至于逢鄙猥之人，自以为已有才，缪也。是五者皆学者之病也,宜自药之。

关尹子曰:困天下之智者,不在智而在愚,穷天下之辩者,不在辩而在讷。

抱一子曰:人之多智多辩者,病也,人之能愚能讷者,药也。智不能困天下之智,辩不能穷天下之辩,以智攻智,以辩敌辩,如以火止火,以水止水耳,奚益哉!昔南唐选博学辩给之使使本朝,我太祖选不识字至愚至讷武夫对之,使辩博之使拔无所施,即此道也。

关尹子曰:天不能冬莲春菊,是以圣人不违时,地不能洛橘汶貉,是以圣不违俗。圣人不能使手步足握,是以圣人不违我所长,圣人不能使鱼飞禽驰,是以圣人不违人所长。夫如是者,可动可止,可晦可明,惟不可拘,所以为道。

抱一子曰:天下道术,或尚晦,或尚明,或尚动,或尚止,皆自然之理也。圣人观天之道,以时吾神之晦明,察地之利,以宜吾形之动止,近取诸身如此,则远示之人,亦莫不然。是则神宜明则明之,神宜晦则晦之,形宜动则动之,形宜静则止之耳。吾之手不能步,足不能握,犹鱼不能飞,禽不能驰也。天犹不可使冬莲春菊,地犹不可使洛橘汶貉,而况违我所长乎!而况违人所长乎!苟违其形神之所长而强为之,斯害也已,道安在哉?

关尹子曰:少言者,不为人所忌,少行者,不为人所短,少智者,不为人所劳,少能者,不为人所役。

抱一子曰:多言则为人所忌,多行则为人所短,多智则为人所劳,多能则为人所役,皆悔吝也,可不谨哉!

关尹子曰:操之以诚,行之以简,待之以恕,应之以默,吾道不穷。

抱一子曰:应事接物,不可不诚,不诚丧德,故于诚则操而存之;不可不简,不简则劳神,故于简则行而宜之;不可不恕,不恕则忿不惩；不可不默，不默则机不密。尽是四者，吾道何穷哉！

关尹子曰：谋之于事，断之于理，作之于人，成之于天，事师于今，理师于古，事同于人，道独于己。

抱一子曰：谋今之事，当以今之事为师，如善弓者，师弓不师羿，善舟者，师舟不师奡，其则不远也。断事之理，当以古人为师，古之圣人揆理曲尽，非今人所及也。事作于人，不得不与人同其好恶也，既谓之事矣，作之于人，成之于天，在我何敢固必哉？若夫道，则在我独行之而已矣。

关尹子曰：金玉难捐，土石易舍，学道之士，遇微言妙行，慎勿执之，是可为而不可执，若执之者，腹心之疾，无药可疗。

抱一子曰：学者得一善言，闻一善行，则拳拳服膺而勿失，可谓好学矣。殊不知此可以成德，不可以入道，道则灵台皎洁，一物不留，庶可睎觊。若遇微言妙行，执之于心，是为腹心之疾，无药可疗。何则？土石易舍，金玉难捐，微言妙行入人心府，终身不忘，昔人谓一句合道语，万劫系驴橛，信哉！

关尹子曰：人不明于急务，而从事于多务他务奇务者，穷困灾厄及之，殊不知道无不在，不可舍此就彼。

抱一子曰：世之学者信异而不信常，好奇而不好正，故多从事于奇务他务多务，而荒其本业，废其常产，失其生计，道未见而穷困灾厄先及之矣。殊不知日用常行，道无不在，故曰人当明于急务。所谓急务者，为人子以事亲为急，为人父以教子为急，为人下以事上为急，为人上以安下为急，至于为士以行业为急，为农以耕桑为急，为工以材器为急，为商以货通为急之类。皆急务也，岂可舍此就彼哉！此之急务了办不志于道则已。苟有余力而志于道，则道在其中矣。

关尹子曰：天下之理，舍亲就疏，舍本就末，舍贤就愚，舍近就远，可暂而已，久则害生。

抱一子曰：此章又重发明上章之旨，谓学者亦有舍亲就疏、舍本就末、舍贤就愚、舍近就远，而于道有所得者，可暂而已，久则害生。

关尹子曰：昔之论道者，或曰凝寂，或曰邃深，或曰澄彻，或曰空同，或曰晦冥，慎勿遇此而生怖退。天下至理，竟非言意，苟知非言非意，在彼微言妙意之上，乃契吾说。

抱一子曰：自古圣贤立言垂训，所上不同，同归于道，有言凝然寂默者，有言澄湛虚彻者，有言空无大同者，有言晦冥息灭者，学者遇此，勿生退怖，道不在言意，言意岂能尽道耶？在彼微言妙意之上，乃契圣人之说。

关尹子曰：圣人大言金玉，小言桔梗芣苢也。用之当，桔梗芣苢生之，不当，金玉毙之。

抱一子曰：圣人之言，精者如金如玉，粗者如梗如苢。昔人谓细语及粗言，皆归无上道。有因粗言而悟道者，有研细语而不悟者，如用药之当，服草木生之，用之不当，服金玉毙之，安取乎药之贵贱哉？惟其当而已矣。

关尹子曰：言某事者，甲言利，乙言害，丙言或利或害，丁言俱利俱害，必居一于此矣，喻道者不言。

抱一子曰：道与事不同，事则有利有害。故言事，则有某言中利，某言中害之理。至于言道，则终无某言中道，某言不中道之理，故善喻道者不言。

关尹子曰：事有在，事言有理，道无在，道言无理。知言无理，则言言皆道，不知言无理，虽执至言，为梗为翳。

抱一子曰：道与事相及，如水火昼夜之不侔也。学者言道如言事，则误矣。言事则事有所在，故事之言有理也。言道则无在无不在，则道之言安有所谓理哉？若知夫道无理可言，则言言皆道，不然，则虽执至言，为梗为翳而已。

关尹子曰：不信愚人易，不信贤人难，不信贤人易，不信圣人难，不信一圣人易，不信千圣人难。夫不信千圣人者，外不见人，内不见我，上不见道，下不见事。

抱一子曰：学道自信门入，信苟不笃，道无由而入矣。然而信圣贤易，信狂愚难，信至狂愚，则吾之信可谓笃矣。然吾之所谓信者，非世人之所谓信也，世人之所谓信者，信之信也，吾之所谓信者，不信之信也。若夫不信狂愚之人，则世人皆能信吾之不信也。至于不信贤人，则世人未必信吾之不信也。况乎至于不信圣人，则岂世人信其不信者乎？又况乎至于不信千万圣人，此则世人尤所难信之法也。惟能信吾不信千万圣人者，其信可谓真信矣。是人也，其亦外不见人，内不见我，上不见道，下不见事者哉？

关尹子曰：圣人言蒙蒙，所以使人聋，圣人言冥冥，所以使人盲，圣人言沉沉，所以使人瘖。惟聋则不闻声，惟盲则不见色，惟瘖则不音言。不问声者，不闻道，不闻事，不闻我，不见色者，不见道，不见事，不见我，不音言者，不言道，不言事，不言我。

抱一子曰：昔有学者问于其师曰：有一人，负盲聋瘖三者之病来见于师，师何以发药？师曰：汝近前来。学者近前而立，师以掌示之曰：此何物？曰掌。师叱出曰：汝非三种病人矣。噫！是人闻师语而近前，则不聋矣，能见掌，则不盲矣，曰掌，则不瘖矣。然其人始发问端，似知此理，及乎被师一勘，则本情露矣。《参同契》曰：耳目口三宝，固塞勿发通。《阴符经》曰：九窍之邪，在乎三要，可以动静。与此同旨。呜呼！安得不闻声不见色不音言者,与之意会哉！

  关尹子曰:人徒知伪得之中有真失,殊不知真得之中有真失,徒知伪是之中有真非,殊不知真是之中有真非。

  抱一子曰:天下学者皆知伪得之中有真失,伪是之中有真非,故求真得以为得,真是以为是也。殊不知道无得失,无是非,才有得失有是非,则是事也,非道也。若人学道而忽遇异物异景,而横执以为真得真是者,往往多遭魔摄,而不悟其为真失真非矣。

  关尹子曰:言道者如言梦。夫言梦者曰,如此金玉,如此器皿,如此禽兽,言者能言之,不能取而与之,听者能闻之,不能受而得之,惟善听者,不泥不辨。

  抱一子曰:此一喻最善,与人说道,诚如说梦。说者曰:吾梦极富贵,听者曰:吾且不见,吾且不知。说者曰:吾真有是梦,不可不信。听者曰:吾既不见不知,何以生信？说者不能取而示之,则曰听者不智,听者不能得而见之,则曰说者不实。如是则谄者言之不如不言,听者听之不如不辨。昔人谓知道易不言难,闻道易默会难,故善听者,不于言下求道,惟默会其言外之旨可也。苟泥其言而辨其实,乌足以为善听善学者哉？关尹子特于篇末垂此章为训者,盖欲学者观此玄言不泥不辨,惟领悟其言外之旨而已矣。

  关尹子曰:圆尔道,方尔德,平尔行,锐尔事。

  抱一子曰:道不圆则不神,德不方则不正,行不平则不常,事不锐则不利。关尹子述微言妙义既终,又虑学者或志道而忘德,或立德而遗行,或积行而废事,是则知务本而不知务末,未有不因末而害本者也。世固有因事之失而亏行者,亦有因行之亏而损德者,亦有因德之损而妨道者,学者岂可只知从事于道,而不资德行以相扶助哉！又岂可只知积德累行，而遇事不加之谨哉！世亦有志于道，而阐提德行与夫失业废事者，安知圣人立言垂训，体用毕备，本末具陈，如此详尽耶？噫！关尹大圣人慈愍后世之心至矣，尽矣，不可思议矣。

葛仙翁后序

丹阳葛稚川曰：洪体存蒿艾之资，偶好乔松之寿，知道之士，虽微贱必亲也，虽夷狄必贵也。后遇郑君，郑君多玉笈琼笥之书，服饵开我以至道之良药，呼吸洗我以紫清之上味，后属洪以《关尹子》，洪每爱之诵之，藏之拜之。宇者道也，柱者建天地也，极者尊圣人也，符者精神魂魄也，鉴者心也，匕者食也，釜者化也，筹者物也，药者杂治也。洪每味之，泠泠然若蹑飞叶，而游乎天地之混冥，沉沉乎若履横杖，而浮乎大海之渺漠，超若处金碧琳琅之居，森若握鬼魅神奸之印，倏若飘鸾鹤，挐亦作怒。若斗虎兕，清若浴碧，惨若梦红，擒纵大道，浑沦至理，方士不能到，先儒未尝言，可仰而不可攀，可玩而不可执，可鉴而不可思，可符而不可言。其忘物遗人者之所言乎！其绝迹去智者之所言乎！其同阴阳而冥彼此者之所言乎！何如此之尊高，何如此之广大，又何如此之简易也。洪也幸亲受之。咸和二年五月朔，丹阳葛洪炷薰敬序。